船舶无线电通信系统安装与操作

主　编　蔡新梅
副主编　王永杰　李　妍
主　审　曹　东

哈爾濱工程大學出版社
Harbin Engineering University Press

内容简介

本书为全国船舶工业职业教育教学指导委员会“十三五”重点规划教材，根据船舶通信教学大纲编写而成。

本书共分十一个项目，主要内容包括认识 GMDSS 系统、船舶 MF/HF 组合电台的安装与操作、船舶 VHF 通信系统的安装与操作、INMARSAT－C 系统的安装与操作、INMARSAT－F 系统的安装与操作、VSAT 卫星通信系统的安装与操作、卫星搜救系统及 EPIRB 的安装与操作、NAVTEX 系统的安装与操作、气象传真机的安装与操作、搜救雷达应答器 SART 的安装与操作、船用天线的布置安装与船舶备用电源。

本书在内容、结构和体例上均有所创新，采用项目引导，辅以相关专业理论知识，突出修船、造船及航运等相关职业能力的培养。

本书可作为船舶通信相关课程的教材，也可作为电子电气员、船舶驾驶员的培训教材，还可作为修船、造船企业的电气员、接线员的参考书籍。

图书在版编目(CIP)数据

船舶无线电通信系统安装与操作 / 蔡新梅主编. －－哈尔滨：哈尔滨工程大学出版社，2019.8
ISBN 978－7－5661－2265－0

Ⅰ. ①船… Ⅱ. ①蔡… Ⅲ. ①航海通信－无线电通信－通信系统 Ⅳ. ①U675.75

中国版本图书馆 CIP 数据核字(2019)第 174167 号

选题策划 史大伟 薛 力
责任编辑 刘凯元
封面设计 李海波

出版发行 哈尔滨工程大学出版社
社 址 哈尔滨市南岗区南通大街 145 号
邮政编码 150001
发行电话 0451－82519328
传 真 0451－82519699
经 销 新华书店
印 刷 哈尔滨圣铂印刷有限公司
开 本 787 mm×1 092 mm 1/16
印 张 16.75
字 数 414 千字
版 次 2019 年 8 月第 1 版
印 次 2019 年 8 月第 1 次印刷
定 价 44.00 元
http://www.hrbeupress.com
E-mail:heupress@hrbeu.edu.cn

船舶行指委“十三五”规划教材编委会

前　言

根据国家教育事业发展“十三五规划”的要求，职业教育要坚持面向市场、服务发展、促进就业的办学方向，科学确定各层次、各类型职业教育培养目标，创新技术技能人才培养模式；推行校企一体化育人，推进“订单式”培养、工学交替培养，积极推动校企联合招生、联合培养的现代学徒制；率先在大中型企业开展产教融合试点，推动行业、企业与学校共建人才培养基地、技术创新基地、科技服务基地，鼓励学校、行业、企业、科研机构、社会组织等组建职业教育集团，实现教育链和产业链有机融合。

为深入贯彻现代职业教育体系建设规划(2014—2020 年)，深化教育教学改革，推进课程改革与教材建设，更好地满足中国造船工业发展的需要，本教材在编写过程中，编者多次深入渤海船舶重工责任有限公司、大连船舶造船有限公司、山海关造船厂、大连海事大学等单位进行调查研究、收集信息，本着为企业培养具有必要的理论知识和较强的实践能力以及满足生产、建设、管理、服务第一线的高技能人才的需要而确定了本书的编写内容。

过去船舶通信类教材基本都是从航运的角度去编写，而我国大量的造船企业需要船舶类职业院校输送大批的造船人才，因此本书立足于造船、修船企业，并兼顾航运业，在认真总结全国船舶类职业院校多年来的专业教学经验，征求专业指导委员会专家意见的基础上，以职业岗位群的需求为出发点，本着必需、够用为度，减少了理论内容，加强了实践内容，针对造船、修船的需要增加了设备安装及检修内容，针对航运的需求加强了设备操作内容，具有职业性强、针对性强的特点。

本书具有以下特点。

(1)本书是一本理实一体化教材，注重理论和实践应用。

(2)本书采用项目引导，共分十一个项目，在介绍 GMDSS 系统各种船载设备的基本组成及相关知识的基础上，着重介绍了 GMDSS 系统船载设备的安装与操作及设备的故障检修。

(3)本书项目内容完全依据国内外相关法规、船舶通信实际及 GMDSS 系统的相关要求进行编写。

(4)本书设备介绍的选型基本上为当今航行船舶的常用设备，并采用了大量的实物照片。

本书是针对三年制高等职业教育编写的，同时还适用于船厂职工培训以及其他形式的职业教育。

参加本书编写工作的人员及分工如下：

主编渤海船舶职业学院蔡新梅，负责编写项目一、项目二、项目三、项目九；

副主编天津海运职业学院王永杰，负责编写项目四、项目五、项目六；

副主编渤海船舶职业学院李妍，负责编写项目七、项目八、项目十一；

参编渤海船舶重工有限责任公司电装分厂曹天安，负责编写项目十。

本书在编写过程中,得到了渤海船舶重工有限责任公司电装分厂厂长李晶、副厂长史鸿屿和车间主任曹东的大力帮助,在此表示衷心的谢意。

主编蔡新梅老师负责全书的策划、组织和定稿。渤海船舶重工有限责任公司电装分厂的曹东主任审阅了本书,并提出了许多宝贵意见和建议。

限于编者的水平和经历,教材内容难以覆盖各地区、各院校的实际情况,希望各兄弟院校及单位提出宝贵意见和建议,以便再版修订时改正。

编　者

2018 年 11 月

目　录

项目一　认识 GMDSS 系统

【项目描述】

GMDSS 是全球海上遇险和安全系统（Global Maritime Distress and Safety System）的缩写。GMDSS 是国际海事组织（IMO—International Maritime Organization）利用现代化的通信技术改善海上遇险与安全通信，建立新的海上搜救通信程序，并用来进一步完善现行常规海上通信的一套庞大的、综合的、全球性的通信搜救网络。

【项目目标】

1. 识读船舶通导设备布置图。
2. 掌握 GMDSS 的概念、功能及 GMDSS 通信系统组成，了解 GMDSS 系统遇险、紧急和安全通信业务
3. 认识 GMDSS 船载设备。

【知识链接】

知识链接 1　GMDSS 的认识

一、GMDSS 的产生与发展

1. GMDSS 的产生与发展的国际背景

国际海事组织，是联合国负责海上航行安全和防止船舶造成海洋污染的一个专门机构，总部设在伦敦。

国际海事组织于 1974 年在伦敦召开第五次国际海上人命安全会议，制定了《1974 年国际海上人命安全公约》（以下简称《SOLAS 公约》），其内容主要涉及船舶检验、船舶证书、船舶构造、消防和救生设备、航行安全、无线电设备、谷物运输和危险货物运输等方面。

国际海事组织于 1988 年 11 月在伦敦总部召开了会议，审议通过了对作为现行系统法律依据的《1974 年国际海上人命安全公约》的修正案，即《SOLAS 公约 1988 年修正案》。该修正案把 GMDSS 引入了公约，并在《SOLAS 公约》中规定了 GMDSS 自然生效的条款。

GMDSS 系统自 1992 年 2 月 1 日起实施，保障遇险船舶能够使用多种手段及时、可靠地发出报警，并被搜救部门和其他船舶收到；保证畅通的搜救协调通信及救助现场通信；提供各种方式和手段预防海难事故的发生；为日常的公众通信服务；在航行时提供驾驶台的通信服务等。1999 年 2 月 1 日以后，所有国际航行和国内沿海航行船舶均应配备符合 GMDSS 系统所要求的设备。

2. GMDSS 系统在中国的发展与应用

中国主管部门早在 20 世纪 70 年代末就开始注意 GMDSS 系统的发展动向，并向有关单位传达了海上遇险与安全通信方面的主要构想，1986 年原交通部向下属各有关单位进行了

部署。为了进一步改善中国航运业的通信状况,进一步保障海上航行安全,中国从 1987 年开始在北京建造 INMARSAT 卫星通信地面站(岸站),同时在中国沿海部署建立海上安全信息播发(NAVTEX)系统覆盖区,并加速对岸台(站)的通信设施进行技术更新,扩大电路数,增宽覆盖区域,以适应 GMDSS 的需要。

二、GMDSS 的概念与功能

1. GMDSS 的概念

GMDSS 全称是全球海上遇险和安全系统。GMDSS 是一个庞大的全球性通信网,建立这个网络的目的是最大限度地保障海上人命与财产安全,将海上航行安全提高到一个新的水平。GMDSS 的实施建立在现代电子技术、计算机技术和通信技术基础之上,是现代海上通信发展的客观需要。GMDSS 救助示意图如图 1－1 所示。

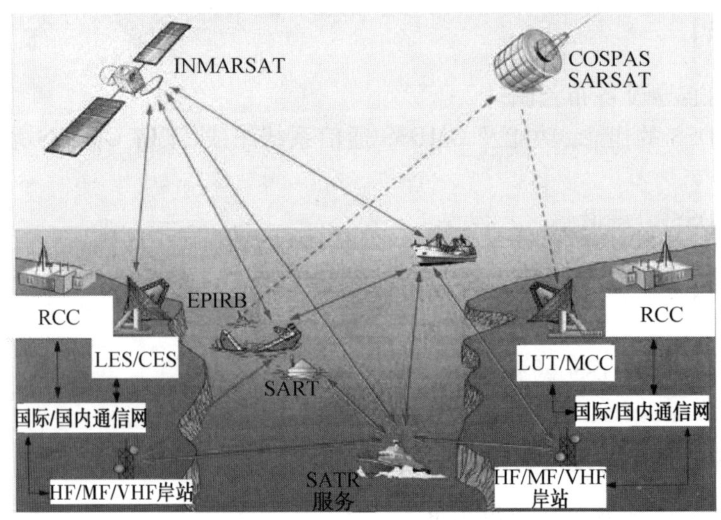

图 1－1　GMDSS 救助示意图

2. GMDSS 的功能

每艘配备 GMDSS 通信设备的船舶都应具备下述基本功能。

(1)遇险报警(Alerting)

GMDSS 的通信设施按遇险报警信息的传送方向有三种遇险报警功能。

- 要求有至少两台独立的、使用不同无线电通信业务的无线电装置发送船对岸的遇险报警。
- 接收岸对船的遇险报警。
- 接收和发射船对船的遇险报警。

遇险报警是指船舶发生海难时,遇险船使用适当的无线电通信装置及其相应的报警通信频率,将遇险信息迅速有效地告知岸上 RCC 或邻近船舶,这就是船对岸和船对船的报警。通常,RCC 通过岸台(指 MF/HF/VHF 海岸电台)或岸站(卫星海岸地球站)收到船对岸遇险报警后,将向遇难地点附近的船舶和搜救单位转发遇险报警,要求这些船舶和搜救单位救助遇难船,这就是岸对船的报警。

GMDSS 要求每艘配置 GMDSS 通信设备的船舶确保船对岸、岸对船、船对船三个方向的遇险报警。船对岸的报警是三种报警功能中首要的功能。

(2)搜救协调通信(SAR Coordinating Communication)

搜救协调通信通常是指在遇难船进行了成功的遇险报警后,RCC为协调参加搜救行动的船舶或飞机所进行的必要通信。这种通信包括RCC和遇难海区的任何"现场指挥者(OSC)"或"海区搜寻协调人(CSS)"之间的通信。

搜救协调通信属于远距离双向通信。通信手段可采用电话或电传或两者兼用,实际应用中,既可使用INMARSAT卫星系统也可使用地面通信系统的设备。

(3)搜救现场通信(On-scene Communication)

搜救现场通信是在救助现场遇难船与救助单位(救助船或飞机)及救助单位间进行的有关搜救工作的通信。

搜救现场通信通常使用甚高频(VHF)无线电话进行近距离通信,距离较远时,可使用中频(MF)无线电话或窄带直接印字电报(NBDP)通信。通信中可使用遇险、紧急、安全通信频率。当与参加救助的飞机通信时,应使用3 023 kHz、4 125 kHz、5 680 kHz通信频率。

(4)定位与寻位通信(Locating Communication)

船舶在遇险的情况下,其位置一般由卫星和地面系统的报警设备发出,接收到信息的有关单位可以直接或通过分析得出遇险船舶的具体位置,这就是系统的定位功能。

在遇险报警信息中一般包含有遇险位置,但这一位置数据可能存在误差或报警后由于各种原因其位置发生了变化,救助单位在营救时,必须依靠寻位手段,快速有效地找到遇难船舶、救生艇(筏)或幸存者。

(5)海上安全信息的播发(Promulgation of Maritime Safety Information)

海上安全信息(MSI)是指航行警告、气象警告、气象预报等保证船舶安全航行的信息。GMDSS系统专门设立了一套完整的播发体系,用来播发海上安全信息,同时船舶按要求配备相应的设备自动接收,从而为船舶航行提供预防性的安全措施。

(6)常规通信(Routine Communication)

常规通信是指船舶除了遇险、紧急、安全通信以外的日常公众业务通信。如船台经岸台或岸站与陆上管理机构间的调度、货物情况等通信,船舶申请引航、拖船的通信,船员或旅客与家人的通信等。常规通信可使用INMARSAT卫星船站和MF/HF、VHF无线电话。

(7)驾驶台与驾驶台间的通信(Bridge to Bridge Communication)

这种通信是指从船舶驾驶位置进行船舶间的安全通信,一般使用甚高频(VHF)无线电话通信设备。特别是当船舶在狭长水道和繁忙航道航行时,该通信方式对船舶航行安全尤其重要。

三、GMDSS海区划分

按《SOLAS公约1988年修正案》的要求,所有服从于该公约的船舶应根据其航行的海区配备GMDSS无线电设备,使GMDSS要求船舶配备无线电设备有了法律依据。

GMDSS将全世界海洋分成A1、A2、A3、A4四个海区。

1. A1海区

指至少在一个VHF岸台的无线电话覆盖范围之内,可实现VHF DSC报警。A1海区的范围为以该VHF岸台为中心,半径为25～30 n mile(海里)的海域范围。这个岸台必须保持对VHF的CH70连续DSC值守。

所谓连续值守(Continuous Watch)指有关的无线电值守不应中断,除非当船舶接收能力由于自身通信被减弱或被阻塞时,或当设备处于定期维修或检查时而引起的短暂间断。

2. A2 海区

指除 A1 海区外,至少在一个 MF 岸台的无线电话覆盖范围之内,在此海区可实现船岸 MF DSC 报警。A2 海区为以该 MF 岸台为中心,半径为 100 ~ 150 n mile(晚上可达 200 ~ 250 n mile)的海域内除了 A1 海区的区域。这个岸台必须保持对 MF 有关信道的连续 MF DSC 值守。

信道(Information Channels)是信号的传输媒质,可分为有线信道和无线信道两类。

3. A3 海区

指除 A1、A2 海区外,INMARSAT 卫星所覆盖的海区,即地球南北纬 75°以内的区域。在这个区域内 INMARSAT 卫星通信系统提供连续、有效的 INMARSAT 船站报警。

4. A4 海区

指 A1、A2 和 A3 海区以外的海域。A4 海区为 INMARSAT 卫星覆盖区以外除了 A1、A2 海区的海域。此海区使用 HF 无线电设备进行通信。

知识链接 2　GMDSS 通信系统组成

GMDSS 系统主要由地面通信系统、卫星通信系统、海上安全信息播发系统及寻位系统组成。

一、地面通信系统

地面通信系统主要工作在 MF、HF 和 VHF 频段,用于中、远、近距离的遇险、紧急、安全和常规通信,从而实现 GMDSS 的功能。该系统由船舶电台、海岸电台和与岸台连接的国际/国内陆地公众通信网或专用通信网组成,海岸电台相当于船舶电台与陆地通信网用户的接口,起到有线通信与无线通信转接的作用。地面通信系统的船用通信设备主要包括:

➢MF/HF 组合电台:由 MF/HF 收发信机和终端设备构成,终端包括单边带无线电话、DSC 和 NBDP。

➢VHF 通信设备:由 VHF 收发信机和终端设备构成,终端包括 PTT 话筒、DSC 和便携式 VHF 双向无线电话设备。

1. 远距离通信

HF 提供远距离的单边带(SSB)无线电话、NBDP、DSC 及 DSC 遇险报警通信。在卫星覆盖区内,既可用高频通信也可用卫星通信;在卫星覆盖区外,一般指 A4 海区,高频通信是唯一的远距离通信手段。

2. 中距离通信

MF 提供中距离的单边带无线电话、NBDP、DSC 呼叫及 DSC 报警通信。

3. 近距离通信

VHF 提供近距离调频无线电话、DSC 呼叫及 DSC 遇险报警通信。

便携式双向 VHF 无线电话设备,提供船舶遇险时进行较近距离的调频无线电话通信,它是弃船登上救生艇后唯一的通信设备。

二、卫星通信系统

GMDSS 中有两种卫星通信系统，即 INMARSAT 国际移动卫星通信系统和 COSPAS/SARSAT 全球卫星搜救系统。

1. INMARSAT 国际移动卫星通信系统

（1）INMARSAT 的服务业务

INMARSAT 系统为船舶提供遇险呼救报警、直拨电话、电传、传真、电子邮件（包含影像、LAN、Internet 及 Internet 接入）、数据传输（综合业务数字网和移动包交换数据业务）、船队管理、船队安全网和应急无线电示位标；为航空提供驾驶舱话音、数据、自动位置与状态报告和旅客直拨电话；为陆地应用提供微型卫星电话、传真、数据和运输上的双向数据通信、位置报告、电子邮件和车队管理等。INMARSAT 还为海事遇险救助和陆地较大自然灾害提供免费应急通信服务。

INMARSAT 有多种不同的移动通信系统，包括 A（已关闭）、B、C、M、Mini－C、M、E（已关闭）、F77、F55、F33、M4、Aero、BGAN、D 等系统，目前符合 GMDSS 设备要求的有 B、C、F77 终端。

船用移动卫星通信终端发展史：1982 年 INMARSAT－A 终端；1991 年 INMARSAT－C 终端；1993 年 INMARSAT－M、INMARSAT－B 终端；1996 年 INMARSAT－Mm（Mini－M）、INMARSAT－E 终端；2002 年 INMARSAT － F77、INMARSAT － Mini － C 终端；2003 年 INMARSAT－F55、INMARSAT－F33 终端。

（2）INMARSAT 通信系统构成

INMARSAT 通信系统由空间段、地面网络和移动站三大部分构成，其结构如图 1－2 所示。

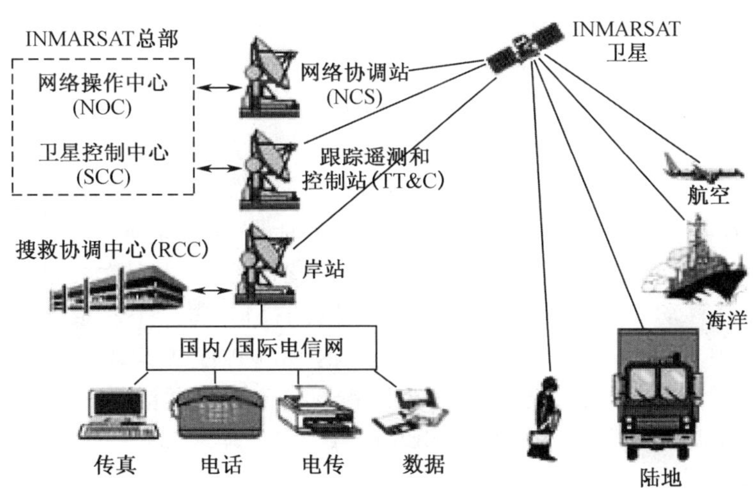

图 1－2 INMARSAT 通信系统构成

①空间段

空间段包括 INMARSAT 卫星、跟踪遥测和控制站（TT&C—Tracking Telemetry and Control）及卫星控制中心（SCC—Satellite Control Center）。

卫星空间段由 4 颗工作卫星（目前 INMARSAT 卫星主要使用 1996—1997 年间发射的 5 颗第三代卫星，其中 1 颗为备用卫星）组成，分别在太平洋（POR）、印度洋（IOR）、大西洋东

(AOR－E)和大西洋西(AOR－W)区赤道上空 35 786 km 的静止轨道上运行。这 4 颗卫星可以覆盖地球南北纬 75°之间的表面,该区称为卫星的覆盖区。卫星覆盖不到的区域,即南北纬 75°以上的两极区域,称为卫星覆盖的盲区。

第三代 INMARSAT 卫星拥有 48 dBW 的全向辐射功率,每颗工作卫星都产生一个全球波束和最多 7 个宽波束,从而加大了系统的通信容量。

2005—2008 年间又先后发射了 3 颗第四代卫星,分别位于印度洋上空、太平洋上空和大西洋上空。每颗卫星可以产生一个全球波束、19 个宽波束和 228 个窄波束,通信能力可覆盖全球 85% 的陆地,比第三代卫星的通信容量大 20 倍,卫星功率大 60 倍,数据传输速率最高可达 492 kb/s,为实现全球宽带局域网业务创造了良好的条件。

②地面网络

INMARSAT 卫星通信地面网络由网络协调站、网络操作中心、卫星操作中心、卫星测控站和地面站组成。

a. 网络协调站(NCS— Network Coordination Station)

在 INMARSAT 系统下,每个洋区设立一个 NCS,负责对本洋区地面站的通信协调、管理和监控。NCS 的主要任务是协调和控制本洋区地面站和移动终端之间的通信、向船站发布业务广播通告。

b. 网络操作中心(NOC—Network Operations Center)

NOC 位于伦敦 INMARSAT 总部,其使用全球通信网络将全球的 4 个 NCS 链接起来。NOC 和 NCS 进行信息交换,可使 NOC 对 INMARSAT 整个网络的通信业务进行监视、协调和控制。

c. 卫星操作中心(SOC—Satellite Operations Center)

SOC 设在伦敦 INMARSART 总部,其负责监视 INMARSART 卫星的运行情况。SOC 接收从 TT&C 发来的数据,通过 TT&C 对 INMARSART 卫星进行控制和管理。

d. 卫星测控站(TT&C—Telemetry、Tracking and Control)

TT&C 跟踪遥测卫星,对卫星的姿态进行调整、测控,并把测得的数据送 SOC 处理。TT&C 还接收 SOC 发来的分析结果,以此为依据给卫星发指令,对卫星进行控制。全球设立了 4 个 TT&C,TT&C 在必要时可以替代 SOC 控制卫星,起到备用的作用。

e. 地面站(LES—Land Earth Station 或 CES—Coast Earth Station)

LES(又称岸站)分别由各国政府指定的单位建设和经营,我国为交通运输部中国交通通信中心。LES 是移动卫星终端与陆地公众通信网的接口,每个卫星覆盖区可建立若干个 LES,全球最多可建 60 个 LES。目前,全球在运营的 LES 共有 39 个。

在实际卫星通信中,不同移动终端通过卫星经 LES 完成通信。呼叫 LES 采用接续码(呼叫号码)。INMARSAT 每个系统 LES/CES 在每个服务洋区都有一个接续码。表 1－1 为北京地面站接续码(移动站首发呼叫)。

表 1－1　北京地面站接续码

移动站类型	太平洋	印度洋	大西洋东	大西洋西
INMARSAT－B、M、Mini－M、M4、F	868	868	868	868
INMARSAT－C	211	311	121	021

③移动站

移动站是指利用 INMARSAT 系统进行通信的卫星终端设备,主要进行话音、传真、数据通信业务。移动站根据使用的用户不同分陆用移动站(MES—Mobile Earth Station)、海用移动站(SES—Ship Earth Station,也称船站)和空用移动站。

(3)INMARSAT通信系统工作波段

在INMARSAT系统中,移动站工作在L波段,其上行频率(发射频率)为1.6 GHz,下行频率(接收频率)为1.5 GHz。地面站则工作在C/L两个波段。当LES/CES与移动站通信时,其工作在C波段,上行频率为6 GHz,下行为4 GHz;当LES/CES与LES/CES或NCS间通信时,需在C波段发射而在L波段接收,如图1-3所示。

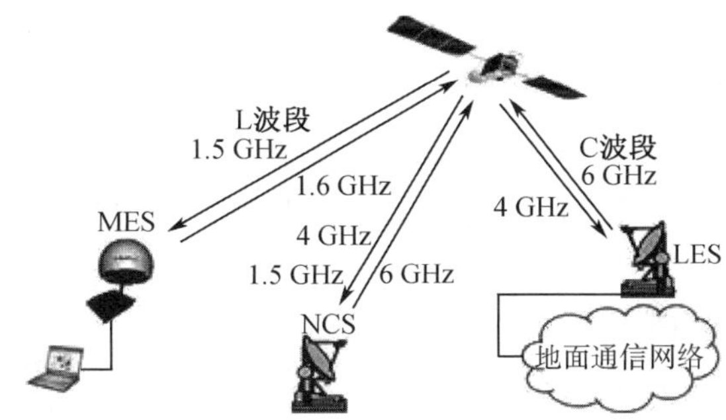

图1-3 INMARSAT通信系统工作波段示意图

2. COSPAS/SARSAT近极轨道卫星定位系统

COSPAS/SARSAT系统是一个国际间联合卫星搜救定位系统,该系统用于陆海空遇险事件的搜救业务,并向全球开放。遇险目标可利用其自身携带的卫星应急示位标自动或人工启动发射遇险报警信号,该系统根据收到的报警信号可迅速地确定出遇险目标的位置,从而进行及时有效的救助。

该系统中船载设备是406 MHz应急无线电示位标(EPIRB)。系统由406 MHz EPIRB、沿经线方向绕过地球两个极区的近极轨道卫星、地球同步轨道卫星和地面设施组成。

三、海上安全信息播发系统

海上安全信息(MSI)播发系统用于向船舶提供海上航行安全所必需的气象警告、航行警告、气象预报等安全信息。

1. NAVTEX系统

海岸电台以518 kHz频率向400 n mile以内海域的船舶用英语按时播发海上安全信息,船上NAVTEX接收机自动接收并打印,该系统主要服务于A1、A2海区。

远距离的海上安全信息是通过NBDP系统在HF频段(4 209.5 kHz)播发的,该系统服务于A4海区。船上采用NBDP设备或具有该工作频率的NAVTEX接收机在相应的频率上自动接收。

2. EGC系统

EGC系统通过INMARSAT海事卫星向船舶提供海上安全信息,主要服务于A3海区。它弥补了NAVTEX的空白,保证了NAVTEX岸台覆盖不到的远海域、没有能力建立NAVTEX业务或由于船舶密度太低而不开放NAVTEX业务的沿海水域,能接收到海上安全信息。船舶配备具有EGC功能的卫星船站或EGC接收机,接收海上安全信息。

NAVTEX和EGC系统还提供岸对船的遇险报警。

四、寻位系统

寻位系统由搜救雷达应答器(SART)和X波段导航雷达组成。便携式SART可在船上使用,或在救生艇上使用。在搜救行动中,救助船可使用X波段雷达发现和寻找SART(由遇难者携带并在遇难时开启),即遇难者的位置。

知识链接3　GMDSS船载设备的配备及适任证书

一、保证GMDSS设备有效性的措施

《SOLAS公约1988年修正案》规定GMDSS系统自1992年2月1日起生效。根据该修正案,一切从事国际航行的客船和300总吨以上的货船,都必须在1999年2月1日之前,按其航行的海区配备相应的GMDSS船用设备。

1. 保障GMDSS船载通信设备有效性的措施

为了确保海上通信的可靠性,《SOLAS公约1988年修正案》提供了三种可选择的方案:

(1)双套设备(Duplication of Equipment);

(2)岸上维修(Shore-based Maintenance);

(3)海上电子维修(At-sea Electronic Maintenance Capability)。

双套设备是指在前面配置设备的基础上,再附加一套通信设备。附加的设备包括一台具有DSC功能的VHF无线电话,根据船舶的航行海区在INMARSAT船站、MF无线电装置、MF/HF无线电装置中选择一台。

2. 选择维修方案的原则

(1)航行在A1、A2海区的船舶,至少应具备上述三种方案中的一种;

(2)航行在A3、A4海区的船舶,应至少综合使用上述三种方案中的两种。

二、GMDSS船载设备的配备

在双套设备配备方案中,各海区最低配备要求见表1-2。

表1-2　各海区最低配备要求(双套设备配备方案)

设备		A1海区	A2海区	A3海区 INMARSAT方案	A3海区 HF方案	A4海区
VHF设备(能在CH70 DSC上值守)		1+1	1+1	1+1	1+1	1+1
MF无线电装置(能在2 187.5 kHz上值守)			1	1		
MF/HF无线电装置(包括DSC、NBDP和DSC值守机)					1+1	1+1
INMARSAT船站(具有EGC接收功能)				1+1		
NAVTEX接收机		1	1	1	1	1
EGC接收机(无NAVTEX业务地区)		1	1		1	
漂浮式卫星EPIRB		1	1	1	1	1
SART	300~500总吨货船	1	1	1	1	1
	500总吨及以上货船和所有客船	2	2	2	2	2
便携式VHF双向无线电话	300~500总吨货船	2	2	2	2	2
	500总吨及以上货船和所有客船	3	3	3	3	3

注:表中"+1"表示在双套设备配备方案中,在原有必备设备的基础上增配一套设备。

每艘客船都应设有从船舶通常驾驶的位置与现场用航空频率121.5 MHz和123.1 MHz进行以搜救为目的的双向无线电通信的设备。

所有客船应在指挥位置安装遇险报警板。客船遇险报警动用的所有相关无线电通信设备自动更新船位信息。

截至1999年2月1日,每艘船舶在海上时,如实际可行,应在船舶通常驾驶的位置在VHF CH16上保持连续值守。

三、GMDSS适任证书

国际电信联盟《无线电规则》(2008年版)中规定了GMDSS船舶通信的四种证书。

1. 无线电人员持有的证书(四种)

(1)一级无线电电子证书(1st REC—First-Class Radio Electronic Certificate),具有完全的在船维修能力。

(2)二级无线电电子证书(2nd REC—Second-Class Radio Electronic Certificate),具有有限的在船维修能力。

(3)通用操作员证书(GOC—General Operator's Certificate),具有全球操作能力,但不包括维修能力。

(4)限用操作员证书(ROC—Restricted Operator's Certificate),仅限A1海区船舶。

2. 无线电人员配备要求

为了对船舶无线电设备进行有效控制,实现可靠的遇险和常规通信,航行在不同海区的船舶应指派持有相应证书的无线电人员,见表1-3。

表1-3 各海区无线电人员配备

<table>
<tr><th rowspan="2">适用证书</th><th rowspan="2">A1海区</th><th rowspan="2">A1~A2海区</th><th colspan="2">A1~A3海区</th><th colspan="2">A1~A4海区</th></tr>
<tr><th>单套设备</th><th>双套设备
岸上维修</th><th>单套设备</th><th>双套设备
岸上维修</th></tr>
<tr><td>一级无线电电子证书</td><td></td><td></td><td></td><td></td><td>√</td><td></td></tr>
<tr><td>二级无线电电子证书</td><td></td><td></td><td>√</td><td></td><td></td><td></td></tr>
<tr><td>通用操作员证书</td><td></td><td>√</td><td></td><td>√</td><td></td><td>√</td></tr>
<tr><td>限用操作员证书</td><td>√</td><td></td><td></td><td></td><td></td><td></td></tr>
</table>

知识链接4 遇险、紧急和安全通信业务

一、遇险、紧急和安全通信的含义

为了保障海上移动通信的畅通,尤其是当一个移动单元需要紧急救助时能够快捷、安全地和相关机构保持联系,国际电信联盟将海上通信划分为遇险、紧急、安全和常规四个优先级别。

遇险通信包括遇险报警和后续通信。遇险报警表明发送报警的移动单元,如船舶、航空器、其他载运工具及人员处于危险状态需要立即救援。后续通信主要包括搜救协调通信、现场通信等,它是在遇险报警之后针对险情展开的通信。

紧急通信意味着呼叫台有一份涉及移动单元或者人员安全的十分紧急的信息需要发送。紧急通信包括多种业务形式，如医疗援助、医疗指导等。

安全通信表明呼叫台有一份涉及航行安全的电文需要发送，如紧急的航行警告、气象警告等。

《SOLAS 公约》不仅为 GMDSS 定义了海区的概念，而且还对每个海区的船舶应该装备的无线电报警设备做出了详细的规定。国际电信联盟出版的《无线电规则》为遇险、紧急和安全通信划分了特定的频率，并制定了严格的通信程序。

二、遇险通信

1. 遇险船只遇险报警

遇险时，用 VHF/MF/HF DSC、INMARSAT 或者 EPIRB 设备发出遇险呼叫。

无线电话遇险信号为“MAYDAY”，三次，读作法语的“m'aider”。

2. 遇险报警接收和收妥确认

(1)岸站接收遇险报警和收妥确认

当岸站接收到遇险报警后，一要联系遇险船只，二要向 RCC 转发报警信息，并根据 RCC 指示采取措施等。船舶遇险报警一般应由岸上机构给予确认。当岸站用 DSC 确认时，应在接收到遇险报警的 DSC 遇险呼叫频率上以向所有船播发的方式发送遇险收妥确认。

(2)非遇险船接收遇险报警和收妥确认

非遇险船根据收到报警路由的差别采取不同的行动。如果通过 INMARSAT 或者 NAVTEX 接收机收到船舶遇险信息，则在把相关信息记录到电台日志的同时，船长会根据自身船舶的状况采取相应的行动，如加强瞭望、驶往事发海域参与救助等。

如果该船舶在 DSC 终端上收到遇险报警信息，则：

①若该信息是一份经由海岸电台转发的信息，将信息记入无线电日志，同时报告船长，并且根据遇险电文指示守听相应的无线电话或者无线电传遇险频率。如果船舶电台认为应该对电文给予确认，注意此时只能使用无线电话或者电传，而不应该使用 DSC 设备，因为 DSC 确认信息具有自动中断海岸电台报警程序的功能。确认之后须根据岸上当局的指令提供必要的救助行动。

②若该信息是一份由遇难船舶直接发送的，船舶电台可以考虑对信息进行确认或者转发，但是无论如何都应该首先守听相应的电话、电传信道。如果船台在 MF 或 VHF 频段上继续收到 DSC 遇险报警，只在与 RCC 或岸台协商并得到明确指示时，方可发射 DSC 遇险确认以中断遇险报警。在 HF 频段收到遇险报警，而岸台在 5 min 内未予确认时，船台均应向适当的岸台进行遇险呼叫转发。

③对于船台发射的针对一个以上船舶的遇险转发呼叫，船台应采用无线电话方式予以确认。船台发射的遇险转发呼叫，应由岸台用 DSC 方式确认。

3. 遇险船船长 GMDSS 设备操作指南

遇险船船长 GMDSS 设备操作指南如图 1 -4 所示。

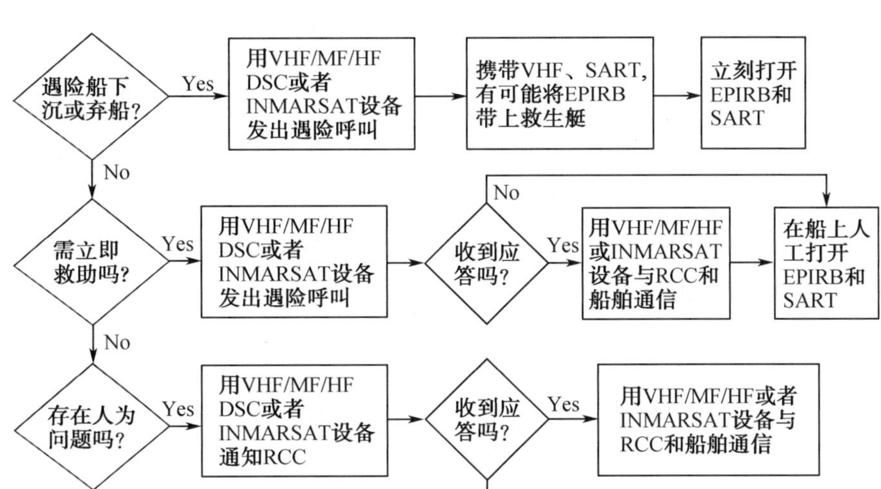

图 1-4 遇险船船长 GMDSS 设备操作指南

4. 误报警取消

一旦设备操作失误发生了误报警,应及时取消报警,以减少对 GMDSS 通信系统的影响。误报警处理指南如图 1-5 所示。

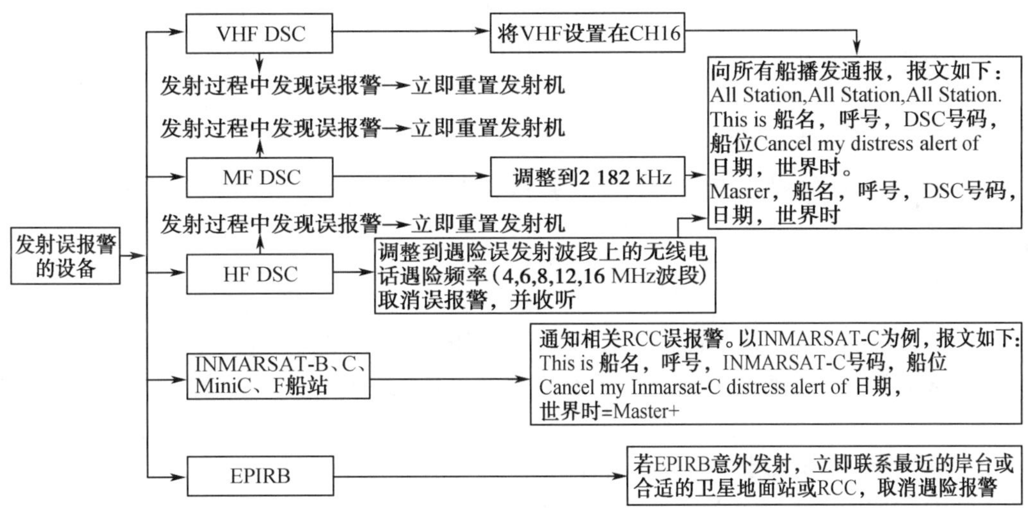

图 1-5 误报警处理指南

三、GMDSS 紧急和安全通信

依据 2012 年世界无线电通信大会文件,紧急和安全通信包括:

①航行警告、气象警告和其他紧急信息的发送;

②船对船的航行安全通信;

⑧船位报告通信;

④搜救行动的辅助通信;

⑤医疗指导和医疗援助通信;

⑥有关船舶航行、船舶动态和船舶必需品的通信，以及发给官方气象部门的船舶气象观测电文等。

1. 紧急通信

紧急通信包括医疗援助、医疗指导、海事援助等。紧急通信必须有船长授权方可发送。紧急通信中的紧急信号为“PAN PAN”（三次），读作法语的“Panne Panne”。通信时首先应发送紧急信号的引语，然后发送相关的紧急信息。

紧急信号和紧急信息可以通过地面或卫星系统发送。利用地面通信系统发送时，首先必须在一个或几个指定的遇险安全呼叫频率上，使用 DSC 终端发送紧急通信引语。如果通过卫星系统进行紧急通信时不需要独立的引语，因为通过选择“紧急”优先等级，操作员已经获得了进入国际海事卫星系统的优先权。当其他船舶在 DSC 设备上收到紧急呼叫时，不要对呼叫予以确认，只需将相关接收机调谐到呼叫中所指明的频率上进行接收即可。

2. 安全通信

安全通信表明呼叫台有一份涉及航行安全的电文需要发送。例如，当某船舶发现危险冰况、危险船舶残骸或危及海上航行安全等危险情况时，船舶电台应该尽快联系附近的其他船舶，并尽快与附近海岸电台取得联系，并且通过海岸电台将上述信息发送给有关当局。上述所有通信都必须冠以安全信号。

如果使用地面通信系统进行安全通信，首先应该在一个或多个指定的遇险和安全呼叫频率上使用 DSC 终端进行呼叫，然后调谐到无线电话或者 NBDP 设备的特定频率上广播安全信号及信息，安全信号为“SECURITE”，读作法语的“Say - Cure - Tay”。如果通过国际海事卫星系统发送安全信息，则不需要另外使用安全信号。当船舶收到 DSC 安全呼叫时，不要对呼叫予以确认，只需将相关接收机调谐到呼叫中所指明的频率上进行接收即可。

【知识拓展】船舶通导设备使用无线电波波段简介

一、无线电波波段划分

无线电波在自由空间传播的速度为 $v = 3 \times 10^8$ m/s；电波在一个周期 T 内的传播距离称为波长 λ（单位：m）；频率 f 与周期 T 互为倒数。这些物理量之间的关系可用下式表示

$$\lambda = v \cdot T = v/f \qquad (1.1)$$

由于 v 是常量，所以已知 f 和 λ 两者之一，就可求出另一个量。

无线电波的频率范围很宽，按照不同范围频率的特点可划分为多个频段，或称波段。波段的划分既可按频率划分，也可按波长划分。

在 GMDSS 中，地面通信系统主要工作在 MF、HF、VHF 波段，其中 MF/HF 波段的发射范围是 1.6 ~ 27.5 MHz，VHF 波段的范围是 156 ~ 174 MHz；卫星通信系统工作于微波波段，如 INMARSAT 系统工作于 1.5 ~ 1.6 GHz 和 4 ~ 6 GHz 的波段。

在航海应用中，雷达主要工作在 VHF 上，包括 X(9.3 ~ 9.5 GHz) 和 S(2.9 ~ 3.1 GHz) 两个波段，波长分别为 3 cm 和 10 cm。因此，航海人员通常称上述两种设备为“3 公分雷达”和“10 公分雷达”。表 1 - 4 列出了不同波段的名称、相应的波长和频率范围。

表1-4 无线电波波段的划分

波段名称		波长范围	频段名称	频率范围
极长波		1 00 000 m 以上	极低频(ELF)	3 kHz 以下
超长波		10 000 ~ 100 000 m	甚低频(VLF)	3 ~ 30 kHz
长波		1 000 ~ 10 000 m	低频(LF)	30 ~ 300 kHz
中波		100 ~ 1 000 m	中频(MF)	300 kHz ~ 3 MHz
短波		10 ~ 100 m	高频(HF)	3 ~ 30 MHz
超短波		1 ~ 10 m	甚高频(VHF)	30 ~ 300 MHz
微波	分米波	1 ~ 10 dm	特高频(UHF)	300 MHz ~ 3 GHz
	厘米波	1 ~ 10 cm	超高频(SHF)	3 ~ 30 GHz
	毫米波	1 ~ 10 mm	极高频(EHF)	30 ~ 300 GHz
	亚毫米波	1 mm 以下	超极高频(SEHF)	300 GHz 以上

二、无线电波传播主要方式

不同频率的无线电波从发射点到接收点主要有三种传播途径，即地波传播、空间波传播和天波(电离层波)传播。

1. 地波传播

地波传播是指电波沿地球表面以绕射的形式传播，该方式可以绕过弯曲的地球表面或障碍物，从发射端到达接收端。

通常波长越长，绕射距离越远，这是因为只有无线电波的波长与障碍物尺寸相比拟时才能发生绕射现象。长波、超长波和极长波可沿地球表面传播几千千米甚至几万千米，中波可以沿地面传播几百千米，短波沿地面传播一般不超过100 km。超短波和微波由于波长很短，所以它们一般不能沿地球表面以绕射形式向较远的距离传播。另外，地球表面不是理想导体，无线电波沿地球表面传播可产生损耗，即地面对电波有吸收衰减，波长越长损耗越小。

2. 空间波传播

空间波是指无线电波在空间直线传播，或经地面反射传播，或经卫星中继传播。对于接收点的信号也可以是地面反射波和空间直射波的合成，如图1-6所示。

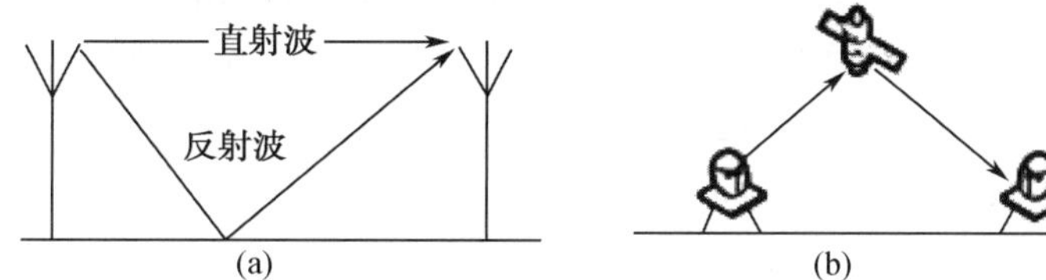

图1-6 空间波传播

(a)地面反射传播；(b)卫星中继传播

空间波主要是直射传播。在发射功率一定的情况下，地面上收发两点天线的高度越高，视距就越大，电波传播距离也越远。当收发距离超出视距时，由于地球曲率或障碍物的存在，空间波将被阻挡。但在实际通信中，由于空气分子的作用，信号并非绝对以直线传播，而是向地表适当弯曲，所以通信距离往往稍大于视距，此现象通常称为“超视距”传输。短波及波长更长的中波和长波不能直射传播，只有超短波和微波才能以空间波形式直射传播。为了实现地面上两点间远距离的传播，通常可采用地面微波接力传输或空中卫星中继传输。

3. 天波传播

电波由发射天线发出经电离层反射到达接收天线，或电波经电离层和地面的多次反射从发射端到达接收端的传播方式，称为天波(或电离层波)传播。因此，天波的传播距离较远，适合于远距离的通信。

电离层可分为 D 层、E 层和 F 层，其中对电波传播有显著作用的电离层是 E 层和 F 层。F 层在夏季的白天分为两层，较低的为 F1 层，较高的为 F2 层。电离层气体电离的程度随白天、黑夜、季节和太阳光线照射强弱的变化而变化。D 层和 F1 层会在白天存在，夜间消失。

无线电波频率越低，电离层的吸收作用越强。当发射的电波频率小于某一频率值 f_{min} 时，该电波将完全被电离层吸收，几乎不能返回地面。随着电波频率的提高，电波进入电离层深度逐渐加大，当发射的电波频率大于某一频率值 f_{max} 时，该电波将穿透电离层，而不能返回地面。频率介于 f_{min} 和 f_{max} 两者之间的电波就可通过电离层反射传播。这个波段主要是短波波段，中波在夜间也可以天波形式传播，而其他波段的电波则不能以天波形式传播。

三、船舶通导设备使用波段电波传播特点

1. 中波传播特点

白天，中波(即 MF)信号能穿过电离层的 D 层，并被其大量吸收，所以中波仅能以地波形式传播。夜间，D 层消失，E 层对中波吸收较少，因此夜间中波既可以地波形式传播又可以天波形式传播，故中波发射台夜间覆盖范围较白天范围大。例如，后面将要涉及的中波 NAVTEX 广播。

2. 短波传播特点

短波(即 HF)既可以地波形式传播又可以天波形式传播，但因其波长较短，沿地面绕射的能力差，且地面对该波段电波吸收强烈，衰减很快，在陆地的传播距离一般不超过 100 km，所以短波主要以天波形式传播。由于短波的频率较高，在电离层中的损耗减少。

3. 超短波和微波传播特点

超短波(即 VHF)和微波在传播特性上虽有一些差别，但基本上是相同的。由于它们的频率太高，通常能穿过电离层向太空传播，因而不能依靠电离层的反射实现通信。同时，由于它们的波长很短，地波传播衰减极大，所以也不能以地波形式传播。故超短波和微波只能以空间波形式传播，受视距限制，传播距离较近，一般传播范围为几十海里，如 GMDSS 中的 VHF 设备的有效范围约为 25 n mile。

【项目实施】

任务　识读船舶无线电通信设备布置图

45 000 t 级散货船的驾驶室电气设备布置图如图 1－7 所示，图中设备名称见表 1－5，从图中找出无线电通信设备。

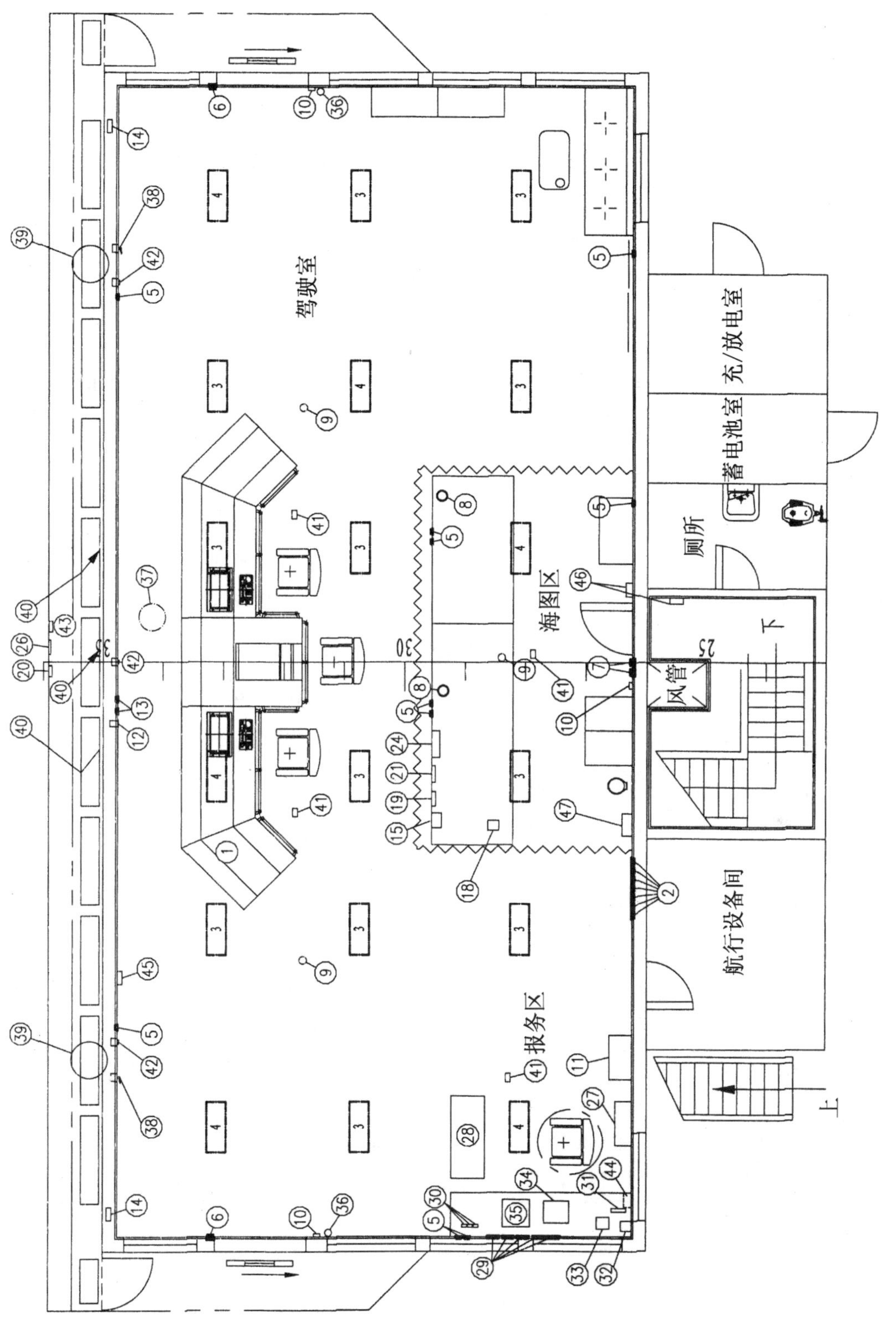

图 1－7 45 000 t 级散货船的驾驶室电气设备布置图

表 1-5　45 000 t 级散货船的驾驶室电气设备

序号	名称	数量	规格型号	序号	名称	数量	规格型号
1	驾驶室控制台	1	驾驶室控制台	25	气象传真接收机电源单元	1	NBA-5143
2	接线盒	5	AC250 V 16 A IP20	26	风速风向仪主单元	1	HWD-600
3	荧光蓬顶灯	12	AC220 V 2×20 W IP22	27	无线电分电箱	1	
4	应急荧光蓬顶灯	6	AC220 V 2×20 W IP22	28	无线电组合台	1	
5	防护式插座	10	AC250 V 10 A IP20	29	双联组合壁式插座	5	
6	非水密双极双联开关	2	AC250 V 10 A IP20	30	手持甚高频无线电话机	3	JHS-7
7	防护式双极单投开关	2	AC250 V 10 A IP20	31	NAVTEX 接收机	1	NCR-333
8	海图灯	2	AC220 V 50 W IP22	32	NAVTEX 电源单元	1	NBG-320
9	感烟探测器	3	JTY-GD-5i/DB5i	33	NAVTEX 打印机	1	DPU-414
10	手动报警按钮	3	J-SAC-5i，IP20	34	卫通 F 站系统	1	FB500
11	广播扩音机	1	CKY-1T	35	卫通 F 站传真机	1	FAX-2820
12	引航员插座	1	NQE-3150	36	SART	2	
13	引航员电源插座(110 V&220 V)	2	NBG-380	37	三面舵角指示器	1	TRI-2
14	刮水器电磁阀	2		38	摩氏键	2	
15	测深仪显示单元	1	NJA-98	39	旋转视窗	2	
16	测深仪接线箱	1	NDQ-2120	40	刮水器	3	
17	测深仪信号分配盒	1	NQA-4251A	41	VDR 室内麦克风组件	4	
18	测深仪打印机	1	NKG-91	42	笛按钮	3	
19	计程仪主显示单元	1	NWW-65	43	主机转速表	2	
20	计程仪数字分显	1	NWW-5	44	局域网路由器	2	
21	DGPS 显示单元	1	NWZ-4740	45	VHF 话机	3	
22	DGPS 接线盒	1	NQE-7700A	46	防火风闸控制盒	6	
23	DGPS 电源单元	1	NBG-320	47	航向记录仪	1	
24	气象传真接收机	1	JAX-9B				

【项目考核】

项目考核单见表1－6。

表1－6 项目考核单

序号	考核点	分值	建议考核方式	考核标准	得分
1	识读船舶通导设备布置图	10	教师评价（50%）+互评（50%）	能正确识读船舶通导设备布置图，识读错误一处扣1分	
2	认识GMDSS系统设备	10	教师评价（50%）+互评（50%）	能正确认识GMDSS设备，认识错误一台设备扣2分	
3	GMDSS系统设备的基本配备	10	教师评价（50%）+互评（50%）	能正确配备GMDSS设备，配备错误一台设备扣2分	
4	GMDSS的遇险报警程序，在不同的海区应使用的报警设备	10	教师评价（50%）+互评（50%）	在不同的海区能正确使用报警设备，使用错误一台设备扣2分	
5	在地球仪上指出海区划分情况	5	教师评价（50%）+互评（50%）	能正确指出不同海区划分，错一处扣2分	
6	项目报告	10	教师评价（100%）	格式标准，内容完整，详细记录项目实施过程并进行归纳总结，一处不合格扣2分	
7	职业素养	5	教师评价（30%）+自评（20%）+互评（50%）	工作积极主动、遵守工作纪律、遵守安全操作规程、爱惜设备与器材	
8	知识巩固测试（见项目知识训练一）	40	教师评价（100%）	对相关知识点掌握牢固，错一题扣1分	
完成日期		年 月 日		总分	

项目知识训练一

1. GMDSS的首要功能是保证________。
   A. 日常通信　B. 播发海上安全信息　C. 驾驶台之间通信　D. 遇险船舶的可靠通信
2. GMDSS设备的配备是按________要求进行的。
   A. 船舶吨位　B. 各国配备规范　C. 船舶航区　D. 船舶动力装置的功率
3. GMDSS按海区划分为________。
   A. 16个海区　B. 3个海区　C. 4个洋区　D. 4个海区
4. 船舶在A2海区出现搁浅遇险紧急情况，需要他方援助时，首选使用________设备报警。
   A. MF DSC　B. FPTRR　C. HF DSC　D. SART
5. GMDSS中，不能用________设备接收气象信息。
   A. NAVTEX　B. NBDP终端　C. EGC接收机　D. DSC终端

6.《SOLAS 公约》第 4 章规定,航行于 A3、A4 海区的船舶,其无线电设备维修方式应采用________的方法。

A. 依靠船上专设的电子维修人员维修　　B. 依靠岸上维修人员维修

C. 船上配备双套设备　　D. 上述任何两种方案的配合

7. 遇险现场通信常使用________。

A. HF 设备的无线电话和电传　　B. INMARSAT 移动站的电话和电传

C. VHF/MF 设备的无线电话　　D. VHF 无线电话和 DSC

8. 没有遇险报警功能的设备是________。

A. SART　　B. EPIRB　　C. DSC　　D. INMARSAT 移动站

9. 在 COSPAS/SARSAT 系统中,使用的终端设备是________。

A. NAVTEX　　B. EPIRB　　C. DSC　　D. SART

10. 每艘 500 总吨以上船舶至少配备 SART ________台,双向手提式无线电话________台。

A. 1;2　　B. 2;3　　C. 2;1　　D. 3;2

11. INMARSAT 卫星覆盖范围________。

A. 两极地区　　B. A1 + A2 + A3 海区　　C. A1 + A2 海区　　D. A3 海区

12. GMDSS 全面实施的日期是________。

A. 1992 年 2 月 1 日　　B. 1992 年 8 月 1 日　　C. 1995 年 2 月 1 日　　D. 1999 年 2 月 1 日

13. 在 GMDSS 规则中,下列________不是通用操作员的能力要求。

A. 掌握英语进行海上通信沟通　　B. 具备维修 GMDSS 设备的能力

C. 有效利用 GMDSS 设备进行通信　　D. 了解海上无线电通信相关规则

14. 通过 INMARSAT - C 站的报文产生器误发报警信息,应尽快向________取消误报警。

A. IMO　　B. RCC　　C. NCS　　D. LES

15. "具有连续 VHF - DSC 值守能力岸台所覆盖的区域"定义是________。

A. A1 海区　　B. A2 海区　　C. A3 海区　　D. A4 海区

16. 通常在船舶驾驶位置上,为了船舶航行安全而进行的通信实现的是________功能。

A. 日常通信　　B. 遇险通信　　C. 现场通信　　D. 驾驶台与驾驶台通信

17. 下列不是 GMDSS 所要求的每个海区必备的设备是________。

A. NAVTEX 接收机和 EPIRB　　B. SART 和 VHF 双向无线电话

C. MES 和 MF/HF 组合电台　　D. VHF DSC 终端与 EGC 接收机

18. GMDSS 中遇险报警指________。

A. 船对岸的报警　　B. 船对船的报警

C. 岸对船的报警　　D. A,B 和 C

19. 在 A4 海区实现船对岸遇险报警通常可采用________。

A. VHF DSC 设备　　B. HF DSC 设备　　C. MF/HF DSC 设备　　D. MF DSC 设备

20. GMDSS 系统由________个分系统组成。

A. 4　　B. 3　　C. 2　　D. 1

21. 航行于________海区的船舶不能用 INMARSAT 系统完成通信。

A. A1　　B. A2　　C. A3　　D. A4

22. 救助中心(RCC)通过岸站发出的报警是________报警。

A. 船对岸　　B. 船对船　　C. 岸对船　　D. A,B 和 C

23. A3 海区的双配套设备是指在原有设备的基础上________。

A. 重新加倍配套

B. 加一套船站或 MF/HF 装置

C. 加一套 SART 和 VHF

D. 加一套带 DSC 的 VHF,一套卫星船站或 MF/HF 装置

24. 下列________不是 INMARSAT 系统提供的业务。
A. 电话、低速数据传输　　B. 电传、电子邮件
C. 传真、高速数据传输　　D. 窄带直接印字电报

25. 下面________不属于国际移动卫星通信系统的组成部分。
A. 网络协调站(NCS)　　B. 地面站(LES)　　C. 移动站(MES)　　D. 陆地用户终端(LUT)

26. 在 GMDSS 中,通过________设备可完成寻位功能。
A. 卫星移动站　　B. SART　　C. 组合电台　　D. MF/HF－DSC 设备

27. ________不是 COSPAS/SARSAT 系统的组成。
A. MCC　　B. SART　　C. EPIRB　　D. LUT

28. A4 海区船舶必须增配的设备是________。
A. HF 无线电设备　　B. NAVTEX 与 EGC　　C. MF DSC 值守机　　D. INMARSAT 移动站

29. 客船至少配备________台双向 VHF 无线电话通信设备
A. 2　　B. 3　　C. 4　　D. 5

30. GMDSS 通信优先等级分________级。
A. 3　　B. 2　　C. 4　　D. 6

31. GMDSS 无线电话紧急信号为________。
A. MAYDAY　　B. PAN PAN　　C. SECURITE　　D. URGENT

32. NAVTEX 是近距离广播通信系统,工作频率为________。
A. 2 182 kHz　　B. 2 187.5 kHz　　C. 518 MHz　　D. 518 kHz

33. 船舶应急通信的责任人是________。
A. 船长　　B. 大副　　C. 二副　　D. 遇险通信者

34. 下述________情况下需要遇险转发。
A. 确认遇险船没有发出遇险报警
B. 救助船救助能力不够,需要其他船舶增援救助
C. HF 波段上收到 DSC 报警,本船不能救助,海岸电台 5 min 没有应答时
D. A,B 和 C 三种情况,都需要进行遇险转发

35. INMARSAT－F 站发生误遇险报警时,下面________描述不正确。
A. 立即关机
B. 不要立即关机,在 RCC 人员与你通话时,及时做出解释
C. 与相关 RCC 联系做出解释
D. 报告船长,采取措施,消除影响

项目二　船舶 MF/HF 组合电台的安装与操作

【项目描述】

船舶 MF/HF 组合电台，又称单边带组合电台，适用于船岸间和船舶间的中远距离通信，是 GMDSS 地面频率通信系统的主要设备之一。其中频工作频段是 1.6 ~4 MHz，高频工作频段是 4 ~27.5 MHz，与卫星船站相互补充，是航行在 A3 和 A4 海区的船舶必须装配的通信设备之一。因为国际移动卫星通信系统中的静止卫星转发的波束覆盖不到 A4 海区，所以航行在这一区域的船舶，只能使用单边带设备进行远距离通信。

【项目目标】

1. 识读 MF/HF 组合电台的系统图和接线图。
2. 能正确安装 MF/HF 组合电台，并正确接线，包括天线、收发信机及各终端设备。
3. 熟悉 MF/HF 组合电台控制器面板各键的名称和作用。
4. 会操作 MF/HF 组合电台进行快速 DSC 遇险报警，会使用 MF/HF 组合电台进行船 - 岸 - 用户无线电话通信、船 - 船无线电话通信。

【知识链接】

知识链接 1　船舶 MF/HF 组合电台系统认识

一、MF/HF 组合电台的组成

船用 MF/HF 组合电台是地面通信系统的主体，通过该系统可实现遇险报警、搜救协调通信、现场通信、MSI 的播发和接收及常规通信等功能。另外通过海岸电台的延伸可实现船舶电台与陆地公众电话网用户、电传网用户之间的通信，还可借助专用终端设备实现与陆地数据通信网用户间的通信。

MF/HF 组合电台安装在船舶驾驶室的 GMDSS 组合台上。GMDSS 组合台上除了安装 MF/HF 组合电台外，一般还安装 INMARSAT - C 站，有些船舶 VHF 设备也安装在组合台上。图 2 -1 为 FURUNO(RC -1800F)GMDSS 组合台的系统图。

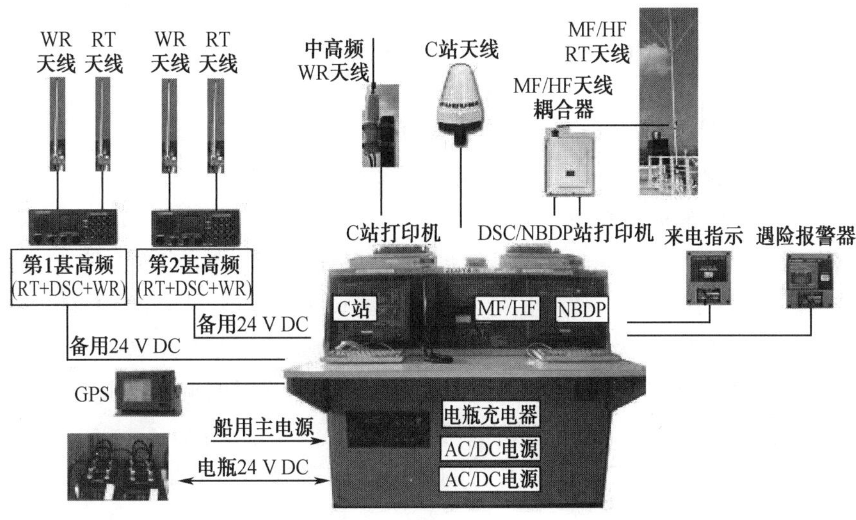

图 2－1 FURUNO(RC－1800F)GMDSS 组合台的系统图

MF/HF 无线电通信系统,由 MF/HF 收发信机、操作控制单元、终端设备、天线耦合器、天线以及电源等部分组成,如图 2－2 所示。

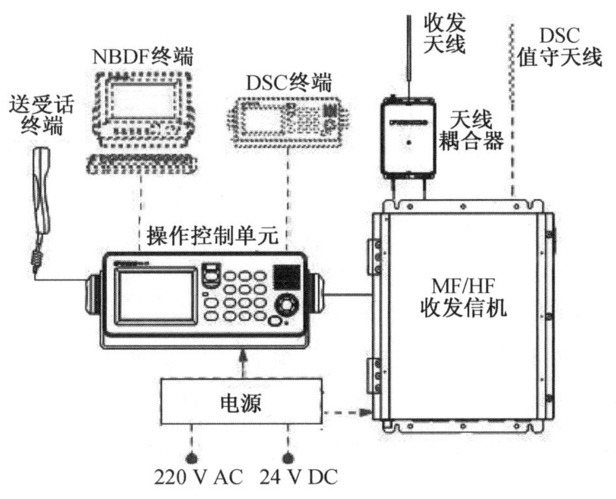

图 2－2 MF/HF 组合电台组成

MF/HF 收发信机单元包括 SSB 发射机、SSB 接收机和收发控制部分,是整套设备的核心,承担无线信号的收、发任务。

通过操作收发控制单元可对设备进行操作控制。有些型号设备的 DSC 值守机、DSC 调制解调器、NBDP 调制解调器和操作控制单元集成在一起,其中 DSC 值守机的作用是对 MF/HF 频段的多个相关频率进行连续接收,实现无人值守功能,它可使用专用的接收天线。

送受话终端、NBDP 终端和 DSC 终端,承担语音信息、数字信息与基带信号之间的转换。

天线耦合器完成发射前的调谐和阻抗匹配。天线包括 MF/HF 收发天线(RT 天线)和 DSC 值守天线(WR 天线)。

电源单元的输入采用交流(AC)、直流(DC)双重供电方式。输入的交流电来自船舶主电源或应急电源，输入的直流电来自船舶通信设备的备用电源，一旦船舶交流电源断电，直流电源自动工作，从而保证 MF/HF 通信设备在船舶遇险和应急情况下能够正常通信。

二、SSB 通信的原理

船用 MF/HF 组合电台采用 SSB 调制，所以又称 SSB 组合电台。

1. 通信中使用调制的原因

人能听到的声音范围为 300 ~ 3 000 Hz，高于和低于这一范围的声音人耳很难分辨，这段频率称为音频。声音在空气中传播速度很慢，大约为 340 m/s，且衰减快，不会传播很远。

信号有效辐射的条件是天线有效长度应和电波波长相比拟。音频波长区为 10^5 ~ 10^6 m，架设这样长度的天线通信显然是困难的。由 $\lambda = v/f$ 可知，频率 f 越高，其波长越短，需要的天线长度也越短。同时，更高的频率可以容纳更多电台工作。

不用架设很高的天线，如何才能把大量的信号传到遥远的目的地呢？答案就是调制。

2. 调制的概念

把要传递的信号称为调制信号，把调制信号加到高频信号的技术称为调制，该高频信号称为载波，经过调制后的信号称为已调信号。在接收端从已调信号中检取原始信号的过程称为解调或检波。让载波信号的振幅随着调制信号幅度大小的变化而变化称为调幅。SSB 调制是从调幅通信演变而来的。

3. SSB 调制的特点

SSB 通信是继调幅通信后发展起来的一种新的通信技术。下面对比一下调幅与 SSB 调制，如图 2 - 3 所示。其中图(a)为调制信号，频率范围为 F_{min} ~ F_{max}；图(b)为调幅波(已调信号)，图中载频 f_c 的两旁形成了对称排列的两个边带，分别称为上边带(USB—Upper Side Band)和下边带(LSB—Lower Side Band)。上、下边带的频谱结构和范围与调制信号的频谱结构和范围完全相同，说明上、下边带都包含相同的被传递的有用信息，边带中每一频率分量的振幅都不超过载波振幅的一半。

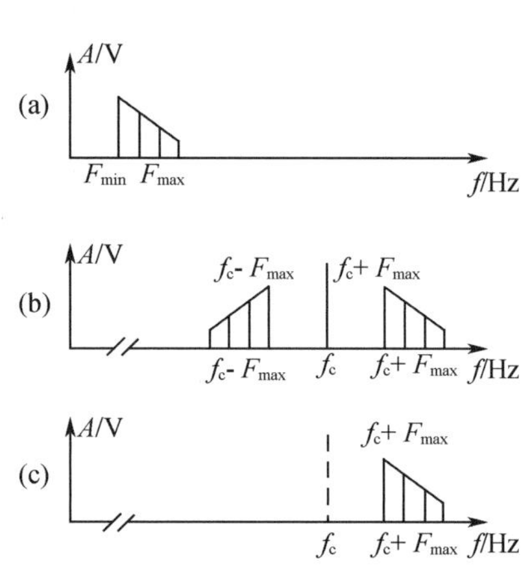

图 2 - 3　调幅波与 SSB 调制信号的频谱图

(a)调制信号；(b)调幅波；(c)SSB 信号

SSB 调制产生原理是基于调幅波的性质，通过技术处理，抑制载波和一个边带，仅发射另一个边带。按照国际上的有关规定，水上移动业务的 MF/HF 无线电话通信发射上边带信号，如图 2 - 3(c)。

SSB 通信的特点如下。

(1)节约频谱。例如，音频的带宽为 3 kHz，调幅波带宽至少是音频信号带宽的 2 倍，如图 2 - 3(b)所示。而 SSB 信号带宽与音频信号的带宽相同，即 3 kHz。

(2)节省功率。在调幅通信中，不论是否发射信息，发射机总要发射载频。SSB 通信只发射一个边带信号，无信息时，SSB 发射机不发射信息，节省了发射功率。

(3)抗选择性衰落能力强。SSB 信号中既没有载波，频带又窄，频率分量间幅度和相位的依从关系弱，传输中受电离层的影响小，抗选择性衰落能力强。

4. SSB 通信工作种类

根据国际无线电通信咨询委员会(CCIR—International Radio Consultative Committee)的建议,水上无线电通信每种工作种类(又称发射类型)的基本特性都用三个符号来表示。

第一个符号是字母,表示主载波的调制方式。A——双边带调制;J——抑制载波的 SSB 调制;R——部分抑制载波的 SSB 调制;H——含有全载波的 SSB 调制;F——调频;G——调相。

第二个符号是数字,表示调制信号的性质。1——不用副载波调制,但包含数字信息的单信道;2——利用副载波调制,并包含数字信息的单信道;3——模拟信息调制的单信道。

第三个符号是字母,表示所发射信息的类型。A——人工方式接收的信息;B——自动方式接收的信息;C——传真;D——数据传输;E——电话;F——电视。

在 GMDSS 中,利用 MF/HF 通信设备可以实现 SSB 无线电话通信、DSC 通信、NBDP 通信,因此船用 MF/HF 通信设备是一种多功能通信设备。其工作种类主要有 J3E、R3E、H3E、A3E、F1B、J2B,每种工作类型的频谱结构如图 2-4 所示。

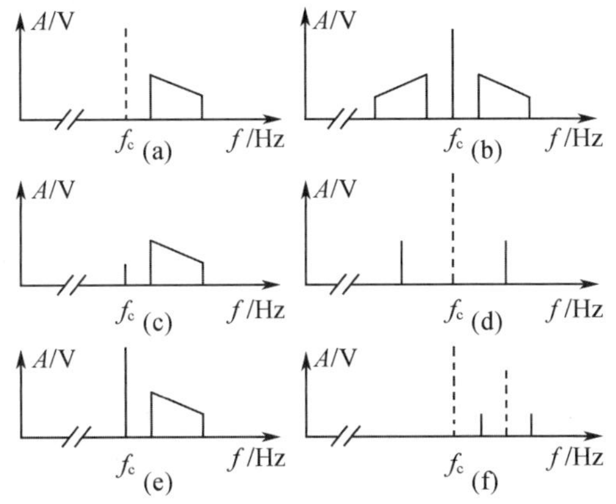

图 2-4 各种发射类型的频谱

(a)J3E;(b)R3E;(c)H3E;(d)A3E;(e)F1B;(f)J2B

(1)J3E 为抑制载波单路 SSB 电话,是海上 MF/HF 无线电话通信最常用的工作种类。

(2)R3E 为部分抑制载波单路 SSB 电话。用 R3E 的目的是为了和搜救飞机进行通信,因为飞机飞行时会产生多普勒频移,为克服此影响,航空通信使用 R3E。

(3)H3E 为全载波单路 SSB 电话。用 H3E 的目的是因为该信号与一般双边带调幅信号兼容,能用普通调幅接收机接收。在 GMDSS 中,MF/HF 无线电话的遇险与安全通信规定使用 H3E,以提高报警的成功率,扩大遇险通信接收的范围。

(4)A3E 为双边带调幅电话。普通调幅广播就是这种调制类型。

(5)F1B 为调频单路自动接收报,它是利用振幅相等但频率不同的两个振荡波来传送数字信息,又称频移键控(FSK—Frequency Shift Key)。

(6)J2B 称为抑制载波单路 SSB 自动接收报。F1B 和 J2B 是 MF/HF NBDP 和 DSC 通信的工作种类。

三、MF/HF 无线电通信设备的性能

1. MF/HF 无线电通信设备的通信方式

MF/HF 无线电通信设备通信方式有 DSC、SSB 无线电话和 NBDP,其中海上 SSB 无线电话采用上边带通信,通信方式为 J3E;NBDP 和 DSC 在终端经过 FSK 调制,在发射通道采用 F1B 调制。

MF/HF 无线电通信设备用只读方式将海上移动业务 MF、HF 频段 ITU 信道永久存储,使用者调用即可;使用 DSC 和 NBDP 遇险专用频率时,发射机工作种类自动转到 F1B 方式;在 F1B 方式时,自动加上高压;高压加上 3 min 之内,如不执行发射,高压自动断开。

2. 收/发信机性能特点

收/发信机频率稳定度高,频率误差容限船台和岸台都不得超过 ±10 Hz。SSB 发射机工作频率范围为 1.6 ~ 27.5 MHz,接收机接收频率范围为 0.1 ~ 30 MHz;发信机具有自动调谐功能,接收机有足够的灵敏度和选择性;收/发信机有频率预置、频率存储和接收机频率扫描的功能。

此外,MF/HF 无线电通信设备收/发信机具有较高的可靠性和稳定性,能连续工作 24 h 或更长的时间,能在恶劣的条件下工作;具有比较完善的自检测功能,检测结果显示在液晶显示屏上;根据显示的错误码,可在说明书上查找出产生故障的部位或部件,以便于维修。

3. 遥控功能

MF/HF 无线电通信设备具有遥控功能,一切操作可以在控制器上完成,并可在驾驶台遥控 MF/HF 收发信机;控制器能够通过专用接口连接各种终端设备和导航设备,可做成台式或壁挂式。

四、MF/HF 无线电通信设备的工作方式

收/发信机的工作方式分为单工、双工和半双工。

单工工作方式是指通信双方只能进行交替收发的工作方式。若收发使用相同的频率,称为同频单工;收发使用不同的频率,称为异频单工。

双工工作方式是指通信双方可以同时进行发射的工作方式。

半双工工作方式是指通信双方一方为单工,另一方为双工的工作方式。

GMDSS 的 MF/HF 无线电通信设备在船与岸之间通信时一般采用半双工工作方式,即船舶采用单工工作方式,海岸电台采用双工工作方式;而船台与船台之间通信通常采用的是单工工作方式。不论船岸间通信,还是船船间通信,船舶电台一般采用单工工作方式,主要是防止接收机被强信号损坏前端线路。

五、地面通信系统遇险安全呼叫频率和通信频率

GMDSS 地面通信系统采用 DSC 方式进行遇险、紧急和安全呼叫,随后的通信使用无线电话或 NBDP,考虑到 VHF、MF 和 HF 波段电波传输特点,IMO 在 MF、HF 和 VHF 频段指配了 DSC、无线电话和 NBDP 遇险与安全通信专用频率。值守机保持对 DSC 遇险和安全频率连续值守,同时在 VHF CH16 信道上保持收听。DSC 呼叫后遵循同频段原则进行无线电话或者无线电传通信。DSC、无线电话和 NBDP 遇险与安全专用通信频率见表 2 - 1。

表 2 - 1　DSC、无线电话和 NBDP 遇险与安全专用通信频率　　(单位:kHz)

通信方式	频段						
	MF	HF					VHF
DSC	2 187.5	4 207.5	6 312.0	8 414.5	12 577.0	16 804.5	CH70
无线电话	2 182.0	4 125.0	6 215.0	8 291.0	12 290.0	16 420.0	CH16
NBDP	2 174.5	4 177.5	6 268.0	8 316.5	12 520.0	16 695.0	

知识链接2　MF/HF 组合电台终端设备的认识

一、送受话终端

送受话终端俗称话筒，它是 SSB 电话通信的终端设备。与我们常见的有线电话的话筒不同，SSB 无线电话的话筒上，除耳机和麦克外，还有一个 PTT(Press to Talk)按键。其作用是键控发射机，只有按下此键，SSB 发射机才能进行发射。进行单工通信时，此键还同时控制接收机，以使整套设备交替进行发射或接收。进行双工通信时，接收机不受此键控制，一直处于接收状态。另外，船用 VHF 设备的话筒也是如此控制的。

二、NBDP 终端

NBDP 设备是 GMDSS 地面系统中 MF/HF 通信设备的主要终端设备之一。它与船用 SSB 收发设备连用，构成无线电电传系统，可实现船岸间、船舶间、船台和经岸台延伸的电台或国际用户电传网用户间的自动电传业务，同时还可向某组船舶或所有船舶播发电传信息。

1. NBDP 终端的基本组成

NBDP 终端设备的基本组成如图 2 –5 所示。NBDP 终端设备包括调制解调器单元与外围设备两部分。

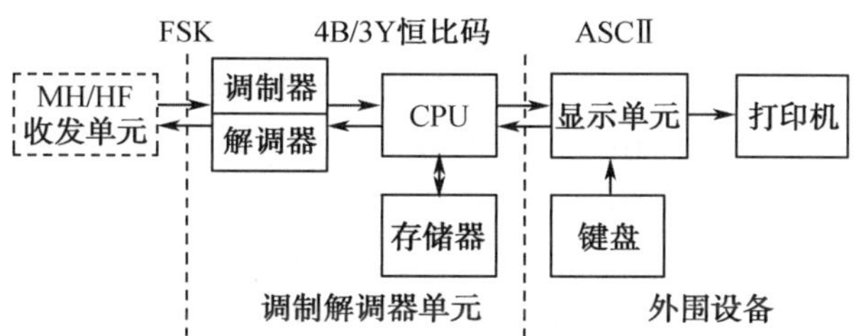

图 2 –5　NBDP 终端设备的基本组成框图

调制解调器单元是整个终端设备的核心部分。它由 CPU、存储器、解调器和调制器组成。CPU 主要完成编码工作，即通过编码转换达到外围设备(采用 ASCII 码)与调制解调器(4B/3Y 恒比码)对接的目的，以实现电传通信；调制器的作用是将 CPU 输出的 4B/3Y 恒比码转换成 FSK 信号，以获得数字调制信号，送 SSB 发射机进行相应处理；解调器的作用是将来自 SSB 接收机的 FSK 信号还原成 4B/3Y 恒比编码，以便经 CPU 转换输出。

2. NBDP 主要技术指标

(1)采用 FSK 调制，中心频率为 1 700 Hz，频偏为 ±85 Hz；调制较高的频率(1 785 Hz)对应“空号”，较低的频率(1 615 Hz)对应“传号”。

(2)无线电传的传输速率为 100 b/s。

(3)采用 7 单元 4B/3Y 恒比码检错，并采用相同码的自动重复请求(ARQ)和时间分集前向纠错(FEC)方式进行纠错。

4B/3Y 恒比码：即一个字符由七位二进制数码表示，字符中“0”和“1”码元个数之比为 4:3。

(4)设备的调制解调器的输入/输出阻抗为 600 Ω。

(5)设备应配有电传打字机或字符显示器。

(6)设备应使用单相交流电源(220 V ±10%,50~60 Hz);应能在 -10~+55 ℃、相对湿度不大于95%的环境内工作。

3. NBDP 通信的工作方式

NBDP 通信的工作方式有两种。

(1)ARQ 方式(或称 A 模式)。这种方式适用于船到岸、岸到船或船到船等所谓点对点通信的场合,通信时采用双向信道、半双工通信方式。

ARQ 方式的工作程序包括定相、相互识别、通信、重新定相和通信结束五个过程。

(2)FEC 方式(或称 B 模式)。这种方式适用于同时将同一报文发给多台或所有台的情况,即所谓的通播方式,通信时采用单向信道、单工通信方式。

在实际应用中,FEC 方式又分为集群性前向纠错(CFEC—Collective FEC)方式和选择性前向纠错(SFEC—Selective FEC)方式。CFEC 方式适用于点对面通信,即一台发所有台收;SFEC 方式适用于点对点或点对线通信,即一台发另一台或一组台收。

三、DSC 终端

DSC 是 GMDSS 地面通信系统中的一个重要终端。DSC 的功能一是遇险、紧急、安全和常规通信的呼叫,二是无人值守。

根据规定,船舶保持在 MF、HF、VHF 频段 DSC 遇险和安全频率上值守,能接收到通信范围内的 DSC 遇险、紧急和安全呼叫,并转到同频段或者标明的通信频率上进行通信。接收到 DSC 遇险呼叫后的相关台转到与 DSC 遇险呼叫同频段的无线电话遇险通信频率上。如果遇险呼叫中标明随后通信使用 NBDP 的 ARQ 或者 FEC 方式,相关台都应转到与 DSC 遇险呼叫同频段的无线电传遇险通信频率上进行通信。

1. DSC 终端的基本组成

DSC 作为一个终端设备,其电路组成的具体形式随厂家和型号的不同而有所区别。有的型号 MF/HF DSC 终端是一个独立的设备,有的是和收发机综合在一起,但不论以什么形式存在,均应该满足 MF/HF DSC 的功能及性能要求。MF/HF DSC 终端的基本组成如图 2-6所示,它由 CPU、存储器、键盘与显示单元、调制解调器等组成。

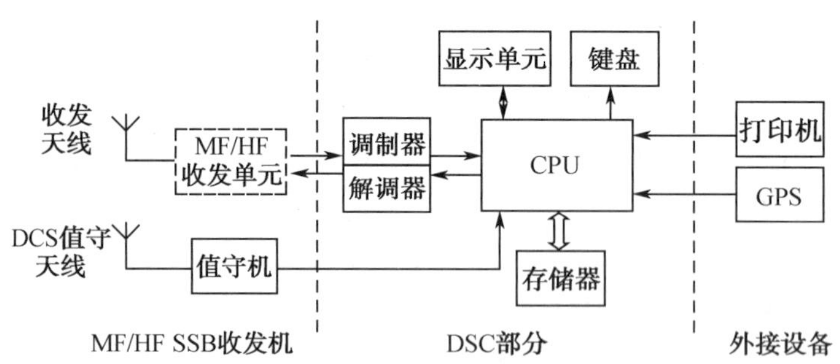

图 2-6　MF/HF DSC 终端的组成框图

CPU、存储器、键盘和显示器构成了一个专用微机,MF/HF DSC 所有功能均由它来处理和控制。键盘与显示器构成人机接口,可实现呼叫序列的编辑、修改及各种呼叫序列的发射,并在收发期间进行相应的声、光报警及信息显示。调制解调器的作用是实现编码信息与 FSK 基带信号之间的转换。

打印机和 GPS 接收机是 MF/HF DSC 终端的两个外围设备。GPS 接收机是必接的设备,其作用是将 GPS 获得的船位随时存入 MF/HF DSC 终端的船位存储器中,用于遇险报警时自动构成遇险呼叫序列、接收区域性呼叫或在岸台查询船位时自动构成船位应答序列。

MF/HF SSB 收发单元是主要的通信单元,它将 MF/HF DSC 终端输出的 FSK 基带信号进行相应的处理和变换。MF/HF DSC 值守机有遇险值守机和常规值守机之分,遇险值守机实现了对国际 MF/HF DSC 遇险频率的连续无人守听,提高了遇险报警接收的有效性。常规值守机用来实现对相关岸台或船台的常规呼叫进行连续无人守听。

2. DSC 主要技术指标

(1)与 NBDP 相同,采用 FSK 调制,中心频率为1 700 Hz,频偏为 ±85 Hz;频率 1 785 Hz 对应"空号",频率 1 615 Hz 对应"传号";频率容差为 ±0.5 Hz;传输速率为 100 b/s。

(2)采用十单元检错码,即一个字符由十位二进制数码表示。十单元码的前七位为信息码,后三位为检错码,并采用垂直一致校验和二重时间分集的方式进行纠错。

(3)接收机频率带宽 300 kHz。

(4)设备的调制解调器的输入/输出阻抗为 600 Ω;收发信机在开机 1 min 之内即可工作。

(5)MF/HF DSC 报警电文每次重复 5 遍,50 s 内完成;常规 DSC 每次呼叫所用时间为 6.2 ~ 9.6 s。

3. DSC 信道

ITU 规定了 34 个 DSC 呼叫的专用"国际信道"(International Channel),其中 MF 有 2 个波段,HF 有 8 个波段,VHF 只有 1 个 DSC 信道(VHF CH70)。当海岸电台开放 DSC 业务时,除分配值守"国际信道"外,还分配在"国内信道"(National Channel)上值守。详情可查阅《无线电信号书》第一卷"海岸电台表"。

在这 34 个国际信道中,有 7 个遇险安全频率(见表 2 - 1),其中 MF 2 187.5 kHz、HF 8 414.5 kHz和 VHF CH70(156.525 MHz)3 个 DSC 遇险安全呼叫频率是必须要强制值守的,另外再按规定扫描值守某一其他的 DSC 遇险安全呼叫频率,这是对 DSC 扫描值守机的最低要求。现在厂家生产的 DSC 扫描值守机一般能对 MF/HF 6 个 DSC 遇险安全呼叫频率全部值守,然后再根据航线的具体情况和任务,临时设置 1 个或者几个岸台 DSC 国际信道和国内信道进行扫描值守,以随时响应有关海岸电台的 DSC 呼叫,建立通信链路。

知识链接3 SSB 通信系统业务

一、船舶电台的识别

船舶的识别有多种形式,其主要作用是进行船舶间的相互识别和通信,早期只有一个船名,但是随着通信技术的发展,出现了船舶呼号、水上移动业务识别(MMSI)和国际海事卫星移动号码(IMN)等。其中,船名是由船东根据自己的意愿命名的,其他的识别是由国际组织把识别的范围统一分配到国家和地区,再由国家和地区的管理部门具体分配到各个船舶,不得出现重复现象。

1. 呼号(Call Sign)的组成

船舶呼号是 IMO 指定给每条船舶唯一的识别信号,相当于船舶专用身份证。ITU 划分给我国的呼号范围是:船舶电台 BAA - BZZ,海(江)岸电台 XSA - XSZ 和 3HA - 3UZ。

(1)海(江)岸电台呼号

海(江)岸电台呼号由两个字符和一个字母,或两个字符和一个字母,后跟不超过三位数字(紧接在字母后面的数字 0 或 1 除外)组成。例如,我国上海海岸电台的呼号是 XSG 和 XSG26,青岛海岸电台的呼号是 XST 等。

(2)船舶电台呼号

船舶电台呼号由两个字符和两个字母,或两个字符、两个字母和一位数字(数字 0 或 1 除外)组成。例如,"育强"轮的呼号是 BOXZ 等。

只使用无线电话的船舶电台也可以使用如下组成方式的呼号:

两个字符(第二个字符必须是字母),后跟四位数字(紧接在字母后面的数字 0 或 1 除外),或两个字符和一个字母,后跟四位数字(紧接在字母后面的数字 0 或 1 除外)。

2. 无线电话电台的识别组成

(1)海(江)岸电台的识别

电台的呼号或港口地理名称后面加"RADIO"(台)。

(2)船舶电台的识别

电台的呼号或船舶的正式名称。与国外电台联系时,前面加"CHINESE VESSEL"。

3. MMSI

MMSI 是一种九位识别码,主要分配给船舶电台和海岸电台在 DSC 和 NBDP 通信中相互识别身份时使用。根据 ITU 无线电规则的相关规定,在电话业务呼叫人工连接时也可以使用 MMSI。

MMSI 主要包括船舶电台识别码、船舶电台群呼识别码、海岸电台识别码。通常,MMSI 由设备安装人员写入终端设备。

(1)水上识别数字

水上识别数字(MID—Maritime Identification Digits)是 ITU 给每个国家分配的水上业务识别码,用来表示海岸电台、船舶电台所属的国家或地区。它由三位数字组成,也可称为水上识别码。国际电信联盟分配给我国的水上识别码是 412、413。在实际工作中,船舶操作人员可以查阅《无线电信号表》第 1 卷、第 5 卷等获得具体细节。

(2)MMSI 组成

不同类型 MMSI 组成见表 2 - 2。

表 2 - 2　MMSI 组成

类型		识别码组成	说明
船台	选呼	$M_1I_2D_3\ X_4X_5X_6X_7X_8X_9$	$X_4 \sim X_9$船台自身识别,可以是 0 ~ 9 的任何数字;第一位的"0"是群呼业务标志
	群呼	$0_1M_2I_3D_4X_5X_6X_7X_8X_9$	
岸台	选呼	$0_10_2M_3I_4D_5X_6X_7X_8X_9$	$X_6 \sim X_9$岸台自身识别,可以是 0 ~ 9 的任何数字;前两位的"00"是岸台业务标志

例如,上海岸台的识别码是 004122100,大连岸台的识别码是 004121300。

4. 无线电传的识别码和应答码

(1)无线电传的识别码

每个装配了NBDP的船舶电台或海岸电台，都有一个唯一的选择性呼叫码(Sel Call)，在信息往来过程中起到识别身份的作用。

ITU在其《无线电规则》中规定了NBDP的选择性呼叫号码，海岸电台选择性呼叫号码为4位，船舶电台选择性呼叫号码为5位。

中国海岸电台无线电传的选择性呼叫号码范围：2010~2039。

中国船舶电台无线电传的选择性呼叫号码范围：03000~03199、09700~09999、19600~20201、20203~20299。

中国船舶电台的预定成组船舶电台群的无线电传识别号码范围是18181、19191、20202、03030、05050、13131，目前使用的是20202；美国使用的是11111。

《无线电规则》规定NBDP在使用4位、5位选择性呼叫号码时，还应兼容使用9位MMSI。例如，我国广州海岸电台选呼号是2017和004123100；某船台电传设备选呼号是19718和412XXXXXX。

(2)无线电传的应答码

NBDP使用应答码(Answerback Code)是为了便于相互识别。无线电传应答码一旦申请启用被核准，就不能随意更改。无线电传的应答码的组成见表2-3。

表2-3　无线电传的应答码的组成

电台	无线电传的应答码组成	说　明
船台	5位的电传识别码+船舶呼号+X	X为水上移动业务标志
岸台	4位电传识别码+岸台呼号(名称缩写)+国家代码	
陆地用户	识别码+公司识别码+国家代码	

例如，上海海岸电台无线电传的应答码为2010 SHAIRADIO CN，某船台的无线电传应答码为19718 BOBL X。

中国某陆上用户的无线电传应答码为210740 CPC CN。

二、SSB系统常规通信业务

1. 常规通信业务

(1)SSB无线电话业务

海上移动业务MF、HF频段常规无线电话频率范围：MF为1 605~4 000 kHz；HF为4~27.5 MHz；采用SSB J3E通信方式，使用上边带；设备为MF/HF无线电设备。

实现无线电话通信一般按如下步骤操作：选择合适的岸台→确定最佳工作频率→设置组合电台→呼叫与回答→正式通信→通信结束以及通信登记。

选择海岸电台的原则是尽量选择离通信目的地近的海岸电台。海岸电台开放的SSB无线电话业务所使用的ITU信道、频率、工作时间以及播发通话表(Traffic List)时间和频率等详情可在《无线电信号书》第一卷"海岸电台表"中查找。

海事无线电话常规呼叫一般需要先在呼叫与回答频率上进行先期沟通，之后双方转换到工作频率。无线电话一般呼叫程序(船岸间呼叫)见表2-4。

表 2－4　无线电话一般呼叫程序

<table>
<tr><th colspan="2">呼叫程序</th><th>举例</th></tr>
<tr><td rowspan="3">呼叫</td><td>被呼叫电台的台名＋Radio 或其他识别，不超过三次</td><td rowspan="3">Shanghai Radio station, Shanghai Radio station, Shanghai Radio station;
This is
M/V Yu Long, M/V Yu Long, M/V Yu Long, Calling OVER</td></tr>
<tr><td>“This is”
（语言困难时使用 DE，读作 DELTA ECHO）</td></tr>
<tr><td>呼叫台台名或其他识别，不超过三次</td></tr>
<tr><td rowspan="3">回答</td><td>呼叫台台名或其他识别，不超过三次</td><td rowspan="3">M/V Yu Long, M/V Yu Long;
This is
Shanghai Radio station, have you something for me? OVER</td></tr>
<tr><td>“This is”
（语言困难时使用 DE，读作 DELTA ECHO）</td></tr>
<tr><td>被呼叫台台名＋Radio 或其他识别，不超过三次</td></tr>
<tr><td colspan="3">说明：若通信情况良好，上述呼叫次数可适当减少。</td></tr>
</table>

无线电话通信一方讲完让对方讲，用“OVER”标明；结束通信用“OUT”标明。国内无线电话通信结束时，双方可使用中文“无事，再见”，表明通信结束。

（2）NBDP 通信业务（船对岸）

船对岸 NBDP 常规通信包括呼叫准备、通信呼叫、发送报文和结束通信四个环节。

呼叫前准备工作包括电传电文的准备；选择合适海岸电台，确定最佳工作频率；组合电台的通信类型（F1B）设置、信道设置。

两台间的通信一般用电传的 ARQ 方式。方法是选择 ARQ 工作方式，键入海岸电台的无线电传选呼码，发起呼叫。例如，在 ARQ 方式下船舶呼叫上海海岸电台的通信程序见表2－5。

表 2－5　船对岸 NBDP 常规呼叫程序举例

<table>
<tr><th>呼叫程序</th><th>举例</th><th>说明</th></tr>
<tr><td rowspan="4">通信呼叫</td><td>2010</td><td>船台：键入上海岸台选呼码</td></tr>
<tr><td>GA＋?</td><td>岸台：请继续（GA—Go Ahead）</td></tr>
<tr><td>DIRTLX08532237＋</td><td>船台：85——中国电传码，前加 0，若不经国外岸台可省略；32237——青远电传码</td></tr>
<tr><td>MOM
32237 COSQD CN
MSG＋?</td><td>岸台：MOMENT 请稍等
青远电传应答码
MSG＋请发电传</td></tr>
<tr><td rowspan="5">发送报文</td><td>TO：COSCO QINGDAO</td><td>船台：发给谁</td></tr>
<tr><td>FM：M/V YUQIANG</td><td>船台：原发方</td></tr>
<tr><td>REF：TELEX NO 58/2001，05－1－18－1530LT</td><td>船台：参考事项、电传号、起草时间等</td></tr>
<tr><td>ETA SINGAPORE EAST ANCHORAGE 0800LT/24TH PLS ARRANGE PILTOT AND SUPPLY FRESHWATER 500TONS AND DIESELOIL 500TONS ETD 1 600LT/24TH THANKS MASTER</td><td>船台：电文</td></tr>
<tr><td>FFFF</td><td>船台：FFFF 结束符，也可以用 NNNN</td></tr>
</table>

表 2－5(续)

呼叫程序	举例	说明
结束通信	KKKK	船台:岸台与陆地用户拆除连接
	TIME 02. 24. 2013 08:50 SHIP: 413090000 BOEJ X 2010 SHAIRADIO CN SUBSCRIBER: 32237 COSQD CN DURATION:00. 50mins GA + ?	岸台:日期、时间 用户电传码 上海海岸电台应答码 青远电传应答码 计费时间 请继续?
	BRK +	船台:无事键入 BRK + 结束通信,如另有电文待发,重复键入 DIRTLX0xy +

(3)DSC 常规通信业务

①船岸 DSC 呼叫方法

a. 将组合电台收、发天线设置好。

b. 将组合电台工作种类设置为 F1B 方式;选择合适的 DSC 呼叫频率,调谐发射机。

c. 根据设备的操作程序编辑 DSC 电文。

——呼叫类型:一般是单台呼叫。

——被呼叫台号码:9 位 MMSI 数字码。

——优先等级:ROUTINE(日常)或者 SHIP BUSINESS(船舶业务)。

——随后通信方式:无线电话或者无线电传。

——约定后续通信频率:如果是呼叫船舶电台,应约定后续通信用的工作频率;如果是呼叫海岸电台,可不建议通信信道(通信频率),海岸电台将在 DSC 收妥确认中指定一个空闲的工作频道。

——发送 DSC 呼叫。

对一个单台的 DSC 呼叫,在 DSC 呼叫序列的最后一般选择“RQ”标志,接收台收到后,将人工或者自动发回一个带“BQ”的 DSC 收妥序列,然后收发双方人工或者自动地转到约定的工作方式和工作频率上进行通信,因为双方要设置设备,所以随后通信可稍后进行。

②船到船 DSC 常规呼叫

当船到船要建立无线电通信链路时,也可通过使用 DSC 呼叫建立无线电通信链路的方式。在 MF/HF 波段,使用船到船的 DSC 呼叫频率为 2 177 kHz。当确知对方没有在船舶 DSC 频率上值守,可以在船舶值守的其他 DSC 频率上呼叫,但不能干扰遇险与安全呼叫。

2. 遇险通信业务

利用地面通信系统设备可以迅速发出遇险报警,并能很快建立遇险通信。地面通信系统主要采用数字选择性呼叫 DSC 方式报警。

用 DSC 方式发出的报警,同时能实现船到船、船到岸报警,也可用此方式实现岸到船的报警。在这些遇险报警方式中,DSC 遇险报警能够直接被附近的船舶收到,几乎没有报警延迟;而其他的遇险报警方式,附近的船舶不能立即收到,需要一系列的环节,才能转发到附近的船舶,这就造成一定的时间延迟。

(1)DSC 遇险呼叫

①DSC 遇险呼叫序列可以人工进行编辑后发出。在遇险事件比较紧急,没有时间编辑 DSC 遇险呼叫电文时,可以启动遇险报警快捷键,自动生成 DSC 遇险呼叫序列发出。MF/HF DSC 遇险呼叫经组合电台发射机以 F1B 方式发出。

在 MF/HF 组合电台上启动 DSC 遇险呼叫,分为遇险多频呼叫和遇险单频呼叫两种方式。

遇险单频呼叫时,可设置在某一 MF/HF DSC 遇险呼叫频率上进行。一般 MF DSC 设置在 2 187.5 kHz 上,或 HF DSC 设置在 8 414.5 kHz 上进行遇险呼叫。每次在设置的 DSC 遇险呼叫频率上连续发送 5 个 DSC 遇险呼叫序列,间隔 4 min,等待接收 DSC 遇险收妥。如果接收不到 DSC 遇险收妥,再继续重复发送 DSC 遇险呼叫序列。

遇险多频呼叫时,DSC 遇险呼叫首先在 MF DSC 遇险安全呼叫频率 2 187.5kHz 上发出 5 个序列的 DSC 遇险呼叫,然后间隔 4 min,等待接收 DSC 遇险收妥。如果接收不到 DSC 遇险收妥,再转到另一 DSC 遇险呼叫频率上继续重复发送 DSC 遇险呼叫序列,直到收到 DSC 遇险收妥。

②接收到 DSC 遇险呼叫后的处理

接收到遇险报警后,有关人员应立即向船长报告,迅速进行处理。

a. 在 MF 2 187.5 kHz 上收到一个 DSC 遇险呼叫,如果在 A2 海区,该海区的岸台应给予 DSC 遇险收妥;如果该海区岸台没有及时给予 DSC 遇险收妥,离遇险船很近的某一船舶应发出 DSC 遇险收妥;如果是在 A3 海区,船舶接收到一个 MF DSC 遇险呼叫后,当确知离遇险船不远时,也应发出 DSC 遇险收妥,以终止遇险呼叫,转到后续通信方式进行遇险通信。而其他附近船舶应根据 DSC 遇险呼叫电文中的后续通信方式直接转到同波段无线电话 MF 2 182 kHz 信道,或无线电传 MF 2 174.5 kHz 上进行遇险通信收听,并准备与遇险船进行通信联系,提供可能的帮助。救助船舶转到后续通信频率上后,应首先和遇险船联系,确认收到遇险呼叫、前去救助和预计抵达的时间等信息。

DSC 遇险收妥,尽量在 DSC 遇险呼叫的间隙发出。救助船舶还应使用任何通信方式通知 RCC 或海岸电台遇险船舶的情况。

b. 在 HF 波段的 DSC 遇险呼叫频率上收到一个 DSC 遇险呼叫,岸台应该给予 DSC 遇险收妥,船台可在有关遇险安全频率上进行监听,以便给予及时帮助。如果岸台 3 min 内没有给予 DSC 遇险收妥,而本船离遇险船又很远,可发射一个 DSC 遇险转发呼叫或者采用适当的通信方式通知适当的海岸电台和 RCC。在 A3、A4 海区,船舶接收到 HF DSC 遇险呼叫后,如果确知本船离遇险船很近,和 RCC 或海岸电台协商后,可在 VHF 或 MF 波段使用 DSC 遇险安全呼叫频率发出一个 DSC 遇险收妥,然后转到约定的方式上与遇险船联系,并前去救助。救助船舶还应使用任何通信方式通知 RCC 或海岸电台遇险船舶的情况。

③DSC 遇险转发

船舶如果在 VHF CH70 或者在 MF 2 187.5 kHz 上接收到一个 DSC 遇险报警,一般情况下都不必做 DSC 遇险报警转发。但在下列两种情况下,可向附近船舶和海岸电台转发遇险报警:

a. 在规定的时间内没有收到岸台的收妥并且确知遇险船舶自己不能发送遇险报警;

b. 非遇险船舶的负责人或者陆地电台的负责人认为需要进一步的援助时。

发出 DSC 遇险转发后,等待 DSC 遇险收妥确认,并准备在 DSC 报警的同波段无线电话信道上进行遇险通信。

(2)无线电话与无线电传遇险收妥和遇险通信

一般 DSC 遇险收妥后,转到后续通信方式上,用无线电话(或者无线电传)方式再进行遇险报警收妥确认,以进一步确认遇险船的救助需求。无线电话遇险收妥确认格式如下。

——“MAYDAY”一次;

——遇险船名或者其他识别三次;

——This is (如果语言困难,可用 DE 字样)一次;

——承认遇险收妥船舶名称或者其他识别三次;

——“RECEIVED MAYDAY”;

——有关救助的其他信息。

(3)接收到海岸电台遇险转发时的应对

海岸电台接收到 DSC 遇险呼叫后,通常情况下会用 DSC 或者 NAVTEX 系统转发遇险呼叫。当在遇险事件附近海区航行的船舶接收到此遇险转发的信息时,应使用无线电话方式主动和该海岸电台联系,确认遇险转发收妥,了解遇险船情况。可能的情况下,迅速与遇险船建立接触,进行救助。同时还应和该海区的海岸电台保持通信,及时通报搜救进程。

注意:对 DSC 遇险转发呼叫不使用 DSC 方式收妥。

3. 紧急和安全通信业务

(1)紧急通信业务

紧急通信的优先等级仅次于遇险通信。

当海岸电台或船舶要进行紧急通信时,一般先用 DSC 方式,在一个或者多个 DSC 遇险和安全呼叫频率上发送一个呼叫。发射类型可以是所有船呼叫或者海区呼叫或者群呼或者单对某一台呼叫,优先等级选择紧急,并约定后续工作方式和工作频率,然后在约定的工作方式和工作频率上进行后续通信。后续通信频率可在无线电话或无线电传的遇险安全频率上进行,但不能干扰遇险通信,也可在其他适当的频率上进行后续紧急通信。

如果向海岸电台发送一个 DSC 紧急呼叫,应该等待海岸电台发回 DSC 收妥确认;如果海岸电台在几分钟内没有发回 DSC 收妥确认,应该在另一个合适的频率上重发紧急呼叫。

使用无线电话发送紧急信息的格式如下。

——紧急信号“PAN PAN,PAN PAN,PAN PAN”;

——“ALL STATIONS,ALL STATIONS,ALL STATIONS”或对某一确定的被呼叫电台的名称或识别(重复三次);

——This is(如有语言困难,用 DE);

——发送紧急信息的电台的识别(三次);

——紧急信息的内容;

——紧急信息的船舶单位或移动电台的名称以及日期和时间。

(2)安全通信业务

安全通信的优先等级低于遇险通信和紧急通信,而高于日常通信。安全呼叫和安全通信通常在国际规定的海上遇险和安全频率上进行,但不能干扰遇险通信和紧急通信。

当船舶电台或海岸电台临时有关航行安全信息需立即播发时,为了让有关船舶及时接收,一般应先用 DSC 方式在一个或者多个 DSC 遇险和安全呼叫频率上发送一个安全等级呼叫。优先等级可选择安全,并约定后续工作方式和工作频率,然后在约定的工作方式和工作频率上进行后续通信。后续通信可在无线电话或无线电传的遇险安全频率上进行，但不能干扰遇险通信和紧急通信。当然，也可在其他适当的频率上进行后续安全通信。

DSC 安全呼叫之后的安全通信，电文开头冠以安全信号“SECURITE”，以标明后面的信息是有关船舶安全的重要信息。

安全信息通常采用无线电传的广播式（FEC 方式）播发。如果对某一单台，可以采用无线电传的 ARQ 方式播发。

【项目实施】

任务 1　SSB 通信系统安装

一、GMDSS 组合台系统图和接线图

1. 系统图

图 2－7 是 400 W GMDSS 组合台系统图。该系统的天线安装在罗经甲板上，系统其他部分安装在驾驶甲板上的驾驶室内。MF/HF 电台的天线有两个，分别是 MF/HF 收发天线和 MF/HF DSC 值守天线，还有一个卫通 C 站天线。

GMDSS 组合台的交流电源（图中电源箱）来自无线电分电箱，电源箱是由船舶电站的主配电板或应急配电板供电；24 V 备用直流电源来自蓄电池组。1#VHF、2#VHF 设备的电源由组合台提供。此外，在紧急情况下，GPS 信号必须要送到 GMDSS 设备，故 GPS 电源应由电台供电。

设备间及设备各组成部分由电缆连接，见图 2－7 右上角，如 R23＊3×2×0.75 含义如下：

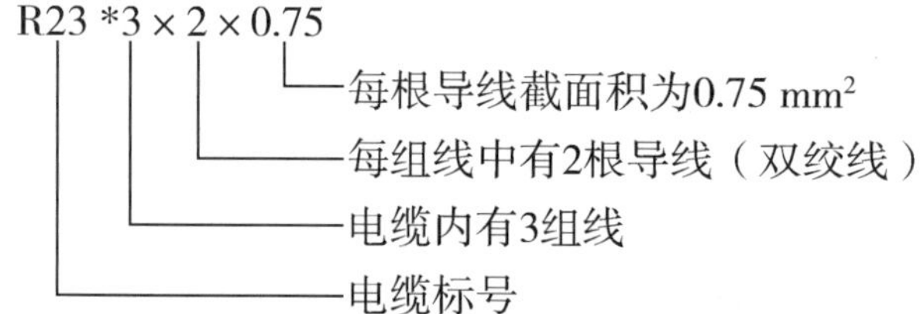

再如 R3＊3×1.5，表示电缆 R3 中有 3 芯截面积为 1.5 mm^2 的导线；R8＊2×10，表示电缆 R8 中有 2 组线，每组线为 10 芯导线。

2. 接线图

图 2－8 是 400 W 无线电组合台接线图，其中图 2－8(a) 为电源接线图，蓄电池、电源箱电源（来自船舶主电源）接至组合电台的端子排 TB1；图 2－8(b) 为外部接线图，VHF、GPS 等电源及信号线接至组合电台的端子排 TB2；图 2－8(c) 为内部接线图，一般由服务工程师完成。

图中 BK－OUT 信号由 MF/HF 在发射时送出信号，使工作于相同频段的接收机断开接收，从而保护接收机。

NMEA（The National Marine Electronics Association）是由美国国家海洋电子协会制定的一套通信协议。NMEA 协议是为了在不同的 GPS 导航设备中建立统一的海事无线电技术委员会（RTCM）标准。

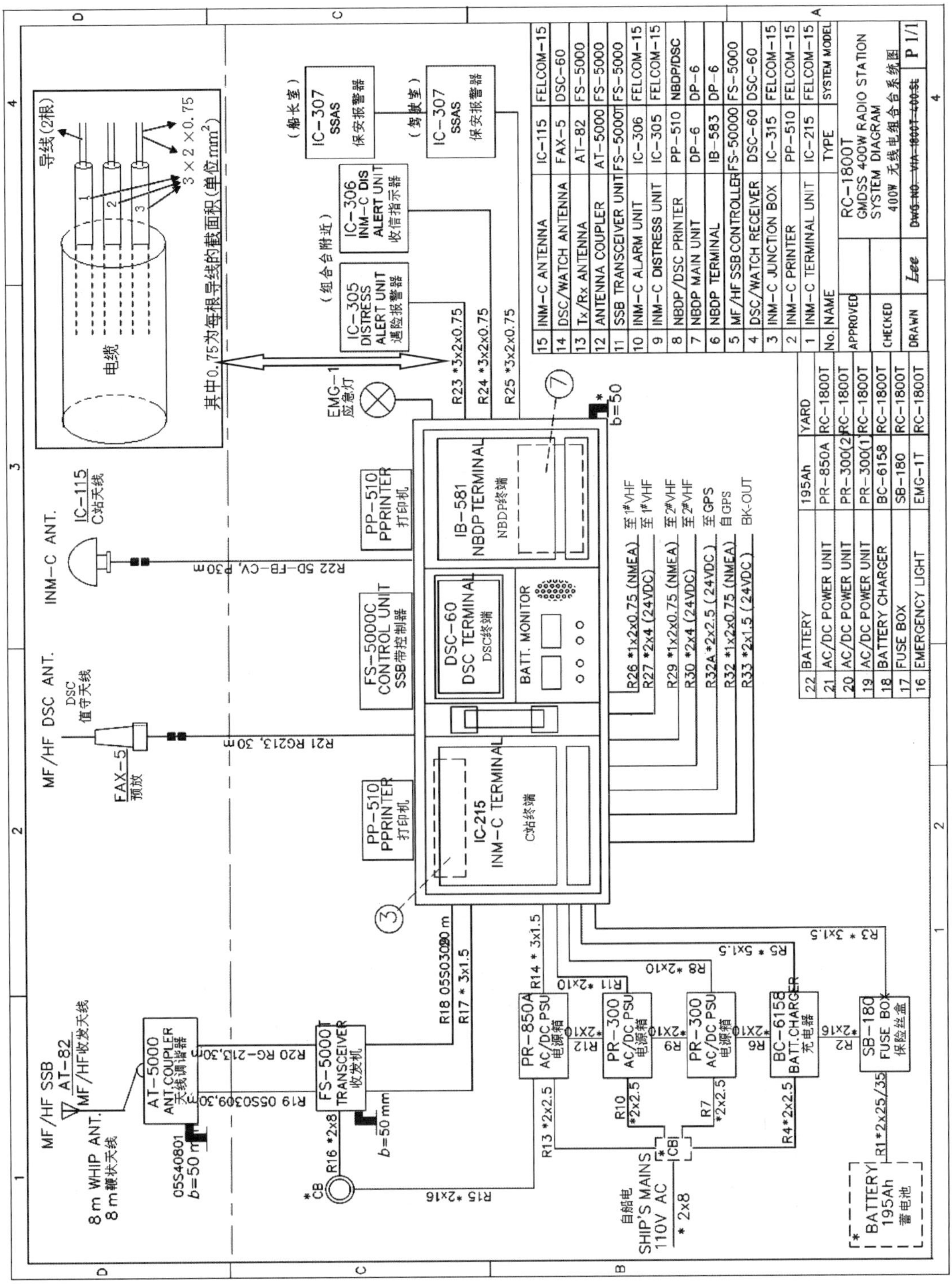

No.	NAME	TYPE	SYSTEM MODEL
15	INM-C ANTENNA	IC-115	FELCOM-15
14	DSC/WATCH ANTENNA	FAX-5	DSC-60
13	Tx/Rx ANTENNA	AT-82	FS-5000
12	ANTENNA COUPLER	AT-5000	FS-5000
11	SSB TRANSCEIVER UNIT	FS-5000T	FS-5000
10	INM-C ALARM UNIT	IC-306	FELCOM-15
9	INM-C DISTRESS UNIT	IC-305	FELCOM-15
8	NBDP/DSC PRINTER	PP-510	NBDP/DSC
7	NBDP MAIN UNIT	DP-6	DP-6
6	NBDP TERMINAL	IB-583	DP-6
5	MF/HF SSB CONTROLLER	FS-50000	FS-5000
4	DSC/WATCH RECEIVER	DSC-60	DSC-60
3	INM-C JUNCTION BOX	IC-315	FELCOM-15
2	INM-C PRINTER	PP-510	FELCOM-15
1	INM-C TERMINAL UNIT	IC-215	FELCOM-15

No.	NAME	TYPE	YARD
22	BATTERY	195Ah	YARD
21	AC/DC POWER UNIT	PR-850A	RC-1800T
20	AC/DC POWER UNIT	PR-300(2)	RC-1800T
19	AC/DC POWER UNIT	PR-300(1)	RC-1800T
18	BATTERY CHARGER	BC-6158	RC-1800T
17	FUSE BOX	SB-180	RC-1800T
16	EMERGENCY LIGHT	EMG-1T	RC-1800T

图 2-7　400 W 无线电组合台系统图

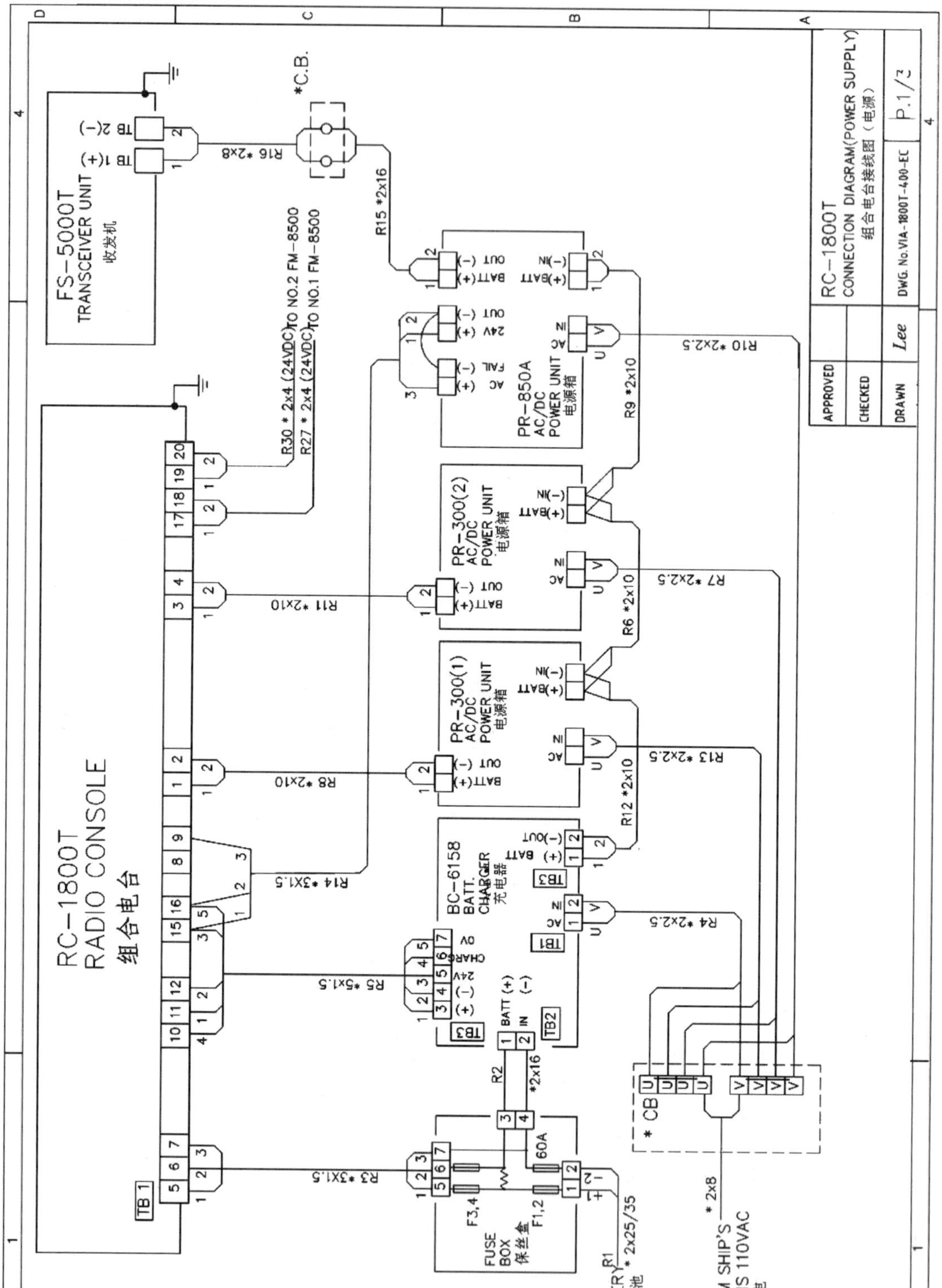

图 2-8(a)　400 W 无线电组合台接线图(电源)

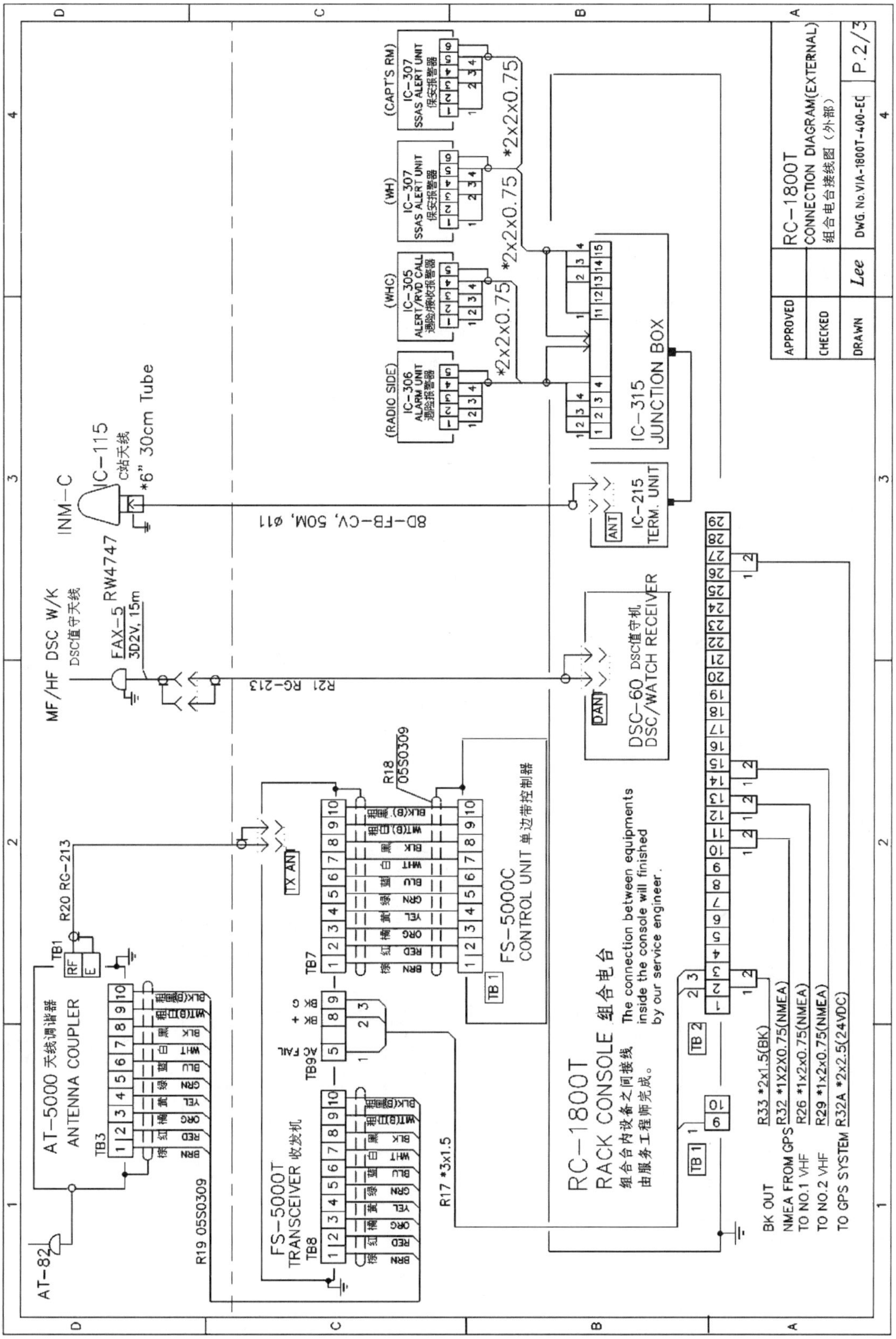

图 2－8(b)　400 W 无线电组合台接线图(外部)

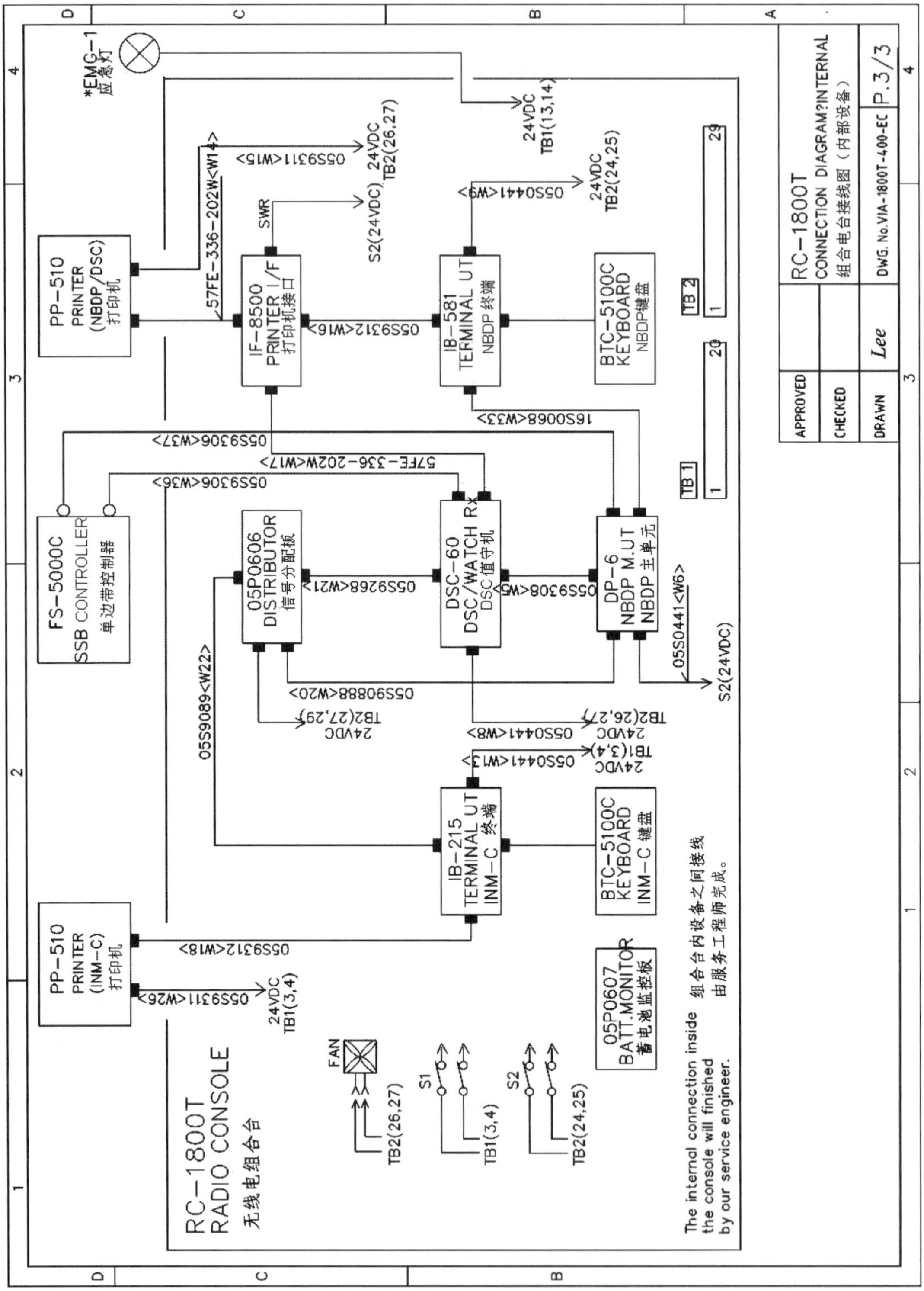

图 2-8(c)400 W 无线电组合台接线图(内部设备)

二、设备安装注意事项

1. 关于施工对象设备

安装的设备为精密仪器,在施工过程中,设备上要盖上乙烯树脂布等,以防止落尘和损伤。船舱外布线的同轴电缆和信号线的端头要缠绕胶带等,以免淋水。

2. 电缆的处理

将设备安装在桌子下面等位置时,要保留使设备能拉出的电缆长度,以便于维护。

设备额定电压超过安全电压(50 V)时,其金属外壳和电缆的金属外表必须进行接地。一般在电缆导入口铠装部分(电缆外层加装钢甲保护层,以防电缆受到机械损伤)连接至船体接地。根据情况,在电缆导入口无法连接至船体接地时,可用设备的电缆夹具进行接地。如果施工图纸和安装说明书中规定有铠装的处理方法,要依照该规定处理。

剥掉铠装和剥掉电缆护套的部分要缠绕胶带。

屏蔽线用缠绕胶带或安装绝缘管等方法进行绝缘处理,并连接至施工图纸或安装说明书指定的位置以接地。缠绕胶带或使用绝缘管保护屏蔽线,以免造成电路短路。

3. 接地

为防止触电和干扰,设备必须接地。天线耦合器的接地有助于防止干扰和提高灵敏度。接地的原则是粗、短,应使用图纸指定粗细(宽度)规格以上的接地线或接地铜片。

4. 防水、防腐蚀处理

船外设备曝露的接地连接部分和电缆接头必须用硅酮密封胶和油灰等进行防水和防腐蚀处理。同轴连接器连接部分等怕漏水的部位,要缠绕自熔胶带和乙烯树脂胶带。安装螺栓上涂抹硅酮密封胶也可防止螺栓与安装部位的松动。

天线安装螺栓等涂抹硅酮密封胶,是为防止铝铸造的天线与铁制天线基座、不锈钢制安装螺栓等不同金属接触产生的电蚀现象。

5. 电缆的捆绑

用不锈钢扎带捆绑电缆时,要用适当的力度紧固扎带,不要损伤电缆。如果电缆护套受损,会从该部位漏水,导致电缆被腐蚀。捆绑电缆的扎带,要使用耐气候性(黑色)产品。

如果电缆固定得不结实,则会与天线杆等发生摩擦,受损。要缠绕乙烯树脂胶带和涂抹硅酮密封胶进行保护。

6. 接线

接线要精细、牢固、整洁。用扎带捆绑时,要捆绑芯线或按相互关联的信号(插头)捆绑,以便以后检查接线。

三、MF/HF 天线的安装

1. MF/HF 收发天线的安装(天线耦合器装在室外)

(1)天线布置

MF/HF 收发天线为鞭状天线,例如 FS－1570 MF/HF 电台的收发天线可达 8 m。在造船厂工作时,绳上悬挂红布头,以唤起吊车操作者的注意。图 2－9 为天线布置与天线耦合器的安装图。由图可见,鞭状天线的馈电点不使用绝缘子(以防因刮风和天线的摆动使引线晃动,导致耦合器连接部位断裂),其引线仰角最好在 45°以上。天线下引线的线端处用绝缘子进行绝缘,并固定天线馈线,以免使馈线摇晃。

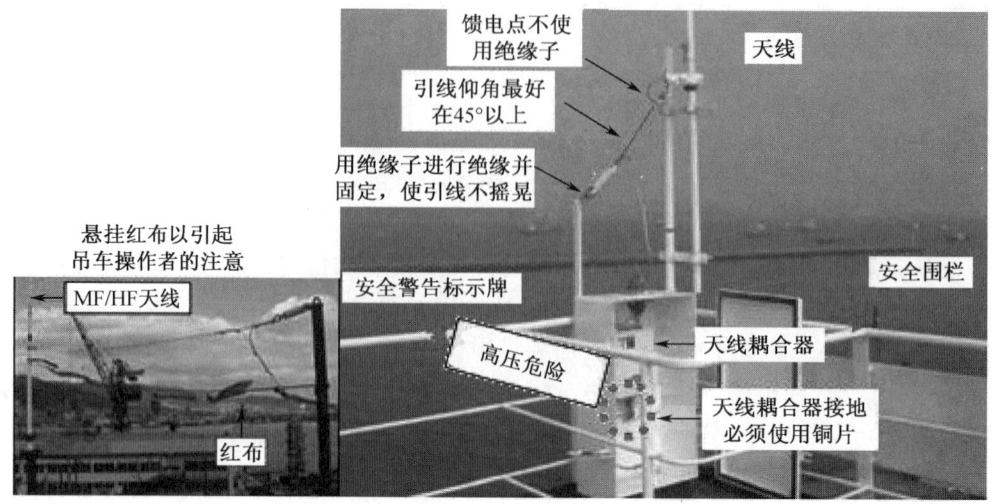

图 2－9　天线布置与天线耦合器的安装图（天线耦合器装在室外）

MF/HF 收发天线功率大、电压高，故在其周围架设安全围栏，并在围栏上悬挂高压警示标牌。

（2）天线耦合器安装与接地

天线耦合器安装如图 2－10（a）所示，安装在室外的天线耦合器大多数使用两个 U 型螺栓固定。天线耦合器要用宽 50 mm 的铜片接地，将带铁板的接地片焊接在船体上，铜片长度应尽量缩短，因为航行刮风时，铜片可能因摇晃/抖动而导致根部断裂。铜片接地处的缝隙应使用硅胶进行防水/防腐蚀处理，如图 2－10（b）所示。接地线原则是越短越好，越粗越好。

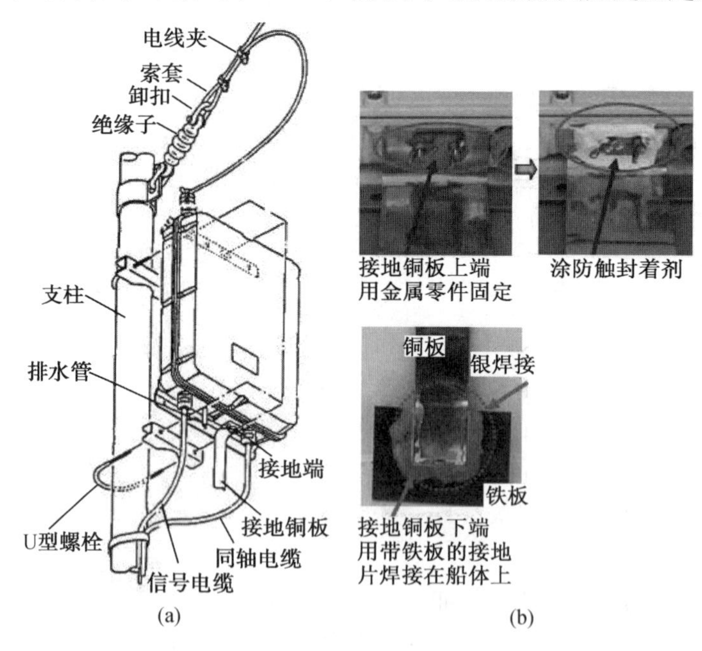

图 2－10　天线耦合器安装与接地

（a）天线耦合器室外安装实例；（b）天线耦合器接地

(3)天线的引线连接方法

因刮风和天线的摆动使引线晃动,有可能导致耦合器连接部位断裂。连接部位的断裂会导致天线耦合器烧损以及设备故障。为防止引线连接部位断裂,天线的引线连接方法如图2-11所示。

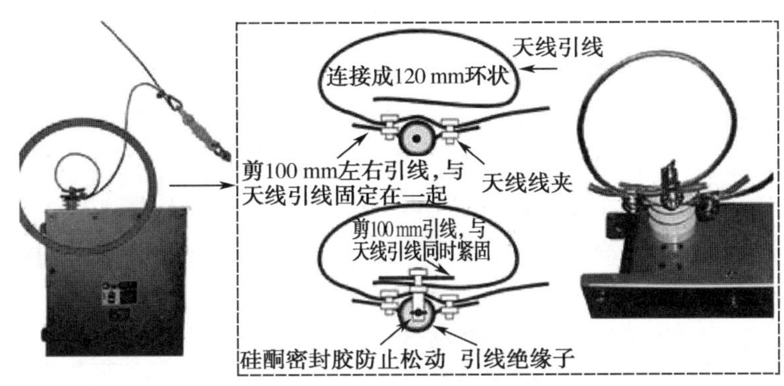

图2-11 天线的引线连接方法

2. DSC值守天线的安装

(1)值守天线的接线盒

如图2-12(a)所示,接线必须紧固,螺母、螺丝以及接地端子上必须用硅酮密封胶和油灰进行防水防腐处理。接地螺栓6~8 mm,并涂抹硅酮密封胶以防腐蚀,接地线截面积8 mm^{2}以上。同轴电缆缠绕成环状时,直径要设定在200 mm以上,以免芯线折断。

(2)带前置放大器天线的安装

如图2-12(b)所示。

➢使用托架将天线牢固地安装在天线杆上。

➢同轴电缆连接部分要使用自溶胶带和乙烯树脂胶带进行防水处理。首先以1/2带宽叠压缠绕2层自溶胶带,在其上面以1/2带宽叠压再缠绕2层乙烯树脂胶带,进行防水处理。乙烯树脂胶带缠绕末端要用扎带捆绑,进行固定。

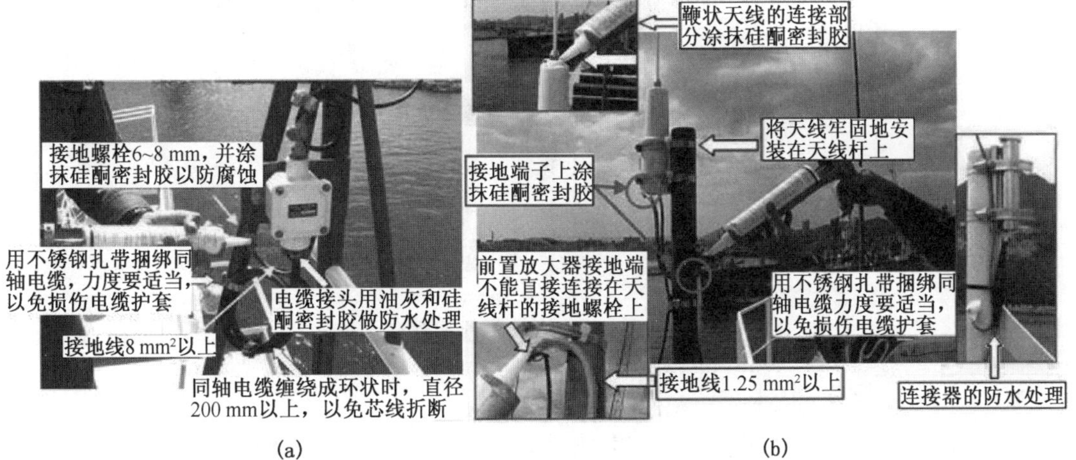

图2-12 接收天线的安装

(a)接收天线的接线盒的安装;(b)带前置放大器天线的安装

四、控制台及 MF/HF 电台的安装

下面以 FURUNO RC－1800F 控制台（控制台上安装 FS－2570T/1570T 型 MF/HF 电台）为例，说明无线电组合电台的安装过程。

控制台的高度要求各不相同，以挪威船级社（DNV）为例，其要求控制台距地面高度应在 1.2 m 以内，但是如果控制台面向舱壁安装，就不受此限制。

1. MF/HF 电台控制单元安装

控制单元一般安装在控制台表面中间位置。其安装方法有多种，如悬挂在舱、舱壁或桌面，但最常用的是嵌入式安装法，如图 2－13 所示。

开个 251 mm（宽）×100 mm（高）的孔（以 FS－2570T/1570T 为例），将控制单元放入孔中，用六角头螺栓（弹簧垫圈）将两个安装金属固定到控制单元的后面，再用四翼螺栓拧紧，将控制单元固定在安装位置上。嵌入式安装侧视图如图 2－14 所示。

图 2－13　嵌入式安装实物图

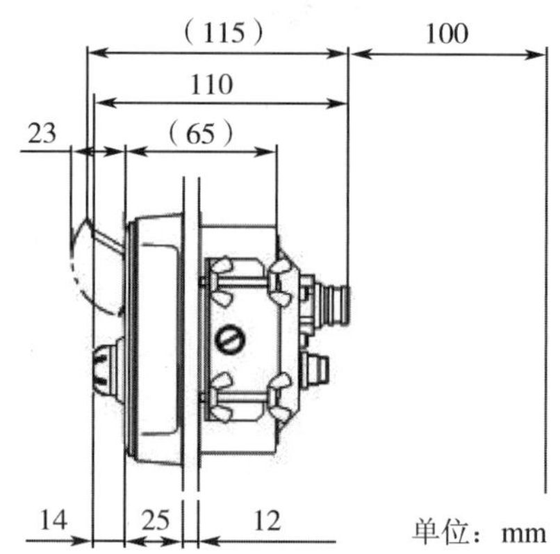

图 2－14　嵌入式安装侧视图

2. 电话听筒安装

如图 2－15 所示，拧开六个螺丝，拆下托架盖，并用两个自攻螺钉（4×16）将托架固定在桌面或舱壁上。

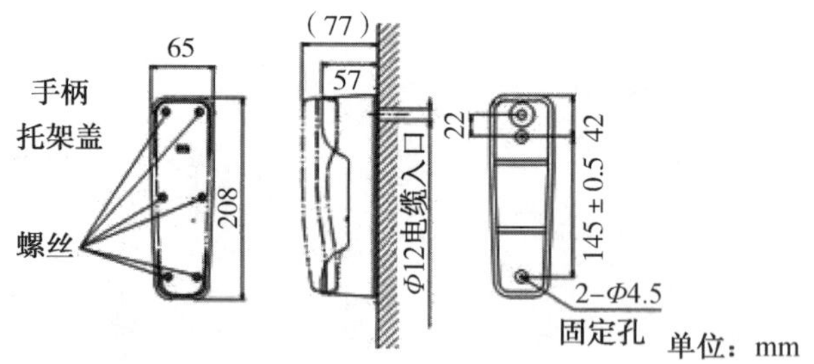

图 2－15　电话听筒安装

3. MF/HF 收发单元安装

MF/HF 无线电收发机在控制台右上侧，用六个螺钉按照图 2－16 显示的顺序将收发单元固定（不用星号标记的孔）。

拆下控制台右边的上盖后接线，如图 2－17 所示，接线时首先将各芯线剥出 5～6 mm，

然后用端子台开启工具,边向 A 方向按压,边插上芯线。芯线插入后,拉伸导线,以确认芯线不能脱落。

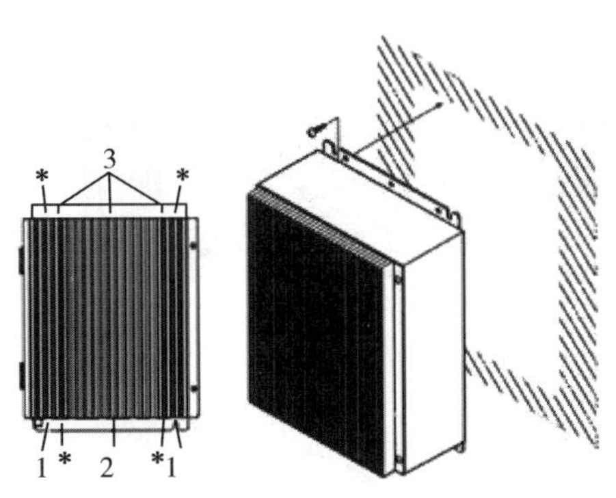

图 2 - 16 MF/HF 收发单元安装

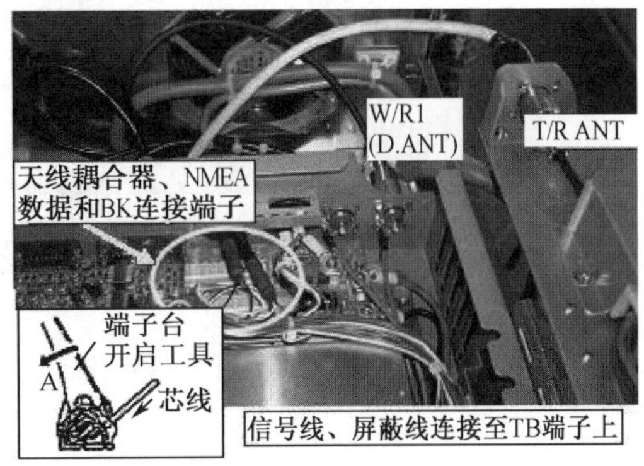

图 2 - 17 FS - 2570/1570T 的接线

4. 控制台接地和电缆布置

接线端子台、电源和充电器安装在控制台面下的箱体中。在适当的位置开电缆导入口,布线时要考虑电缆的许可弯曲半径。用油灰等堵住电缆导入口,电缆用扎带捆绑。屏蔽线连接至控制台的机箱,机箱要用带铁板的接地铜板接地。控制台接地和电缆布置如图 2 - 18 所示。

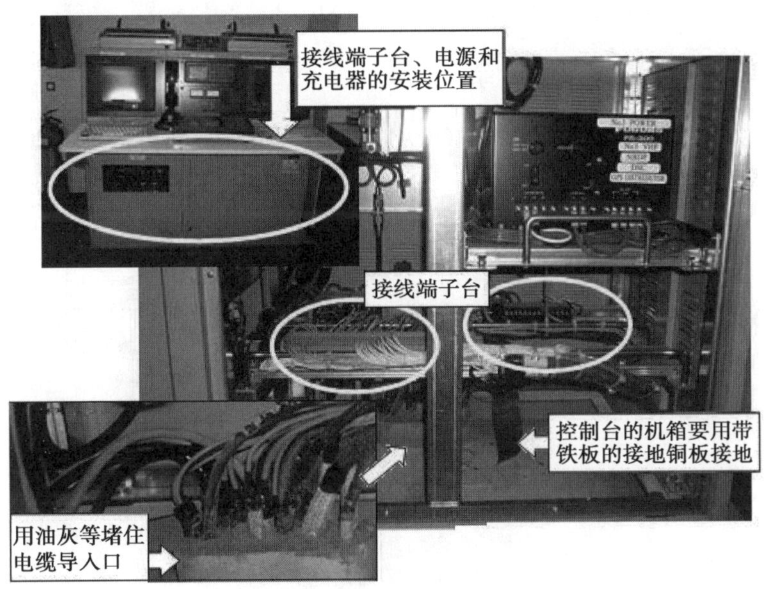

图 2 - 18 控制台接地和电缆布置

5. 控制台左上侧和中下部的接线

如图 2 - 19 所示,控制台左上侧主要是电源端子 TB1 和 NMEA 数据输出端子 TB2 的接线,一般不需要现场接线;控制台中下部的接线,主要是 MF/HF WR 天线的接线端子、VHF 等其他设备的电源端子、AC 电源输入端子、蓄电池的连接端子及外部中断/音频(BK/AF)接线端子的接线。

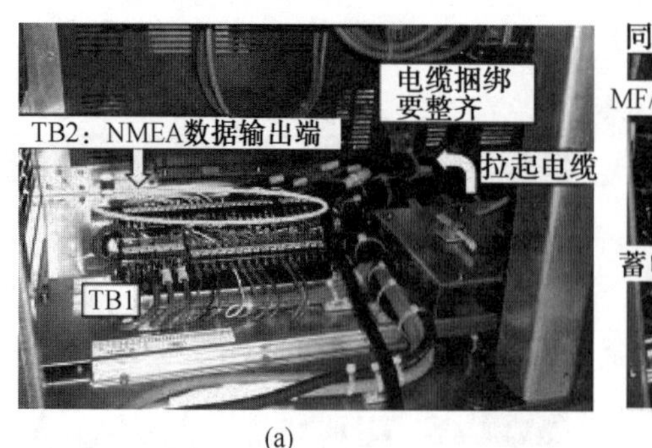

(a)

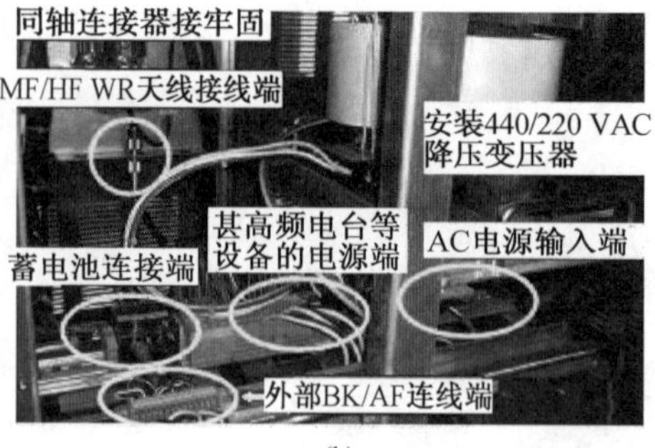

(b)

图 2－19　控制台左上侧、中下部的接线

(a)控制台左上侧的接线;(b)控制台中下部的接线

控制台及 MF/HF 电台的各部分安装完后,按图 2－8 接线。

任务 2　FS－1570/2570 设备操作

一、简介

FS－1570/2570 组合电台是日本 FURUNO 公司的产品,工作于 MF/HF 频段,可实现 SSB 无线电话、MF/HF DSC 和 NBDP 通信。整机组成包括 MF/HF 鞭状天线、天线调谐、收发机、DSC 终端控制单元(内置 DSC 值守接收机)、话柄、NBDP 终端显示器、键盘、打印机等。

二、控制单元面板及键钮功能介绍

控制单元面板如图 2－20 所示。键钮功能见表 2－6。

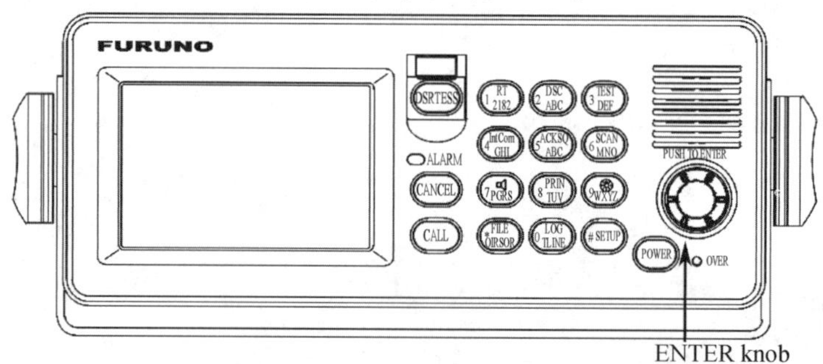

图 2－20　FS－1570/2570 组合电台控制单元面板

表 2－6　键钮功能介绍

序号	键钮	功能
1	POWER	＊　Turns the power on/off(电源开关)
2	DISTRESS	＊　Press and hold down the button more than three seconds to transmit the distress alert(按住此键 3 s 以上发射遇险报警)
3	CALL	＊　Transmits calls(发射键)
4	ENTER (PUSH TO ENTER)	＊　Radiotelephone: Rotate to change TX/RX channel, sensitivity, audio volume, etc.; push to register selection (无线电话工作方式:选择无线电话信道、灵敏度、音量等,按下为确认选项) ＊　DSC: Rotate to choose menu items; push to register selection (DSC 工作方式:选择菜单项,按下为确认选项)

表 2-6(续)

序号	键钮	功能
5	CANCEL	* Cancels wrong data(取消错误数据) * Restores previous menu(回到上一级菜单) * Silences audio alarm(取消报警声) * Cancels transmission, printing(取消发射、打印) * Erases error message(删除电文)
6	1/ RT/2182	* Switches to the radiotelephone screen. Press and hold down more than two seconds to get 2 182.0 kHz/J3E automatically [(1)选择无线电话方式;(2)按住此健 2 s 以上,转到 2 182 kHz/J3E 方式]
7	2/DSC/ABC	* Composes DSC TX message(选择 DSC 方式)
8	3/TEST	* Executes daily test(进行测试)
9	4/IntCom	* Turns on/off the intercom with other Control Unit FS-2570C (接通/关闭与其他控制单元 FS-2570C 的内部通信)
10	5/ ACK/SQ	* DSC: Switches automatic and manual acknowledge alternately (DSC 方式:自动应答和人工应答转换) * Radiotelephone: Turns squelch on and off(电话方式:静噪的开/关)
11	6/SCAN	* Displays DSC standby screen(显示标准 DSC 界面) * Starts/stops scanning of DSC routine frequencies, on the DSC standby screen (DSC 常规值守频率扫描的开始/停止)
12	7/ 🔈	* Turns loudspeaker on/off(蜂鸣器开/关) (Note that this key does not silence the distress or urgency alarm.)
13	8/PRINT	* Prints communications log files, current screen(except DSC standby screen and radiotelephone screen) and test results [打印通信电文,当时的屏显内容(除 DSC 标准屏显和无线电话屏显)和测试结果]
14	9/☀	* Adjusts panel dimmer and LCD contrast (调整面板亮度和 LCD 对比度)
15	FILE/CURSOR	* Opens the send message file list from the DSC standby screen, to send stored message(在 DSC 标准界面,打开发射电文列表,发射已存电文) * Shifts cursor(光标移动)
16	0/LOG/TUNE	* Tunes antenna in radiotelephone operation (在无线电话工作方式时,调谐收发机和天线的匹配) * Displays message logs, in DSC operation (在 DSC 工作方式时,显示接收常规通信的电文记录)
17	#/SETUP	Opens the Setup menu(打开初始设置菜单)
18	ALARM (指示灯)	* Flashes in red for distress and urgency calls (红灯闪表明接收到遇险和紧急呼叫) * Flashes in green(more rapidly) for business, safety and routine calls (绿灯闪表明接收到安全和常规呼叫)
19	OVEN (指示灯)	* Lights(in green) when mains switchboard is on (当主电源开关打开时绿灯亮)

注:若按键上有数字,表明可以选择相应的数字;若按键有字母,表明可以选择相应的字母。

三、基本操作

1. 调整面板亮度和液晶显示器(LCD)对比度

按[9/✲]键显示亮度、对比度调整界面。旋转[ENTER]旋钮选择亮度(DIMMER),按[ENTER]确认,再转动[ENTER]选择亮度等级,按[ENTER]确认;转动[ENTER]旋钮选择对比度(CONTRAST),按[ENTER]确认,再转动[ENTER]旋钮选择对比度等级,按[ENTER]确认;旋转[ENTER]旋钮选择退出(EXIT),按[ENTER]退出该窗口,如图2-21所示。

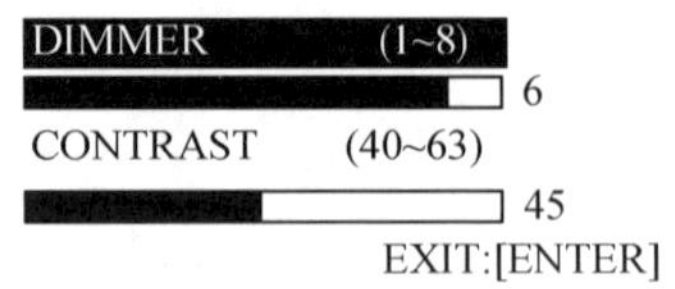

图2-21 面板亮度和LCD对比度调整界面

2. DSC与无线电话界面

按[6/SCAN]键,显示标准DSC界面,如图2-22(a)所示。

按[1/ RT/2182]键,显示无线电话界面,如图2-22(b)所示。

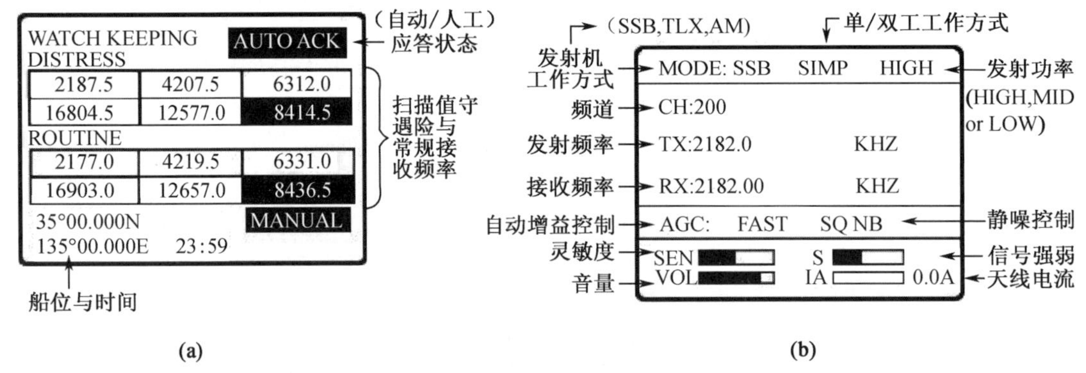

图2-22 DSC与无线电话界面

(a)标准DSC界面;(b)无线电话界面

3. 调整喇叭音量

按[7/喇叭]一次接通/关闭喇叭和常规通信的喇叭报警。

调整喇叭音量,按[1/RT/2182]键,切换到无线电话显示界面;转动[ENTER]旋钮选择音量(VOL),按[ENTER]确认,再转动[ENTER]选择音量等级,按[ENTER]确认所选的音量。

4. 开启/断开自动应答

在DSC方式时,按[5/ACK/SQ]键,将在自动应答/人工应答之间转换。在自动应答状态,当接收到呼叫时,DSC值守机会自动向发射台发送应答信号,但对“Distress”“Urgency”“Safety”呼叫不能进行自动应答。

四、SSB无线电话操作

1. 选择发射模式

按[1/RT/2182]键调出无线电话界面,转动[ENTER]在[MODE]栏选定“SSB”,如图2-23所示。

2. 设置自动增益控制(AGC)

旋转[ENTER],设置AGC。SSB方式选FAST;TLX方式选OFF;AM方式选SLOW,如

图2－23所示。

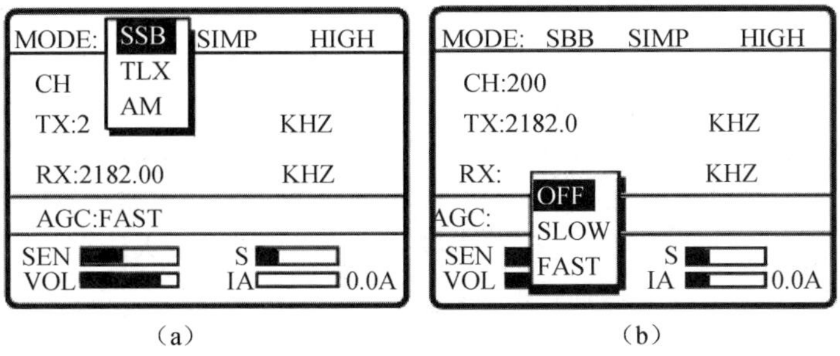

(a) (b)

图2－23 选择发射方式及设置AGC

(a)选择发射方式;(b)设置AGC

3. 选择波段

转动[ENTER]旋钮到[CH]栏,按[ENTER]调出波段输入窗口;用光标键[FILE/CURSOR]将光标放在左边第一位数上,转动[ENTER]旋钮选择所要的2,4,6,8,12,16,18,25 MHz波段,按[ENTER]确认或直接输入ITU规定的成对信道,例如“1225”按[ENTER]输入,就可以输入广州台的成对频率。

4. 在选定的波段输入相应的发射和接收频率

转动[ENTER]旋钮到[TX]栏,按[ENTER]调出频率输入窗口,用数字键输入所要的发射频率,按[ENTER]确认;转动[ENTER]旋钮到[RX]栏,按[ENTER]调出频率输入窗口,用数字键输入所要的接收频率,按[ENTER]确认。

5. 选择发射功率

转动[ENTER]旋钮到“LOW”“MID”“HIGH”(低、中、高)选择所要的发射功率。

6. 启动发射自动调谐

按下话筒上的[PTT]开关出现“TX”,或按面板上的[0/LOG/TUNE]键出现“TUNE”,即可启动自动调谐。新选择的频率在2～5 s即可完成调谐,调谐过的频率少于0.5 s。当调谐成功时,显示“TUNE:OK”;调谐失败时,显示“TUNE:NG”。

7. 调节接收灵敏度

转动[ENTER]旋钮到荧光屏下边的[SEN]栏,按[ENTER]调出调整窗口,边转动[ENTER]旋钮边听接收的效果,在自己觉得比较好的位置,按[ENTER]确认,一般情况下放在最大灵敏度处。

8. 静噪控制

按[5/ACK/SQ]键调出设置菜单[Setup menu];转动[ENTER]旋钮选择静噪控制(SQ),通过设置SQ FREQ(500～2 000 Hz)的大小来控制接收机音频大小。

完成上面操作,就可以进行SSB无线电话通信。

五、DSC操作

1. DSC菜单介绍

(1)呼叫种类(Call Category)

呼叫种类详细介绍见表2－7。

表 2-7　呼叫种类详细介绍

呼叫种类		描述
Distress	Distress	本船对所有船发射遇险呼叫。在实际工作中只有船舶遭受危险,必须马上得到援助时,并经船长授权才能发射本遇险呼叫
All Ships	All Ships	对所有船呼叫
	Distress Relay All	本船对所有船发遇险转发呼叫。只有(1)本船在遇险船附近,而遇险船不能够发送遇险报警;(2)当本船船长或负责人认为有必要进一步进行援助时,才发此呼叫
	Medical Transport	通知所有船,本船正在进行医疗援助,是对所有船的一种呼叫方式
	Neutral Craft	中立船呼叫。通知所有船,本船不是武装战争的参与者,是保持中立的船,是对所有船的一种呼叫方式
Area	Geographical Area	对指定的地理区域的所有船台呼叫,这是一种区域呼叫
Group	Group	对指定的群体呼叫
Individual	Individual	单独呼叫
	Distress Relay Select	本船发遇险转发呼叫给一个岸台,是单独呼叫的一种。只有(1)在遇险船附近,而遇险船不能够发送遇险报警;(2)当本船船长或负责人或岸台负责人认为有必要进一步进行援助时,才发此呼叫
	Polling	回应呼叫。给在本船通信范围内的他船一个回应。这个功能仅仅提供肯定或否定的回应,不提供船位信息,是单独呼叫的一种
	Position	船位呼叫。(1)将本船的船位发给他船;(2)索要他船的船位,是单独呼叫的一种
	PSTN	电话呼叫。通过公共交换电话网呼叫,是单独呼叫的一种
	Test	测试呼叫。发测试呼叫给岸台,测试本船电台的功能,是单独呼叫的一种。在实际工作中此项业务使用最多,港口国检查(PSC)和无线电检验经常要检查本船定期向岸台测试船台功能的记录和依据。一般情况下,杂货船、散货船、集装箱船等类型船,半个月至少要测试一次并保留打印记录备查;油轮、沥青船、液化气船等危险品船,一个星期至少要测试一次并保留打印记录备查

(2)识别号(STATION ID)

在单独呼叫(INDIVIDUAL)时,输入所要呼叫的对方九位识别码。

(3)优先等级(PRIORITY)

优先等级见表 2-8。

表 2-8　优先等级

DISTRESS	严重和紧迫的危险,需要立即援助
SAFETY	发射重要的航行警告或气象报告的呼叫
URGENCY	发射关于船舶、飞机或其他运输工具的安全或人身安全的呼叫
BUSINESS	有关船舶、飞机导航、移动和需要的通信
ROUTINE	日常呼叫

(4)后续通信种类(COM. TYPE)与通信频率(COM. FREQ)

完成 DSC 后,确定建立后续通信使用的通信种类。

①TELEPHONE:(J3E)SSB 无线电话。

②NBDP - ARQ:NBDP 工作在 ARQ 模式,用于两个单独台之间的通信。

③NBDP - FEC:NBDP 工作在 FEC 模式,用于向多台广播的通信。

输入与通信种类相对应的后续工作频率。注意在遇险呼叫时,使用国际遇险频率;日常呼叫时,禁止使用国际遇险频率。

(5)结束码(End Code)

有三种结束码。

ACK RQ(Acknowledge Request):要求收妥通知,即要求对方收到呼叫时给收妥通知,一般用于单呼和测试。

ACK BQ(Acknowledge Back):收妥返回,是对 ACK RQ 的回复。在与岸台测试时就能收到岸台给的 ACK BQ,只有收到 ACK BQ 才表示测试完成。

EOS(End of Sequence):结束码,不需要对方给收妥通知,一般用于群呼。

2. DSC 遇险操作

(1)发 DSC 遇险呼叫

第一种方法是按[DISTRESS]按钮发射未指明遇险性质的遇险报警,如图 2 - 24 所示。

①打开[DISTRESS]按钮盖,按住[DISTRESS]按钮 3 s 以上,[DISTRESS]按钮的指示红灯开始闪,并且蜂鸣器发出声响,此时可以松开按钮。

②发射遇险报警过程大约需要 40 s,在显示屏底部显示发射完成需要的秒数。此时,无线电话输出功率自动设置为最大。

③在遇险报警发射后,音响报警停止,红灯仍亮着,必须等 3.5 ~ 4.5 min 以便岸台给遇险收妥通知。此时,设备除了接收遇险报警收妥通知外不接收其他任何呼叫,发射的遇险报警呼叫记录在发射日志(TX log)里。在 5 min 后如没有收到岸台的遇险收妥通知,重发 DSC 遇险报警。

④当收到岸台的遇险收妥通知,音响报警声响,按[CANCEL]键停止音响报警。无线电话自动地设置在遇险收妥通知指定的工作频率和发射种类上,用无线电话与岸台进行遇险通信“MAYDAY MAYDAY MAYDAY THIS IS...”。

图 2 - 24 按[DISTRESS]按钮发射遇险报警

第二种方法是指明遇险性质的遇险报警,如图 2 - 25 所示。

①打开[DISTRESS]按钮盖,短暂地按[DISTRESS]按钮,调出遇险报警编辑屏幕菜单。

②转动[ENTER]旋钮到 NATURE 栏选择遇险性质,然后按[ENTER]确认。

③转动[ENTER]旋钮到 POS,打开输入船位菜单,自动或手动根据提示输入船位,最右

坐标位[1]键是北纬或东经,[2]键是南纬或西经,然后再输入时间。

④转动[ENTER]旋钮到 COM. TYPE 栏,选择 TELEPHONE 或 NBDP - FEC,然后按[ENTER]确认。

⑤转动[ENTER]旋钮到 DSC FREQ 栏,选择要用的 DSC 频率,一般首先是使用 2 187.5 kHz,然后按[ENTER]确认(如果遇险报警未被收妥,设备会自动在2,8,16,4,12 6 MHz的遇险和安全频率上重发本遇险报警)。

⑥转动[ENTER]旋钮到 GO TO ALL VIEW,按[ENTER],再转动[ENTER]旋钮到 END OF SEQUENCE 栏,按[ENTER],选择 ACK RQ,按[ENTER]。

Compose message
CALL TYPE:DISTRESS NATURE:FLOODING POS:35° 00N 135° 00E AT 12:22 COM. TYPE:TELEPHONE DSC FREQ:2187.5KHZ END OF SEQUENCE:ACK RQ

图 2-25 指明遇险性质的遇险报警

⑦按住[DISTRESS]按钮 3 s 以上,开始发射遇险报警,按上一种方法介绍的国际遇险通信操作程序进行遇险通信。

(2)在 MF 2 187.5 MHz 接收到遇险报警后的操作

①一条船在 MF 信道 2 187.5 kHz 上接收到遇险报警,绝不允许发射遇险转发呼叫。

②在 2 182 kHz 上连续值守,等候岸台发射遇险收妥呼叫,直到收到宣布遇险通信结束“SEELONCE FINI”。

③如果多次收到同一条船发射的遇险报警,并且在本船附近,经船长同意,若本船能提供帮助,在与救助协调中心 RCC 或岸台商量后可以在2 187.5 kHz上用 DSC 发送遇险收妥通知。

(3)在 HF 波段上接收到遇险报警后的操作

如果在 HF 波段收到遇险报警,报警灯亮,音响报警声响,按[CANCEL]键消除音响报警,等候岸台的遇险收妥通知。如果在 5 min 内没有收到遇险收妥,按以下说明进行。

①在遇险呼叫规定的无线电话或 NBDP 信道上连续值守。

②在满足下列情况下,转发遇险报警:

a. 在收到遇险报警 5 min 后,没有收到岸台或 RCC 的遇险收妥通知;

b. 没有收到他船的遇险转发,也没有收到他船的无线电话或 NBDP 遇险通信;

c. 本船在遇险船附近,而遇险船不能够发送遇险报警;

d. 本船船长或负责人认为有必要进行援助。

③船舶转发遇险报警应该与直接控制遇险和提供适当援助的台建立通信,如果明确地知道遇险船或人员不在附近,或他船可以给予更好的援助,应避免不必要的可能干扰搜救行为的通信,详情记录在无线电日志上。

(4)为遇险船向一个岸台发送遇险转发呼叫

满足上述的遇险转发情况,可以为遇险船给岸台发送遇险转发呼叫,但绝不能使用[DISTRESS]钮发射遇险转发,否则就会造成本船误报警。

①按[2/DSC]键,然后按[ENTER]。

②转动[ENTER]钮,在 CALL TYPE 栏选择 RELAY SEL 选择转发,然后按[ENTER]。

③按[ENTER],打开 COAST ID 输入窗口,用数字键输入要发的岸台识别码 COAST ID,然后按[ENTER]。

④按[ENTER],打开遇险船识别码 ID IN DIST 窗口,用数字键输入遇险船 ID,然后按[ENTER],如果不知道遇险船的 ID,按[ENTER]即可。

⑤按[ENTER],打开 NATURE 菜单;转动[ENTER]旋钮,选择遇险船的遇险性质,然后按[ENTER];如果不知道遇险性质,选择 UNDESIGNATED。

⑥按[ENTER],打开 POS 菜单,输入遇险船的船位,有以下三种方式:

a. 自动输入,按[ENTER]两次,然后进入下一步;

b. 手动输入,按[ENTER]打开 INPUT TYPE 菜单,转动[ENTER]选择 MANUAL,按[ENTER]钮,在窗口输入遇险船的船位和遇险 UTC 时间,然后按[ENTER]进入下一步;

c. 如果不知道遇险船的船位和遇险 UTC 时间,在 INPUT TYPE 菜单里选择 NO INFO,然后按[ENTER]进入下一步。

⑦按[ENTER],打开 COM. TYPE 后续通信种类菜单;转动[ENTER]选择 TELEPHONE 电话(NBDP - FEC),按[ENTER]。

⑧按[ENTER]钮,打开 DSC FREQ 菜单;转动[ENTER]旋钮,根据《无线电信号书》上的岸台 DSC 守听频率,选择合适的 DSC 频率,然后按[ENTER]。注意此后的工作频率自动为所选择的 DSC 频率同波段的遇险频率,因此不用再输入后续的工作频率。

⑨转动[ENTER]旋钮到 GO TO ALL VIEW,按[ENTER],再转动[ENTER]旋钮到 END OF SEQUENCE 栏,按[ENTER],选择 ACK RQ 后按[ENTER]。

⑩按[CALL]键,屏幕上出现"Category distress transmit sure?"(确定遇险发射种类吗?)如确定则继续按住[CALL]键 3 s 直到显示"Distress relay sel call in progress!"提示正在发送选择性遇险转发呼叫。

⑪然后等候岸台的遇险转发收妥通知。如果 5 min 内没有收到遇险转发收妥通知,会出现"No response. Try relay again"(没有响应,再试转发),再次发送遇险转发。

⑫当收到遇险转发收妥呼叫,音响报警声响;按[CANCEL]键消除音响报警,与岸台进行通信。

遇险船向一个岸台发送 RELAY SEL 遇险转发呼叫的内容如图 2 - 26 所示。

Compose message
CALL TYPE:DISTRESS COAST ID:004123100 ID IN DIST:22222222 NATURE:UND ESIGNATED POS:35° 00N 135° 00E AT 12:22 COM. TYPE:TELEPHONE DSC FREQ:2187. 5KHZ END OF SEQUENCE:ACK RQ

图 2 - 26 发送遇险转发呼叫

3. TEST CALL 试验呼叫

(1)事先编好 TEST CALL 试验呼叫并储存

①在 DSC 值守屏幕,按[#SET UP]键打开 SET UP 设置菜单,转动[ENTER]旋钮选择 MESSAGE,然后按[ENTER]。

②在 CALL TYPE 栏按[ENTER],打开呼叫类型菜单,转动[ENTER]旋钮选择 TEST CALL,然后按[ENTER]。

③在 STATION ID 栏按[ENTER],打开岸台识别码输入窗口,用数字键输入要联系的岸台识别码,例如广州台 004123100,然后按[ENTER]。

④在 DSC FREQ 栏按[ENTER],打开要使用的 DSC 呼叫频率菜单,转动[ENTER]旋钮,选择要使用的合适 DSC 呼叫频率,例如 2 187. 5 kHz,按[ENTER]。

⑤在 END OF SEQUENCE 栏按[ENTER],选择 ACK RQ 按[ENTER]。

⑥在 FILE NAME 栏按[ENTER],打开文件名输入窗口,使用数字键输入文件名,例如“GZ TEST”,然后按[ENTER]。

⑦在 FILE NUMBER 栏按[ENTER],打开文件号输入窗口,使用数字键输入文件号,例如“006”,然后按[ENTER],这样就完成了 006 号文件的储存。

⑧按[CANCEL]键返回到 DSC 值守屏幕。

(2)和岸台进行 DCS TEST 测试

①在 DSC 值守屏幕按[FILE/CURSOR]键调出储存的发射文件目录,转动[ENTER]旋钮到要发送的文件上,例如“006 - GZ TEST”,此时按[CALL]键就能发试验呼叫。

②如果要编辑文件则按[ENTER],选择 DETAIL 再按[ENTER],就可调出要发的 TEST 电文内容,核对和编辑好以后按[CALL]键发试验呼叫。

③发完试验呼叫后,一定要等收到岸台给的 ACK BQ 收妥通知,只有这样才表明测试成功。

注意:由于实际工作中在沿海附近 MF/HF 受到很多来自岸上的干扰,再加上岸台不是所有的波段上的 DSC 遇险、紧急和安全频率都值守,即使在岸台值守的 DSC 频率上发 TEST CALL,有时也很难收到 ACK BQ。例如:在台湾海峡用2 187.5 kHz发 TEST CALL 到广州台或香港台,白天测试经常收不到 ACK BQ,可以等到晚上 12 点左右再试。

给一个岸台 TEST CALL 试验呼叫的内容如图 2-27 所示。

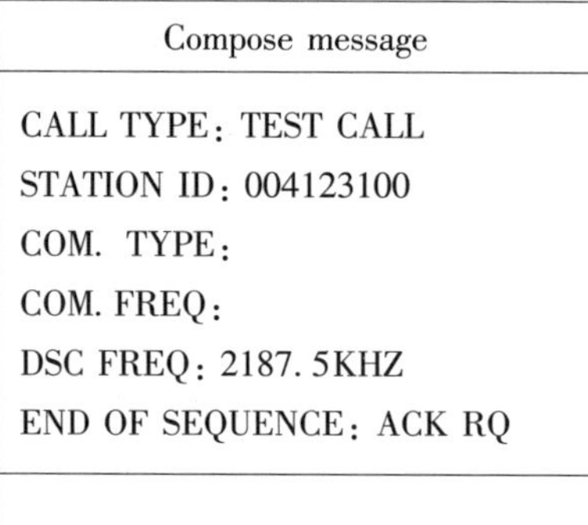

图 2-27　给一个岸台 TEST CALL 试验呼叫的内容

4. DSC 值守机设置

(1)报警设置

报警菜单能开/关内部和外部报警。注意:遇险/紧急报警不能被关掉。在标准 DSC 界面按[#SETUP]键,选择 ALARM,然后按[ENTER]调出报警设置菜单,根据所需设置为 ON/OFF。

(2)自动收妥设置

自动收妥菜单能开启/关掉单呼、船位、回应这三种呼叫的自动发收妥功能。在标准 DSC 界面按[#SETUP]键,选择 AUTO ACK,然后按[ENTER]调出自动收妥设置菜单,按默认将单呼设为 UNABLE,以免操作员错过呼叫。

(3)打印机设置

在标准 DSC 界面按[#SETUP]键,选择 PRINT OUT,然后按[ENTER]调出打印机设置菜单,根据需要进行设置。一般情况下将发射和测试设为自动,将接收设为手动,当需要打印时按[8/PRINT]调出文件进行打印。

(4)值守扫描频率设置

在标准 DSC 界面按[#SETUP]键,选择 SCAN FREQ,然后按[ENTER]调出值守扫描频率设置菜单,根据所需设置值守扫描频率。

六、NBDP 操作

1. NBDP 功能键及菜单内容介绍

NBDP 功能键及菜单内容见表 2-9。

表 2-9　NBDP 功能键及其菜单内容

功能键[F1]:FILE 文件功能		功能键[F2]:EDIT 编辑功能	
菜单	功能	菜单	功能
1:New	编辑一个新电文	1:Undo	撤销操作
2:Open	打开文件	2:Cut	剪切电文
3:Close	关闭文件	3:Copy	复制
4:Delete	删除文件	4:Paste	粘贴
5:Rename	文件重命名	5:Select All	全选
6:Real Time Printing	实时打印(接通/关闭)	6:Search	搜索一个文件
7:File to Print	打印文件	7:Replace	替换
8:Cancel Printing	取消打印	8:Goto Top	将光标移到文件头
9:Clear Buffer	清除通信缓冲器	9:Goto Bottom	将光标移到文件尾
0:Floppy Disk Format	软盘格式化	0:Goto line	把光标移到指定行
		A:Change Text	在显示的两个窗口之间转换
功能键[F3]:OPERATE 操作功能		功能键[F5]:STATION 设置台功能	
菜单	功能	菜单	功能
1:Call Station	从岸台表中选择一岸台	1:Station Entry	登记岸台表
2:Macro Operation	自动发电传操作	2:Timer Operation Entry	登记定时操作编程
3:File to Send	调一个电文发射	3:Scan Entry	更新扫描表
4:Cancel Sending	停止发射	4:User Channel Entry	登记用户信道
5:Scan Star/Stop	开始/停止扫描	5:Answerback Code Entry	登记本船应答码
6:Manual Reception	选择接收模式:AUTO, ARQ, FEC, DIRC	6:Group ID Entry (4/5 digit)	登记本船 4 或 5 位群呼码
7:Time Operation	定时发电传的操作	7:Group ID Entry (9 digit)	登记本船 9 位群呼码
8:Manual Calling	在手动呼叫时,设置发射模式和用户 ID 码	8:Select ID Entry (4/5 digit)	登记本船 4 或 5 位选呼码
9:Set Frequency	在手动呼叫时,设置发射和接收频率	9:Select ID Entry (9 digit)	登记本船 9 位选呼码

表 2-9(续)

功能键[F6]:SYSTEM 系统功能		功能键[F4]:WINDOW 窗口	
菜单	功能	菜单	功能
Setup	本菜单系统锁定、改变系统设置、回复默认系统设置	1:Calendar	显示日历,可以改变年月
Slave Delay	在 ARQ 模式下,收发转换延时,用户不可改变此设置	2:Distress Frequency Table	无线电话、NBDP、DSC 遇险频率表
TX/RX MSG save	把发射/接收的信息储存到软盘上	功能键[F7]:WRU[Who are you?(你是谁?)],在 ARQ 模式,要求对方的应答码	
Edit Before sending	OFF:边键入边发射 ON:整个电文发射	功能键[F8]:HR[Here is…(这里是……)],在 ARQ 模式下发送自己的应答码	
Time System	SMT:当地时间 JST:日本标准时间	功能键[F9]:OVER,在 ARQ 模式下转换通信方向	
Time & Date	手动输入日期和时间	功能键[F10]:BREAK,在 ARQ 模式下拆线	
Display Mode	显示器显示模式		
Self Test	自测试		

2. NBDP 的准备工作

(1)登记应答码和 ID 码

按功能键[F5],然后按[5],输入本船的应答码,例如应答码为 123456789 FURU X,如图 2-28所示,按[ENTER]后会出现提示:“确认应答码,应答码一旦登记完成就不能再改变”,如果输入正确,再按[ENTER]。

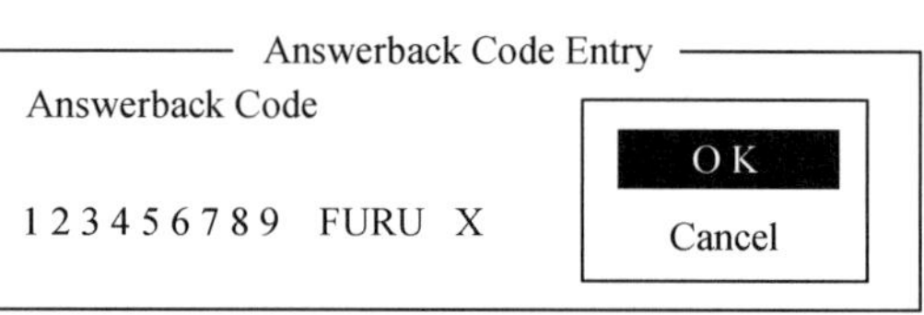

图 2-28 输入本船的应答码

按功能键[F5],然后按[6][7][8]或[9]键,输入本船的 ID 码(群呼码或选呼码)。

(2)登记用户信道

用户信道目录可存储 100 个用户信道,号码为 0~99。注:用户信道可用于信道扫描。

①按功能键[F5],然后按[4]键,显示用户信道输入窗口;用箭头键将光标停在新建 Create,按[ENTER]键。

②将光标停在 Channel 处,输入信道号(如果信道已满 100 个,先删除不需要的信道)。

③按[↓]键,在 Tx freq 处,输入发射频率;按[↓]键,在 Rx freq 处,输入接收频率。

④按[ENTER]键,出现“OK/Cancel 提示”;按[ENTER]键,登记的信道出现在信道目录中;按[Esc]键退出。

(3)登记扫描信道表

系统可以存储 10 个扫描信道表,每表 20 个信道。

通过信道扫描,NBDP 终端单元能够扫描值守。NBDP 终端按设置的信道号扫描,在 ARQ 模式下,当收到的信号中检测到本船的 ID 码时停止扫描,同时发射机调谐到相应的发射频率,建立通信线路,自动交换信息,通信线路一旦拆线立即恢复扫描。

①按功能键[F5],然后按[3]键,显示扫描信道表输入窗口;用箭头键将光标停在新建

Create,按[ENTER]键。

②光标停在 Group Name 处,输入表名。

③按[↓]键,在 CH Dwell Time 处,输入信道停留时间,以秒(s)为单位。

④按[↓]键,在 Mode 处,选择通信模式(AUTO、ARQ 或 FEC)。

⑤按[↓]键,在 Auto Search 处,选择自动搜索为 ON 或 OFF。

ON:当找到最强的信号时,设备停止扫描。

OFF:找到第一个信号时,设备停止扫描。

⑥按[↓]键,选择扫描设置窗口的 No. 1,输入信道号,按[→]键选择 Scan。

⑦按[↓]键,选择扫描设置窗口的 No. 2,输入信道号,按[→]键选择 Scan。

⑧输入其他的信道号,输完信道号后按[ENTER]键,出现要求证实的提示;再次按[ENTER]键保存数据,组名显示在扫描组目录窗中。

⑨如要继续登记其他的扫描信道组,按[ENTER]键两次,重复步骤②~⑧。

⑩按[Esc]键退出。

(4)登记台名

①按功能键[F5],再按[1]键,显示岸台名输入窗口;将光标停在 Create,按[ENTER]键。

②光标在 STATION 处,输入岸台名,最多用 18 个字母。

③按[↓]键,在 ID code 处,输入岸台的 ID 码。

④按[↓]键,在 Mode 处,选择 ARQ 模式或 FEC 模式。

⑤按[↓]键,在 CH/Table 处,选择 Channel 或 Scan Table。

⑥ 按[↓]键,在 Num/Table 处,如果在上一步选择 Channel,输入 ITU 信道号或用户信道号;如果在上一步选择 Scan Table,按[→]键显示登记的扫描表,用[↑]或[↓]选择一个扫描表,接着按[ENTER]键。

⑦按[ENTER]键,出现提示"OK/Cancel",要求确认数据,按[ENTER]键确认。

⑧如要继续登记其他台名,按[ENTER]键两次,重复步骤②~⑦。

⑨按[Esc]键退出。

(5)创建一份电文和保存电文

用 2HD 型软盘储存文件。使用时,先将软盘格式化。

①按功能键[F1],再按[1]键选择 New,标题栏显示 UNTITLED 1(无标题 1),在光标处输入电文。

注:在电传电文中不要使用符号#、&、*、$ 和%。在电文中间不能有字符串"$ $ $",该字符串只能使用在电文结束,当检测到这个字符串时,通信线路自动拆线。

②按功能键[F1],再按[3]键选择 Close,显示保存电文屏幕。选择 Yes,按[ENTER]键,输入文件名,最多用 8 个字符,可以加扩展名,例如". TXT",按[ENTER]键保存电文。

3. NBDP 的发射和接收

(1)船-岸-用户 NBDP 通信

以广州海岸电台为例,简单介绍 NBDP 的 ARQ 模式操作。在与广州岸台联系之前,先将广州岸台编进岸台名表,并且编好一份要发射的电文储存在电文文件夹里(如 TEST 1)。

①在 SSB 界面,选择"TLX"模式,此项必须选,否则直接从[F3]进入,会听不到 NBDP 的监听信号的声音。

②按功能键[F3],显示操作菜单,再按[1]键选择 Call Station,显示所登记的岸台名表。

③在岸台名表里选择广州岸台(必须用 ARQ 模式登记),按[ENTER]键,这时设备会根据所设的频率与广州岸台进行联系,互相交换应答码,当沟通成功后,屏幕显示广州岸台给出的指令“GA + ?”(我已准备好,请发指令)。

④船台键入“DIRTLX08544380 + ”(直接与 08544380 用户连线),回车。

⑤岸台在进行连线,船台与用户交换应答码,连线成功后给出指令“MSG + ?”(请发电文)。

⑥船台按[F3]键,再按[3]键选择 File to Send,显示发射电文目录屏幕。

⑦用[↑]或[↓]把光标放在要发送的电文(如 TEST1)处,按[ENTER]键显示要发送电文的内容,再次按[ENTER]键就开始发送电文。

如要取消发射,按[F3]键,再按[4]键,就会停止发射,但与岸台的线路还连着,如要拆线按[F10]键。

⑧电文发送完毕,船台与用户交换应答码,这时船台键入“KKKK”,回车拆线。

⑨岸台发送“2017 XSQ CN”	岸台应答码
Ship's answerback	船台应答码
Date and time	日期和时间
Land subscriber telex number	陆地用户电传号码
Duration of call	计费时间
“GA + ?”	还要发电传吗?

⑩如船台需要给其他的陆地用户发电传,重复步骤③~⑧。

⑪如船台要拆线,键入“BRK + ”或按[F10]键,即与岸台拆线。

(2)测试 NBDP 工作情况(以广州海岸电台为例)

①在 SSB 界面,选择“TLX”模式。

②按功能键[F3],按[1]键选择 Call Station,显示所登记的岸台名表。

③在岸台名表里选择广州岸台(必须用 ARQ 模式登记),按[ENTER]键,这时设备会根据所设的频率与广州岸台进行联系,互相交换应答码,当沟通成功后,屏幕显示广州岸台给出的指令“GA + ?”(我已准备好,请发指令)。

④船台键入“TEST + ”回车。

⑤岸台发测试电文“The brown fox quickly jumps a lazy dog”,并再次“GA + ?”。

⑥键入“BRK + ”或按[F10]键,与岸台拆线。

注:要保留与岸台的“TEST + ”测试通信记录,以备无线电检验和 PSC 检查。

任务 3　MF/HF 组合电台故障检测与维修

一、电台蓄电池或充放电单元故障

1. 故障现象

交流供电时正常工作,改用 24 V 备用电源直流电时,突然跳电或者用一段时间后跳电。

2. 分析判断

全负载运行时,备用电源蓄电池容量不足,导致蓄电池电压下降,工作电流不断增加,导致保险丝熔断。

3. 处理方法

更换保险丝,之后对电瓶过充电,看能否提高电池的容量及电压,若仍熔断,则更换蓄电池。

二、组合电台没有 GPS 信号

1. 故障现象

组合电台控制单元 GPS 故障报警,屏幕显示无船位信息。

2. 分析判断

一是 GPS 数据分配器故障或接线接触不良;二是组合电台设置不当,将 GPS 信号自动输入关闭或者将位置信息设置成手动输入;三是 GPS 信号输出格式更改(正确的是 IEC61162 或者 NMEA0813),不过此种情况较少出现。

3. 处理方法

检查 GPS 信号格式;用万用表直流电压挡逐级检查分配器各接口有无 GPS 直流脉冲信号(3 V 左右);在设备设置菜单里设置输入信号模式。

三、组合电台操作控制单元故障

1. 故障现象

操作控制单元使用过程中,会存在突然死机的现象,操作键失灵。

2. 分析判断

操作不当,未等某一步骤运行完毕就操作另一步骤,导致设备操作控制单元 CPU 超负荷运行或者造成数据冲突。

3. 处理方法

关闭电源重新启动。

四、组合电台天线调谐失败

1. 故障现象

自动调谐时间较长,停止调谐时显示调谐失败。

2. 分析判断

调谐三次为好,检查天线外表是否完好,天线与天调单元接触是否完好;天线转换箱转到假负载进行负载调谐,若调谐正常,则除天线外的其他设备都正常;若假负载仍然调谐失败,则对设备进行自检,其中重点检查“TUNER(天线调谐器)”;若出现错误代码,查阅说明书找出错误代码所代表的故障。

3. 处理方法

若天线或者连接部分断开,重新连接;天线绝缘部分不正常,则进行清洁或者绝缘处理,甚至更换新天线;自检不通过,可能是电路板某元器件故障,需要更换元器件。

五、组合电台操作控制单元故障

1. 故障现象

操作控制单元使用过程中,会存在突然死机现象,操作键失灵。

2. 分析判断

操作不当,未等某一步骤运行完毕就操作另一步骤,导致设备操作控制单元 CPU 超负荷运行或者造成数据冲突。

3. 处理方法

关闭电源重新启动。

六、组合电台打印机故障

1. 故障现象

组合电台在正常开机值守或者打印过程中,发出"嘀——嘀——"的打印故障报警声,同时操作控制单元显示打印机故障或没纸;又或打印机打印的文字不清晰。

2. 分析判断

打印机不能正常工作的原因:

(1)打印机信号线接触不良引起报警;

(2)打印机纸即将用完,导致打印纸限位报警开关接通引起报警;

(3)打印机卡纸引起报警;不清楚需更换墨盒。

(4)打印不清晰。

3. 处理方法

(1)若打印纸将用完引起限位报警,更换打印纸即可。

(2)若是因为打印机信号连接线(分配器)连接故障,则需要恢复信号线。

(3)判断是打印机故障还是外部故障可自检。关闭电源,按住[LF]键同时开机,便进入自检,将自检结果打印在纸上;若结束可关闭电源;若自检正常,则检查其他连线是否正常。

(4)若是打印不清晰,应及时更换墨盒。

七、组合电台 LOCAL 板故障

1. 故障现象

组合电台长期值守或操作过程中死机,重启后仍不能恢复正常。

2. 分析判断

多数是因为本机控制电路板(LOCAL 板)的 CPU 及其他数据存储集成块不能恢复运行。

3. 处理方法

对 LOCAL 板进行放电,主要步骤如下:

(1)卸下主机最上层收发单元前面板盖,抽出 LOCAL 板;

(2)卸掉印刷电路板 6 个螺丝,脱掉 BT1 电池,用万用表电阻挡将电容 C4 完全放电;

(3)万用表一端表笔接地,另一端反复短接 ICS1 和 ICS2 所有输出脚;

(4)重新焊接上电池,上紧电路板螺丝,将 LOCAL 板插回本机。

八、LOCAL 板电池失效

1. 故障现象

组合电台关机较长时间后,重新开机时日常设置的一些数据(常用频率清单、岸站电台列表等资料)丢失。

2. 分析判断

组合电台日常设置的数据信息都保存在 LOCAL 板,正常开机值守时由电容 C1 供电存储,关机后当电容电压不足时再由电池 BT1 供电。如果电池 BT1 完全失效,关机较短时间电容可以供电且能满足需要;若存储时间较长,电容 C1 电压下降到一定值时,日常设置的数据就会丢失。

3. 处理方法

按照对 C4 电容进行放电的办法更换电池 BT1。

九、组合电台天线转换箱的作用

OFF:将天线与组合电台完全断开。

ANT:将组合电台与天线连接。

DUMMY:将组合电台接假负载发射。

MANUAL:手动控制{ANT CH}。

十、组合电台防雷击方法

(1)关闭组合电台发射机电源。

(2)若天线发射单元有天线转换开关箱,将天线放在"OFF"位置。

(3)若没有天线发射单元或没有发射箱,应尽可能降低天线高度。

【项目考核】

项目考核单见表 2-10。

表 2-10　项目考核单

序号	考核点	分值	建议考核方式	考核标准	得分
1	MF/HF 组合电台系统图、接线图识读	15	教师评价(50%)+互评(50%)	能正确识读系统图、接线图,识读错误一处扣 1 分	
2	MF/HF 组合电台接线	15	教师评价(50%)+互评(50%)	能正确进行设备接线,接错一处扣 2 分	
3	MF/HF 组合电台操作(见项目技能训练二)	15	教师评价(50%)+互评(50%)	能正确进行设备操作,操作错误一次扣 3 分	
4	项目报告	10	教师评价(100%)	格式标准,内容完整,详细记录项目实施过程并进行归纳总结,一处不合格扣 2 分	
5	职业素养	5	教师评价(30%)+自评(20%)+互评(50%)	工作积极主动、遵守工作纪律、遵守安全操作规程、爱惜设备与器材	
6	知识巩固测试(见项目知识训练二)	40	教师评价(100%)	对相关知识点掌握牢固,错一题扣 1 分	
完成日期		年　月　日		总分	

项目知识训练二

1. 上海海岸电台的无线电传应答码是________。

A. 2010 SHAIRADIO CN　　B. 2017 SHAIRADIO CN

C. 004121100SHAIRADIO CN　　D. 004123100 SHAIRADIO CN

2. 在 GMDSS 系统中,HF 通信分系统的工作频率范围是________。

A. 415 ~4 000 kHz　　B. 4. 0 ~27. 5 MHz　　C. 30 ~60 MHz　　D. 156 ~174 MHz

3. 在 GMDSS 系统中,MF 通信分系统的工作频率范围是________。

A. 415 ~4 000 kHz　　B. 4. 0 ~27. 5 MHz　　C. 30 ~60 MHz　　D. 156 ~174 MHz

4. MF/HF 组合电台,SSB 无线电话采用的工作类型是________。

A. J3E　　B. A1A　　C. H2A　　D. F1B

5. MF/HF 无线电话的工作种类________主要是用于遇险和安全通信,规定在 2 182 kHz、4 125 kHz、6 215 kHz、6 291 kHz、12 290 kHz、16 420 kHz 等频率上使用。

A. H3E　　B. F1B　　C. AIA　　D. A2A

6. MF/HF 组合电台的 NBDP 和 DSC 方式,采用的工作类型是________。

A. J2B　　B. F1B　　C. A 或 B　　D. 既不是 A 也不是 B

7. G3E 发射种类的含意是________。

A. SSB 抑制载波　　B. 具有纠错的载波移频键控

C. SSB 调频无线电话　　D. 调相无线电话

8. 下列识别码中________是分配给广州岸台的 MMSI 识别码。

A. 04120017　　B. 004123100　　C. 494602017　　D. 441201017

9. 船舶在航行时________。

A. MF/HF DSC 值守机应 24 h 开启值守　　B. NBDP 终端应 24 h 开启值守

C. 组合电台必须 24 h 开启工作　　D. MF/HF DSC 值守机可以关闭

10. 下述哪一频率不是 DSC 进行遇险和安全呼叫时所采用的频率?________

A. 8 414. 5 kHz　　B. 16 804. 5 kHz　　C. 156. 525 kHz　　D. 2 182 kHz

11. 下述哪一频率是 MF DSC 进行遇险和安全呼叫时所使用的频率?________

A. 2 182 kHz　　B. 2 174. 5 kHz　　C. 156. 8 MHz　　D. 2 187. 5 kHz

12. DSC 终端 MF/HF 频段共有________个遇险呼叫频率。

A. 7　　B. 6　　C. 5　　D. 4

13. 船台在 MF 上收到 DSC 遇险呼叫后,应________。

A. 马上转发

B. 不得转发

C. 在 1 min 内没有岸台应答的情况下,船台给予转发

D. 在 3 min 内没有岸台应答的情况下,船台给予转发

14. DSC 遇险呼叫序列中不包括________。

A. 遇险船名　　B. 遇险时间　　C. 遇险位置　　D. 后续通信方式

15. 遇险报警时要用________个遇险信号引导。

A. 1　　B. 2　　C. 3　　D. 4

16. 岸台使用 NBDP 系统播发气象信息采用________方式。

A. ARQ　　B. SFEC　　C. CFEC　　D. TDMA

17. NBDP 中二重时间分集的间隔时间为________。

A. 280 ms　　B. 300 ms　　C. 400 ms　　D. 350 ms

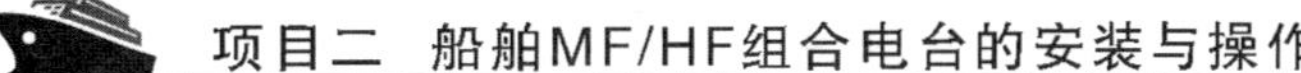

18. 无线电话遇险信号是________。

A. PAN PAN　　B. MAYDAY　　C. URGENCY　　D. SECURITE

19. NBDP 中拆除有线网络联系,以及拆除与岸台的无线联系分别用指令________。

A. NNNN 和 KKKK　　B. KKKK 和 BRK　　C. NNNN 和 BRK　　D. BRK 和 KKKK

20. 能表示海上移动电台无线电传应答码的是________。

A. 47579 GFCV　　B. 47579 GFCV X　　C. 4579 GFCV　　D. 4579 GFCV X

21. 符合 CCIR－625 建议的 NBDP 设备,使用________位数字选呼码。

A. 3　　B. 5　　C. 7　　D. 9

22. 关于遇险收妥,下面的________项描述不正确。

A. 如果是在某一海岸电台覆盖的区域,应由该区域的海岸电台进行遇险收妥

B. 附近的船台不能收妥

C. DSC 遇险收妥是对所有船的呼叫

D. 遇险收妥后用可能的通信设备通知 RCC

23. 在 MF 2 187.5 kHz 上接收到一个 DSC 遇险呼叫,下面的________项描述不正确。

A. 接收到遇险呼叫立即转发

B. 如果不是在 A1、A2 海区,附近接收到遇险呼叫的一条船舶要发送一遇险收妥

C. 遇险船和救助船一般转到 MF 2 182 kHz 上进行遇险通信

D. 如果遇险船遇险呼叫后续通信方式为无线电传应转到 MF2 174.5 kHz 上用 NBDP 方式进行遇险通信

24. 关于遇险现场通信,下面的哪一项描述不正确?________

A. 使用 VHF 和组合电台,一般在 VHF CH16 信道和 MF 2 182 kHz 进行

B. 遇险通信由遇险现场指挥者负责指挥和控制

C. 遇险现场通信仅可以使用无线电话,不可以使用电传

D. 要开启 SART

25. 无线电话安全信号为________。

A. MAYDAY　　B. PAN PAN　　C. SECURITE　　D. URGENCY

26. 船上人员落水失踪,要求所在海域船舶注意瞭望救助,下面说法不正确是________。

A. 编发一个海区呼叫或者所有船呼叫

B. 优先等级为紧急

C. 优先等级为安全

D. DSC 呼叫后,再以约定的方式和频率播发通告

27. DSC 遇险报警可以实现________方向报警。

A. 船到船　　B. 船到岸　　C. 岸到船　　D. A,B 和 C

28. 无线电话通信时,OVER 表示________。

A. 通话开始　　B. 通话暂停　　C. 通信结束挂机　　D. 请对方讲话

29. 船用 SSB 无线电话使用的是________。

A. 上边带　　B. 下边带　　C. 独立边带　　D. 双边带

30. SSB 通信的主要优点是________。

A. 发射功率大　　B. 工作种类多　　C. 通信距离远　　D. 节省功率、节约频谱

31. MID 是由________位数字组成的。

A. 9　　B. 3　　C. 7　　D. 5

32. 组成海岸电台呼叫识别的结构是________。

A. 0MID×××××　　B. 00MID××××　　C. 000MID ×××　　D. MID ××××××

33. DSC 的码元结构组成为________。

A. 七单元恒比码　B. 十单元二进制码　C. 五单元 No. 2 码　D. ASCⅡ码

34. DSC 不具备下述哪种功能？________
A. 遇险呼叫　B. 对所有船呼叫
C. 选择性呼叫　D. 转发卫星示位标遇险信号

35. MF/HF DSC 的调制方式是________。
A. 频移键控　B. 相移键控　C. 幅度调制　D. SSB 调制

36. MF/HF DSC 设备中，已调信号的中心频率是________。
A. 170 Hz　B. 1 700 Hz　C. 1 615 Hz　D. 1 785 Hz

37. DSC 遇险报警适用于________海区。
A. A1　B. A1 和 A2　C. A1、A2 和 A3　D. A1、A2、A3 和 A4

38. 下列哪一个号码是中国船队的识别码？________
A. 412119703　B. 004122100　C. 041211111　D. 08530301

39. 关于接收到海岸电台的遇险转发，下面的哪一项描述不正确？________
A. 应使用无线电话方式主动和海岸电台联系，收妥遇险转发
B. 与遇险船建立联系
C. 不需要收妥
D. 和该海区的海岸电台保持联系，及时通报搜救进程

40. 进行 MF/HF DSC 遇险确认，应使用________频率发射。
A. 任意　B. 2 182 kHz　C. 收到遇险报警的　D. 156. 8 MHz

41. 下面________设备属于 GMDSS 地面通信系统中进行遇险报警的设备。
A. NBDP　B. VHF－TEL　C. DSC　D. SART

42. NBDP 的码元中，“1”对应的音频为________。
A. 1 415 Hz　B. 1 500 Hz　C. 1 785 Hz　D. 1 615 Hz

43. NBDP 中 ARQ 方式是用于________。
A. 一岸台自动启动部分船台　B. 岸台选呼某一船台
C. 单向广播　D. 船台与岸台、船台与船台双向互通

44. NBDP 采用的键控方式是________。
A. 幅度键控　B. 频移键控　C. 相移键控　D. 二相相移键控

45. 下列不是 NBDP 遇险与安全频率的是________。
A. 4 177. 5 kHz　B. 8 291. 0 kHz　C. 290 kHz　D. 16 695 kHz

46. 电传电文的结束符号为________。
A. KKKK　B. NNNN　C. ZCZC　D. OVER

47. 广州海岸电台的四位电传呼号为________。
A. 2010　B. 2017　C. 3100　D. 2100

48. 在 NBDP 通信中，仅可实现两台双向通信的工作方式是________。
A. ARQ　B. SFEC　C. CFEC　D. 以上均可

项目技能训练二

1. 组合电台操作训练

(1)调整接收机的音量。

(2)打开扬声器。

(3)将通信方式设置为 TELEX，收发频率设置为 2 174. 5 kHz。

(4)“育强”船(呼号：BOXZ)在 A3 海区失控漂流，用 HF DSC 编发遇险报警，说明随后如何进行遇险

通信以及通信方式和频率。

(5)“育强”船(呼号:BOXZ)在黄海水域航行,用无线电话经上海海岸电台联系“上远”公司,结合设备介绍实现船-岸-用户无线电话通信步骤。

(6)说明组合电台的日常维护与管理应注意的问题。

2. 组合电台操作训练

(1)开启噪声抑制。

(2)关闭扬声器。

(3)介绍控制面板各个按键的功能。

(4)甲、乙两船相距150 n mile左右,欲进行无线电话通信。编发一个MF DSC呼叫,预约通信方式和通信频率,接收这个MF DSC呼叫,并在约定的通信方式和频率上进行通信。

(5)“天昌海”船(呼号:3FCG4)在长江口锚地抛锚,使用MF与上海海岸电台进行无线电话通信测试。

(6)发生MF DSC误报警后如何取消?

3. MF/HF DSC操作训练

(1)查看本机MMSI。

(2)将本船船位更新为N 36°05′,E 120°23′。

(3)进行DSC自测试,报告测试结果。

(4)船舶在抵达青岛港前,通过上海岸台进行HF DSC呼叫测试。

(5)编发MF遇险呼叫:遇险船“育强”(呼号:BOXZ);船位S36°14′,E65°25′;时间06:25 UTC;遇险性质为失控;后续通信方式为无线电话。

4. MF/HF DSC操作训练

(1)存储DSC频率2 187.5/2 187.5 kHz。

(2)调出最近接收的DSC遇险级别电文。

(3)简述如何防止DSC误报警。

(4)在2 187.5 kHz发出快速遇险报警。

(5)编辑所有台呼叫,优先等级为紧急,后续通信方式为FEC,频率为2 174.5 kHz,在MF DSC遇险和安全频率上发出呼叫。

5. NBDP操作训练

(1)请介绍主界面的菜单名称及功能。

(2)查看本船的自识别码。

(3)“竹源”船(呼号:BOFO)在黄海水域航行,正确设置接收天津海岸电台播发的MSI。

(4)“竹源”船(呼号:BOFO)航行在大连附近水域,查找广州海岸电台通报表的播发频率和时间并设置接收。

项目三　船舶 VHF 通信系统的安装与操作

【项目描述】

VHF 通信系统是水上移动无线电通信中的一个重要系统,用于近距离通信,其工作频段是156～174 MHz,属于 VHF 频段。VHF 设备是 GMDSS 中 A1 海区的主要通信设备,是实现现场通信的主要手段,也是实现驾驶台与驾驶台之间通信的唯一手段。

【项目目标】

1. 识读 VHF 设备的系统图和接线图。

2. 能正确安装 VHF 系统并正确接线,包括天线、收发信机及各终端设备安装与接线。

3. 会操作 VHF 设备,能用 VHF 终端设备(无线电话终端、VHF DSC 终端)进行遇险、紧急、常规通信。

【知识链接】

知识链接1　VHF 通信系统认识

一、VHF 通信系统的组成

客轮和500 总吨以上的货轮根据航行的海区一般安装1～3 套 VHF 设备。船舶 VHF 设备安装在驾控台、GMDSS 组合台或驾驶室前壁上。VHF 通信系统的组成(以 FURUNO 的 FM－8800S/D 为例)如图3－1 所示。

目前,船用 VHF 设备的生产厂家很多,其外观不尽相同,但由于其功能和技术要求一样,设备结构和操作控制大体相同。VHF 收发信机、控制面板、DSC 终端和 CH70 值守机一般集成在一起,外接一个或多个话筒、两支天线(VHF 收/发天线和 VHF CH70 值守天线)和 AC/DC 电源。此外根据船舶设计要求,VHF 设备可以外接打印机、遥控台(最多4 个)、两翼话筒(最多2 个)和扬声器等。

根据《SOLAS 公约1988 年修正案》和 GMDSS 船载无线设备配备的要求,航行于 A1～A4 海区的船舶不仅要配备能进行话音和数字选择性呼叫 DSC 通信的 VHF 无线电话通信设备,还要配备救生艇(筏)上使用的双向 VHF(Two－way VHF)无线电话通信设备,用于船上和现场通信。

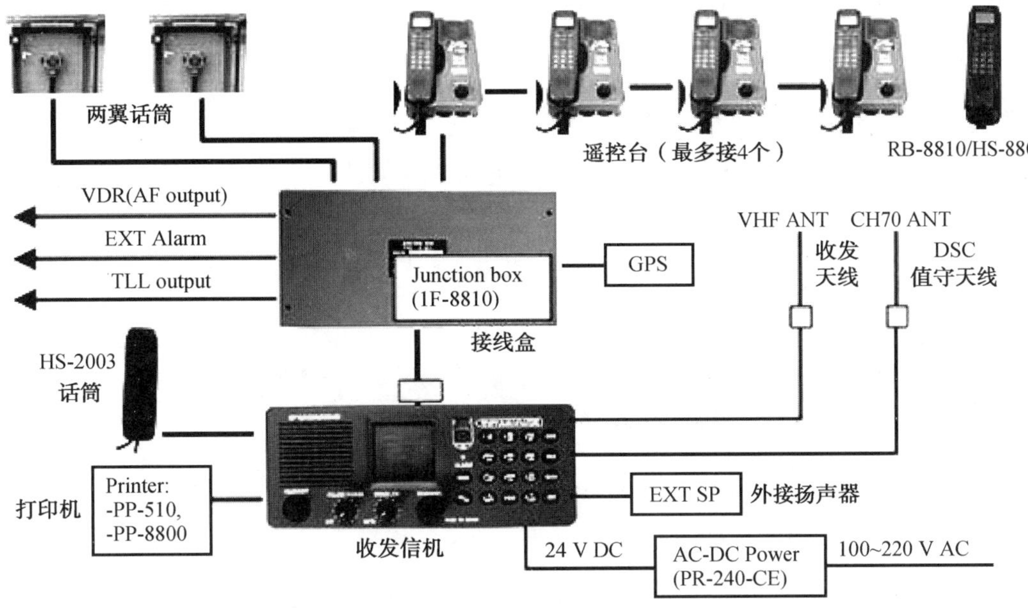

图 3－1 FM－8800S/D VHF 通信系统的组成

二、船舶 VHF 设备的功能

1. 船舶 VHF 无线电话的功能

(1)遇险、紧急、安全和常规通信

船舶航行于任何海区，都可以用 VHF 设备完成近距离的船到船遇险报警、紧急、安全和常规通信，以及遇险现场通信。例如，港口引航通信、驾驶台对驾驶台通信、在 A1 海区与陆上电话网用户的通信、船舶动态业务通信等。

(2)双值守

所谓双值守是指利用接收机同时守听两个或两个以上的通话信道。由于 VHF 通信业务的原因，船台经常遇到需要同时守听多个信道的情况。《SOLAS 公约》明确规定：设置 VHF 无线电话设备的船舶电台，在水上时应保持对 CH16 的连续值守。这就要求船台设备必须具备双值守功能。

在实际应用中，双值守功能是通过特定的自动扫描程序来实现的。在所值守的多个信道中，有优先信道(CH16)和附加信道之分。按要求启动双值守程序后，一旦在优先信道上检测到信号，则扫描程序立刻停止，而优先信道无信号时，即使附加信道有信号，只要扫描驻留时间一到，仍须自动切换到优先信道。也就是说，无论如何必须保证对优先信道的有效值守。

水上移动业务对双值守功能和性能有如下要求。

①双值守功能可人工启动或关闭。即使已经启动双值守功能，一旦拿下送受话器，双值守功能将自动关闭；若挂上送受话器，双值守功能又将自动恢复。

②执行双值守功能时，发射被禁止。关闭此功能后，电台自动转到附加信道上。

③设备上应有独立的功能键，以确保能快速切换到优先信道上接收。

④执行双值守功能时，应能同时显示所值守的信道号。

⑤如在某一信道上收到信号,应能显示相应的信道号。

2. VHF DSC 功能

(1)遇险报警、遇险收妥

若航行在 A1 ~ A4 海区,可以实现近距离的船到船的遇险报警和遇险收妥。若航行在 A1 海区,可以实现船到岸的遇险报警,也可以接收岸至船的遇险收妥。

(2)紧急、安全和常规呼叫

船舶可以在 VHF CH70 上发送一个相应等级的呼叫,再转到约定的信道上进行无线电话通信,即正式通信前的沟通。

(3)自动值守

船舶 VHF CH70 值守机有独立的接收天线,船舶按规定在 VHF CH70 上保持 24 h 不间断值守,随时接收 CH70 上的遇险、紧急、安全和常规呼叫。

三、VHF 设备的工作种类和工作方式

1. 船用 VHF 设备的工作种类

VHF 设备的工作种类分为无线电话通信和 DSC 通信。

(1)VHF 无线电话通信:调制方式采用调频(F3E)或调相(G3E)。

(2)DSC 通信:调制方式采用单路副载波调频(F2B)或调相(G2B)。

2. 船用 VHF 设备的工作方式

(1)单工工作方式:船舶间通信只能用单工工作方式。

(2)双工工作方式:船与岸之间通信可在双工信道上采用双工工作方式。

(3)半双工工作方式:船与岸之间通信时一般采用半双工工作方式,即船舶采用单工工作方式,海岸电台采用双工工作方式。

四、VHF 信道划分

ITU 将海上 VHF 波段划分了 57 个国际信道,相邻信道间隔 25 kHz,收发间隔 4. 6 MHz。信道号为 CH01 ~ CH28 和 CH60 ~ CH88(CH60 频率最低,然后是 CH01,CH61,CH02,…),其中单工信道 20 个(CH06,CH08 ~ CH17,CH67 ~ CH74,CH77),双工信道 35 个,保护信道 2 个。下面介绍几个重要或常用信道。

1. CH70(156. 525 MHz)

CH70 被指定为水上移动业务电台的 VHF DSC 呼叫频率,用于遇险、紧急、安全、常规通信的 DSC 呼叫。

注意:VHF CH70 是 VHF DSC 的专用信道。

2. CH16(156. 800 MHz)

CH16 被指定为 VHF 无线电话的国际遇险与安全通信的信道,用于遇险呼叫、遇险通信、紧急通信及简短的安全信息播发,长时间的安全信息播发应在该信道上播发引语(引导语,如遇险信号、安全信号都可以作为引语)后转到其他信道上播发。CH16 也可用于船舶电台之间、海岸电台与船舶电台之间的无线电话呼叫及应答,CH16 应为全功率状态工作。

3. CH06(156. 300 MHz)

CH06 用于船舶间导航、避让操作等通信,也用于从事协调搜寻和救助作业的船舶电台和飞机电台之间的通信。

4. CH75、CH76

与 CH16 邻近的 CH75、CH76 为 CH16 的保护信道(不工作信道)。

5. CH15、CH17

其与 CH75、CH76 信道相邻,将被强制在小功率状态,发射功率不超过 1 W,以免对 CH16 造成干扰。

6. CH12、CH13

其主要用于船舶间的航行安全通信,还可用于船舶移动和港口作业。

7. CH09、CH72、CH73

其分别是船舶间通信、港口作业和船舶移动的首选信道。

另外还有两个用于自动船舶识别和公海船舶工作监视的单工信道 AIS1、AIS2。

此外,美国和加拿大将 VHF 的一些双工信道变为单工信道,称为美国信道(USA 信道)。USA 信道将下列 ITU 双工信道变为单工信道:CH01、CH05、CH07、CH18、CH19、CH21 ~ CH23、CH63、CH65、CH66、CH78 ~ CH83、CH87、CH88。美国又禁用了一些信道:CH02、CH15、CH60 ~ CH62、CH64、CH75、CH76。

加拿大将下列 ITU 双工信道变为单工信道:CH60 ~ CH62、CH64。

此外,在美国和加拿大附近海域,使用 VHF 专用气象信道 W1 ~ W7 广播气象预报。

五、VHF 设备的主要性能指标

1. 发射功率

船用 VHF 设备的发射功率通常用载波功率来衡量。所谓载波功率是指在无调制时,发射机在工作频率上一个射频周期中供给标准负载的平均功率。按规定,船台发射机的额定载波输出功率应为 6 ~ 25 W,并应能减少到小于或等于 1 W,目的是在近距离通信时,尽量减少对其他通信所产生的干扰。

2. 频率偏差

频率偏差是指调频波瞬时频率的最大值或最小值与中心频率(载频)间的差值。通常在正常工作条件下所限定的频率偏差称为最大频偏。船用 VHF 设备无线电话通信所允许的最大频偏为 ±5 kHz。

3. 调制信号带宽

调制音频的频带应限于 3 000 Hz 以下。

4. 灵敏度

船用 VHF 接收机的灵敏度应优于 1 μV。

5. 发射机辐射带宽

发射机辐射带宽是指占总辐射能量 99% 的信号频谱宽度。如果信道间隔为 25 kHz,最大允许频偏 Δf_{max} 为 ±5 kHz,最高调制频率 F_{max} 为 3 kHz,则发射机最大辐射带宽 B_{max} 为

$$B_{max} = 2(F_{max} + \Delta f_{max}) = 2(3 + 5) = 16\ \text{kHz}$$

六、双向 VHF 无线电话(Two-way VHF radiotelephone)

随着航运事业的发展,双向 VHF 无线电话是船与船、船与陆地之间不可缺少的通信工具。双向 VHF 无线电话的使用,对提高交通管理效率,加强船舶之间和船岸之间的通信联系,促进船舶航行安全,发挥着重要的保证作用。

1. 双向 VHF 无线电话的功能及配备

双向 VHF 无线电话是符合 GMDSS 系统要求的 VHF 无线电收发机。它用于救生艇与救生艇之间的现场通信或在救助行动中的现场通信(《SOLAS 公约》第三章第 6 项的规定),也可用于船上通信。船舶遇险弃船时,由指定人员将所有双向 VHF 无线电话带上救生艇(筏)。

GMDSS 规定,所有在国际航线上航行的客船和 300 总吨以上的货船,都需要配备双向 VHF 无线电话。它要求所有客船和 500 总吨以上的货船至少配备 3 台双向 VHF 无线电话;300 ~ 500 总吨的货船至少配备 2 台双向 VHF 无线电话。另外对于渔船,需要根据所捕鱼的种类、渔船的吨数、水域等配备 1 ~ 2 台双向 VHF 无线电话。

图 3 - 2 所示是不同厂家生产的两款双向 VHF 无线电话设备。

(a)　　(b)

图 3 - 2　双向 VHF 无线电话设备

(a)日本 FURUNO FM - 8;(b)日本 JRC JHS0 - 7

2. 双向 VHF 无线电话的主要性能

(1)双向 VHF 无线电话可以从 1 m 高处向硬表面跌落不致损坏,在 1 m 水深处能保持水密至少 5 min;在浸没状况下受到 45 ℃的热冲击时能保持水密性,不受海水或油的损坏。

(2)双向 VHF 无线电话长时间曝露于阳光下不至性能减退,外壳应有明显的黄/橙颜色或标志。

(3)双向 VHF 无线电话应能在 CH16(156. 800 MHz)和至少另外一个信道上工作。所有选配的信道只用于单一的话音通信。

(4)双向 VHF 无线电话发射类型和信道指示应符合《无线电规则》的相关要求。

(5)设备应能够在任何光线环境下指示出所选择的 CH16,应在开机后 5 s 内工作。

(6)设备有效辐射功率的最小值应为 0. 25 W。如果辐射功率超过 1 W 时,要有功率降低开关可使功率降低至 1 W 或更小。当双向无线电话用于船上通信时,输出功率在工作频率上不得超过 1 W。

(7)在设备输出端,当信噪比为 12 dB 时,接收机的灵敏度应等于或优于 2 μV。接收机的抗干扰性应保证无用信号不会对有用信号产生严重影响。

(8)双向 VHF 无线电话设备的天线应当是垂直极化,并在水平面上尽可能为全向的。天线应在工作频率上对信号进行有效的发射和接收。

(9)双向 VHF 无线电话音频输出,应能够在船上和救生艇(筏)上可能遇到的噪声环境中被听到。

(10)双向 VHF 无线电话设备应能在 -20 ~ +55 ℃的温度范围内工作。在 -30 ~ +70 ℃的温度范围内存放时,不应有损坏。

(11)双向 VHF 无线电话在工作周期为 1:9 时,电源容量足以确保它以最高额定功率工作 8 h(工作周期定义为 6 s 发射,高于静噪电平 6 s 接收、低于静噪电平 48 s 接收)。

知识链接 2　VHF 系统业务

一、VHF 遇险与安全通信频率

VHF CH16(156.8 MHz)是国际无线电话遇险与安全通信信道,同时也是无线电话呼叫信道。VHF 能实现近距离通信,通信距离大约 20 n mile。VHF CH16 除作为 VHF 波段无线电话遇险安全通信专用信道外,还作为日常情况下海岸电台和船舶电台之间的呼叫与应答通道。

VHF CH70 是 VHF 波段的 DSC 遇险、安全和日常 DSC 呼叫信道。当船舶遇险和遇有紧急情况时,可以在此信道上呼叫,收到此呼叫的船舶或者海岸电台,给予遇险收妥,然后转到 VHF CH16 上进行后续无线电话遇险或紧急通信。VHF CH70 除作为 VHF 波段的遇险与安全呼叫信道外,还作为 VHF 波段的一般呼叫信道,船舶在此信道上呼叫某一船舶或岸上部门,约定好 VHF 无线电话通信信道,然后在约定的信道上进行无线电话通信。

二、VHF 通信业务

1. 遇险通信业务

在 VHF CH70 上收到一个 DSC 遇险呼叫,如果是在 A1 海区,该海区的 VHF 海岸电台应该先用 DSC 给予遇险收妥,使遇险船终止 DSC 遇险呼叫,然后转到 VHF CH16 上进行后续遇险通信,而附近的船舶应转到 VHF CH16 准备与遇险船进行通信联系;如果不是在 A1 海区接收到一个 VHF DSC 遇险呼叫,则由接收到 VHF DSC 遇险呼叫的某一条船舶发出 DSC 遇险收妥,使遇险船终止 DSC 遇险呼叫,然后转到 VHF CH16 信道上进行后续遇险通信,其他附近船舶应转到 VHF CH16 收听,并准备与遇险船进行通信联系。救助船转到 VHF CH16 上后,应首先和遇险船联系,确认收到遇险呼叫,通知前去救助和预计抵达的时间等信息,在得到遇险船救助请求后,前去救助。

救助船舶还应使用所有通信方式通知 RCC 或者海岸电台遇险船的情况。

VHF 无线电话和无线电传遇险通信程序与 MF/HF 基本相同,这里不再重复。

2. VHF 紧急通信业务

如果船舶发生紧迫事件或者有关于船舶航行及安全的重要信息需要立即播发,需要岸上或者附近船舶提供帮助或者采取行动时,由船长或者负责人授权,可在 VHF CH70 上发送 DSC 紧急呼叫,然后转到 VHF CH16 上进行紧急通信;也可直接用 VHF CH16 直接发送紧急呼叫和紧急信息。如果船舶在 A1 海区向海岸电台发送一个 VHF DSC 紧急呼叫,应该等待海岸电台发回 DSC 收妥确认,再转 VHF CH16 或者其他信道进行紧急通信。

紧急呼叫和紧急通信可在遇险和安全频率上进行,但不能干扰遇险通信,也可在其他适当的频率上进行后续紧急通信。发送紧急信息前应冠以紧急信号“PAN　PAN”。

3. 安全通信业务

如果船舶或者海岸电台有关于船舶航行安全的临时信息播发,需要附近船舶注意时,可用 VHF CH70 发送 DSC 安全呼叫，然后转到约定的信道（VHF CH13 或者 CH06 等）发送安全信息；也可直接在 VHF CH16 上发送简短的安全信息，或者在 VHF CH16 上播发引语后转到其他 VHF 信道上播发。安全信号为"SECURITE"。

4. 日常无线电话通信业务

VHF CH16 不仅作为国际无线电话遇险与安全通信信道，同时也是无线电话呼叫信道，在船舶日常情况下作为海岸电台和船舶电台之间的呼叫与应答。通常海岸电台在 VHF CH16 安排 24 h 值守和工作。船舶可在此信道上呼叫海岸电台，海岸电台响应船舶呼叫并分配一 VHF 工作信道，然后船岸转到分配的工作信道上进行通信。有的海岸电台还开放和陆上电话网人工链接业务，船舶呼叫海岸电台并告诉陆上用户电话号码。海岸电台操作员分配一 VHF 工作信道，帮助拨叫陆上电话用户，船舶经海岸电台与陆上用户进行电话通信。

海岸电台通常在 VHF CH16 播发通报表，或者在此信道播发引语后，再到另一信道上发送海上重要信息。为便于接收遇险呼叫和遇险通信，在 VHF CH16 上所有发射信息应尽量短，且不得超过 1 min。简短的安全信息可在此信道上播发，但是如果安全信息过长，可在此信道上播发引语，然后转到其他信道上播发。此外，在进行非遇险类呼叫之前，电台应在 CH16 上守听一会儿，当确认没有其他电台正在此信道上播发遇险通信时，才可进行呼叫。

一些海岸电台直接值守在某一 VHF 工作信道上，船舶可直接在该信道上和海岸电台进行无线电话通信，详情可在《无线电信号书》第一卷某海岸电台 VHF 业务中查找。

【项目实施】

任务 1　VHF 系统安装

一、VHF 系统图和接线图

1. 系统图

VHF 系统图如图 3 - 1 所示。系统主要由收发信机、话筒、天线（收发天线和 DSC 值守天线）、接线盒、两翼话筒（最多 2 个）、打印机、电源等部分组成，此外还可接遥控器（最多 4 台）、扬声器等设备。

2. 接线图

VHF 接线图如图 3 - 3 所示（以 FM - 8800D/8800S 为例）。

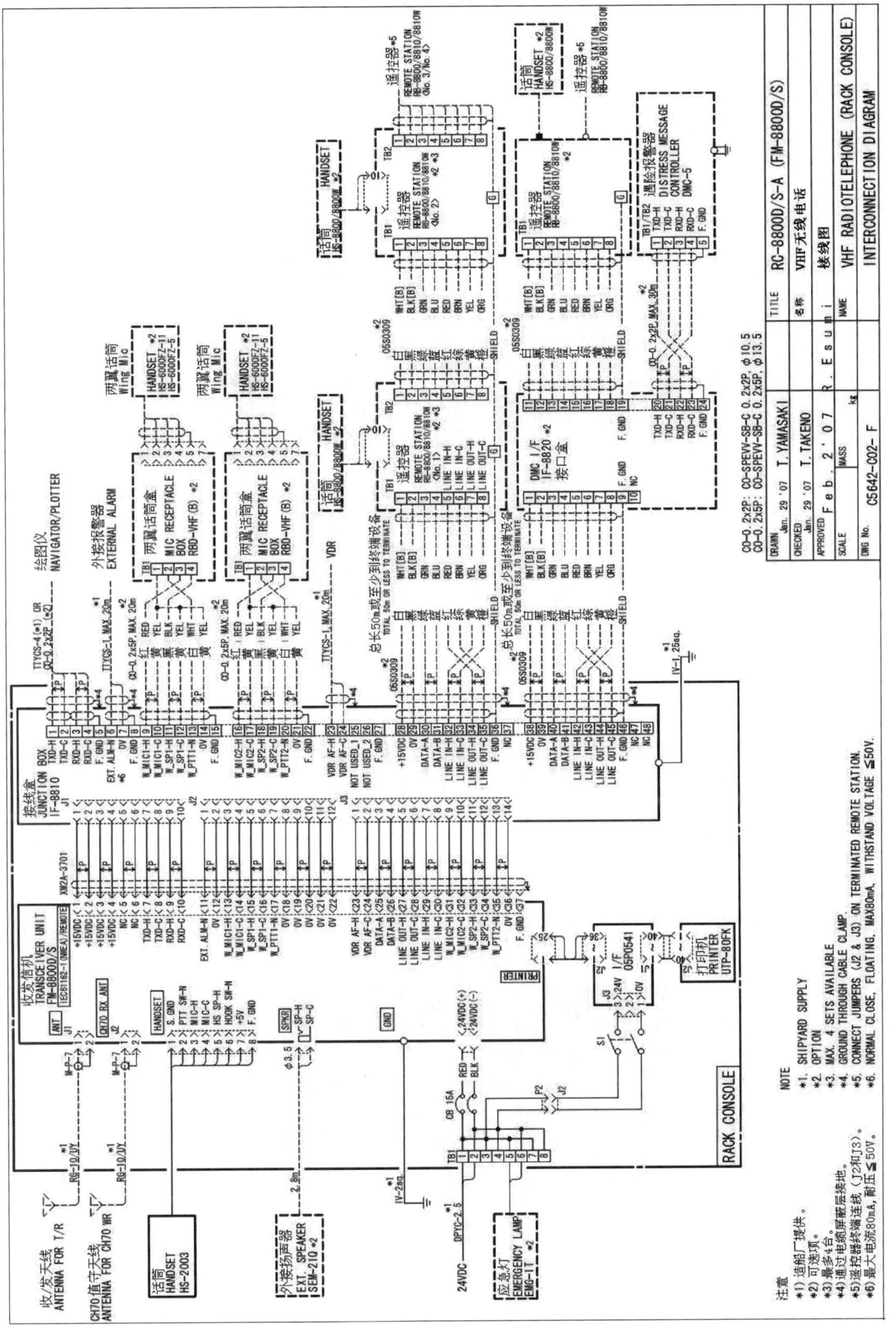

图 3-3 FM-8800D/8800S 接线图

二、船用 VHF 天线的安装

前面讲过，船用 VHF 设备工作在 156 ~ 174 MHz 频率范围，其对应的波长不足 2 m。因此，其所用天线的尺寸也相对较小。目前船用 VHF 设备的天线多采用 0.5 ~ 1.5 m 的鞭状天线。一般固定安装在罗经甲板或雷达桅杆等较高位置，以保证能有足够远的通信距离。

VHF 天线的安装如图 3 – 4 所示。使用天线金属配件，稳固地安装在天线柱上。同轴电缆缠绕成环状时，直径要设定在 200 mm 以上，以免芯线折断。

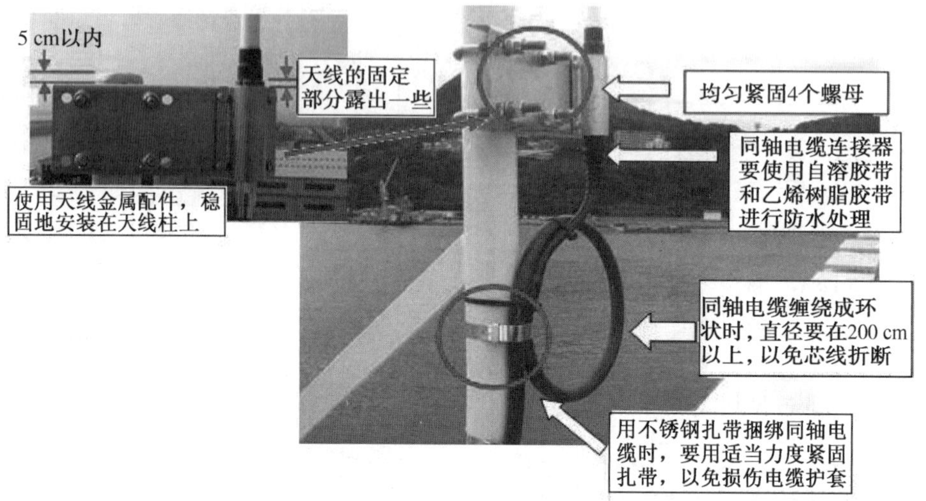

图 3 – 4　VHF 天线的安装

同轴电缆连接器的连接部分要使用自溶胶带和乙烯树脂胶带进行防水处理。连接器的防水处理：首先以 1/2 带宽叠压缠绕 2 层自溶胶带，在其上面以 1/2 带宽叠压再缠绕 2 层乙烯树脂胶带，进行防水处理。乙烯树脂胶带缠绕末端要用扎带捆绑，进行固定。

三、VHF 设备的安装

图 3 – 5 所示为 VHF 收发信机的背面，可连接天线、电源、打印机和遥控台等单元。VHF 收发信机内部接线一般由服务工程师完成。

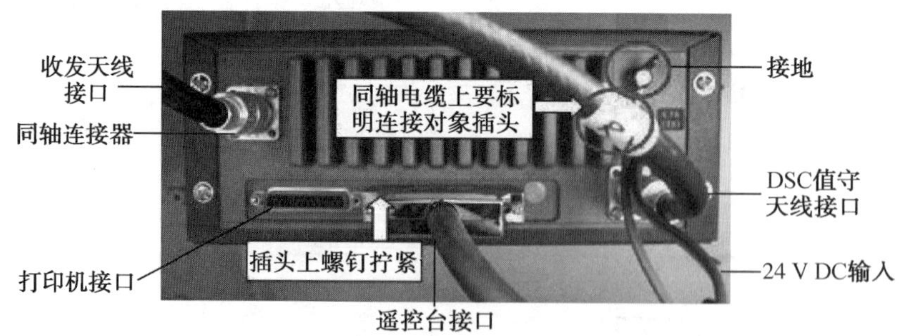

图 3 – 5　VHF 收发信机的背面

四、遥控台的安装

遥控台(最多4台)通过接线盒连接到VHF收发信机,如图3-6所示。常用遥控台有RB-8800型和RB-8810型,如图3-7所示。

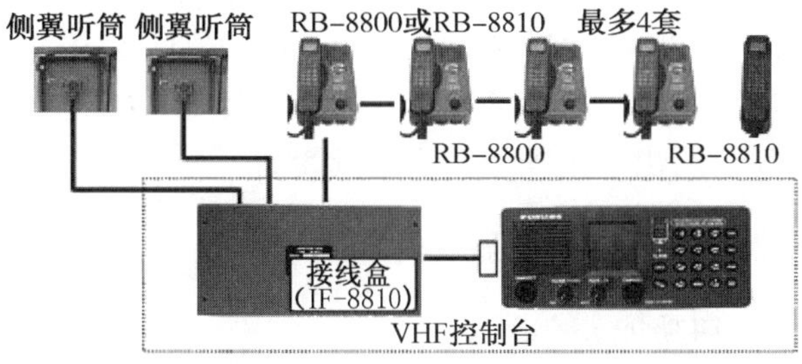

图3-6　VHF遥控台连接图

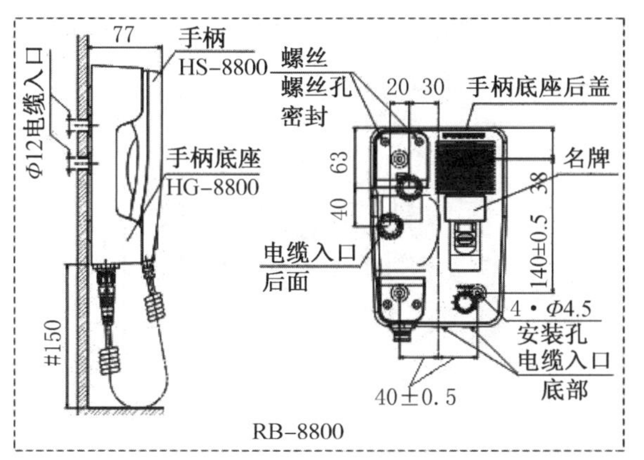

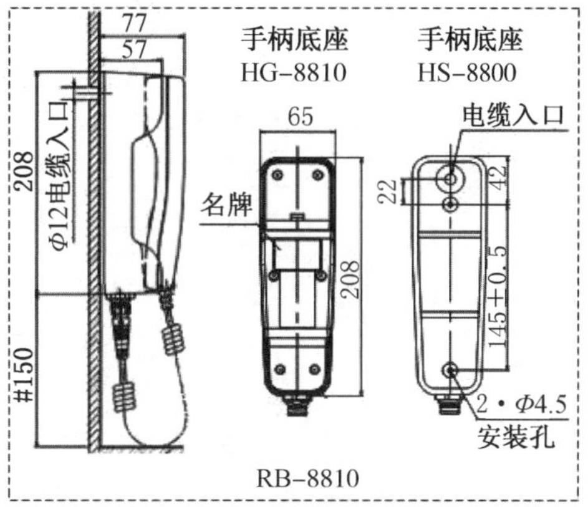

图3-7　RB-8800和RB-8810型遥控台内部连接(单位:mm)

遥控台RB-8800的电缆引入有两种方法,即底侧进入和后侧进入。后侧进入是做一两个直径12 mm以上的孔,最后一台只需要一个电缆入口。

拧开手柄底座上的螺丝,拿下盖,用自攻螺钉(RB-8800:4×20;RB-8810:4×16)将底座安装在舱壁上。然后连接通信电缆,再装好遥控台,对于RB-8800螺丝孔要密封。

五、侧翼话筒的安装

侧翼话筒安装在船舶驾驶甲板的两翼,最多2台,安装图如图3-8所示。

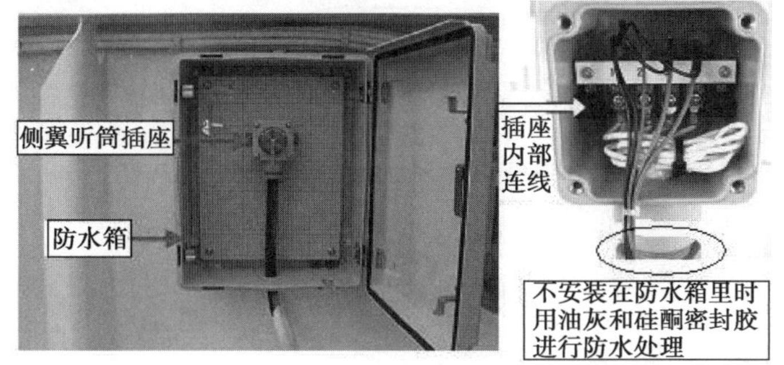

图3-8　侧翼话筒的安装

任务2　VHF 设备操作

一、简介

FM－8800S/D 是经济型的多功能一体机，包括一个 25 W VHF 电话、一个 DSC 和一个 CH70 的值守机，完全满足 GMDSS 的要求规范。如果在使用 VHF 信道的同时，接收到 DSC 报警信息，FM－8800S/D 会给出一个图形和声音的警告。

二、控制单元面板、键钮功能及屏幕显示内容

1. 控制单元面板及键钮功能

控制单元面板如图 3－9 所示，遥控台的控制面板如图 3－10 所示，控制单元面板键钮功能见表 3－1。

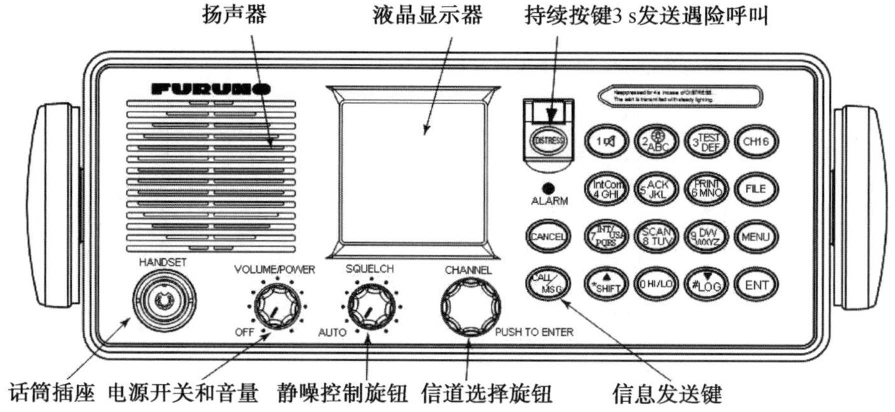

图 3－9　FM－8800D/FM－8800S VHF 设备控制单元面板

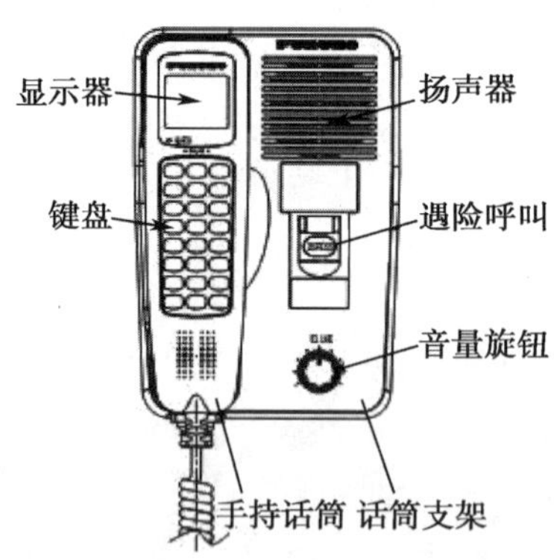

图 3－10　遥控台的控制面板

表 3－1　键钮功能介绍

控制键钮	功能
CHANNEL （按此键＝ENT）	* Selects a channel（选择信道） * Moves the cursor in menu opened（菜单操作时移动光标） * Registers selected item when pressed（按此键确认选择） * With the SHIFT key is pressed, adjust the contrast of the Display（按住 SHIFT 键，旋转此旋钮调整显示器的对比度）
SQUELCH	* Mutes the receiver when no signal is present on the channel selected（消减没有信号的信道噪音） * AUTO position automatically reduces white noise（此旋钮放在自动的位置，设备将自动消减噪音）
VOLUME/POWER	* Turns the power on/off and adjusts the volume of the loudspeaker（打开/关闭电源和调整扬声器的音量）
DISTRESS	* Transmits the distress alert after pressing three seconds（按住此键 3 s 后发送遇险呼叫） 注：连续按此键 3 s，遇险呼叫就会被发送出去，灯会闪烁并且有声音报警，灯和声音报警会一直持续，直到收到遇险呼叫的应答或取消了遇险呼叫
ALARM （指示灯）	* Blinks in red when a distress alert or urgent call is receiveD. Also, the acoustic alarm sounds. To stop the blinking and silence the buzzer, press the CANCEL key（当收到一个遇险呼叫或紧急呼叫时，此指示灯以红色闪光指示并且伴有声音报警，按 CANCEL 键取消这个报警和闪光） * Blinks in green when a safety call or routine call is receiveD. The acoustic alarm sounds and stops automatically five seconds later（收到安全呼叫或正常呼叫时，此指示灯以绿色闪光指示，并且伴随相关的声音报警，这个声音报警和指示会在 5 s 后自动停止）
CANCEL	* Stops audible and visual alarms（停止声音和视觉报警） * Erases an error message（取消错误信息） * Cancels numeric entry（取消输入的数字） * Returns to previous menu（返回上级菜单） * Cancels transmission or printing（取消发射或打印）
CALL/MSG	* Transmits various DSC messages. To transmit a distress message, press this key more than three seconds（发射各种 DSC 呼叫信息，按此键 3 s 以上发射一个遇险信息）
1	* Enters 1, . , ", :, ;, －, ＋, *, #, ,(,), !, $, &, / character at entry mode（在输入模式时输入 1,. ,",:,;,－,＋,*,#,(,),!,$,&,/等字符） * Turns the loudspeaker on or off. Pressing the SHIFT and then this key turns loudspeaker on or off［按 SHIFT 键后按此键打开/关闭扬声器（扬声器关闭后按键音和报警音会继续存在）］
2 ABC	* Enters alphanumeric data(2, A, B, C, a, b, c)［输入文字(2,A,B,C,a,b,c)］ * Adjusts panel illumination when proceeded by the SHIFT key（按 SHIFT 键后按此键调整面板的照明亮度）

表 3－1(续)

控制键钮	功能
3 TEST DEF	* Enters alphanumeric data(3, D, E, F, d, e, f)[输入文字(3,D,E,F,d,e,f)] * Performs the daily test when proceeded by the SHIFT key [按 SHIFT 键后按此键进行设备的常规测试]
4 IntCom GHI	* Enters alphanumeric data(4, G, H, I, g, h, i)[输入(4,G,H,I,g,h,i)] * Turns the interphone on or off when proceeded by the SHIFT key and followed by ENT key. Available when a remote handset is connected (按 SHIFT 键后按此键然后再按 ENT 键打开/关闭对讲机功能。使用此功能必须有一个遥控台连接)
5 ACK JKL	* Enters alphanumeric data(5, J, K, L, j, k, l)[输入(5,J,K,L,j,k,l)] * Turns auto acknowledge of routine calls on or off. (打开关闭日常呼叫的自动应答)
6 PRINT MNO	* Enters alphanumeric data(6, M, N, O, m, n, o)[输入(6,M,N,O,m,n,o)] * Prints communication files, current display and daily test result (打印信息文件/当前显示/日常测试结果)
7 INT/USA PQRS	* Enters alphanumeric data(7,P,Q,R,S,p,q,r,s)[输入(7,P,Q,R,S,p,q,r,s)] * Changes the channel mode among INTL, USA * *, WX * *, CANADA * *, INLND－WA * * and(MEMO) * (转换信道模式:INTL, USA * *, WX * *, CANADA * *, INLND－WA * * 和(MEMO) *)
8 SCAN TUV	* Enters alphanumeric data(8, T, U, V, t, u, v)[输入(8,T,U,V,t,u,v)] * Turns the scan function on or off(打开/关闭扫描功能)
9 DW WXYZ	* Enters alphanumeric data(9, W, X, Y, Z, w, x, y, z) [输入(9,W,X,Y,Z,w,x,y,z)] * Turns the dual watch function on or off(打开/关闭双值守功能)
0 HI/LO	* Enters "0"(输入"0") * Changes the output power high(25 W) or low(1 W) [转换输出功率(25 W 或 1 W)] However, the following channels are always 1W(下面信道固定为 1 W) INTL mode: CH15, CH17, CH75, CH76; USA mode: CH13, CH17, CH67
▲ * SHIFT	* Press to activate secondary function(激活第二种功能) * Moves the screen to previous item(转换屏幕显示到上一级菜单) * Moves cursor backward for editor field(在编辑菜单时向后移动光标)
▼ LOG #	* Displays transmitting/receiving messages(显示发射/接收的信息) * Moves the screen to next item(转换屏幕显示到下一级菜单) * Moves cursor forward for editor field(在编辑菜单时向前移动光标)
CH16	* Selects CH16 by one-touch action(快速选择 CH16 信道)
FILE	* Opens the Message file list(打开信息文件列表)
MENU	* Opens the SETUP menu(打开设置菜单)
ENT	* Registers data input(Same as pressing the CH selector) [确认键(和按信道选择旋钮一样的功能)]

2. 屏幕显示内容

图3－11所示是待机时屏幕所显示的内容,其含义见表3－2。图3－11(a)是主机显示内容;图3－11(b)是遥控台的显示内容,遥控台在显示左边的画面时按键,将会显示右边的画面。在显示右边的画面时按键,将显示左面的画面,和主机的显示基本是一样的。

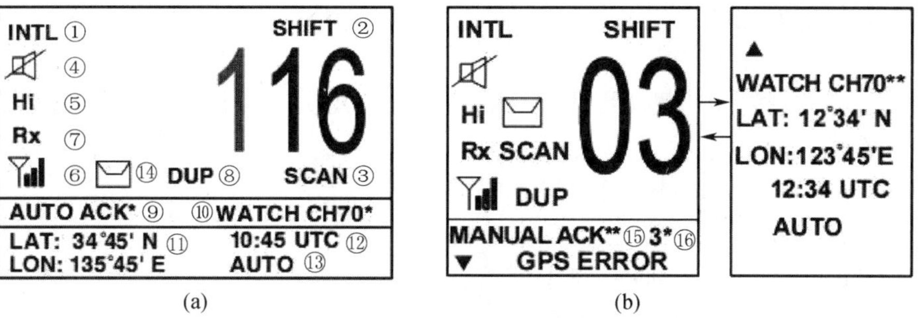

图3－11 待机时屏幕显示的内容(等待发射显示状态)

(a)FM－8800D/S VHF 设备;(b)遥控台

表3－2 待机时屏幕显示内容的说明

编号	说明
1	显示的信道模式 INTL/USA/WX/CANADA/INLND－WA/PRIV/(MEMO)
2	SHIFT 当第二功能被激活时显示
3	显示扫描模式:SCAN、DUAL,或者不显示扫描模式。显示扫描模式时,表示轮流接收两个信道信息,不显示时表示连续接收同一信道信息
4	显示时表示扬声器关闭,不显示时表示扬声器打开
5	显示发射功率(Hi＝25 W / Lo＝1 W)。
6	显示接收信号强度: ➢没有信号:只有天线图标; ➢低于20 dB:天线图标和一个短信号指示条; ➢ 20～40 dB:天线图标和两个信号指示条; ➢ 40 dB以上:天线图标和三个信号指示条
7	接收信号时显示RX,发射信号时显示TX
8	显示当前信道
9	接收到一个日常DSC呼叫时显示: ➢ AUTO ACK:自动应答; ➢ MANUAL ACK:手动应答; ➢ DISTRESS:在遇险呼叫时显示
10	CH70值守或VHF值守(根据菜单设置)。如果CH70有问题将显示WATCH CH70 NG,如果没有输入MMSI将显示“DSC NOT USABLE”
11	显示本船的经纬度
12	显示UTC时间(通用协调时间)
13	显示AUTO,表示自动输入数据(船位、时间等);显示MANUAL,表示手动输入
14	有未读信息时显示此图标
15	如果没有输入MMSI,“DSC UNAVAIL”将会替代MANUAL ACK,在收到遇险呼叫时显示“DISTRESS MODE”
16	3*:表示此遥控台为第3个遥控台

三、基本操作

1. 打开电源,调整对比度

打开(关闭)电源:顺时针(逆时针)旋转[VOLUME]直到听到"啪"一声。

调整显示器的对比度:按[SHIFT]键后,旋转[CHANNEL]或按▼(▲)键。

2. 选择信道模式和信道

选择信道模式:按[SHIFT]后,按[7 INT/USA]键几次直到显示需要的信道模式,下面为常用的几个模式。

- INTL:International mode(国际信道)。
- USA:USA mode(美国信道)。
- WX:Weather channel mode(气象信道)。
- CANADA:CANADA mode(加拿大信道)。
- INLND - WA:Rhine river mode(莱茵河信道,在内河使用)。
- PRIV:Private channel(私人信道)。
- MEMO:Memory channel mode if registered(存储信道)。

3. 调整静噪

用[SQUELCH]键调整静噪。顺时针旋转[SQUELCH]可降低白噪声,但也会降低设备灵敏度,通常选择自动位置。

4. 发射

按下话筒上的[PTT]开关键发射,松开接收。

5. 选择输出功率

按下[SHIFT]键,再按[0 HI/LO]键选择高或低功率。

6. 打开/关闭扬声器

按下[SHIFT]键,再按下[1]键打开/关闭扬声器,当关闭时会出现扬声器关闭的标记。当话筒正在使用时扬声器会自动关闭。利用[VOLUME]键可调整扬声器的音量。

7. 快速选择16信道

按下[CH16]键选择国际遇险安全信道CH16。

四、DSC 操作

1. DSC 遇险通信操作

当遇险警报发射时,FM - 8800S 自动将输出功率设置为最大(25 W)。

(1)快速发射遇险呼叫

①遇险事件来得突然时,打开[DISTRESS]键上面的盖,按下[DISTRESS]键3 s,就会发出报警声同时该键会变红色并闪亮,报警声每隔3 s响一次,同时指示灯每隔3 s闪一次。屏幕变化如图3 - 12所示。

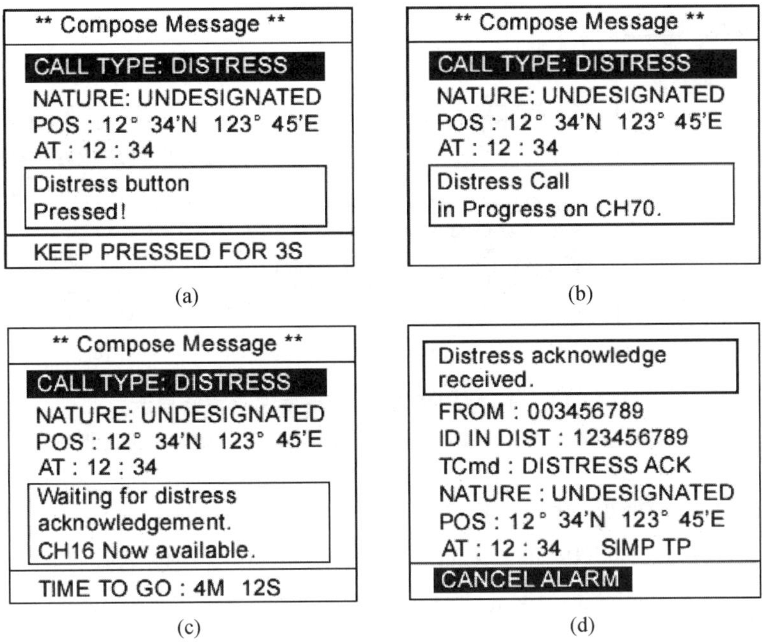

** Compose Message **
CALL TYPE: DISTRESS
NATURE: UNDESIGNATED
POS : 12° 34'N 123° 45'E
AT : 12 : 34
Distress button
Pressed!
KEEP PRESSED FOR 3S

(a)

** Compose Message **
CALL TYPE: DISTRESS
NATURE: UNDESIGNATED
POS : 12° 34'N 123° 45'E
AT : 12 : 34
Distress Call
in Progress on CH70.

(b)

** Compose Message **
CALL TYPE: DISTRESS
NATURE: UNDESIGNATED
POS : 12° 34'N 123° 45'E
AT : 12 : 34
Waiting for distress
acknowledgement.
CH16 Now available.
TIME TO GO : 4M 12S

(c)

Distress acknowledge
received.
FROM : 003456789
ID IN DIST : 123456789
TCmd : DISTRESS ACK
NATURE : UNDESIGNATED
POS : 12° 34'N 123° 45'E
AT : 12 : 34 SIMP TP
CANCEL ALARM

(d)

图 3－12 快速发射遇险呼叫显示

(a)按下[DISTRESS]键显示;(b)倒数到零后报警正在发射;(c)等待遇险收妥;(d)收到遇险收妥

②按下[CANCEL]键或[ENT]键,再按下[ENT]键,屏幕就会出现“CH16”和“Hi”,此时使用话筒给海岸台发送信息,过程如下:

➢按下[PTT]键并缓慢地、清楚地说“MAYDAY、MAYDAY、MAYDAY”;

➢ This is“遇险船名和呼叫标记”(三次);

➢“MAYDAY”;

➢ This is“遇险船名和呼叫标记”;

➢经纬度位置;

➢遇险的性质;

➢所需帮助;

➢船上的人数;

➢能有助援救的其他信息,例如船长度、颜色等;

➢结束通常简单地说“OVER”。

(2)通过[DISTRESS]键编发遇险报警

如果时间允许,可以编发遇险报警信息。

打开[DISTRESS]键的盖子,并短暂地按下[DISTRESS]键,就会出现遇险性质窗口(两页),如图 3－13(a)所示;用[CHANNEL]键或用上、下箭头键选择,按[ENT]确认,窗口显示如图 3－13(b)所示;再按下[DISTRESS]键 3 s 就会显示如图 3－13(c)所示窗口。后续过程同“快速发射遇险呼叫”。

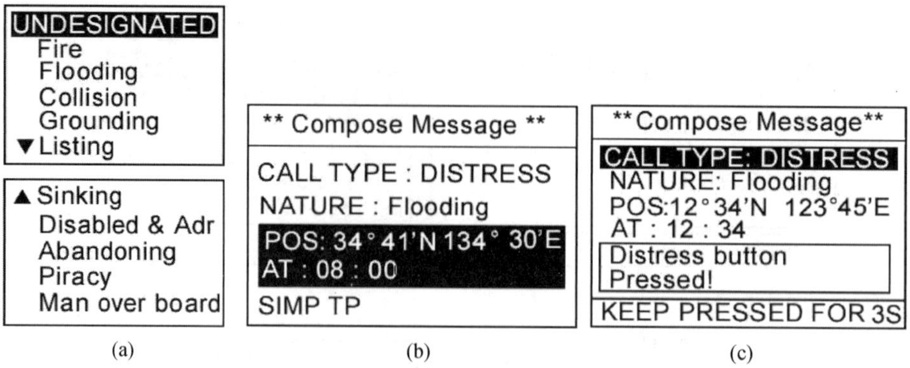

UNDESIGNATED
Fire
Flooding
Collision
Grounding
▼Listing

▲Sinking
Disabled & Adr
Abandoning
Piracy
Man over board

(a)

** Compose Message **
CALL TYPE : DISTRESS
NATURE : Flooding
POS: 34°41'N 134° 30'E
AT : 08 : 00
SIMP TP

(b)

** Compose Message **
CALL TYPE: DISTRESS
NATURE: Flooding
POS:12°34'N 123°45'E
AT : 12 : 34
Distress button
Pressed!
KEEP PRESSED FOR 3S

(c)

图 3－13　通过 DISTRESS 键编发遇险报警显示

(a)遇险性质列表;(b)遇险性质选择;(c)按下[DISTRESS]键报警

(3)通过[CALL]键编发遇险报警

时间允许的情况下,还可以通过[CALL]键编发遇险报警说明遇险性质。

①按下[CALL]键,如图 3－14(a)所示。

②在“CALL TYPE”项中,按[ENT]键选择“DISTRESS”项。

③在“NATRUE” 项中,旋转[CH]选择遇险信息,按[ENT]键,如图 3－14(b)所示。

④输入船位,然后按面板上[DISTRESS]键 3 s 以上,发出遇险报警。

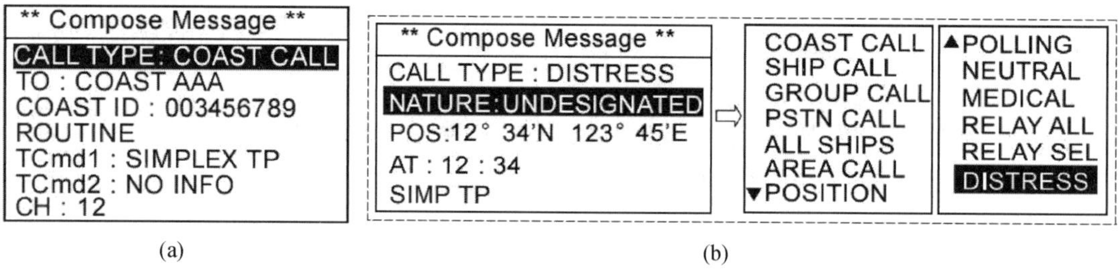

** Compose Message **
CALL TYPE: COAST CALL
TO : COAST AAA
COAST ID : 003456789
ROUTINE
TCmd1 : SIMPLEX TP
TCmd2 : NO INFO
CH : 12

(a)

** Compose Message **
CALL TYPE : DISTRESS
NATURE:UNDESIGNATED
POS:12° 34'N 123° 45'E
AT : 12 : 34
SIMP TP

⇨

COAST CALL
SHIP CALL
GROUP CALL
PSTN CALL
ALL SHIPS
AREA CALL
▼POSITION

▲POLLING
NEUTRAL
MEDICAL
RELAY ALL
RELAY SEL
DISTRESS

(b)

图 3－14　通过[CALL]键编发遇险报警显示

(a)按[CALL]键后显示内容;(b)选择遇险性质

(4)遇险收妥

收到遇险报警时,本船若在 A1 海区,应先等待岸站发遇险收妥信号;如果在其他海区或 A1 海区岸站 5 min 内未发遇险收妥信号,本船离遇险船较近并有救助条件,可以发出遇险收妥信号。方法如下所述。

当收到遇险报警时,会听到提示音。如图 3－15 所示,先按下[CANCEL]键取消报警声,再按[ENT]键,出现选择“DISTRESS ACK”项,然后按[CALL]键 3 s 发射遇险收妥信号。遇险收妥后,回到待机界面,并自动转到 CH16。

(5)遇险转发

可转发遇险报警的情况有两种:遇险船不能自己发射报警;非遇险船的船长或负责人或海岸电台的负责人认为对遇险船有必要提供帮助。

Distress
call received.
ID IN DIST : 123456789
NATURE : UNDESIGNATED
POS : 12° 34'N 123° 45'E
AT : 12 : 34
SIMP TP
CANCEL ALARM

图 3－15　收到遇险报警信号

按[CALL]键,在呼叫类型中选择"RELAY SEL"可以把遇险报警转发给海岸电台,或者选择"RELAY ALL"把遇险报警转发给所有船。

(6)取消误报警

若不慎通过本设备发出误报警,应立即取消误报警,步骤如下所述。

①立即关闭设备。

②重新开机,并切换至 CH16 告知所有船以下信息:

All Stations, All Stations, All Stations
This is VESSEL'S NAME, CALLSIGN.
DSC NUMBER, POSITION.
Cancel my distress alert of DATE, TIME, UTC.
Master, VESSEL'S NAME, CALLSIGN.
DSC NUMBER, DATE, TIME UTC.

2. 海岸电台/船台的呼叫操作

(1)向海岸电台/船台的呼叫

①按[CALL]键,显示界面如图 3－16(a)所示。

②按[ENT]打开呼叫类型列表,如图 3－16(b)所示,旋转[CH]键选择岸站台(COAST CALL)/船台(SHIP CALL),并按[ENT]键。

③选择 ID 项,并按[ENT]键,输入岸台 ID/船台 ID 的号码并按[ENT]键。

④在"ROUTINE"项中选择优先等级,按[ENT]键,如图 3－16(c)所示。

⑤在"TCMD1"项中选择后续通信方式,按[ENT]键,其中"SIMPLEX TP"为单工工作方式;"DUPLEX TP"为双工工作方式;DATA 为数据传输;FAX 为传真,如图 3－16(d)所示。

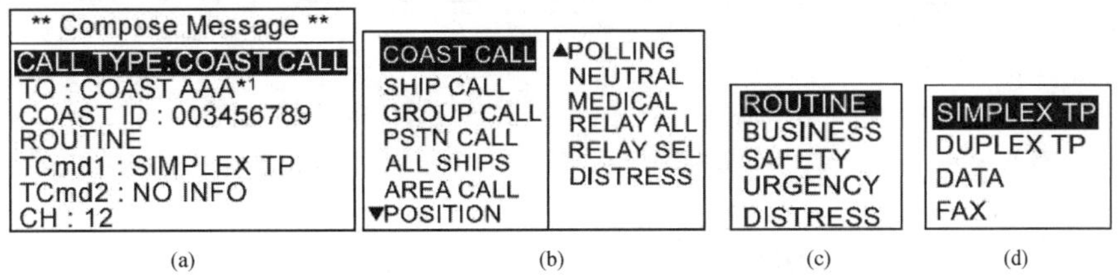

图 3－16　DSC 向海岸电台/船台的呼叫

(a)按[CALL]键后显示界面;(b)呼叫类型;(c)优先等级;(d)后续通信方式

⑥在"CH"项中选择信道,并按下[ENT]键,进入选择信道界面,选择"SELECT CH"并按[ENT]键,就可以选择通信信道并按[ENT]键确认。

⑦按下[CALL]键3 s后，发射编辑好的呼叫，并从3 s倒计时到0 s发出呼叫。发射时，显示“CALL IN PROGRESS ON CH70”。

⑧发射后等待收妥，并从4 min 59 s倒计时。倒计时结束若出现“No response! Try calling again?”图界面，即“没有响应！再次呼叫吗?”如需要重新呼叫，则按下[ENT]键再按[CALL]键；如取消呼叫，则按下[CANCEL]键。

(2)海岸电台/船台的收妥操作

当海岸电台/船台接收到报警呼叫时：

①当出现报警声时，按下[CANCEL]键，如图3－17(a)所示。

②要收妥，如图3－17(b)所示，再按[ENT]键，弹出收妥选择“ABLE”“UNABLE”窗口。

③选择“ABLE”，按[ENT]键进入如图3－18(a)右图界面；按下[CALL]键3 s后就会发送ACK BQ。

④选择“UNABLE”，按[ENT]键弹出不能收妥原因界面，如图3－18(b)左图所示的界面；再按[ENT]键进入如图3－18(b)右图界面；按下[CALL]键3 s后就会发送ACK BQ。

图3－17　海岸电台/船台接收到报警呼叫

(a)收到报警时；(b)收妥操作

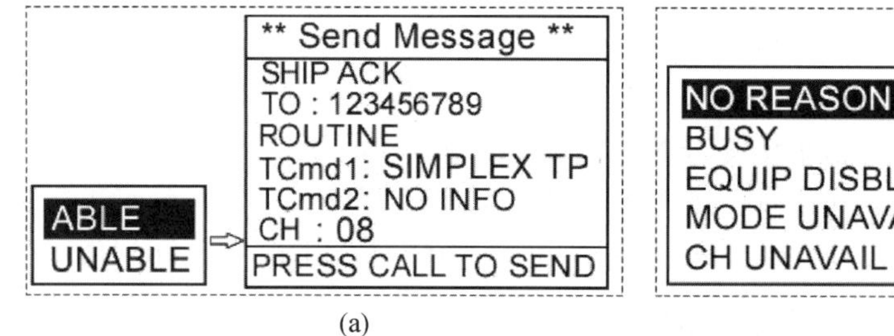

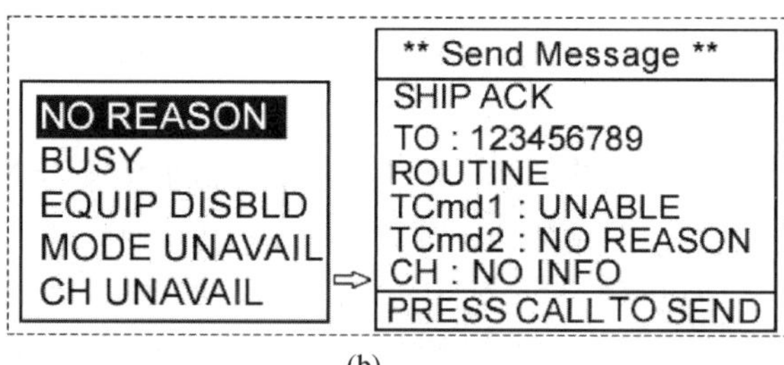

图3－18　海岸电台/船台接收到报警后的收妥操作

(a)选择“ABLE”操作界面；(b)选择“UNABLE”操作界面

(3)发射台收到收妥的操作

当向海岸电台/船台的呼叫发送后，要等待接收台的应答。收到应答信息有两种情况，如图3－19所示，其中(a)图可以应答，(b)图不能应答。

发射台收到应答后，先按[CANCEL]键取消报警声，由图3－19(a)界面进入图3－19(c)界面、由图3－19(b)界面进入图3－19(d)界面，再按[ENT]键转到约定的信道通信。

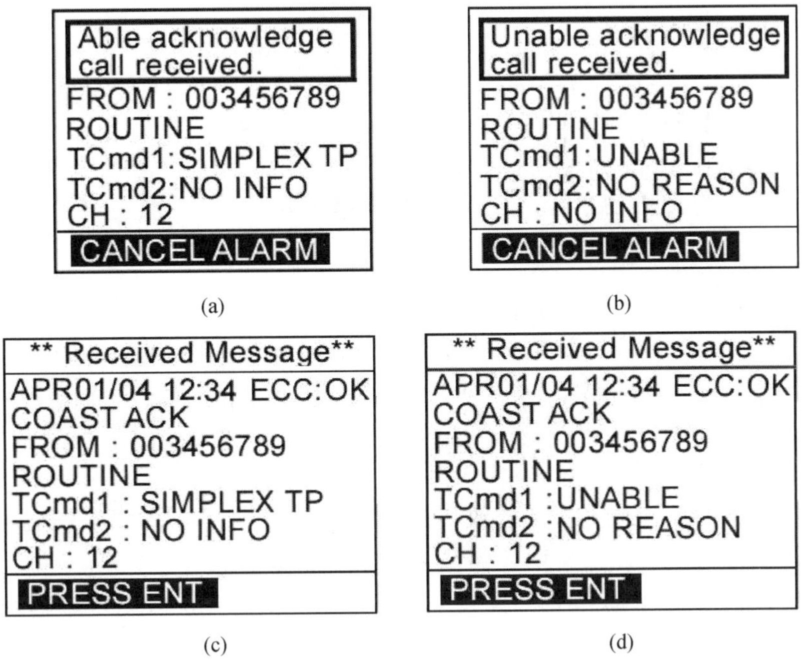

Able acknowledge
call received.
FROM : 003456789
ROUTINE
TCmd1:SIMPLEX TP
TCmd2:NO INFO
CH : 12
CANCEL ALARM

(a)

Unable acknowledge
call received.
FROM : 003456789
ROUTINE
TCmd1:UNABLE
TCmd2:NO REASON
CH : NO INFO
CANCEL ALARM

(b)

** Received Message**
APR01/04 12:34 ECC:OK
COAST ACK
FROM : 003456789
ROUTINE
TCmd1 : SIMPLEX TP
TCmd2 : NO INFO
CH : 12
PRESS ENT

(c)

** Received Message**
APR01/04 12:34 ECC:OK
COAST ACK
FROM : 003456789
ROUTINE
TCmd1 :UNABLE
TCmd2 :NO REASON
CH : 12
PRESS ENT

(d)

图 3－19　发射台收到收妥的操作

(a)可以应答;(b)不能应答;(c)可以应答收妥信息;(d)不能应答收妥信息

3. PSTN(公共交换电话网)呼叫

本设备支持通过岸站、公共交换电话网与陆上用户通电话。

(1)发出 PSTN 呼叫

先按[CALL]键,选择“PSTN CALL”项,按[ENT]键,系统自动加“00”,如图 3－20(a)所示;在“TEL”项中输入对方电话号码,最多 16 位数字,如图 3－20(b)所示。其他步骤如前所述(如图 3－16)。

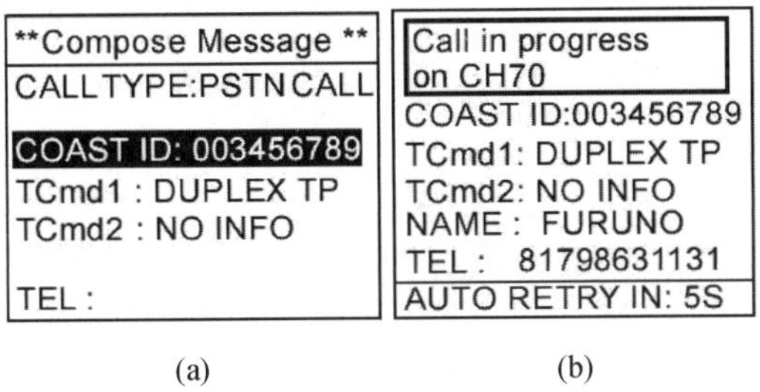

**Compose Message **
CALL TYPE:PSTN CALL
COAST ID: 003456789
TCmd1 : DUPLEX TP
TCmd2 : NO INFO
TEL :

(a)

Call in progress
on CH70
COAST ID:003456789
TCmd1: DUPLEX TP
TCmd2: NO INFO
NAME : FURUNO
TEL : 81798631131
AUTO RETRY IN: 5S

(b)

图 3－20　发出 PSTN 呼叫

(a)输入岸站识别码;(b)发射呼叫

(2)接收 PSTN 呼叫

发出 PSTN 呼叫后,如果岸站支持该业务,设备会振铃,同时收到岸站发回的电文,在 60 s内摘机可以与陆地用户通话。通话结束后,岸站会发回电文显示本次通话计费时间,如图 3－21 所示。

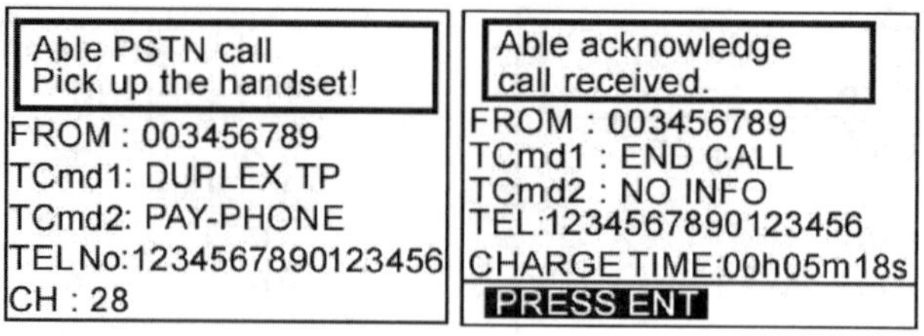

Able PSTN call
Pick up the handset!
FROM : 003456789
TCmd1: DUPLEX TP
TCmd2: PAY-PHONE
TEL No:1234567890123456
CH : 28

(a)

Able acknowledge
call received.
FROM : 003456789
TCmd1 : END CALL
TCmd2 : NO INFO
TEL:1234567890123456
CHARGE TIME:00h05m18s
PRESS ENT

(b)

图 3－21　接收 PSTN 呼叫

(a)摘机通话;(b)通话计费时间通知

五、电话终端操作

1. 信道选择

旋转[CHANNEL]旋钮或者直接按数字键可以选择信道,若选择双工信道,屏幕上会显示“DUP”。按[CH16]键可以快速切换到 CH16。

选择适当信道后,可以拿起话柄,按[PTT]键进行呼叫,松开[PTT]键进行收听。

2. 双值守

先选择非 CH16,然后按[SHIFT]→[DW/9]键进行双信道值守,如图 3－22 所示。按[CH16]键或者再按[SHIFT]→[DW/9]键停止双值守。

说明:

(1)在 CH16 停 0.15 s,在另一信道停 1 s;

(2)当另一信道有信号时,继续双值守,按[PTT]键可停止双值守;

(3)如果 CH16 有信号,就停止双值守,信号消失后,继续双值守。

3. 发射功率选择

按[SHIFT]→[HI/LO/0]键可以选择发射功率,高功率为 25 W,屏幕显示“Hi”,如图 3－22所示;低功率为 1 W,屏幕显示“LO”。

说明:

(1)当选择国际信道的 CH15、CH17、CH75、CH76,美国的 CH13、CH17、CH67 时,功率默认为 1 W。

4. 改变信道模式

按[SHIFT]→[INTL/USA/7]键,可以在 ITU 信道和内存信道之间转换。

5. 扫描所有信道

(1)屏幕左上角显示 INTL 时,按[SHIFT]→[SCAN/8]键,扫描全部信道,顺序如图 3－23所示。

(2)按[CH16]键或者再按[SHIFT]→[SCAN/8]键,可以停止扫描。

6. 扫描内存信道

(1)按[MENU]键,按[V]键选择“MEMORY CHANNEL”,按[ENT]键,设置内存信道。

(2)按[SHIFT]→[INTL/USA/7]键,屏幕左上角显示 MEM00 *(* 为 1 ~ 7),扫描内存信道,同时间隔扫描 CH16。

(3)按[CH16]键或者再按[SHIFT]→[INTL/USA/7]键,可以停止扫描。

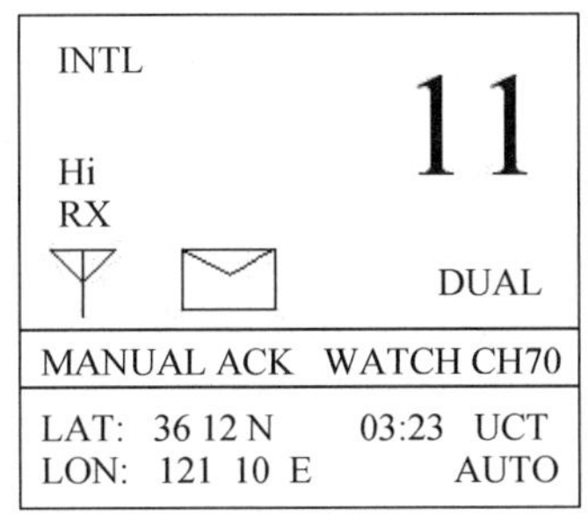

图 3-22 双值守显示

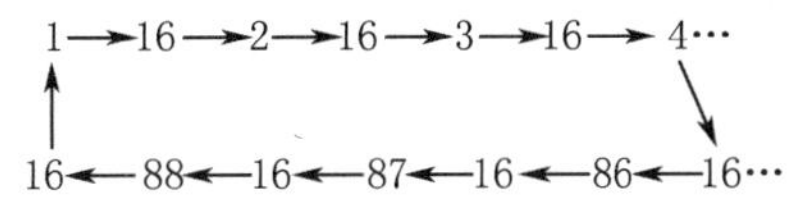

图 3-23 扫描所有信道

任务3 VHF设备故障检测与维修

一、VHF DSC 电源单元故障

1. 故障现象

主机开机后电源灯不亮。

2. 分析判断

VHF DSC 工作的是一组 24 V DC 电源,当开机后或在值守过程中电源指示灯突然不亮,无声无噪音,一般情况下是因为 24 V DC 工作电源中断。电源中断有以下两种原因:

(1)稳压电源故障,导致无 24 V 直流电压输出;

(2)主机保险丝烧断。

3. 处理方法

首先用万用表直流电压挡(50 V DC 挡)检查稳压电源是否有 24 V 电压输出,如果没有,先检查稳压电源保险丝是否被烧断,如果保险丝完好,说明稳压电源内部故障,必须对稳压电源做进一步检查修理或更换稳压电源。由于 VHF 稳压电源有两组电源(220 V AC/24 V DC)输入,临时的解决方法是断开 220 V AC 电源接线,将 24 V DC 电源接线直接接到输出端,连接时要注意正负极。

如果稳压电源输出正常,再检查主机保险丝是否被烧断,保险丝烧断后,必须更换同规格的保险丝,如果更换保险丝后又被烧断,说明主机有短路故障,必须拆开主机做进一步检查维修。

二、VHF DSC 没有 GPS 船位信号

1. 故障现象

主机每隔一段时间响起故障警报,显示屏显示无 GPS 船位信号。

2. 分析判断

与组合电台相同。

3. 处理方法

与组合电台相同。

三、VHF DSC 天线故障

1. 故障现象

VHF 接收和发射信号效果不好,在十几海里甚至几海里距离内信号就很差甚至没有信

号,收发效果明显不如另一台机。

2. 分析判断

VHF 如果接收效果很好,只是发射效果不好,可能是由于发射功率偏低;但如果收发效果都不好,或者发射效果很差,接收效果也只是好一点,则很有可能是天线的问题。

VHF 天线属于无源天线,有两种类型:一种是感性天线,天线根部较粗,而天线部分较细,这种天线阻抗很小,几乎为零;另一种是容性天线,天线和天线根部都较粗,这种天线阻抗接近无穷大。

如果是感性天线,可用万用表测量天线是否正常;但如果是容性天线,较难用万用表进行测量,最简单的判断方法是替换天线进行判断。VHF DSC 一般都有两根天线,一根是 VHF 收发天线,另一根是 DSC 接收天线。将 DSC 接收天线替换 VHF 收发天线后,如果收发正常,说明 VHF 收发天线损坏。

3. 处理方法

VHF 天线损坏位置可能是引线部分,也可能是天线或接口部位,可用万用表电阻挡检查判断。损坏的天线可临时用 DSC 接收天线代替。

四、VHF 无线电话受送话器故障的维修实例

1. 设备厂家、型号

丹麦 SKANTI 公司的 VHF3000 型 VHF 无线电话。

2. 故障现象

船方反映该设备接收基本正常,但无发射,在几海里范围内对方就收不到信号。

3. 检查修理

工程师上船检查天线阻抗正常,用功率表测量发射功率和天线驻波比均正常,说明发射机和天线正常。后经过反复检查,怀疑故障出在话筒手柄(受送话器)部分。用万用表电阻 ×1 Ω 挡测量麦克风两端阻抗正常,能听到麦克风发出吱吱声音;但测量受送话器引线接线端的麦克风阻抗时,在按下[PTT]按钮后阻抗仍接近无穷大,说明[PTT]按钮接触不良,用清洁剂反复清洁该[PTT]按钮后,麦克风阻抗恢复正常。清洁受送话器后,与广州交管中心及 12 n mile 和 19 n mile 外的船舶通话均正常。

4. 重要提示

VHF 接收正常但无发射输出的故障大都与受送话器及功放有关,而受送话器的麦克风及[PTT]按钮是否正常,驾驶员完全可自行用万用表测量出来。

五、VHF 设备 MMSI 码的更改及功率的调整(以古野 FS-8800 为例)

1. MMSI 码更改步骤

(1)关机后,在功能接口 A 处(图 3-24),用细导线将第 2 个细孔与第 15 个细孔连接进行短路。

(2)开机,在 MENU 中,进入 System setting。

(3)找到本机 MMSI 号码,在键盘上输入设备密码“652111”,

(4)清除原有 MMSI 码,输入新 MMSI 码,按[ENTER]键,改码完成。

2. 功率调整步骤

(1)将天线信号线 M 头从设备后端“ANT”处拧下,接到功率计端。

(2)将功率计端“M”头接到设备后端“ANT”处。

(3)在 PRINTER 端口接口处,用细导线将第 2 个细孔与第 15 个细孔连接进行短路。

(4)开机,选择 MENU,选 MENU—SYSTEM,输入密码“652111”选 TX POWER。

(5)按[ENTER]键,进入选 HI 或者 LO 输出功率。

(6)按[ENTER]键,用[CHANNEL]钮调高或者降低功率值。

(7)按[ENTER]键,按压[PPT]发射,查看功率数值。

图 3-24　功能接口 A 指示图

【项目考核】

项目考核单见表 3-3。

表 3-3　项目考核单

序号	考核点	分值	建议考核方式	考核标准	得分
1	VHF 设备的系统图、接线图识读	15	教师评价(50%)+互评(50%)	能正确识读系统图、接线图,识读错误一处扣 1 分	
2	VHF 设备的接线	15	教师评价(50%)+互评(50%)	能正确进行设备接线,接错一处扣 2 分	
3	VHF 设备的操作(见项目技能训练三)	15	教师评价(50%)+互评(50%)	能正确进行设备操作,操作错误一次扣 3 分	
4	项目报告	10	教师评价(100%)	格式标准,内容完整,详细记录项目实施过程并进行归纳总结,一处不合格扣 2 分	
5	职业素养	5	教师评价(30%)+自评(20%)+互评(50%)	工作积极主动、遵守工作纪律、遵守安全操作规程、爱惜设备与器材	
6	知识巩固测试(见项目知识训练三)	40	教师评价(100%)	对相关知识点掌握牢固,错一题扣 2 分	
完成日期		年　月　日		总分	

项目知识训练三

1. VHF DSC 发射遇险序列的信道是________。

A. CH16　　B. CH70　　C. CH13　　D. A 与 B 均可

2. 下述哪一频率属于 DSC 进行遇险和安全呼叫时所采用的频率?________

A. 8 291.0 kHz　　B. 12 520 kHz　　C. 156.525 MHz　　D. 2 174.5 kHz

3. 下述哪一频率不属于 DSC 进行遇险和安全呼叫时所采用的频率?________

A. 8 414.5 kHz　　B. 12 577 kHz　　C. 156.525 kHz　　D. 156.8 MHz

4. VHF 双向无线电话必须具备________信道。
A. 6　　B. 16　　C. 13　　D 70

5. 船用 VHF 电话 ITU 的最小信道间隔为________。
A. 50 kHz　　B. 25 kHz　　C. 12. 5 kHz　　D. 5 kHz

6. VHF 波段信道________用于船舶和航空器之间进行协调救助作业通信或用于安全目的的航空器与船舶之间的通信。
A. CH16　　B. CH13　　C. CH70　　D. CH06

7. VHF DSC 采用的工作频率是________。
A. 156. 525 MHz　　B. 156. 800 MHz　　C. 156. 750 MHz　　D. 156. 300 MHz

8. 按 CCIR 建议,水上 VHF 通信中船舶间通信只能使用________。
A. 异频单工方式　　B. 同频单工方式　　C. 异频或同频单工方式　　D. 准双工方式

9. VHF 双值班守听信道是________,守听时间分别是________。
A. CH16 和 CH70;0. 1 s,0. 9 s
B. CH16 和任选一非 16 电话信道;0. 1 s,0. 9 s
C. CH16 和任选一非 16 电话信道;1 s,9 s
D. CH70 和任选一非 16 电话信道;1 s,9 s

10. 在 GMDSS 系统中,VHF 通信分系统的工作频率范围是________。
A. 415 ~ 4 000 kHz　　B. 4. 0 ~ 27. 5 MHz　　C. 30 ~ 60 MHz　　D. 156 ~ 174 MHz

11. VHF 系统的双值守是指________。
A. CH70 值守机和 VHF CH16 的双值守　　B. CH70 值守机和 VHF DSC 的双值守
C. CH16 和任一非 CH16 的双值守　　D. 上面任意一个

12. VHF 设备的 CH75 和 CH76 是________的保护信道,不应在此信道工作。
A. CH16　　B. CH70　　C. CH13　　D. CH06

13. 强制工作在小功率状态(不超过 1 W)的信道是________。
A. CH16 和 CH06　　B. CH75 和 CH76　　C. CH13 和 CH11　　D. CH15 和 CH17

14. VHF 设备的话筒有一个按压开关(PTT),此开关的作用是________。
A. 按下此开关,接收机工作,发射机不工作
B. 按下此开关,接收机不工作,发射机工作
C. 松开此开关,接收机和发射机都工作
D. 松开此开关,接收机和发射机都不工作

15. VHF 设备可以进行通信的海区是________。
A. A1　　B. A1、A2　　C. A1、A2、A3　　D. A1、A2、A3、A4

16. CCIR 建议船舶 VHF 电台间通信只能选择________。
A. 单工信道　　B. 双工信道　　C. ITU 信道　　D. USA 信道

17. VHF 无线电设备是实现近距离海上通信的主要手段,它的有效通信距离为________。
A. 50 n mile　　B. 150 n mile　　C. 200 n mile　　D. 400 n mile

18. 3s. VHF DSC 工作模式为________。
A. G2B　　B. J3E　　C. G3E　　D. FSK

19. VHF 无线电电话设备发送和接收无线电话的信道有________(①CH06;②CH70;③CH13;④CH16;⑤CH75)。
A. ①②③④　　B. ①③④　　C. ①②③⑤　　D. ①②③④⑤

20. 下列________信道主要用于船舶间的航行安全通信。
A. CH06　　B. CH13　　C. CH16　　D. CH26

项目技能训练三

1. VHF&VHF－DSC操作训练(一)

(1)开机,选择13信道并设置为低功率发射,调节静噪。

(2)存储本船船位和当前时间。

(3)完成设备自测试并解释测试结果。

(4)“育强”船(BOXZ)在黄海海域(A1海区)遇险,情况紧急,快速发射DSC遇险报警。

(5)附近船舶“汉河”(HRCN)船收到“育强”船的遇险信息后应如何处置?

(6)说明如何防止VHF DSC误报警。

2. VHF&VHF－DSC操作训练(二)

(1)设置CH11与CH16双值守。

(2)打开/关闭扬声器,调节音量。

(3)将DSC收妥方式设置为手动。

(4)用VHF设备联系广州海岸电台。

(5)“远盛湖”船欲用VHF设备联系“银河”船,约定在CH11上通电话。请说明可行方法,并独立完成整个通信过程。

(6)查看天津海岸电台的MMSI和VHF通话表业务。

项目四　INMARSAT－C 系统的安装与操作

【项目描述】

国际海事卫星组织(INMARSAT—International Maritime Satellite Organization)成立于1979年,总部设在伦敦,主要职责是运营国际海事卫星通信系统。

INMARSAT－C 系统是一种纯数据通信的全球、全天候系统,尽管无语音业务,数据传输速率也较低,但由于其价格、体积及通信交费上的优势,特别是基于该系统开发出来的各种增值业务,使得 INMARSAT－C 系统的应用十分广泛。

【项目目标】

1. 识读 INMARSAT－C 的系统图和接线图。
2. 能正确安装 INMARSAT－C 系统设备,并能正确接线。
3. 熟悉 INMARSAT－C 终端设备的操作。
4. 会操作 INMARSAT－C 快速遇险报警。

【知识链接】

知识链接 1　INMARSAT－C 系统认识

一、系统概述

INMARSAT－C 系统是采用数据通信技术、运用存储转发方式的全球卫星通信系统。它可以发送电报数据或电子邮件,传递速率为 600 b/s,大约为普通电报传递速率的 12 倍。INMARSAT－C 系统对国际、区域、国内公共及专用通信网提供接入方式,可以通过电传网、公共电话网、综合业务数字网与任何地面通信网(X. 25、X. 400、音频数据网等)相接,进行电传、数据和电子邮件的通信。INMARSAT－C 系统支持 GMDSS 业务。

INMARSAT－C 移动地球站是一种外形轻巧、价格低廉、安装简便、耗电量小、通信费用便宜的卫星移动通信设备。它的全向天线能满足用户在移动中不间断通信的要求,而且能够接收 EGC 信息。这些特点使得 INMARSAT－C 移动站不仅大量用于海上移动通信,而且还应用于陆地和空中的移动通信。

二、INMARSAT－C 系统组成

INMARSAT－C 系统由空间段的四颗卫星、网络协调站(NCS)、岸站(LES)和移动站(MES)组成。空间段的四颗卫星在项目一中已介绍,这里不再重复。

1. NCS

在 INMARSAT－C 系统下,NCS 除负责本区域内的 LES 通信协调和管理外,每个 MES 在开机或跨洋区移动时,都要向其发出入网登记信号。MES 在空闲时,自动协调在 NCS 发

出的 TDM 载波上收听 EGC 和公告信息。INMARSAT - C 系统中的 NCS 站见表 4 - 1。

表 4 - 1 INMARSAT - C 系统中的 NCS 站

卫星覆盖区	NCS 名称	所在国家	NCS 识别码
大西洋西区(AOR - W)	贡西利(Goonhilly)	英国	044
大西洋东区(AOR - E)	贡西利(Goonhilly)	英国	144
太平洋(POR)	圣淘沙(Sentosa)	新加坡	244
印度洋(IOR)	德魔比亚(Thermopylae)	希腊	344

NCS 识别码的第一个数字表示 NCS 所在洋区,AOR - W 为 0,AOR - E 为 1,POR 为 2,IOR 为 3;其余两个数字表示 NCS 编码。

2. LES

LES 是 MES 与陆地通信网络的接口,提供与陆地的电传网络、海事遇险路由、公共交换电话网(PSTN)和分组交换数据网(PSDN)的接口。

来自 MES 的信息经卫星转发后先进行存储,然后再经公众通信网(PSTN/ PSDN)发送到目的地,反之亦然。LES 通过 ISL 信道与 NCS 通信。

LES 的识别码由三位数字组成。第一位表示 LES 所在的洋区(与 NCS 识别码相同),后两位表示 LES 对应的编号,见表 4 - 2。例如,在太平洋使用北京岸站,北京岸站的自识别码为 11,所以在太平洋的北京岸站识别码为 211。

表 4 - 2 INMARSAT - C 系统的各洋区常用的 LES 识别码

AOR - W	AOR - E	POR	IOR
001 美国	101 美国	211 北京	311 北京
002 英国	102 英国	203 日本	303 日本
011 法国	131 丹麦	210 新加坡	308 韩国
	111 法国	202 澳大利亚	304 挪威

3. MES

一个典型的 MES 包括数据电路终端设备(DCE—Data Circuit Equipment)和数据终端设备(DTE—Data Terminal Equipment)两个单元。DCE 是与卫星通信信道的接口,进行数据处理与转换,把要发射的数字信号变换为射频信号,再把接收的射频信号转换为数字信号。目前,有单独设置的 DCE,也有直接接入卫星天线单元的 DCE。DTE 提供人机接口,与计算机相连完成报文的编辑、阅读和打印。

三、INMARSAT - C 系统信道

1. INMARSAT - C 系统通信信道

INMARSAT - C 采用 TDM 信道、信令信道、信息信道和站际信令信道,不同的信道传递不同的信息,具有不同的作用。

(1)TDM 信道

TDM 信道是指多路信号用同一载波在不同时隙交替占用同一信道进行传输。TDM 信道被 NCS 和 LES 所采用。每个洋区的 NCS 和 LES 都有自己的 TDM 信道频率,并连续不断地发射,MES 空闲时守听 NCS TDM 信道(也称公共信道),而当 MES 与 LES 建立链路后则守听 LES TDM 信道。

(2)信令信道(MES SIGNALLING CHANNEL)

信令信道专供 SES/MES 向 NCS/LES 发送用于建立、控制、管理线路的命令信息所用。一个洋区中最多有 40 条信令信道,它采用时分多址链接(TDMA—Time Division Multiple Access)技术,将卫星转发器的工作时间分成周期性的若干个互不重叠的时隙进行分配,由 SES/MES 在规定的时隙发送信息。

NCS 根据每个 LES/CES 的业务量来分配 MES 信令信道。MES 在 LES TDM 中查询当前可用的信令信道频率,然后调谐在此频率上;当 MES 想发送数据时,则在该频率上向 LES 请求分配电传数据信道。当 MES 处于接收状态时,在该频率上向 LES 发出分配应答,告诉 LES 自己已准备好可以接收数据;当完整收到数据后,在该频率上向 LES 发信息收妥确认,告诉 LES 自己收到完整数据,可以拆线。

(3)信息信道(MES MESSAGE CHANNEL)

信息信道主要用于 MES 向 LES 传送电传和数据信息。每个 LES 都有若干个信息信道,由 NCS 根据业务量情况分配,通信时由岸站具体指定。

信息信道采用 TDMA 方式,该信道由 LES 进行动态分配,分配信息颁布在 LES TDM 信道中,MES 识别分配信息并调谐发射频率于该信道上,连续将报文发出,在使用完该信道后,便释放该信道,将这个信道资源还给 LES。

(4)站际信令信道(ISL CHANNEL)

站际信令信道主要用于 LES/CES 与本洋区的 NCS 之间相互传送网络工作状态等信息。该信道传送的信息有以下几种。

①收妥确认信息。当 LES 收到 MES 完整的报文后,在 ISL 信道上通知 NCS 信息已收妥,再由 NCS 在 COMMON TDM 中通知 MES。

②询问与通知移动站工作状态。当岸方起始呼叫时,LES 在 ISL 信道上询问 MES 的状态,即是否“空闲”,当船方起始呼叫时,LES 在 ISL 信道上通知 NCS 该 MES 处于“忙”状态。

③移动站数据报告。MES 在 MES SIGNALLING 信道上发给 NCS,再由 NCS 在 ISL 信道上转发给 LES。

④遇险信息。

⑤EGC 信息。LES 在 ISL 信道上发给 NCS,再由 NCS 在 COMMON TDM 上转发给 MES。

2. 信道频率配置

在 INMARSAT-C 系统中,移动站工作在 L 波段,其发射频率范围是 1 626.500 ~ 1 646.500 MHz,接收的频率范围是 1 530.000 ~ 1545.000 MHz,信道间隔为 5 kHz。信道统一由 NCS 分配,系统工作方式是异频单工方式。INMARSAT-C 系统在信令信道和信息信道上接收船站的信息,并且各岸站有自己的信令信道。

3. INMARSAT-C 通信系统基本结构图

INMARSAT-C 系统结构如图 4-1 所示,MES 通过 LES 经对应的通信链路实现传真、电传、数据、X. 25 和 E-mail 信号传输,如果移动站分属在两个不同的洋区,它们之间的通信通过 NCS 与另一洋区的 LES 实现。

(1)PSTN

PSTN 通过电话线和 Modem 接入,网络建设费用低,但数据传输质量和传输速率差。

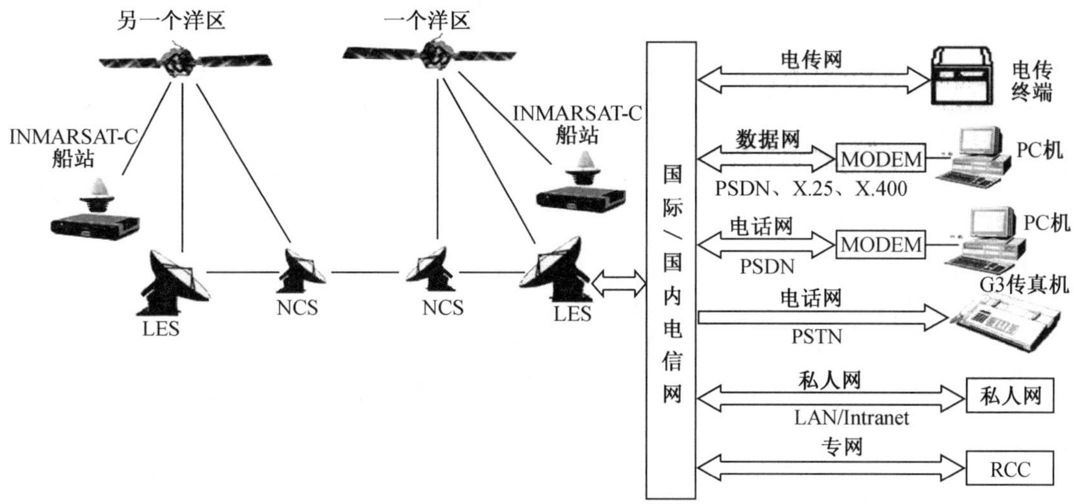

图 4－1 INMARSAT－C 通信系统结构图

(2) PSDN

PSDN 是一种基于分组交换技术的公共数据通信网络,采用 X 系列标准。

(3) X. 400

X. 400 是电子邮件传输协议的标准,可通过计算机与公用电信网结合,利用存储转发方式为用户提供邮件系统之间的信息交换。该标准在欧洲和加拿大使用比较普遍。

四、INMARSAT－C 系统的入网与退网

入网就是船站进入 INMARSAT－C 系统网络,退网就是船站退出 INMARSAT－C 系统网络。

1. 入网(LOG IN)

INMARSAT－C 系统收发电文之前,必须要完成入网登记,有些移动站具有自动完成入网登记的功能,开机后会自动选择信号最强的洋区 NCS,并自动向该 NCS 发出入网申请,完成入网登记。只有少数船站,需根据船位人工选定某洋区的 NCS 进行入网操作。

2. 退网(LOG OUT)

如果在一段较长时间内不打算使用船站,则应在关机前进行退网。退出登记发出一信号给 NCS,告知该移动站不再用于通信。退网后,各洋区的岸站将不会再受理发给该船站的信息。如果移动站在关闭之前没有退网,则 INMARSAT－C 系统的数据库仍然保持该移动站为登记状态。若给该移动站发送电文,则电文经由公众网络发送至某一 LES,由于 LES 不知该移动站已停止使用,故仍将这份电文投送给该移动站。LES 采用预先确定的时间或一定的次数重发此电文,多次投送失败后停止发送并向原发送者发出无法投递的通知。由于占用了通信网,因此即使电文没有投递成功,国内或国外电信机构仍将向原发送者收取通信费用。

有些移动站具有自动完成退网的功能,即在关机时由船站自动向 NCS 发出退网申请,完成退网登记,退网后移动站再自动地切断电源。有一些移动站不具有自动退网功能,可由操作者在不关机情况下手动完成退网登记。

五、INMARSTA－C 船站介绍

INMARSAT－C 船站(以下简称 C 站)由于采用全向性天线,不需复杂的天线跟踪系统,生产制造容易,故目前得到 INMARSAT 认可。生产 C 站的厂家很多,如丹麦的 Thrane&Thrane(泰纳)公司、挪威的 ABB 公司、美国的 Trimble(天宝)公司及日本的 JRC 公司、FURUNO(古野)公司等。

1. C 站分类

通常根据 C 站是否挂接 EGC 接收设备,可分为以下三类:

(1)1 类船站即标准 C 站,不能接收 EGC 信息。

(2)2 类船站既具有标准 C 站的功能,也能接收 EGC 信息,但两者不能同时工作。

(3)3 类船站既具有标准 C 站的功能,也能接收 EGC 信息,且两者能同时工作。

实际应用中,2 类 C 站使用较多,通过软件设置,2 类 C 站可分别在两种模式下工作:

①合用模式。移动站在接收 LES 电文时,接收机调谐在 LES 的 TDM 信道路上,不能接收 EGC 信息,只有空闲时接收机才会自动返回到 NCS 公共信道上,此时方能接收首播或重播的 EGC 信息。

②EGC Only 模式。这种模式下 C 站已经退网,只能接收 EGC 信息,只有为在某一特定时间内确保收到 EGC 信息时才采用此种模式。

2. C 站的构成

C 站的基本组成分为甲板上设备和甲板下设备,也称室外设备(EME—Externally Mounted Equipment)和室内设备(IME—Internally Mounted Equipment)。其基本组成如图 4－2所示。

(1)EME

EME 又称天线射频单元(ARU—Antenna Radio-frequency Unit),该单元主要包括天线、功率放大器、低噪音放大器和天线双工滤波器等,可实现移动站信号的频率转换以及信号的收发。

(2)IME

①DCE

DCE 主要由信号处理电路和接口电路组成,其主要作用是进行信号处理及接口信号转换。

②DTE

DTE 包括键盘、打印机等,作用是完成数据的输入、输出和打印等功能。

③电源设备

电源设备为 C 站提供交流和直流电源。C 站一般用直流电源工作,其直流工作允许范围为 9～33 V,一般选择 24 V。交流电压允许变化范围为 90～121 V 或 180～242 V,交流一般选择 110 V、220 V 或 240 V。

设备正常由船舶主电源(交流)供电,当船舶主电源(交流)断电时,此电源可自动切换到直流供电;当船舶主电源(交流)恢复正常供电时,能自动切换至交流工作。

④任选单元

任选单元包括信号指示器和遇险报警器,是移动站接收遇险信号指示或进行遥控发送遇险信号的装置。用户可以根据需要向厂方提出要求,加装任选单元。一般配置任选单元装在驾驶台上或便于遥控的地方。

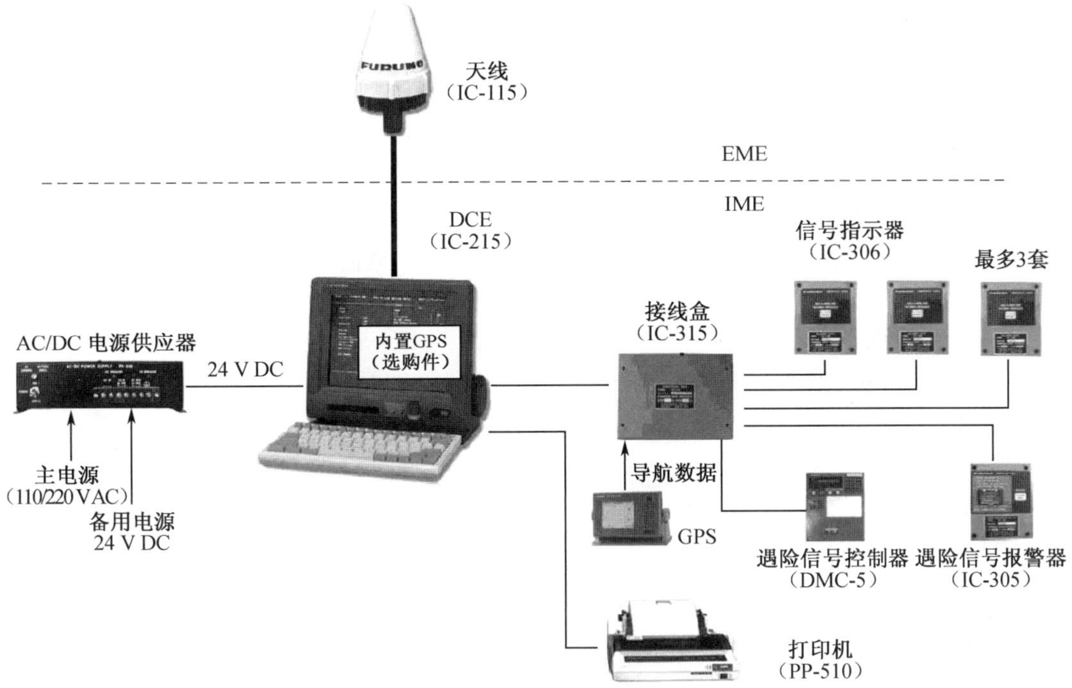

图 4－2　C 站构成

知识链接 2　INMARSAT－C 系统通信业务

一、C 站的 IMN 与地址码

1. C 站的 IMN

C 站的 IMN 由九位数字组成，其 IMN 格式为

$$T\ MID\ X_1X_2X_3\ Z_1Z_2$$

IMN 格式说明如下所示。

T：移动站类型编码，C 站用 4 代表。

MID：为船舶所属国或地区的海上三位识别码，如中国的 MID 为“412”或“413”。

$X_1X_2X_3$：表示三位船舶的识别编码，由船舶所属国分配。

Z_1Z_2：10～99 的随机码。

例如，某 C 站 IMN 为 441231123，则 4 表示 C 站，412 为中国的 MID 码，311 为船舶的识别编码，23 为随机码。

2. C 站通信地址码的构成

向海上 MES 通信呼叫的地址码为洋区码＋IMN（共 12 位）。

如：583441256789（呼叫印度洋航行的船舶）。

向陆地上用户通信呼叫的地址码为国家码（3 位）＋电传码或 E-mail 地址。

需要陆上特别业务服务通信呼叫的地址码为直接输入的两位业务代码。

二、遇险报警业务

1. 快速发射遇险报警

船舶一旦遇险,只需按"遇险报警"发射按钮,遇险报警器自动生成IMN、遇险船位和遇险时间等信息,经INMARSAT－C系统的LES送至RCC。

2. 编辑遇险报警电文

在遇险报警器的编辑界面人工设定遇险优先电文。遇险优先电文包含较详细的遇险情况,包括:

(1)移动站识别码;

(2)LES的IMN或NCS的IMN码;

(3)船位坐标;

(4)航向;

(5)航速;

(6)数据更新的日期和时间;

(7)遇险性质。

其中,遇险性质主要包括:

UNDESG DISTRESS 遇险性质不明;

FIRE 火灾;

FLOOD 大量进水;

COLLISION 碰撞;

GROUND 搁浅;

LISTING 倾斜;

SINKING 正在下沉;

ADRIFT 失去控制,漂泊;

ABANDON 弃船;

PIRACY 遭遇海盗;

REQ ASSISTANCE 请求援助。

上述1～6项的信息可自动生成,操作者只需在人工选择遇险的性质后,按发送键即可发送。如果未选遇险性质,默认为"UNDESG DISTRESS(遇险性质不明)"进行"遇险报警"。

C站终端设备发出遇险报警后,5 min内还没有接收到LES和RCC发送的遇险报警收妥确认,应重新发送遇险报警。

3. 误报警处理

C站的遇险操作十分简单快捷,但也极易造成误操作,发射误报警信号。因此,使用C站时,首先应了解遇险报警发射程序及按键的设置,避免误发射遇险报警。若不小心误发射了遇险报警或遇险优先电文,一定不要关机了事,而应向船舶负责人报告情况,并向RCC发出解释情况的电文,等候RCC取消此报警的通知或确认,方法如下:

立即编辑电文,解释信号为误发;将报文在日常发射操作界面(窗口)设置遇险优先等级,将信息发至船舶航行区域的RCC,并设置信息收妥回执;等待信息收妥回执,对是否解除报警信息进行有效判定;或通过其他的GMDSS设备来完成相关操作。

三、INMARSAT－C系统安全业务与常规业务

INMARSAT－C系统安全业务与常规业务以存储转发方式实现信息的传输。借助各种接口和协议,包括电传(强制)、X. 25/X. 75(可选)、数据MODEM(可选)和传真(可选),可以非常灵活、简便、快速地实现船到岸、岸到船或船到船的数据通信。

INMARSAT－C系统安全业务与常规业务包括以下几种。

1. 常规电传通信

C 站经 LES 可与任何连至国际或国内电传网的任一电传终端或与其他的 C 移动站进行电传通信,接收和发送电文。海事卫星通信电传洋区码见表 4－3。

表 4－3 海事卫星通信电传洋区码

洋区	电传洋区码
AOR－E	581
POR	582
IOR	583
AOR－W	584

2. 数据信息传输

C 站经 INMARSAT 系统的通信卫星、地面站可与任何连至 PSDN、PSTN 或者 Internet 网等数据通信网络的任一计算机终端,或与其他 C 站以卫星低速信道(传输速率 600 b/s)采用存储转发方式交换数据信息。

3. 船至岸传真通信

C 站经 INMARSAT 系统的通信卫星、地面站可向任何连至 PSTN 的任一传真终端发送电文,但只限于船到岸方向的通信,并且信息以报文的形式传送,即数据传真必须是文字或字符信息而不能是图形信息,并且发射界面要做相应的设置。

4. 自动数据报告业务

船舶有关数据可以定时向岸上用户或主管部门报告,此信息报告只要事先做好参数设置就可自动进行。在 C 站中自动数据报告业务分为三种类型。

(1)船位报告

可以定时、定区进行船位报告。船舶的船位报告一般由船上的定位系统提供数据(如卫星导航设备、GPS 等),数据的置入分手动或自动两种方式,在手动置入时,要经常修改船位报告,否则会造成船位的误差。

(2)气象报告

船舶使用气象导航设备时,可通过 C 站向岸上发射气象监测报告。岸向船可通过 EGC 系统发送气象报告信息。

(3)其他船舶参数报告

这是一项查询任务,可通过发射控制指令向 LES 或有关主管部门了解其他船舶的情况,包括对某一船的查询、对某船队的查询和对某一海域的船舶进行查询。

5. 询呼(Poll)业务

询呼通常指操作中心通过岸站经 NCS 公共信道向移动站发送指令,移动站在该询呼指令控制下执行某项任务或操作,如发回数据报告或在控制下操作设备。此类信息可以包括位置、航速、航向、油量、库存和消耗,以及天气数据等。此业务广泛应用于水文监测、环境检测、气象、远程遥测等领域。

INMARSAT－C 询呼业务分为单船询呼、群询呼、区域询呼。

6. 监控与数据采集业务(SCADA—Supervisory Control and Data Acquisition)

该业务是 INMARSAT－C 数据报告和询呼业务的综合应用。INMARSAT－C 系统内部嵌有 GPS 系统,利用它可以方便获得移动目标所在的位置、速度等信息。移动目标也可将自己的一些信息以其他通信方式发给固定用户,以便固定用户能及时知道移动目标的情况。

此外,一台 C 站通过适合的接口连接至数据采集的传感器,采集信息可通过监视系统将数据报告传至操作中心进行分析,中心可向 C 站发回询呼指令来操作控制如开关、继电器或阀门等设备,以达到遥控控制的功能。

7. 电子邮件(E-mail)业务

C 站经向地面站申请开通电子邮件业务后,就可通过地面站经 Internet 发送船到岸的电子邮件电文,与全球电子邮件业务的用户交换电文和数据文件。发送电子邮件的方法是在电文的第一行输入"TO:用户的电子邮件地址"。

C 站发送电子邮件比发送电传价格更便宜,可以减少用户的通信费用,使船东和船管人获得更大的利益。除了可以经 C 站完成船至岸的电子邮件发送外,也可经 C 站接收来自陆上 Internet 用户的电子邮件。

知识链接 3　EGC 系统认识及其通信业务

一、EGC 系统的概念

EGC 系统是 INMARSAT－C 系统的一个组成部分,是对 NAVTEX 系统的补充。所有具有 EGC 接收功能的 C 站或独立的 EGC 接收机,均可接收到安全通信网播发的海上安全信息。

二、EGC 业务

1. EGC 业务类型

EGC 业务是 INMARSAT－C 系统中的信息广播业务,主要有三种业务类型,即安全网业务(SafetyNet^{SM})、船队网业务(FleetNet^{SM})和系统业务(System)。

(1)安全网业务

EGC 的安全网业务主要是使用英文进行海上安全信息的广播,安全网业务播发的海上安全信息如航行警告信息、气象信息、搜救信息、海图更新信息、海盗防范信息等,只能由在 IMO 注册并且信息用于 GMDSS 用途的提供者提供,如海事搜救协调中心、冰况检测与气象管理部门、航道测量部门等。

(2)船队网业务

船队网业务主要播发船队管理和商务信息,如船务管理调度、航运信息、渔业信息等。这种业务属于商业业务,由在地面站注册登记的商务信息提供者提供,如商业新闻发布机构、船舶运输公司、渔业水产公司、铁路部门及公路长途运输公司等。

(3)系统业务

该业务是一种受限业务,受 INMARSAT 系统操作程序的控制,只用于地面站或网络协调站播发 INMARSAT 系统相关信息。

2. EGC 电文

EGC 电文的报头分两部分:一部分是地面站收到该信息后加上的解释信息,主要包括信息的流水号、发射该信息的地面站名称、信息的性质(优先权)、信息的大小和地面站接收到该信息的日期和时间;另一部分是信息的正式报头,包括主管机关编号、主管机关给岸站的指示以及如何按专门的地址报头格式来处理电文。正式报头包含 5 个"C"码:

$$C_1:C_2:C_3:C_4:C_5$$

这些"C"码之间还要有一些空格、冒号或其他定义符号,因发往不同的LES而各异。

"C"码的具体含义如下:

C_1是优先等级码,只有一位数字,具体含义:$C_1=0$ 日常;C1 =1 安全;$C_1=2$ 紧急;$C_1=3$ 遇险。

C_2是业务类别码,由两位数字组成。

C_3是地址码,表明电文作用的区域,最多不超过12个字母或字符。

C_4是播发重复码,由两位数字组成,指明重复播发的方式。C_4分两类:一类是要求有限的重复次数;另一类是要求在指定的间隔内重复,直到信息提供者要求取消为止。

C_5是显示码,由两位数字构成,表示发送的电文和打印使用的字符型号。在安全网业务中,C_5始终为00,表示输出的字符型号是"国际五号字母"。

EGC信息提供者应按"报头+C码+信息"的格式编制电文。

3. EGC报文处理

所有的EGC报文都有一个固定的编号,编号是按照岸台收到报文的顺序,即采用流水方式编号的,该编号是唯一的。对同一岸站发射的报文,若后来的报文编号识别码与以前的相同,EGC接收机不打印,当接收的报文没有错误时,把报文顺序编号、岸站识别码和报文的业务编号等信息记录下来。

上述信息存于存储器中,以便接收机核对,对同一报文识别符的报文不再打印。若接收的报文识别符超过存储器的存储能力,旧的报文识别符自动溢出。

4. EGC接收机接收的地址种类信息

EGC接收机可以接收到的地址种类信息有:对所有船的呼叫、INMARSAT系统报文、组呼(群呼)、单台呼叫、区域性呼叫、EGC系统电文、电子海图的修改。

岸站所发射信息的地址种类、识别在EGC报文的前面,即报头中,由业务码唯一地址决定,分为区域性呼叫和群呼。安全网业务一般用区域性呼叫的方式,船队网业务一般用群呼。

(1)区域性呼叫

区域性呼叫是对某海域发射电文,该区域限定可用预先定义的海域,也可以是已划定的海域,例如NAVAREA区、WMO海域或NAVTEX覆盖的海域,或者以经纬度表示的海域。

以经纬度表示的绝对地理区域地址是闭合范围,它在报文的报头地址帧中给出,EGC可识别两种方式表示的闭合海域范围,以矩形表示或以圆形表示,每种都是以经纬度和其他参数配合使用才能完全限定该范围,一般矩形区域呼叫用于WMO气象预报、NAVTEX重播、航行警告和气象警告等信息播发,圆形区域呼叫用于岸对船遇险报警等。

为了能处理以闭合地理区域表示的海域地址,EGC接收机必须用当时的船位进行编程,船位可由人工输入,也可以自动从外接导航仪注入。当船位超过4 h不能更新时,接收机提醒操作员;如果船位超过12 h还不能更新,或者由于断电而不知道船位时,所有的区域性呼叫和安全电文都从高于日常通信的优先级别显示或打印出来。

区域呼叫对于船舶离开限定的地理区域,或者在限定的边界上都是有效的,允许船舶接收感兴趣的指向另一海域的报文,例如船舶要航行到下一海域,此时感兴趣的是它所驶向的海域的有关报文。

(2)群呼

群呼的报文有两种,一种是对单台呼叫,另一种是选择某一组电台进行呼叫。

知识链接4 船舶保安报警系统认识

船舶保安报警系统(SSAS—Ship Security Alert System),是IMO《SOLAS公约1988年修

正案》规定的必配设备。

2002 年 12 月,IMO 在缔约国政府会议上审议并通过了强制安装 SSAS 的要求。SSAS 已纳入《国际船舶和港口设施保安条例》(ISPS)。该条例规定,从事国际海域航行的船舶必须安装 SSAS,并自 2004 年 7 月 1 日起生效。SSAS 能保证船舶在受到威胁或遭受攻击时及时向主管当局指定的相关部门和船舶运营部门发出警报。这是 IMO 继 GMDSS 和 AIS 强制安装规定之后针对船舶航行安全提出的新的强制要求。

一、SSAS 的适用范围

IMO 关于强制安装 SSAS 的规定适用于各类从事国际海域航行的船舶、石油钻井平台和其他海上固定或移动设施。考虑到 SSAS 的安全性和隐蔽性,SOLAS 和 MSC 并不要求对 SSAS 进行型式认证(型式认证是一种认证制度,是证明某种产品达到某种质量标准的合格评定程序),但须通过船籍国主管当局依据 SOLAS、MSC76、IEC645 等规范对 SSAS 进行的装船检验。

二、SSAS 的功能

当船遭遇海盗或其他武装攻击时,启动 SSAS 报警后,系统自动向船东或主管当局指定的相关部门发出报警。

三、SSAS 的性能要求

(1)应满足 MSC. 136(76)决议的规定。

(2)双套电源供电,除主电源供电外还应提供第二套电源。

(3)可从驾驶台和至少一个其他位置启动报警,并设计成可防止误触发,但不必通过移动封条(seals)或盖帽(lid/cover)的方式启动系统。

(4)系统一旦启动,则开始向主管当局指定的相关部门发送安全警报,警报信息可以包括公司名、船舶标识、船位以及当前船舶的安全状态(受到威胁或已遭受攻击)。

(5)不向任何其他船舶发送船舶保安警报,也不能由此启动船上的任何其他警报。

(6)在关闭或复位本系统之前,应持续发送船舶保安警报。

四、SSAS 的产品

虽然《SOLAS 公约》对 SSAS 的性能要求做出了规定,但没有具体规定 SSAS 到底是何种产品。目前有以下两种方案可以实现对 SSAS 的要求。

1. C 站

利用船舶上已经安装的 C 站,开发并实现 SSAS。实际上,在《SOLAS 公约》未对 SSAS 提出任何要求之前,世界上许多大的船根据公司业务的需要,对公司所属的正在全世界各处营运的船舶有一个宏观的监控和管理要求,正是根据这一需求,一些知名的船用设备开发商,利用 C 站开发并成功应用了船监控和管理系统。船公司可在总部所在地利用此套系统监控和管理其正在世界各地营运的船队。

实际上,这套船舶监控和管理系统已经涵盖了 SSAS 的技术原理。因此,SSAS 也完全可以建立在 C 站的基础上,只需有针对性地增加一些接口以及应用软件即可实现。

2. 专门的 SSAS 设备

利用 INMARSAT D + 或 Mini - C 业务,可根据船舶保安警报要求设计卫星终端产品。这种设备有以下优点:

(1)安装简便,不会与现有设备的安装发生冲突;

(2)尺寸小巧,便于隐藏;

(3)成本要比其他卫星通信设备低;

(4)不妨碍正常的安全航行瞭望,不会增加船员的工作量;

(5)不需要经常维护,设备具有自检程序,方便维护。

五、SSAS 误报警的处理

一旦发现 SSAS 误报警后,应立即关闭设备电源,以免 SSAS 继续误报警,同时启用卫通电话或传真,通知接收报警的单位(至少包括船东及当地海事部门),表明刚才 SSAS 发出的是误报警,请予以取消,事后应尽快报告通导主管部门。

【项目实施】

任务 1 INMARSAT - C 系统安装

一、FELCOM - 15 系统图和接线图

1. 系统图

图 4 - 3 为日本 FURUNO 公司生产的 FELCOM - 15 型 C 站系统图。

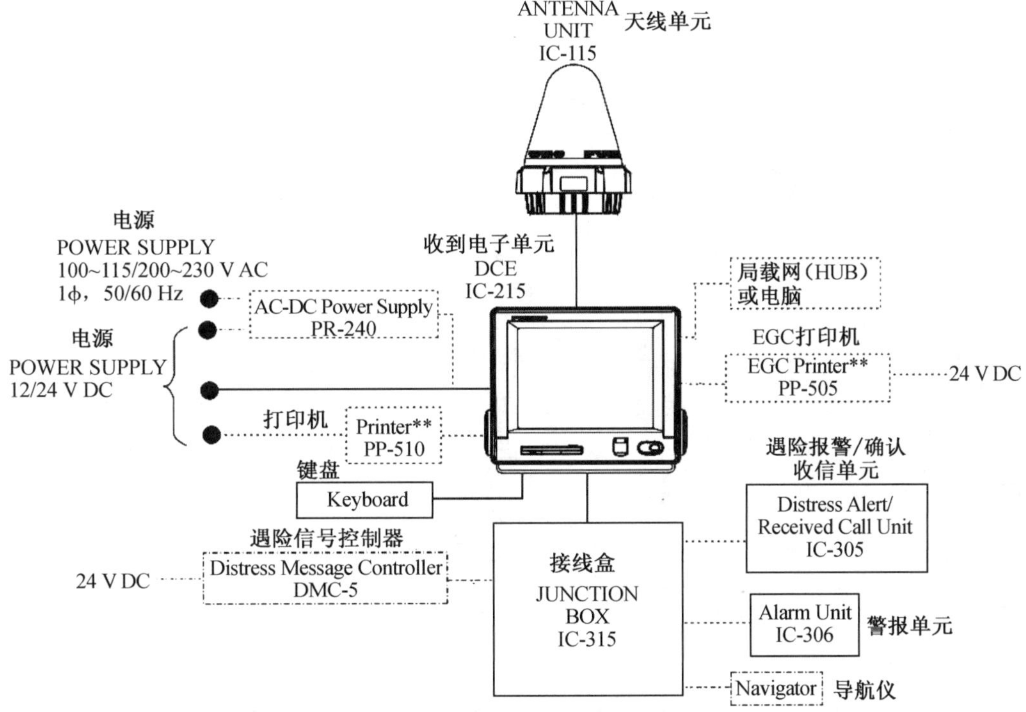

图 4 - 3 FELCOM - 15 型 C 站系统图

2. 接线图

图 4－4 为日本 FURUNO 公司生产的 FELCOM－15 型 C 站接线图。

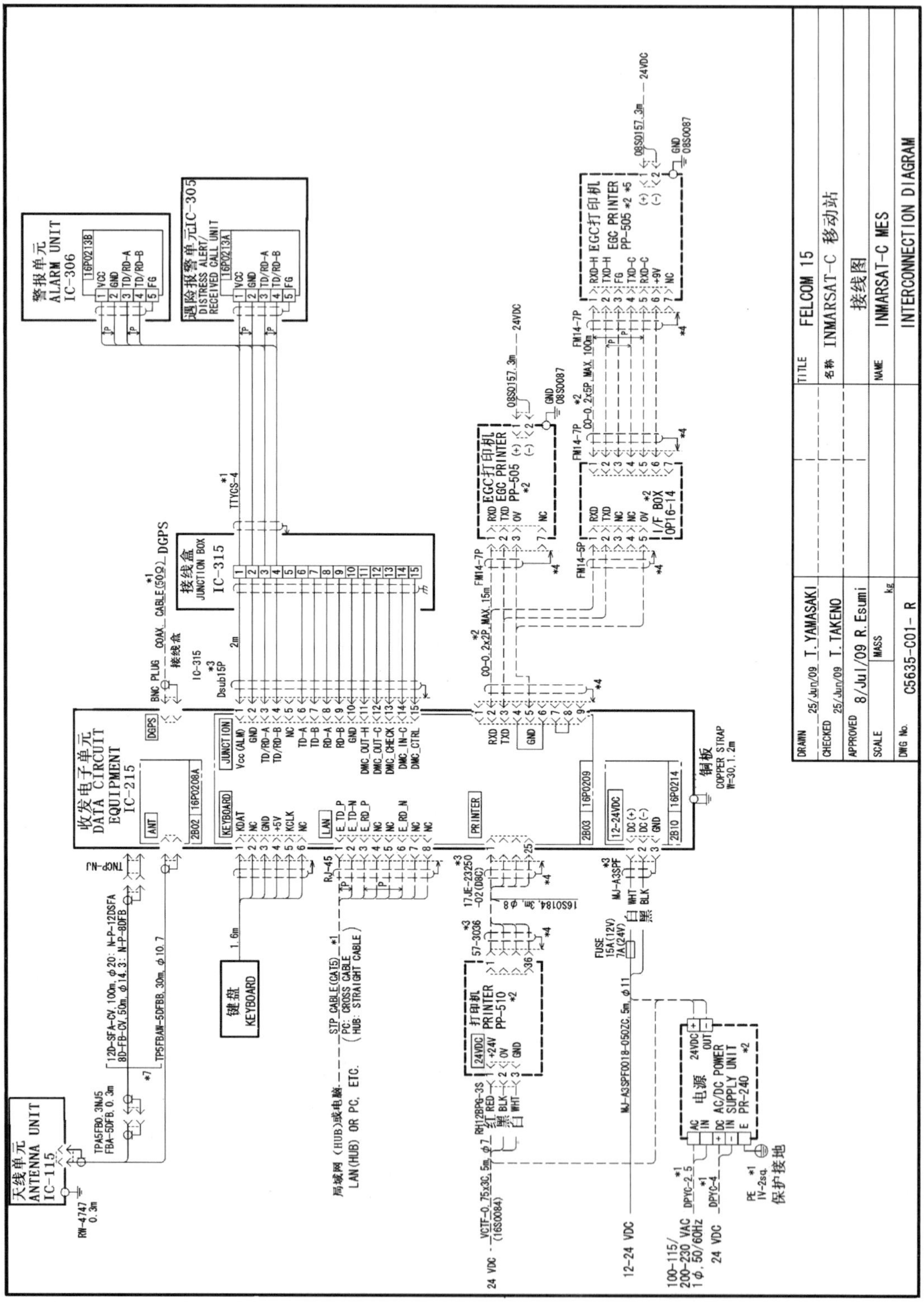

图 4－4 FELCOM－15 型 C 站接线图

二、天线单元的安装

1. 天线安装注意事项

(1)将全向天线单元安装于桅杆之上,附近不可以有遮挡物,不可以在雷达天线转动的范围内。理想的安装位置的前后方向向下 5°和左右舷向下 15°方向应没有障碍物。如图 4-5所示。天线桅杆、鞭状天线等的阴影区域应位于距离天线单元 1 m 处的 2°之内。

(2)如果既安装了 INMARSAT-B/F 又安装了 INMARSAT-C 船只地面站,请将 INMARSAT-B/F 天线与 INMARSAT-C 天线隔开至少 8 m。

(3)按图 4-6 所示将天线单元和 S 波段雷达分开。

(4)避开通风井和烟囱附近的位置,天线罩上的烟灰会降低信号级别。将天线单元和 HF、VHF 或 27 MHz 天线分开 5 m。

(5)设备工作时,请勿靠近雷达天线罩 60 cm 范围内,微波辐射会导致严重伤害或疾病。辐射等级:60 cm 处 10 W/m^2。

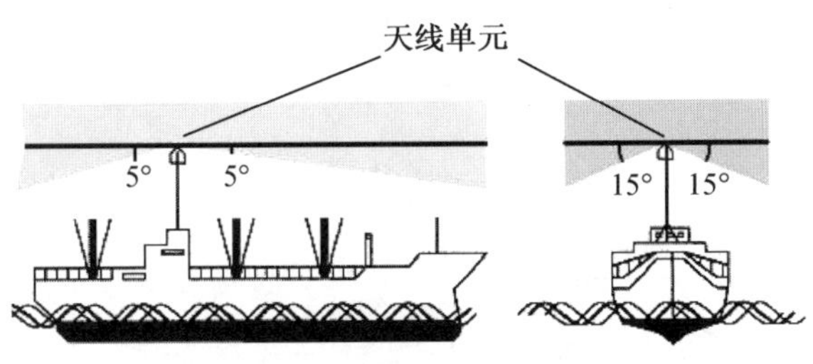

图 4-5 天线安装位置

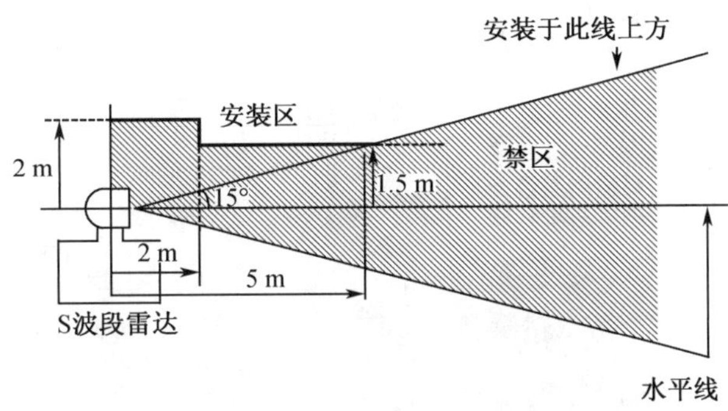

图 4-6 S 波段雷达和 C 站天线安装区域

2. 天线安装步骤

天线的安装如图 4-7 所示。

(1)在安装铁管的螺纹上涂抹硅酮密封胶(自供应)。

(2)松开三颗螺丝,将天线基座从天线单元上移除。

(3)将电缆组件 TPA5FB0.3NJ5FBA-5DFB(附带,300 mm)穿入收缩管(SC M2,附带)。

(4)将上述电缆组件连接至天线单元(上部)底部的接头上。

(5)向上移动收缩管直至接触到天线单元(上部)底部。

(6)加热收缩管,然后在收缩管的上边缘涂抹硅酮密封胶,同时在收缩管的下边缘缠上自黏结带,然后用乙烯基胶带包裹自黏结带。

注意:天线单元(上部)的底部与缠绕部分的末端之间应小于 50 mm。

(7)将电缆保护器(附带)插入天线基座底部的插槽内。

(8)将天线电缆依次穿过安装铁管和天线基座。

(9)重新将天线单元(上部)安装于天线基座上。

(10)旋转天线单元将其拧在天线安装铁管上。

(11)在天线基座和安装铁管的连接部位包裹自黏结带(附带),然后在自黏结带上包裹乙烯基胶带。

(12)将接地线 RW - 4747(附带)固定于天线单元上的接地端子与桅杆上的接地桩之间。

(13)连接天线电缆(50 m 或 100 m)和电缆组件[在步骤(5)中已连接]。

(14)用自黏结带包裹接头,然后用乙烯基胶带包裹自黏结带,用扎线带(自供应)绑紧电缆末端。

(15)使用扎线带(自供应)将电缆固定在桅杆上。

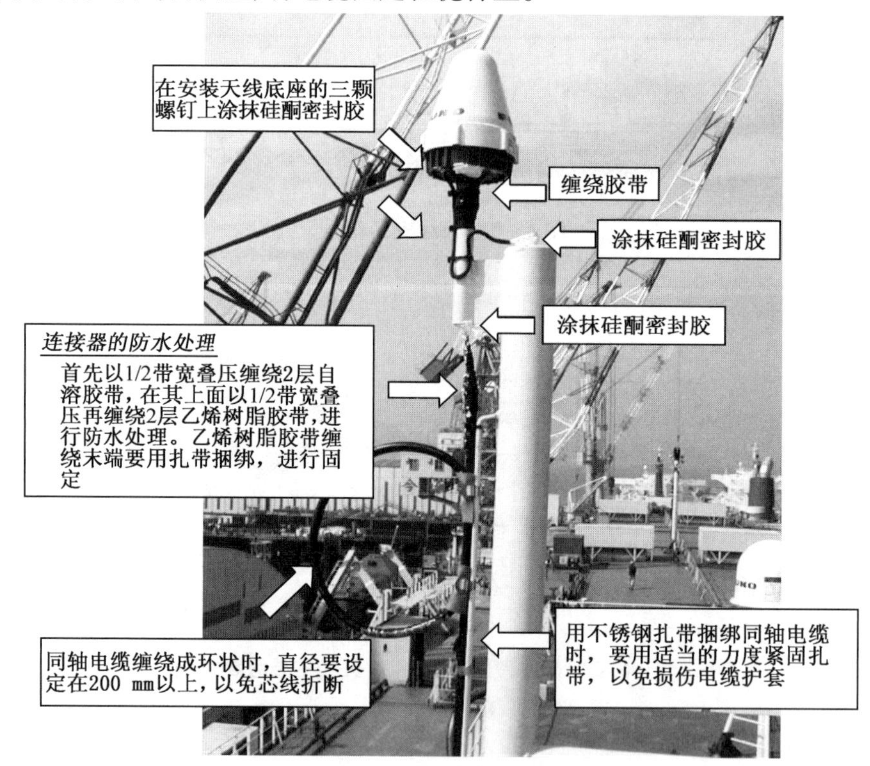

图 4 - 7　天线的安装

三、通信单元的安装

1. 收发电子单元 IC - 215 的安装

为了方便维护和检查,应在装置的背面和侧面保留充足的空间且不要绷紧电缆,温度和湿度应适中且稳定。

(1)用四颗自攻螺丝(型号 5 ×20,附带)将挂钩固定于桌上;

(2)将旋钮和垫圈轻轻旋入收发电子单元;

(3)将收发电子单元安装到悬架,然后固定旋钮。

2. 键盘的安装

(1)将四个扣件(小型,附带)安装到键盘底部;

(2)将四个扣件(大型,附带)安装到小型扣件上;

(3)剥掉四个扣件上的贴片;

(4)将键盘安装到所选位置,然后固定。

键盘上有功能键的按键操作标签,如图 4 –8(a)所示。将 INMARSAT – C 和罗盘安全距离的标签贴于适当的位置,如图 4 –8(b)所示,贴到键盘的侧面。

功能键的按键操作标签（附带）

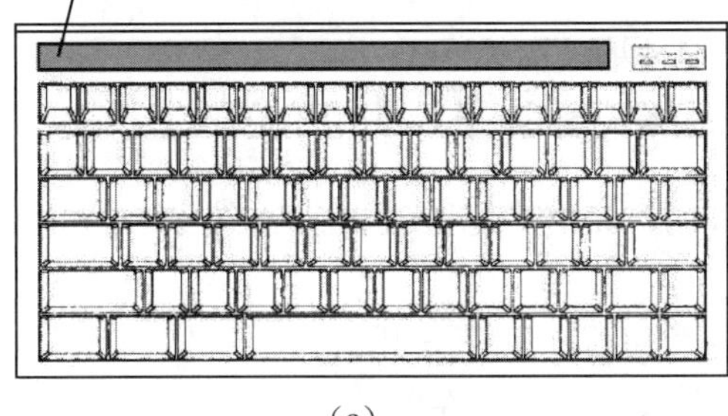

(a)

罗盘安全距离标签（附带）

(b)

图 4 –8 键盘及标签粘贴位置

(a)键盘及附带的标签;(b)标签粘贴位置

3. 遇险报警/确认收信单元 IC –305 及警报单元 IC –306 的安装

遇险报警/确认收信单元 IC –305 及警报单元 IC –306 的外形如图 4 –9 所示。

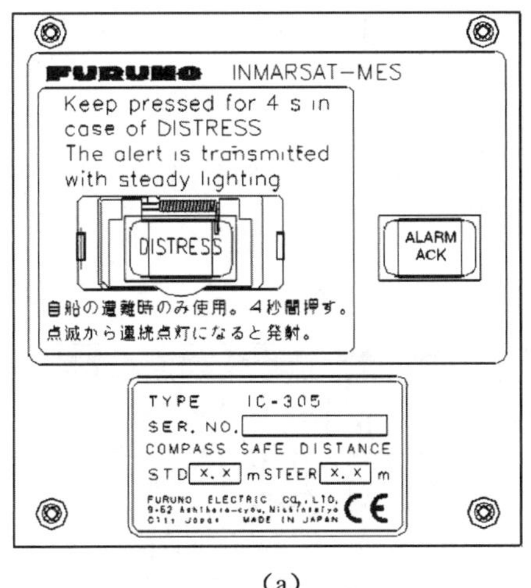

(a)

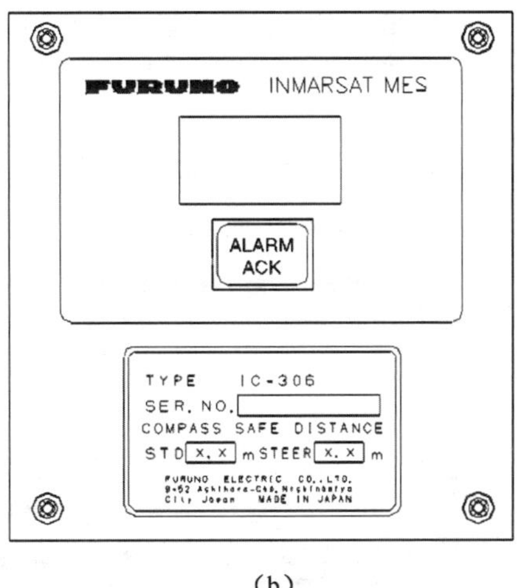

(b)

图 4 –9 遇险报警/确认收信单元 IC –305 及警报单元 IC –306

(a)遇险报警/确认收信单元 IC –305;(b)警报单元 IC –306

(1)移除单元上的四颗螺丝,将底部机壳和顶盖分开;

(2)用四颗自攻螺丝(附带)将底部机壳固定在安装位置;

(3)电缆可从面板底部或后部进入,选择合适的入口;

(4)将互连电缆穿过电缆入口并将其连接至端子接线板。

4. 打印机 PP-510(可选)

(1)将打印机放置于桌上并使用打印机夹具 1 和 2 将其固定好;

(2)正确贴好标签,罗盘安全距离标签贴于打印机右侧,INMARSAT-C 标签贴于打印机前面,如图 4-10 所示。

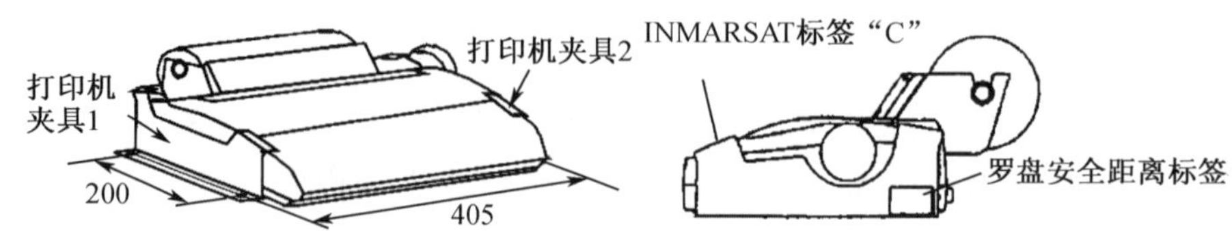

图 4-10 打印机 PP-510

5. 接线盒 IC-315

接线盒 IC-315 使用电缆组件 16S0344(2 m,连接至接线盒)连接到收发电子单元,将接线盒安装于距离收发电子单元 2 m 的范围内。

(1)移除单元上的四颗螺丝,将底部机壳和顶部机壳分开;

(2)用四颗自攻螺丝(4×16,附带)将底部机壳固定在安装位置。

任务 2 FELCOM-15 设备操作

一、FELCOM-15 终端设备描述

1. 收发电子单元

收发电子单元是 FELCOM-15 型 C 标准移动站的心脏,用于编辑、发射和接收信息。收发电子单元前面板如图 4-11 所示。

2. 键盘

FELCOM-15 型 C 站几乎完全由键盘控制,由键盘顶部的[F1]到[F10]功能键执行操作,键盘如图 4-12 所示,键盘键功能见表 4-4。

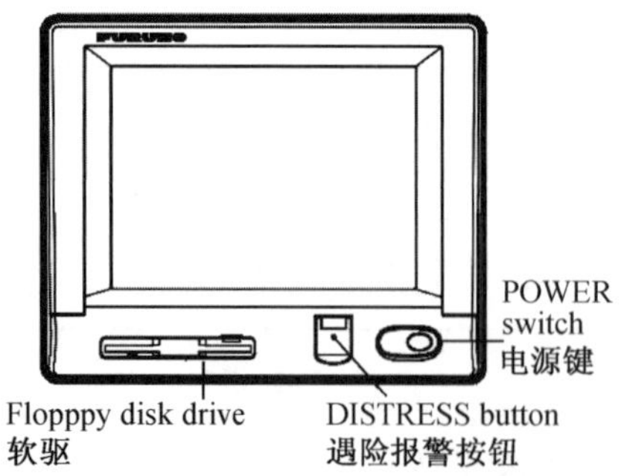

图 4-11 FELCOM-15 收发电子单元

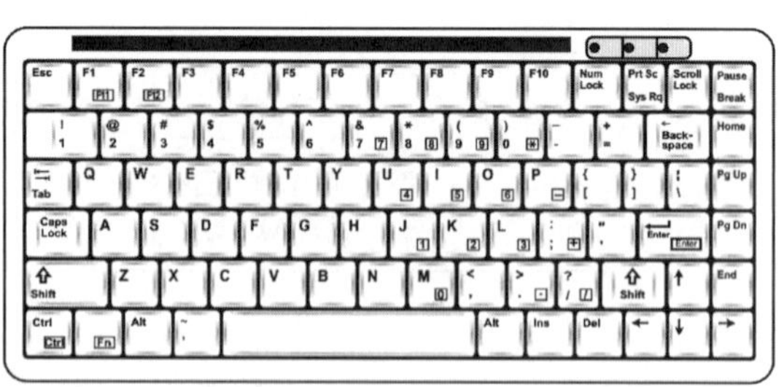

图 4-12 键盘

表4-4 键盘键功能

键	功能	键	功能
F1	文件功能键，用于处理文件	F6	记录功能键，显示发射和接收信息记录
F2	编辑功能键，提供电文编辑功能	F7	任选功能键，用于入网、退网、测试等
F3	发射电文功能键	F8	设置功能键，对移动站进行设置
F4	增加群呼功能键，设置 EGC 信息	F9	位置功能键，用于人工输入船位
F5	报告功能键，设置数据/信息报告	F10	停止报警功能键，用于静默声报警

二、设置 IMN

(1)按功能键[F8]键显示设置菜单，如图4-13所示。

(2)按[2]键显示系统设置菜单，如图4-14所示。

(3)选择 IMN，然后按[Enter]键，输入 IMN，按[Enter]键。

(4)按[Esc]键返回。

要清除 IMN，在第2步输入 IMN 前，按[Alt]键时按顺序按[I]→[M]→[N]键即可。

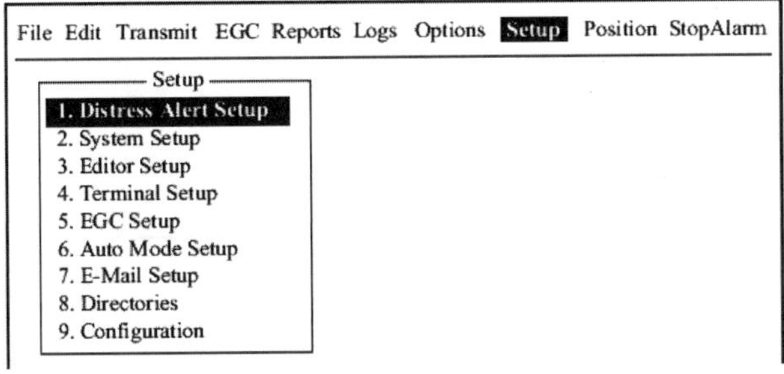

图4-13 按[F8]键显示的设置菜单

Setup
System Setup
System Date & Time 01:53 02-02-25 (YY-MM-DD)
IMN
MES Operation Mode INMARSAT-C
Nav Port OFF
Active Port INT
Message Output Port INT
EGC Output Port INT
Network Setup
Command Window

图4-14 设置菜单选项

三、登录和退出

注意：C站即使不入网登记，也能发射遇险报警和接收 EGC 信息。若长期不用C站，在关机前应退网。

1. 登录

(1)屏幕下面出现 SYNC(NCS)字样。

(2)按[F7]键显示 OPTION 菜单，如图4-15所示。

(3)按[1]键，显示 LOGIN SCREEN 窗口，如图4-16所示。

注：显示终端必须显示 CURRENT STATE：IDLE 才能执行登录。

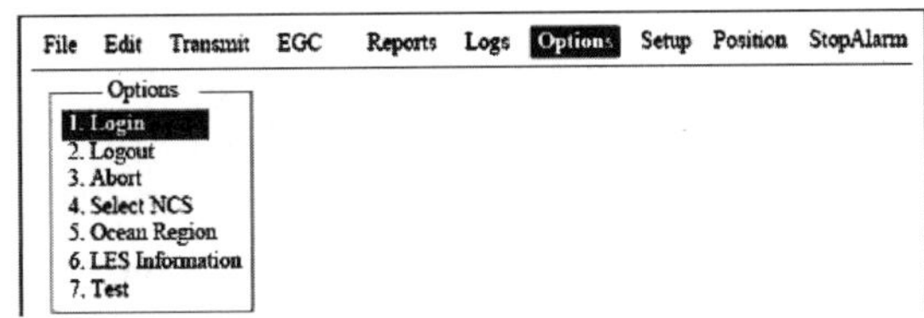

图4-15 OPTION 菜单

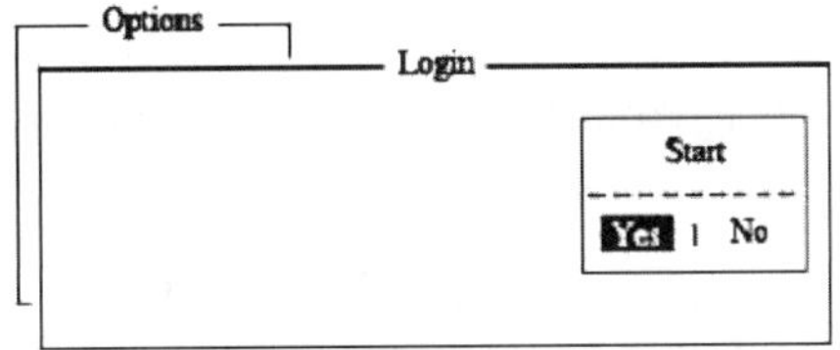

4-16 LOGIN SCREEN 窗口

(4)选择 YES ,并按[ENTER]键开始登录。

(5)当正在登录时,屏幕闪烁显示 LOGIN;当成功登录时,显示 SUCCESSFUL LOGIN 窗口,这时终端回复 IDLE 状态,并且 LOGIN 闪烁显示。

(6)按[ESC]键退回。

2. 退出(脱网)

(1)按[F7]键显示 OPTION 菜单。

(2)按[2]键显示 LOGOUT SCREEN 窗口,如图 4-17 所示。

注:同 LOGIN 一样,执行 LOGOUT 之前,先确定终端处在 IDLE 状态(左下角显示 CURRENT STATE :IDLE)。

(3)选 YES;并按[ENTER]键执行 LOGOUT,如图 4-18 所示。

(4)当成功退出时显示 SUCCESSFUL LOGOUT,并在左下角显示 CURRENT STATE:IDLE。

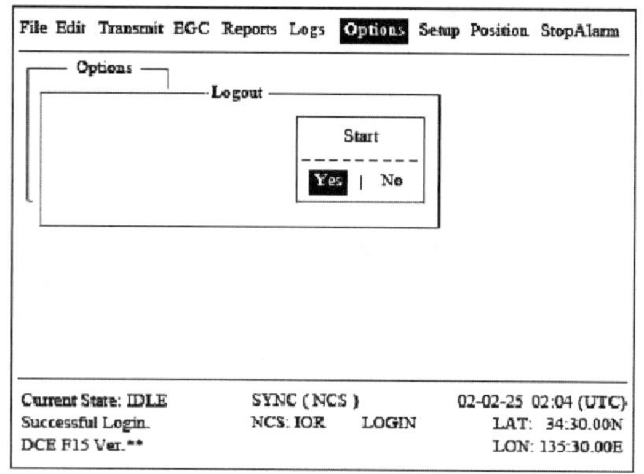

图 4-17 LOGOUT SCREEN 窗口

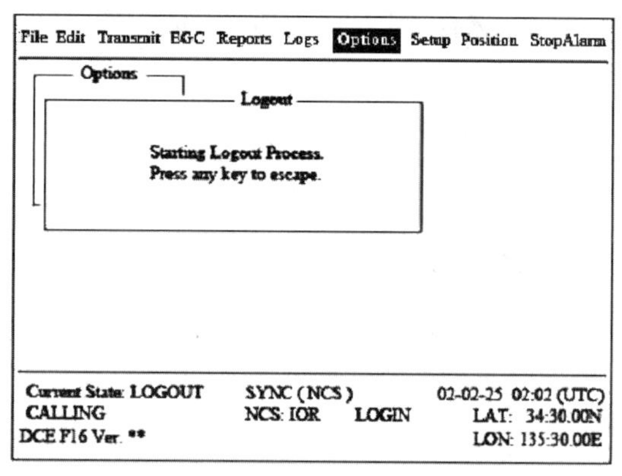

图 4-18 正在退出显示界面

四、遇险通信操作

1. 快速发射遇险报警

当船舶遇险情况特别紧急,没有时间编辑遇险电文时,可快速发出遇险报警。

(1)打开收发电子单元或者遇险报警/接收呼叫单元(IC-305)上的遇险报警按钮的盖子。

(2)按下遇险报警按钮大约 6 s,直至按钮上的指示灯连续闪亮。

当遇险报警发射时,屏幕出现提示“Sending Distress Alert”;接收到遇险报警收妥,屏幕提示“Distress Acknowledgement Received”,遇险按钮上的指示灯慢闪,蜂鸣器断续蜂鸣,要静默蜂鸣报警,按[F10]键。

2. 编发遇险报警信息

当船舶遇险时如果情况允许,可以编辑遇险电文,为救援提供较详细的信息,方法如下:

(1)按[F8]键,再按数字键[1],打开遇险报警设置窗口(Distress Alert Setup),如图 4-19所示设置内容。

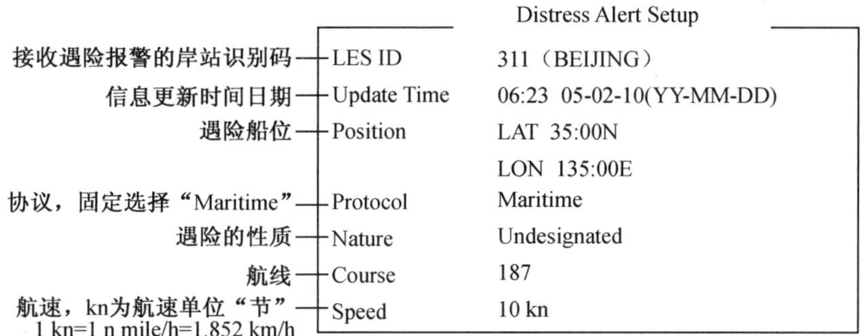

图4－19 遇险报告窗口

(2)按[ESC]键,弹出更新窗口,选择[YES]键,按[ENTER]键登记设置。

(3)打开收发电子单元或者遇险报警/接收呼叫单元(IC－305)上的遇险报警按钮的盖子,按下遇险报警按钮大约6 s,直至按钮上的指示灯连续闪亮。

当遇险报警发射时,屏幕出现的提示信息,以及静默蜂鸣报警的方法,与快速遇险报警部分所述相同。

3. 编发遇险优先等级电文

遇险报警仅能提供有限的遇险报警信息。当从LES接收到一个遇险报警收妥信息后,可以按如下方法编发一个含更多详情信息的遇险优先等级电文。

(1)按[F1]键,再按数字键[1],打开电文编辑屏幕。

(2)编辑含更多信息的遇险电文。

(3)按[F3]键,再按数字键[1],打开发射设置界面,发射设置界面各项内容设置如图4－20所示。

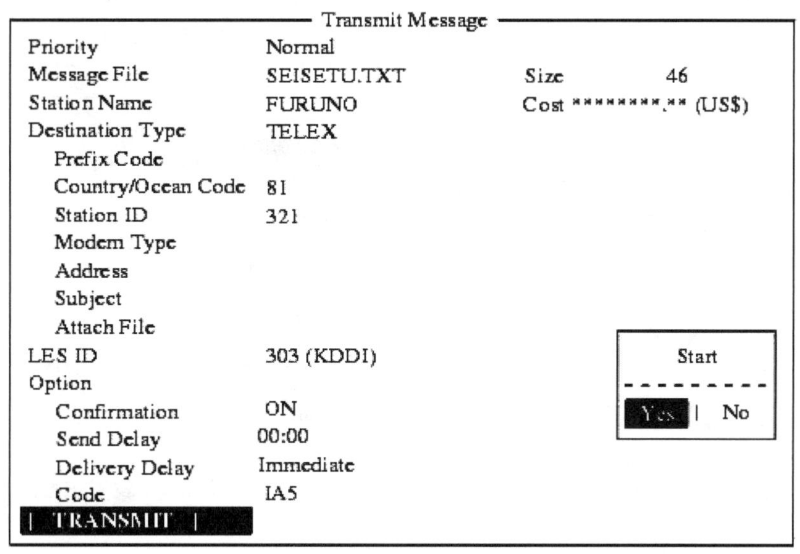

图4－20 发射界面设置举例

注意:“LES ID”项的设置最好和接收遇险报警的LES ID一致;“Country/Ocean Code”项和“Station ID”项不需要设置。

(4)光标移到 TRANSMIT 项,按[ENTER]键,向 LES 发射遇险优先等级电文。遇险电文发射期间,屏幕出现红色文字提示“Distress Message Call Activated”(遇险电文呼叫启动)。当接收到一个从 LES 发来的遇险收妥信息时,出现提示信息“Distress Message Call Acknowledged”(遇险报文呼叫收妥),并且提示信息闪动。

4. 遇险试验

可以按下列方法试验:在收发电子单元或者遇险报警/接收呼叫单元(IC-305)上按遇险报警按钮,而不发射信号。

(1)按[F7]键,打开任选菜单(Options)。

(2)按数字键[7](作为 EGC 接收机时按数字键[6]),选择 TEST 菜单。

(3)按数字键[4],选择“Distress Alert Button Test”项。

(4)按[YES]键,再按[ENTER]键开始试验。蜂鸣器重复响表明试验开始。此外,出现红色信息“Distress buttons are under test. Cancel the test mode if a real distress alert needs to sent”(遇险测试进行中,如果要发射一个真实的遇险报警,就取消测试)。

(5)打开遇险按钮盖,按[DISTRESS]按钮 6 s,蜂鸣器快速蜂鸣 3 s,然后重复响。如果按钮工作正常,出现提示“Distress Button works correctly”。

(6)盖上[DISTRESS]按钮盖,按[ESC]键两次,退出测试,出现提示信息通知“INF: Distress Buttons returned to NORMAL OPERATION”可恢复正常工作。

(7)按[ESC]键三次,返回 STANDBY 状态。

五、常规通信操作

1. 发射电文

(1)按[F3]键,打开发射菜单,如图 4-21 所示。

(2)按数字键[1],打开发射信息窗口进行相关设置,如图 4-22 所示。

(3)将所需设置的选项设置好后,光标移到 TRANSMIT 项,按[ENTER]键启动发射。

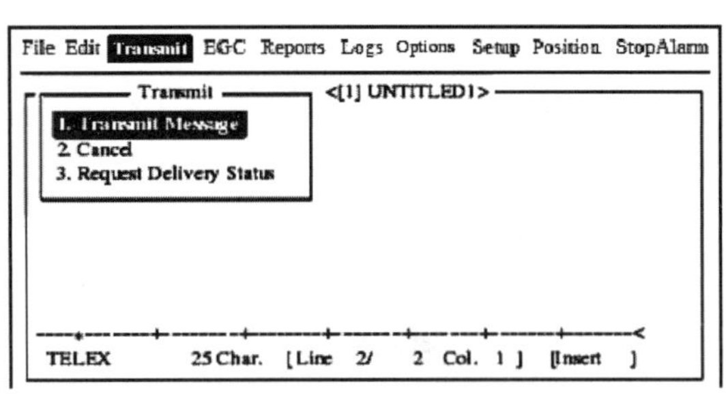

图 4-21 发射菜单

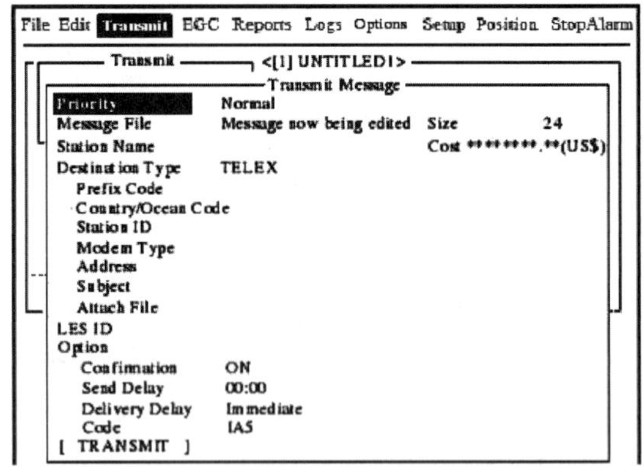

图 4-22 发射信息菜单

2. 使用两位码业务通信

INMARSAT 开发的特别业务都有专门的业务代码。此业务由岸站提供,供船站选择使用。业务代码由两位十进制数字构成,见表 4-5。

表4-5 业务代码

代码	特别业务	代码	特别业务	代码	特别业务
00	自动业务	24	电传信件业务	41	气象预告
11	国际值机员	31	海上信息查询	42	航行障碍物和警告
12	国际查询业务	32	申请医疗指导	43	船位报告
13	国内值机员	33	技术援助	51	气象预报
14	国内查询业务	34	叫人电话	52	航行警告
15	无线电报业务	35	受话人付费电话	6(x)	管理上的特殊用途
17	电话预约	36	信用卡电话	70	陆地岸站数据库
20	访问海上 PAD	37	通信时间和费用	91	自动线路检测
21	(国际)储存和转发业务	38	医疗援助	92	船站启用测试
22	(国内)储存和转发业务	39	海事援助		

使用两位码业务方法介绍如下:

(1)在电文编辑器中,准备两位码业务所需要的电文。

(2)按[F3]键、数字键[1],打开发射电文菜单设置界面。

(3)在发射电文菜单设置界面注意如下项目的设置:

Message File:设置为 Message now being edited。

Destination Type:选择 SPEC。

Station ID:输入两位业务码。

LES ID:输入提供两位码业务的 LES 识别码。

(4)光标移到 TRANSMIT 项,按[ENTER]键启动发射。

3. 查看发射信息记录

按[F6]键、数字键[1],打开发射电文记录界面,可以看到发送信息。选中某项,按[ENTER]键,可打开发送该电文的详情;按[ESC]键 3 次返回 STANDBY 显示界面。

4. 接收电文程序

当接收到 TELEX 或者电子邮件,屏幕出现提示信息“Successful Receiving Message”(成功接收到电文);如果在“Auto Mode Setup”菜单中,自动储存和打印接收信息功能开通,收到的电文能自动存储和打印(不包括保密和有密码的电文);报警功能开通,收到信息也会产生蜂鸣报警,按[F10]键可静默报警。收到的电文自动指定一个序号,并能存储到指定的终端设备上。在“LOG”菜单中,能显示最后 50 个发射和接收电文的号数、优先等级、发射和接收日期及时间、LES ID、文件的字节大小、状态等。

调出、打印、删除接收到的电文程序如下:

(1)按[F6]键、数字键[2],打开接收信息记录(Received Message Log)窗口;

(2)用上、下键选择要显示或者要打印的电文;

(3)按[ENTER]键(如果是保密文件,在弹出窗口中输入口令);

(4)要存储电文按[S]+[CTRL]键(要打印电文按[P]+[CTRL]键;要删除电文按[D]+[CTRL]键);

(5)按[ESC]键 3 次,返回 STANDBY 显示。

六、使用计算机收发电子邮件

(1)按[F3]键，打开发射菜单，如图 4-20 所示。按[↓]键选择地址 Address 项，按[Enter]键打开地址输入窗口。输入接收方的电子邮件地址，按[Enter]键关闭窗口。

(2)按[↓]键选择标题 Subject 项，按[Enter]键打开主题输入窗口，输入主题，按[Enter]键关闭窗口。

(3)如果要附加文件，按[↓]键选择 Attach File 项，按[Enter]键打开选择文件窗口。

按[↑]或[↓]键选择一个文件，然后按[Enter]键关闭窗口；要再选择一个文件，按[Enter]键选择另一个文件，按[Esc]键关闭窗口。

(4)选择 LES ID 项，按[Enter]键打开设置窗口，如图 4-23 所示。选择想要的 LES，按[Enter]键关闭窗口。

(5)按[↓]键选择 TRANSMIT，发送电子邮件。

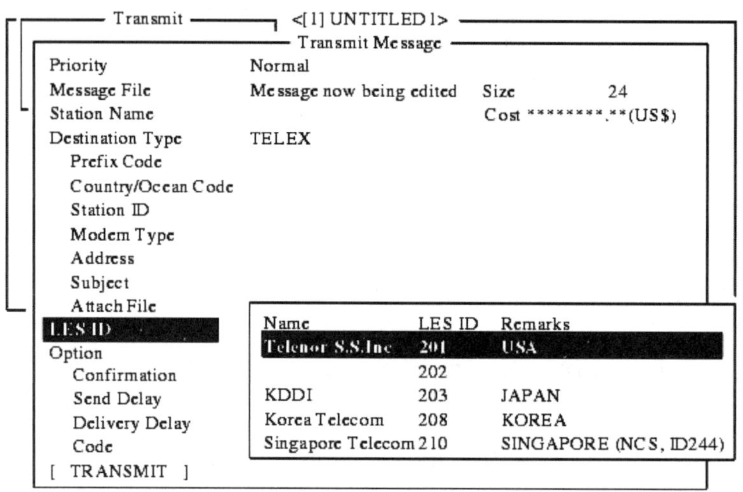

图 4-23 LES 识别码选项

七、EGC 操作

1. EGC 设置

(1)按[F8]键显示 SETUP 菜单，如图 4-24 所示。

(2)按数字键[5]显示 EGC SETUP 菜单，如图 4-25 所示。

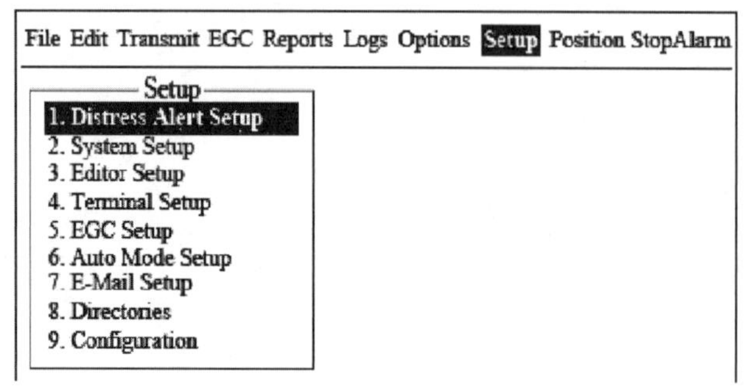

图 4-24 SETUP 菜单

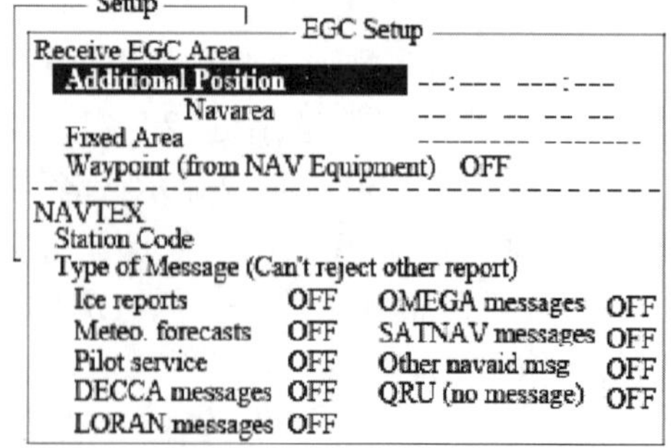

图 4-25 EGC SETUP 菜单

(3)选择 ADDITIONAL POSITON 项,按[ENTER]键打开附加位置输入窗口,输入位置(经纬度),按[ENTER]键关闭附加位置输入窗口。

(4)按[↓]键选择 NAVAREA 项,按[ENTER]键打开航海区输入窗口,输入附加海区(1~XVI,最多9个),按[ENTER]键关闭航海区输入窗口。

(5)按[↓]键选择航线 Waypoint(from NAV Equipment),按[ENTER]键打开航线选择窗口,选择 ON,接收广播,按[ENTER]键,关闭航线选择窗口。

(6)按[↓]键选择 STATION CODE(站台代号),按[ENTER]键打开站台输入窗口,输入航线警报站台代号(A~Z)(注:须是大写字母),按[ENTER]键关闭站台代号输入窗口。

(7)按[ESC]键,打开更新窗口,如图4-26所示,选 YES,按[ENTER]键确认更新 EGC 设置,按[ESC]键返回。

2. 增加 EGC 频道

EGC 频道表储存了 EGC 频道,已有4个频道预先储存进了C站里,若有新的 EGC 频道可增加进去,增加 EGC 频道方法如下。

(1)按[F8]键显示 SETUP 菜单,按数字键[9]显示 CONFIGURATION 项,再按数字键[3]显示 EGC CHANNEL LIST 项,如图4-27所示。

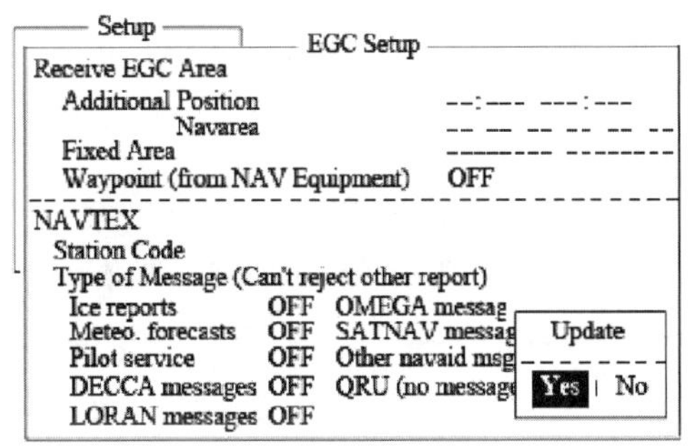

图4-26 更新窗口

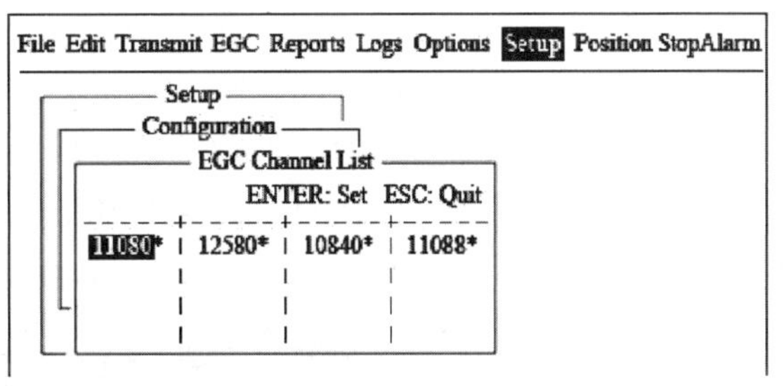

图4-27 EGC CHANNEL LIST 项窗口

(2)用方向键把光标移到空位处。按[ENTER]键,打开 EGC CHANNEL LIST 输入窗口,如图4-28所示,输入 EGC 频道频率代码(8 000~14 000),按[ENTER]键关闭窗口。

(3)按[ESC]键,出现如图4-29所示窗口,选 YES,按[ENTER]键确认更改,按[ESC]键返回。

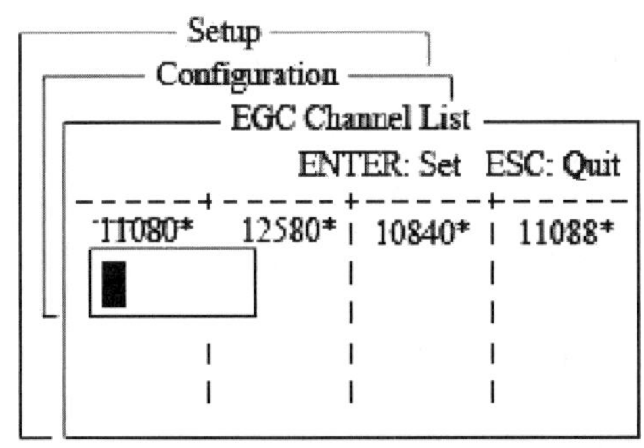

图4-28 EGC CHANNEL LIST 输入窗口

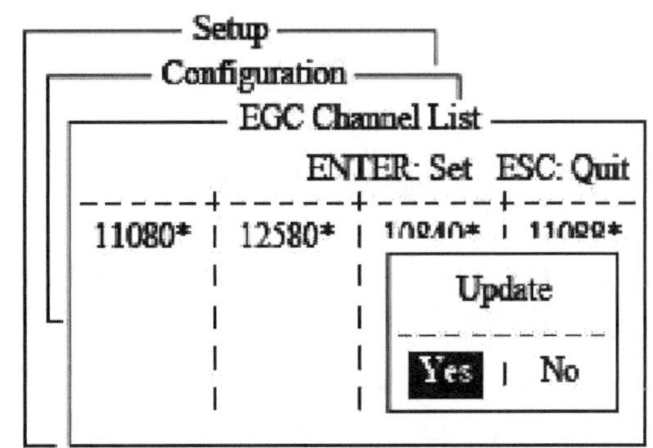

图4-29 EGC 频道更新窗口

3. 自动储存 EGC 报文

(1)按[F8]键显示 SETUP 菜单,按数字键[6]显示 AUTO MODE SETUP 菜单(自动模式设置),如图 4-30 所示。

(2)按[↓]键或[↑]键选择 AUTO EGC MESSAGE SAVE 菜单(自动 EGC 报文储存)并按[ENTER]键确认,出现图 4-31 所示窗口。按[↓]键或[↑]键选择报文类型,并按[ENTER]键确认,选择 ON 或 OFF,并按[ENTER]键关闭窗口。

(3)按[ESC]键 3 次返回。

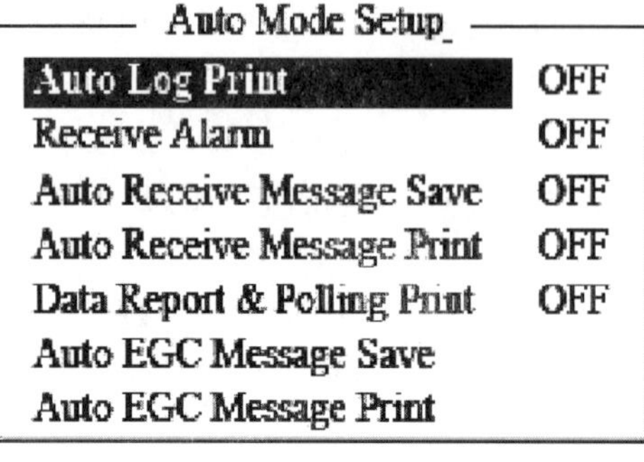

图 4-30 AUTO MODE SETUP 菜单

Setup
Configuration
EGC Channel List
ENTER: Set ESC: Quit
11080* | 12580* | 10840* | 11088*
Update
Yes | No

图 4-31 AUTO EGC MESSAGE SAVE 菜单

4. 自动打印 EGC 报文

(1)按[F8]键显示 SETUP 菜单;再按数字键[6]显示 AUTO MODE SETUP 菜单。

(2)按[↓]键选择 AUTO EGC MESSAGE Print 菜单,按[ENTER]键,如图 4-32 所示。

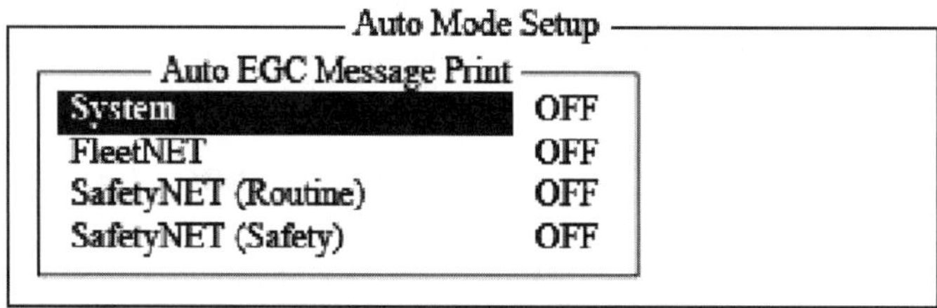

图 4-32 AUTO EGC MESSAGE Print 菜单

(3)选择 ON 或 OFF,并按[ENTER]键关闭窗口;按[ESC]键 3 次返回。

任务 3 FELCOM-15 SSAS 功能设置和操作

一、SSAS 功能的工作条件

(1)C 站安装 SSAS 功能软件后具有保安警报和选项测试功能,不安装 SSAS 软件的设备是普通 C 站。

(2)测试在键盘上操作,发送报警按钮没有测试功能。

(3)测试接收地址可在菜单中选择。

(4)退出 SSAS MANAGE MODE 关闭显示屏电源,再开机进入 C 站功能。

二、进入测试功能

(1)在 C 站工作状态下按[F8]键,按[ENT]键。

(2)选择 2 SYSTEM SETUP ,按[ENT]键。

(3)选择 COMMAND WINDOW ,按[ENT]键。

(4)在“ENTER JOB NO”:后输入 SSAS MANAGER,按[ENT]键。

(5)在“PASSWORD”:后输入 SHIP SECURITY ALERT,按[ENT]键,显示屏上方显示 SSAS MANAGE MODE。

(6)按[F5]键,选择 SSAS REPORT,按[ENT]键,显示 5 个地址,这 5 个地址可按提示输入存储,便于以后选择使用。(除每年外审外,测试报告一般情况下不要给海事部门)

(7)进入 SSAS REPORT 菜单:

STATUS(选择 TEST ON,按[ENT]键)

MODE(选择 TEST ONLY,按[ENT]键)(注意:在键盘上发送报警应选择 REAL ONLY)

STATION NAME(选择接收人名称,按[ENT]键)

DESTINATION TYPE(选择 E-MAIL 或传真,按[ENT]键)

PREFIX CODE

COUNTRY/OCEAN CODE

STATION ID　400

MODEM TYPE(上述四项不可改变,光标自动到下面内容)

ADDRESS(输入接收 E-MAIL 或传真,按[ENT]键)

SUBJECT SSAS ALERT REPORT(自动到下面内容)

LES ID(选择地面站,按[ENT]键)

PEPORT INTERVAL 01:00(HH:MM)

(8)按[ESC]键显示:UPDATE YES NO(选择 YES,按[ENT]键即发送 SSAS 测试报告)。

(9)在显示屏下方显示:CURRENT STATE: SENDING。

(10)发送完毕后显示:CURRENT STATE: IDLE。注意:发完测试后 STATUS TEST ON 应改为报警状态;如不改,始终在测试状态,则不符合安保规则。按[ESC]键 4 次,回到首屏状态。

三、发送报警

(1)需要发送报警信号时,按下设备附近的报警按钮或船东房间的报警按钮,30 s 后开始发送报警信号。

(2)若停止发送报警信号可再按一下报警按钮,使按钮弹起。在显示屏上显示:SSAS UNIT ACTIATION HAS BEEN CANCELED。

四、防止误报警

(1)当不小心按下报警按钮或误操作时,应立即多次按下报警按钮,OFF - ON - OFF - ON - OFF 能看到显示屏上显示 SSAS UNIT ACTIATION HAS BEEN CANCELED 字样,说明误发送已被停止。随后应立即通知公司和相关海事部门说明船舶情况正常,发送警报信号是误操作。

(2)当上述操作在显示屏上仍看不到 SSAS UNIT ACTIATION HAS BEEN CANCELED 字样,应关闭 FLECOM - 15 的直流和交流电源。

五、测试报警按钮

在进入到报警测试界面(SSAS MANAGER MODE)后进行以下操作:

(1)按下[F7]键进入选择菜单,再按数字键[7]进入测试菜单,再按数字键[4]。

(2)显示 START 后选择[YES]按[ENT]键。

(3)显示红色字体 DISTRESS/SSAS BYTTONS ARE UNDER TEST. CANCEL THE TEST MODE IF A REAL DISTRESS/SSAS NEEDS TO SENT。

(4)打开报警按钮盖子,按下按钮,显示 SSAS UNIT WORKS CORRECTLY。

注意,按钮在被按下 30 s 后,会向指定的测试接收人发出报警。做报警按钮测试必须在 30 s 之前将按钮复位。

(5)在做按钮测试时(也就是说在 30 s 内)连续按两次[ESC]键,可中止该项测试。连续按 3 次[ESC]键退回 STANDBY。

任务4　C 站故障检测与维修

一、C 站天线故障

1. 故障现象

C 站在常值守过程中,洋区卫星信号完全消失,不能同步,不能入网。

2. 分析判断

C 站在正常值守过程中,有时洋区卫星信号会突然消失,船站 SCAN 功能启动,过一段时间又自动恢复,这是由于卫星信号受外界干扰导致中断,属正常现象;但如果船站一直没有卫星信号,则属于设备故障,该故障最常见的原因是天线单元故障。

3. 处理方法

C 站天线是全方向性有源天线,可用指针式万用表测量天线电阻,如果天线阻抗与正常值相差悬殊,说明该天线或者天线电缆已损坏。要区分是否是电缆损坏,可卸下电缆与天线的接头,然后用短路法进行测量。同时还可以观察一下电缆头及屏蔽层有无发黑,正常是黄铜色,发黑是进水氧化所致。由于船上一般没有备用天线及电缆,判断出故障所在后必须尽快报告公司通导部门。

二、C 站没有 GPS 船位信号

1. 故障现象

C 站收发单元每隔一段时间故障警报器响,显示屏显示无 GPS 船位信号。

2. 分析判断

C 站没有 GPS 船位信号的原因及判断方法与组合电台基本相同,一般是由于信号线接口或转换部分接触不良引起的。

3. 处理方法

与组合电台相同。

三、C 站“死机”

1. 故障现象

C 站在常开或操作使用过程中死机，所有功能键无法操作。

2. 分析判断

C 站死机大多数情况下是由于终端单元 CPU 运行程序冲突或内存不足引起的。

3. 处理方法

关机释放内存后重启，或将终端单元系统重装。另外，由于大部分型号的 C 站都由软盘存储文件，也需要定期删除软盘内多余的文件，可重新格式化软盘或调出报文目录菜单“DIRECTORY”，然后删除多余的报文。

四、C 站打印机故障

1. 故障现象

C 站在打印过程中出现打印警报响，打印机故障灯亮，打印机停止打印。

2. 分析判断

打印警报响有时与组合电台打印机故障相同，处理方法也相同；但有时打印纸完好，信号线及其他各方面都看似完好，打印机还是不能打印，同时打印机故障灯亮，这种情况一般是由于 C 站输出的打印信号乱码，打印机无法识别造成的。

3. 处理方法

C 站与打印机同时关机再重启。

五、C 站收发单元运行故障

1. 故障现象

C 站在常开使用过程中，终端单元左上角显示“没有连接到收发单元”；终端不能进行正常通信。

2. 分析判断

在这种情况下 C 站不能进行正常值守，原因之一是收发单元与显示单元的数据插头接触不好，原因之二是收发单元输出信号不正常。

3. 处理方法

检查数据线接头是否松动，收发单元及显示单元关机重启。如果故障依然存在，应报公司通导主管部门申请修理。

六、如何查看本机识别码和船站工作状态

C 站本机识别码一般在船站状态（STATUS）菜单中，不同类型的 C 站，船站状态菜单位置不同，最普遍的欧洲机型（如 TT－3020），船站状态菜单在主菜单“OPTIONS”下，日本 JRC 生产的 C 站，船站状态菜单按[ALT]＋[G]键调出。

船站状态菜单中除了本机号码外，还可看到船站工作状态，如发射和接收工作电流等数据。以 TT－3020、SAILOR－2095、SPERRY C 为例，在 STATUS 界面，将光标移动到 ACTIVE 后回车，正常发射电流 2 500～3 000 MA，接收电流 100～120 MA。

七、如何制作本机工作软盘

C 站收发报文记录大多使用软盘存储，船站安装时一般配备多张存储用的工作盘，当这些工作盘用完或损坏，就必须使用供应商在市面购买的 1.44 MB 高密度磁盘作为存储工作盘，由于这些软盘规格与原装盘不同，不能直接使用，必须要先进行格式化后才能使用，不同的机型，格式化磁盘的方法不同。首先把磁盘角上的小口用几层透明胶封住，然后把盘插入软驱，将 C 站退回 DOS 状态，在 C:\目录下键入“format A:(或 format A:/s)”并回车，待格式化完成后，该磁盘即可作为存储工作盘使用。

八、船站天线被雷达天线大桅遮挡

1. 故障现象

船舶航行中船站卫星信号时强时弱，不能正常通信。

2. 分析判断

上述现象有时是设备出现故障，但除了设备故障外，还有如下一种原因：由于船站天线安装位置较低，当船舶航行（或停泊）到某一航向时，洋区卫星有可能被雷达天线大桅遮挡，导致天线船站接收信号很弱或根本接收不到卫星信号。

3. 处理方法

根据洋区卫星位置，计算雷达天线架是否遮挡住船舶天线，如确定船站天线被挡，当船站需要工作时，可适当改变航向。

【项目考核】

项目考核单见表 4－6。

表 4－6　项目考核单

序号	考核点	分值	建议考核方式	考核标准	得分
1	INMARSAT－C 系统图、接线图识读	15	教师评价(50%)＋互评(50%)	能正确识读系统图、接线图，识读错误一处扣 1 分	
2	INMARSAT－C 设备的接线	15	教师评价(50%)＋互评(50%)	能正确进行设备接线，接错一处扣 2 分	
3	INMARSAT－C 设备操作（见项目技能训练四）	15	教师评价(50%)＋互评(50%)	能正确进行设备操作，操作错误一次扣 3 分	
4	项目报告	10	教师评价(100%)	格式标准，内容完整，详细记录项目实施过程并进行归纳总结，一处不合格扣 2 分	
5	职业素养	5	教师评价(30%)＋自评(20%)＋互评(50%)	工作积极主动、遵守工作纪律、遵守安全操作规程、爱惜设备与器材	
6	知识巩固测试（见项目知识训练四）	40	教师评价(100%)	对相关知识点掌握牢固，错一题扣 1 分	
完成日期		年　　月　　日		总分	

项目知识训练四

1. INMARSAT - C 系统可以提供________业务。

A. 电传　　B. 电话　　C. 图像传输　　D. A,B 和 C

2. INMARSAT - C 系统不能提供________业务。

A. 电话　　B. 电传　　C. 电子邮件　　D. 数据

3. 在 INMARSAT 系统中,协调和控制本洋区通信网的机构是________。

A. NCS　　B. LES　　C. SCC　　D. NCC

4. 在 INMARSAT 系统中,新加坡地面站兼作________卫星覆盖区的 NCS。

A. INMARSAT - B 系统的 POR　　B. INMARSAT - C 系统的 POR

C. INMARSAT - B 系统的 IOR　　D. INMARSAT - C 系统的 IOR

5. 在 INMARSAT - C 系统中,AOR - W 洋区网络协调站的识别码为________。

A. 244　　B. 044　　C. 144　　D. 344

6. 太平洋区的 INMARSAT - C 系统北京地面站识别码为________。

A. 01　　B. 211　　C. 11　　D. 311

7. 在 INMARSAT - C 标准系统中,太平洋网络协调站的识别码为________。

A. 208　　B. 244　　C. 210　　D. 344

8. 印度洋区的 INMARSAT - C 系统北京地面站识别码为________。

A. 01　　B. 211　　C. 11　　D. 311

9. 关于 INMARSAT - C 站的识别码描述正确的是________。

A. 9 位数,第一位是 4,表示 C 标准业务

B. 7 位数,第一位是 1,表示 C 标准业务

C. 9 位数,前三位是 MID

D. 7 位数,前三位表示国家和地区

10. 指出下述识别码中________是分配给中国籍“胜利”船的 INMARSAT - C 站的识别码。

A. 494601513　　B. 041213560　　C. 441258112　　D. 412011360

11. INMARSAT - C 站的识别码的首位数是________。

A. 1　　B. 3　　C. 4　　D. 6

12. EGC 业务主要包括________。

A. 电传业务和电子邮箱业务　　B. 电传电文业务和安全通信网业务

C. 安全通信网业务和船队通信网业务　　D. 安全通信网业务和电子邮箱业务

13. 下列业务中哪些是 EGC 系统开放的业务? ________。

A. 遇险安全　　B. 电话

C. 电传　　D. SafetyNET 和 FIeetNET

14. EGC 信息是由________以广播的形式播发出去。

A. NCS　　B. LES　　C. MES　　D. NCC

15. EGC 系统是________。

A. 以 INMARSAT - B 站为基础的报文广播业务

B. 以 INMARSAT - C 站为基础的报文广播业务

C. 以 INMARSAT - F 站为基础的报文广播业务

D. 以 INMARSAT - M 站为基础的报文广播业务

16. 下述 INMARSAT - C 标准系统提供的业务中,________属于强制性业务。

A. 查询业务　　B. 船位报告业务

C. MSI 业务　　D. EGC 船队网业务

17. INMARSAT – C 站遇险报警电文中不包括________。

A. 遇险时间　　B. 遇险船位　　C. 遇险性质　　D. 遇险人员

18. 关于 INMARSAT – C 系统通信与业务，以下正确的叙述是________。

A. INMARSAT – C 站只能使用北京地面站发送电子邮件

B. INMARSAT – C 站可以使用任意一个地面站发送电子邮件

C. INMARSAT – C 站只能使用开通电子邮件业务的地面站发送电子邮件

D. INMARSAT – C 站可以使用未开通电子邮件业务的地面站发送电子邮件

19. 气象警告业务属于________。

A. SCADA　　B. AUSREP　　C. SafetyNET　　D. F1eetNET

20. SCADA 业务是________。

A. 监控和数据采集业务　　B. 澳大利亚船位报告业务

C. 区域性船舶搜救业务　　D. 电子邮件业务

21. 关于 EGC 报文，以下错误的叙述是________。

A. EGC 电文编号都是唯一的

B. 相同 EGC 电文不会被重复打印

C. 相同的 EGC 电文会被重复打印

D. 存储器满时接收到新的电文编码会自动删除旧的电文编码

22. SCADA 业务属于________。

A. INMARSAT – B 系统业务　　C. VHF DSC 系统业务

B. INMARSAT – C 系统业务　　D. COSPAS/SARSAT 系统业务

23. 用于守听 NCS 发出的公共信息的信道是________。

A. NCS COMMON TDM　　B. MES SIGNALLING CHANNEL

C. MES MESSAGE CHANNEL　　D. ISL CHANNEL

24. INMARSAT – C 站 DTE 单元的主要作用是________。

A. 信息处理　　B. 收发信号　　C. 频率变换　　D. 输入输出数据

25. INMARSAT – C 移动站关机前脱网的目的是________。

A. 节省电能　　B. 防止误报警

C. 避免 LES 多次试发电文　　D. 节省打印纸

26. INMARSAT – C 站是通过________进行遇险通信的。

A. 电话　　B. 电传　　C. 传真　　D. 电子邮件

27. 使用 INMARSAT – C 站取消误报警时，以下________不是必须包含在取消误报警电文中的。

A. 船名、呼号　　B. INMARSAT – C 站识别码

C. 误报警时间　　D. 发送误报警人员

28. 船位报告业务的两位业务码为________。

A. 37　　B. 38　　C. 43　　D. 40

29. 通过北京地面站使用 INMARSAT – C 站向中国搜救中心发送传真，以下________是发送时输入的正确的电传号码。

A. 00861065292245　　B. 861065292245

C. 00851065292245　　D. 851065292245

30. 通过北京地面站使用 INMARSAT – C 站发送电子邮件，以下________是电文开头添加电子邮件地址的格式。

A. TO MASTER@ COSCO. COM　　B. TO：MASTER/COSCO. COM

C. TO：MASTER@ COSCO. COM　　D. TO：MASTER/COSCO

31. EGC 信息是由________以广播的形式通过海事卫星向用户播发。

A. NCS　　B. LES　　C. MES　　D. NCC

32. 以下哪个系统具有自动船位报告业务________。

A. INMARSAT－F 系统　　B. INMARSAT－C 系统

C. VHF DSC 系统　　D. COSPAS/SARSAT 系统

33. INMARSAT－C 站准备通信前,必须向所在洋区的________登记。

A. 任一地面站　　B. 网络协调站

C. 网络协调站指定的地面站　　D. 操作员选择的地面站

34. INMARSAT－C 系统中,只有在________情况下,岸站可与所选择船站通信。

A. 该船站已完成了性能试验　　B. 该船站已向 NCS 注册登记

C. 该船站目前处于空闲状态　　D. A,B,C 均要满足

35. INMARSAT－C 船站性能测试包括________。

A. 接收报文试验　　B. 发射报文试验　　C. 遇险报警试验　　D. A,B,C 都是

36. 如果在关闭 INMARSAT－C SES 之前未做 LOG－OUT,可能引起________。

A. 延误电报接收　　B. 延误 MSI 接收　　C. 岸站无效呼叫　　D. 设备故障

37. INMARSAT－C 系统船站终端设备发出遇险报警后,________内还没有接收到 LES 和 RCC 发送的遇险报警收妥确认,应重新发送遇险报警。

A. 1 min　　B. 3 min　　C. 5 min　　D. 10 min

38. 用 INMARSAT－C 船站发送遇险优先等级电文时,船站应________。

A. 选择 LES 不必输入 RCC 号码　　B. 选择 LES 必须输入 RCC 号码

C. 选择 NCS 不必输入 RCC 号码　　D. 选择 NCS 必须输入 RCC 号码

39. 用 C 船站将一份电传发给陆上用户,目的地号码应是________。

A. 电传国家码＋用户电传号码

B. 电传国家码＋城市码＋用户电传号码

C. 电传洋区码＋用户电传号码

D. 电传洋区码＋城市码＋用户电传号码

40. INMARSAT－C 的 EGC 业务提供________。

A. 海上安全信息业务

B. 船队业务

C. 海上安全信息和系统信息

D. 海上安全信息、船队业务信息和 INMARSAT 系统信息

41. C 移动站与 NCS 之间信令信道功能不包括________。

A. LOG IN 申请　　B. LOG OUT 申请　　C. 发射遇险报警　　D. 申请分配信道指令

42. C 移动站的电子单元一般由直流供电,其电源电压工作范围为________。

A. 20～30 V DC　　B. 9～33 V DC　　C. 10～30 V DC　　D. 24 V DC

43. C 移动站的 DCE 的主要作用不包括________。

A. 信号处理　　B. 收、发卫星信号　　C. 频率变换　　D. 输入、输出数据

44. 某单位传真号码是 0532－85752555,某船想通过 C 站给其发传真时应输入________。

A. 008653285752555#　　B. 08685752555#

C. 8653285752555#　　D. 86053285752555#

45. INMARSAT－C 移动站能提供以下业务________。

①电传通信业务

②电话通信业务

③中、高速数据通信业务

④EGC 业务
⑤遇险报警和遇险通信业务
⑥使用两位数字业务代码发送船位报告业务
A. ①④⑤⑥　　B. ①②③④　　C. ①③④⑤　　D. ①③⑤⑥

46. 船舶遇险时使用 C 移动站，通常有________方式发射遇险报警信息。
①直接按下电子单元面板上的遇险按钮
②选择遇险报文菜单，输入有关数据
③选择发射菜单，发射遇险优先等级的电报
④拿起话筒，向 RCC 报告遇险信息
⑤用卫星示位标发射遇险报警信息
A. ①②③　　B. ②③　　C. ④⑤　　D. ②③⑤

47. C 移动站设备主要包括________。
①抛物面天线
②甲板上安装设备(ADE)
③甲板下安装设备(BDE)
④双工耦合器
⑤天线伺服机构
A. ②③　　B. ①③　　C. ③④　　D. ①④⑤

48. INMARSAT－C 系统在四个洋区都有网络协调站，它们是________。
①贡希利(Goonhilly)
②圣淘沙(Sentosa)
③德魔比亚(Thermopylae)
④北京
⑤中国香港
A. ②③④　　B. ①③⑤　　C. ①②③④　　D. ①②③

项目技能训练四

1. 解释 MES 主菜单“OPTIONS”子菜单各项实现的功能。
2. 手动修改船位后，选择扫描入网，入网完成后报告入网的洋区。
3. “远河”船(呼号:YHCN)的 EPIRB 设备在新加坡开航前进行设备测试时误发了报警信息。利用 C 站编辑误报警取消电文，调取地址簿已存储的新加坡 RCC 电传号码发送该误报警的取消信息。
4. 船舶发生进水的险情，利用 C 站向 RCC 发送遇险报警，在报警信息发送后，确定险情可控，不需要外界援助，用 C 站完成后续的遇险信息解除的通信。
5. “育强”船(呼号 BOXZ)在马来西亚的马六甲海峡附近搁浅，编辑遇险电文通过新加坡 LES 发送到 RCC，报告本船所处的位置、当前的时间等较为详尽的情况，希望得到拖船救助。

项目五　INMARSAT－F 系统的安装与操作

【项目描述】

INMARSAT－F 系统是 INMARSAT 技术最先进的一个系统，它与 INMARSAT 第三代卫星的技术标准相兼容，并且是目前唯一能与第四代卫星点波束兼容工作的系统。其中 INMARSAT－F77 移动站可以提供电话、传真、遇险报警通信、互联网接入、收发电子邮件等全方位的服务，是目前唯一可以满足 IMO 关于 GMDSS 最新标准的卫星通信移动站，有着巨大的潜在市场和广阔的应用前景。

【项目目标】

1. 识读 INMARSAT－F 的系统图和接线图。
2. 能正确安装 INMARSAT－F 系统设备，并正确接线。
3. 会操作 FURUNO 公司生产的 F 站 FELCOM－500 手持电话。
4. 会操作 FELCOM－500 的遇险报警及常规通信、上网等业务。

【知识链接】

知识链接 1　INMARSAT－F 系统认识

一、系统概述

为了满足在高速数据通信下既经济又安全的海事通信业务的要求，INMARSAT 开发了一系列独特的新服务。INMARSAT－F 标准是国际移动卫星组织继 A、C、B、M、Mini－M 标准后制定推出的技术上最新、最先进的标准。

1. INMARSAT－F 系统功能

INMARSAT－F 系统设备通信接口丰富，符合国际规范。系统可进行遇险报警、普通语音通信、高质量语音通信、传真（G4）、高速数据传输、提供 ISDN 与 MPDS 业务，实现通信网络互联互通。

2. INMARSAT－F 系统移动站分类

INMARSAT－F 系列移动站包括 F77、F55、F33 等类型，如图 5－1 所示，其后面的数字代表天线直径尺寸，比如 77 是天线直径约为 77 cm。

(a)

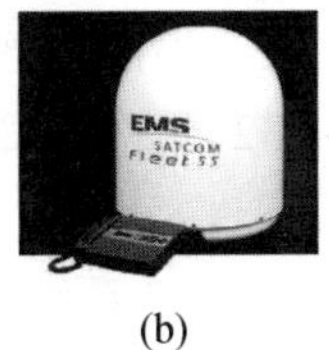

(b)

(c)

图 5－1　INMARSAT－F 系列终端

(a)F33 终端；(b)F55 终端；(c)F77 终端

F55 和 F33 适用中小船舶的通信系统，与 F77 相比价格便宜，但不具备遇险通信功能。F 系列三种产品的性能比较见表 5-1 所示。

表 5-1 F 系列终端性能比较

类型	覆盖范围	话音	数据传输（线路接入）	数据传输（打包方式）	传真	GMDSS（遇险安全）	天线尺寸	应用范围
F77	全球覆盖	全球范围的数字话音（4.8 kb/s）	64 kB ISDN（欧洲标准）	标准的 MPDS	2.4 kB（可选业务）9.6 kB（可选业务）64 kB G4 传真	符合 IMOA888（21）决议要求的话音业务	直径约为 75~90 cm	大型商船、远洋船舶、海军
F55	全球波束话音，点波束数据和传真业务	全球范围的数字话音（4.8 kb/s）	64 kB ISDN（欧洲标准）	标准的 MPDS	9.6 kB（可选业务）64 kB G4 传真	无遇险安全呼叫功能	直径约为 50~60 cm	大中型游船；中型商船、巡逻船
F33	全球波束话音，点波束数据和传真业务	全球范围的数字话音（4.8 kb/s）	2003 年上半年推出 9.6 kB 数据变量选择业务	2003 年上半年推出 MPDS 数据变量选择业务	9.6 kB 传真	无遇险安全呼叫功能	直径约为 30~40 cm	游艇、渔船、中小型商船、数据采集单元

2007 年，INMARSAT 进一步完善了其海上产品组合，推出 Fleet Broad Band（FBB）。它在每个共享频道上以最高 432 kb/s 的速率同时提供语音和宽带数据服务，此外按照需求选择确保高达 256 kb/s 的数据传输速率。

3. INMARSAT-F 系统特点

（1）INMARSAT-F 系统确保兼容 INMARSAT 第 4 代卫星以及新型呼叫优先级划分计划，改善遇险呼叫处理功能。

（2）卫星可全球波束工作和点波束工作。

（3）LES 和 MES 有不同的全向有效辐射功率（EIRP）控制，采用的是“根据信号质量控制发射功率”的先进方式。

（4）通信接口丰富且符合国际规范。移动站主通信单元提供 2 线模拟话机接口（RJ-11），ISDN S/T 总线接口（RJ-45）、RS-232、RS-422 及 USB 接口，这些标准接口为用户接入外设终端提供了方便。

（5）通信网互联互通。通过 INMARSAT-F 系统将卫星网与地面通信网连通，直接进入遍及各地的 PSTN、ISDN 网、国际互联网或局域网，使 PSTN、ISDN 网业务拓展到全球。通过 MPDS 业务接入互联网可实现真正意义上的全球包交换数据业务。

（6）满足 IMO 遇险安全通信规范新要求（仅限 F77）。F77 是目前唯一一个满足 GMDSS

新规范要求的船站。

(7)MES 具有定位系统。MES 内安装有内置式 GPS 接收装置。

INMARSAT - F 是航海者生活中不可缺少的一部分,能够提供范围空前广泛的语音、传真和数据服务,适应所有类型和吨位的船只需要,从小型游艇到最大型的远洋船只,使航海人员在船上进行通信时,也能如同在岸上通信那样有效。在提供安全服务方面,其卫星服务构成了 GMDSS 的核心,这一系统能立即将船员与最近的 RCC 连接起来。

4. 系统组成

与 INMARSAT 其他系统一样,INMARSAT - F 系统由 INMARSAT 静止卫星、NCS、LES 和 MES 组成。INMARSAT - F 系统 4 颗 INMARSAT 静止卫星覆盖范围四个洋区,每个区域都是一个单独的网络。INMARSAT - F 系统在 INMARSAT 卫星的全球波束覆盖范围内运行,可以充分利用覆盖范围内的点波束增强功率。移动站通过卫星和地面站经 PSTN、ISDN、INTERNET 等通信网络协议与陆地用户的计算机、局域网、传真、电话进行信息的传递。

INMARSAT - F 系统的网络协调站管理并协调该区域的电信流量。NCS 为 MES 分配可用的通信信道。当不再要求某个信道时,该信道便被释放,如需要,可以在以后分配给别的 MES。一般情况下,NCS 在与 INMARSAT 连接的特定 LES 中运行。INMARSAT - M、B、Mini - M、和 F77 系统使用相同的 NCS。INMARSAT - F 系统中四个洋区的 NCS 见表 5 - 2。

表 5 - 2 INMARSAT - F 系统中四个洋区的 NCS

卫星覆盖区	NCS 名称	所在国家	NCS 识别码
AOR - E	贡西利(Goonhilly)	英国	144
AOR - W	贡西利(Goonhilly)	英国	044
POR	山口(Yamaguchi)	日本	244
IOR	山口(Yamaguchi)	日本	344

另外,挪威的 Eik 为 AOR - E 和 AOR - W 洋区备用 NCS,新加坡的 Sentosa 为 POR 和 IOR 洋区备用 NCS。

二、INMARSAT - F 系统信道

1. INMARSAT - F 系统信道结构

INMARSAT - F 系统信道分为 TDM 信道、信令信道、TDMA 信道、数据信道和话音信道五种类型,如图 5 - 2 所示。

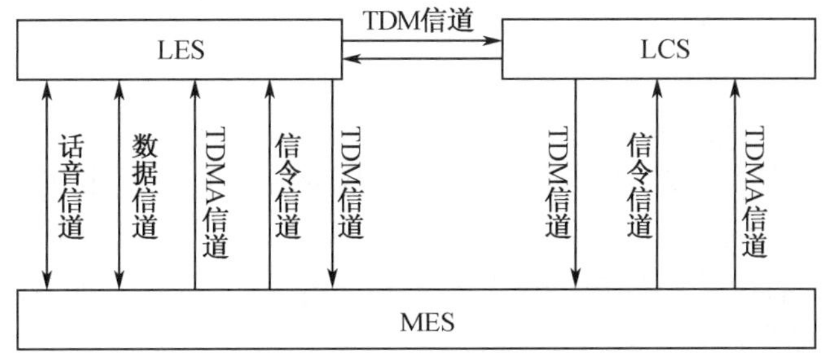

图 5 - 2 INMARSAT - F 系统信道示意图

(1)TDM 信道(Time Division Multiplex Channel)

TDM 信道分 NCS TDM 信道路和 LES TDM 信道。MES 空闲时自动守听连续发射的 NCS TDM 信道。INMARSAT－F 系统中每个 NCS 有四个公共 NCS TDM 信道(两个在使用,两个暂未使用)。当移动站与 LES 建立通信链路后,则守听 LES 的 TDM 信道。

(2)信令信道(Signaling Channel)

信令信道专供 MES 向 NCS/LES 发送信令信息,用于申请、呼叫确认及洋区注册等目的。信令信道采用突发式发射形式,不会中断公共 NCS TDM 载波的接收。一般 MES 开机后会自动进行洋区注册,收到洋区注册确认信息后注册完成,否则自动重新注册。转换洋区会自动重新注册。移动站断电,洋区注册解除。

(3)TDMA 信道(Time Division Multiple Access Channel)

TDMA 信道把 MES 的工作时间分成周期性的互不重叠的时隙分给各地面站使用。任何时刻 MES 都只有一个载波工作,因此从根本上消除了通信的互相干扰。TDMA 信道分 MES 至 NCS 和 MES 至 LES 两个方向。

(4)数据信道(Data Channel)

数据信道分 MES 数据信道和 LES/CES 数据信道两个方向,每一个方向的数据信道又分低速数据信道和高速数据信道,用于实现传真、低速数据和高速数据的传输。

(5)话音信道(Voice Channel)

话音信道也分 MES 话音信道和 LES/CES 话音信道两个方向,用于电话和话音波段的数据通信。

2. INMARSAT－F 系统通信控制

INMARSAT－F 系统采用增强型新一代信令系统,不但使系统的兼容性更好,便于系统演进,而且便于采用更先进的控制技术和方法。

(1)单路单载波信道模式控制

单路单载波(SCPC—Single Channel Per Carrier)是指每个载波只携带一路基带信号,每个地球站只有在需要通信时才被分配给载波,即按需分配给载波信道,通信结束后信道随即被收回。INMARSAT－F 系统中的数据信道和话音信道都属于 SCPC 信道。

(2)点波束控制

不同的波束有不同的频率,由 LES 或 NCS 进行分配。但信令信道均使用全球波束,信息信道是分配全球波束还是点波束,取决于 MES 的地理位置和信号强度,由 MES 申请时提供的信息决定。

当 MES 处于点波束和全球波束覆盖重叠区域,优先考虑申请分配点波束信道,超出点波束覆盖区域,则申请分配全球波束信道,在重叠区内,如果点波束信号强度不满足要求,则 MES 将申请分配全球波束信道。

(3)功率控制

INMARSAT－F 系统船/岸设备设有功率控制电路,可在不同的情况下以不同的全向有效辐射功率(EIRP)发射,以达到有效利用功率,减少电波干扰的目的。

INMARSAT－F 系统通信时,船岸双方先在初始功率下工作,通信过程中移动站定时测量功率并报告给岸站,岸站根据报告情况发出功率调整指令,移动站自动调整功率。

(4)优先权抢占控制

优先权抢占控制是指在信道忙的情况下,系统依据通信优先级别由高到低的顺序优先分配信道使用权。

1999 年 IMO 出台新规定，要求新开发的系统应实现由 RCC 和其他搜救机构（NCS 和 LES）发起的船至岸和岸至船的遇险、紧急和安全双向话音通信。INMARSAT－F 系统按新规增加了 NCS 优先权控制功能，并对 MES、LES 的控制功能也相应做了改进，以实现船至岸和岸至船两个方向、分层优先权抢占功能。所谓分层抢占是指：不同业务种类情况下，高于常规的话音优先被看作是“常规”等级的数据；同一话音业务情况下，按遇险、紧急、安全、常规顺序排列；同一呼叫等级情况下，船发起的呼叫高于岸发起的呼叫。

三、INMARSAT－F 船站介绍

1. INMARSAT－F 船站设备组成

目前 INMARSAT－F 船站生产厂商有多家，其电路的具体形式随厂家及型号的不同也有一定差异，许多功能由微机软件来完成，但总框架设计及实现的功能是基本一样的。INMARSAT－F 船站设备由甲板上设备的天线及天线控制单元和甲板下设备组成。INMARSAT－F 船站的基本组成如图 5－3 所示。

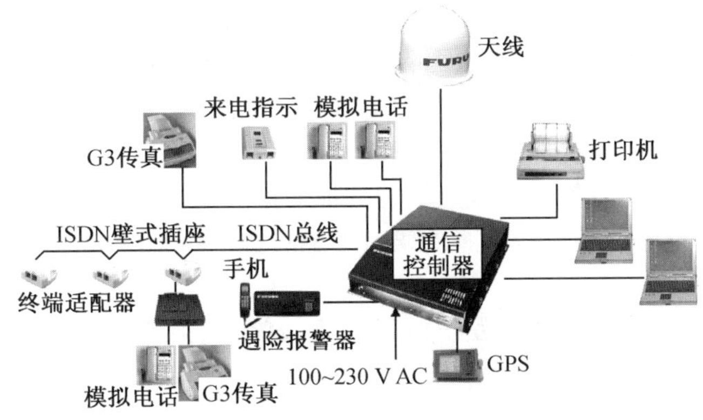

图 5－3 INMARSAT－F 船站的基本组成

INMARSAT－F 站采用的是定向天线，一般是直径 0.8 m 左右的抛物面天线或平板相控阵天线。由于船舶在航行、转向及恶劣天气等情况下要求天线应始终指向卫星，所以电路中增加了天线控制单元。

INMARSAT－F 船站的基带处理单元含有语音压缩编码，其作用是实现模拟话音信号和数字话音信号之间的转换。

INMARSAT－F 船站的外围设备一般包括 PC 机或数字终端、打印机、话机、遇险报警盒、传真机等，还可以根据用户需要选择配置蜂鸣器、信用卡电话、视频电话等外设。

2. INMARSAT－F 站工作流程

甲板上天线单元有效收发信号，天线控制单元使天线工作稳定可靠，始终跟踪通信的卫星；甲板下设备由电子单元和终端控制单元组成移动站的室内通信单元，在进行电话和数据传输的过程中，外接的各种终端操作设备如计算机、传真机、数码影像设备、打印机等及专用终端操作设备（手柄式电话机和一个遇险报警控制器），可以把信息传到 INMARSAT－F站的通信单元，进行数字处理（含信号的数字调制与解调、放大等），处理后的信号经天线发射到 INMARSAT 静止卫星上，信号经卫星处理后转发到地面站。地面站把

接收到的信息传到陆地用户，实现 F 站与用户之间的通信；反之，陆地用户的信息也可以通过地面站发射到卫星，然后由卫星转发到 F 站，实现 F 站与陆地用户之间的双向通信，如图 5－4 所示。

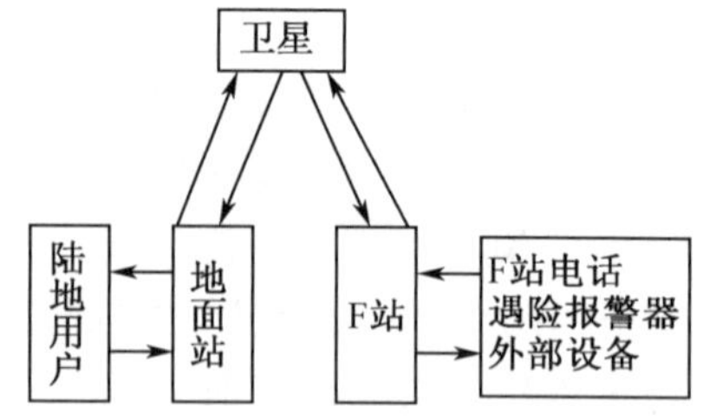

图 5－4　F 站与陆地用户之间的双向通信示意图

F77 专用终端操作设备主要有手柄式电话机和一个遇险报警控制器。遇险报警控制器主要用于应急情况时，将设备内事先设置好的信息如船名、呼号等信息以一键的方式快速操作进行发射，提高信息发射的成功率和报警的速度。

知识链接 2　INMARSAT－F 系统通信业务

一、遇险通信业务

1. 选择缺省地面站

在使用 INMARSAT－F 移动站前，必须完成在每个洋区选择一个用于遇险呼叫的缺省地面站，使得在发出遇险呼叫时，无须再具体指明某一地面站而会自动经由事先确定的该缺省地面站连至相关的 RCC。选择缺省地面站时应考虑：

➢所选择地面站是否具有遇险处理能力。

➢尽可能选择距船舶所处地理位置较近的地面站。

➢若有必要，选择能用母语或熟悉的语言为船员提供帮助的地面站。

2. 电话遇险呼叫

当船舶遇险时，可使用移动站发出电话遇险报警，电话遇险呼叫将自动经由一个预先设置好的地面站发至相应岸基救助协调中心（RCC）。发出遇险告警的程序如下：

（1）摘机并听有无拨音号；

（2）掀开遇险钮上面的护罩，按下遇险按钮并持续至少 6 s；

（3）按下#键发出遇险呼叫；

（4）当 RCC 值班员应答时，应清晰地给出下列信息：

MAYDAY　MAYDAY　MAYDAY；

THIS IS（船名/呼号）CALLING ON INMARSAT；

TIME：（时间）；

POSITION：（经纬度或相关陆地点的名称）；

MY INMARSAT MOBILE NUMBER IS（本船移动站电话信道的识别码）。USING THE（洋区）SATELLITE；

MY COURSE AND SPEED ARE（航向及航速）；

遇险性质，如失火/爆炸、进水、碰撞、搁浅、倾斜、下沉、失控或漂浮、弃船、海盗袭击；

需要援助的种类；

有助于救援单位的其他信息。

（5）按 RCC 值班员的指示，以及当需要时挂机等候以后的呼叫；

（6）放下电话后，保持移动站开启，并保持与遇险呼叫时所选择的洋区一致，RCC 必要时可以回叫你。

3. 取消报警

若不小心误发遇险报警或遇险状况已解除,应立即与地面站或 RCC 联系,通知他们取消报警。

例:若误发报警给中国 RCC,则应立即使用 F 移动站,以普通等级给 RCC 打电话,通知他们取消遇险报警。中国 RCC 电话号码为 010 – 65292221,可从英版《无线电信号书》中查到。

二、常规电话业务

1. INMARSAT – F77 MES 识别码

INMARSAT – F77 MES 和其他 INMARSAT 子系统的 MES 一样,都分配有一个终端识别码(IMN),它为用户号码,用于呼叫移动站(MES)。它执行和 PSTN 或 ISDN 号完全相同的功能。识别码的确切格式随 INMARSAT 服务的不同而不同,因此可以用于确认与该号码相关的服务类型。

INMARSAT – F77 MES 识别码(IMN)格式:$T_1T_2X_1X_2X_3X_4X_5X_6X_7$

其中,T_1T_2代表不同的业务类型:电话、传真、电传或数据。其含义如 5 – 3 表所示。

表 5 – 3 INMARSAT – F77 MES 识别码中 T_1T_2所代表数字的含义

T_1	T_2	业务
3		INMARSAT – B 的电话/传真/低速数据
6		INMARSAT – M 的电话/传真/低速数据
7	6	INMARSAT – Mini – M/M4/F 的电话/传真/低速数据
6	0	INMARSAT – Mini – M/M4/F 的高速数据

$X_1X_2X_3X_4X_5X_6X_7$为十进制数字。

该识别码由 INMARSAT 统一分配,并分批分配给航线组织(RO)/服务激活点(PSA),以便分配给他们的海事用户,用于鉴别移动终端身份。

2. INMARSAT – F77 移动站电话业务

(1)公网固定用户或 F 终端到终端

格式:00 – 87S – $X_1X_2X_3X_4X_5X_6X_7X_8X_9$ – #

其中,87S 表示分配给 INMARSAT 系统的洋区电话码,S 代表卫星覆盖范围,如表 5 – 4 所示,$X_1X_2X_3X_4X_5X_6X_7X_8X_9$为 INMARSAT – F77 MES 识别码。

表 5 – 4 INMARSAT 系统的洋区电话码中 S 的含义

S 取值	S = 0	S = 1	S = 2	S = 3	S = 4
说明	实现 Mobile 功能后,全球将采用的同一洋区码	INMARSAT 大西洋东区卫星覆盖范围	INMARSAT 太平洋卫星覆盖范围	INMARSAT 印度洋卫星覆盖范围	INMARSAT 大西洋西区卫星覆盖范围

(2)移动终端到公网固定用户

$00-C_1C_2C_3-X_1X_2X_3\cdots X_n-\#$

其中,$C_1C_2C_3$为电话业务的国家码(中国是086);$X_1X_2X_3\cdots X_n$代表陆地固定号码,由地区号和用户号组成。拨号时,区号用后3位,#为结束标志。

例:INMARSAT-F77移动站呼叫青岛某电话号码是0532-85752167的用户时,则呼叫码组成为00 86 532 85752167#。

(3)其他拨号方式

移动终端用户只要选择卫星地面站,拨叫缩位码33#,就能直接与卫星地面站联系得到技术支持;拨叫缩位码92#,终端可进行启用测试。

INMARSAT-F站通过INMARSAT卫星进行的电话呼叫可以通过移动卫星终端(移动到固定呼叫)或通过普通的陆地电话线(固定到移动呼叫)来发出。呼叫始发点(即卫星终端或陆地线路)决定呼叫的选路和计费方式。

三、传真业务

1. 传真业务分类

INMARSAT-F77提供三类传真通信服务。

(1)G3类传真。采用数字技术,将扫描得到的模拟量进行编码,变成数字信号,编码后的数字传真信号经过调制解调器变成带宽为3.1 kHz的音频信号通过电话网进行传输。

(2)G4类传真。G4类传真采用数字传输,使用ISDN协议,利用ISDN的一个64 kb/s传输速率的B信道进行传输。它采用差错控制技术提高传输质量,采用信号压缩技术提高速度,G4类传真的速度约是G3类的6倍,G4与G3相“兼容”,即G4可以作为G3类使用(G4可以接收来自G3和G4的传真,但G4不能向G3发传真)。

(3)9.6 kb/s传真。9.6 kb/s传真采用基于9.6 kb/s的异步数据传输。

2. 传真通信程序

如果给陆地终端发传真,先放好传真,再输入业务代码00+国家电话号码+长途区号(省略前缀0)+用户传真码+#;若给船站发传真,输入业务代码00+洋区码+被呼移动站识别码+#。

例:给青岛某用户(传真号码为0532-85752167)发传真,则输入008653285752167#。

四、综合业务数字网(ISDN)业务与移动包交换数据业务(MPDS)

1. ISDN业务

ISDN已在陆地通信网中得到广泛使用,并且在全球的服务正迅速增长,它能够提供端到端的数字连接,支持包括话音和非话音在内的多种电信业务,用户通过一组有限标准的、多用途用户网络接口接入网内。

移动ISDN针对大数据量、图像、图片的传输,充分利用ISDN速度高、成本低的优势,满足用户的海事数据通信需求。因此ISDN业务适合于传输数据量大的文件,或是对传输速率要求较高的极重要文件,特别有利于电视会议等大信息量的传输。ISDN呼叫一般只需5 s就可以连接到网络,移动ISDN使海事用户能够和陆地成熟的ISDN并网,能够将他们的船载通信环境变革成为“移动办公室”。

2. MPDS 业务

MPDS 业务为客户提供永远在线服务,其计费不是按连接时间来计算,而是根据通过卫星发送和接收的信息量来付费。因此用户可以从容地浏览所需要的信息,无论浏览屏幕时间需要多长时间,也不会增加用户的费用。由于移动包交换数据使同一卫星点波束覆盖的移动用户共享该点波束中的可用带宽和信道,确保了系统能承载最大的负载,并给点波束增加更多的信道来保持特定目的的服务。缺点是随着用户连接数的增加,用户的可用带宽和速度会降低,因此 MPDS 业务更适用于交互性的信息传输,例如 E-mail、Web 浏览或访问企事业内部互联网等。

五、增值业务

INMARSAT - B/F 系统的增值业务因地面站而异,这里主要介绍北京地面站的增值业务。目前,北京地面站所提供的 B/F 系统增值业务主要有 Rydex 的 E-mail 和传真业务、SIM 卡电话业务、"Internet 61"业务等,其中以专门针对卫星环境开发的 Rydex 系统为平台的各种增值业务应用最受用户的青睐。

1. Rydex 的 E-mail 和传真业务

Rydex 是 Rydex 公司((INMARSAT 的软件公司)开发的,以电子邮件方式进行数据交换的最新一代船岸数据通信系统。它综合了先进的船岸通信特点,支持 INMARSAT - B/M/Mini - M/F 系列船站。

实现 Rydex 通信,要求 INMARSAT - F 船站用户在其数据通信终端(一般是计算机)中安装必要的软件,如 Rydex 软件、杀毒软件、图像处理软件等。

(1)Rydex 的 E-mail 业务

Rydex 的 E-mail 业务是指通过 Rydex 系统收发电子邮件。与微软的 Microsoft Outlook, Outlook Express,Foxmail 等多种电子邮件应用程序配合使用,不改变收发邮件操作习惯,操作简单。其具体操作过程如下:

①通过 Outlook Express 建立新邮件;

②将邮件传送至 Rydex 中;

③通过 Rydex 经 INMARSAT - B/F 系统与陆地用户交换邮件;

④通过 Outlook Express 查看接收的邮件。

(2)Rydex 传真业务

Rydex 传真业务是指通过 Rydex 系统将电子邮件发送到传真机上,实现邮件信息(包括文本、图片)到指定传真机的通信。其过程与 Rydex E-mail 传送过程相同,但通过 Outlook Express 建立新邮件时,要求"收件人"栏中的地址为:目的传真机号@ fax. bjles. net。

其中,目的传真机号如下。

➢国际传真:00 + 电话国家码 + 地区码 + 用户传真号码。

➢国内传真:地区码 + 用户传真号码。

➢北京传真:用户传真号码。

2. SIM 卡业务

SIM 卡业务是指将 SIM 卡插入已经入网的船站中,实现打电话、发传真、传数据等功能,并独立计费。INMARSAT - Mini - M、F 船站都可以实现 SIM 卡业务,与手机 SIM 卡业务相似。实际中,该业务的服务对象主要是船员,船员自己买卡,插入船上卫通设备,费用在电话卡上直接扣除。SIM 卡业务与船上工作通信计费无关,通信完毕抽回 SIM 卡即可。

SIM 卡上有芯片,并有唯一的序列号(识别码),SIM 卡还可以预存话费和续话费,并可挂失。为防止盗用,每一个 SIM 卡对应有一个密码条,密码条包含 PIN 码(开机密码)、PUK 码(解锁密码,用于解除密码输错后锁住的卡)和序列号(对应 SIM 卡序列号)。

SIM 卡业务的开通很简便,只要填写 SIM 卡入网申请表,电汇预存话费,相关部门核配识别码并邮寄卡及密码条,用户收到卡和密码条后即可开通业务。

(1)SIM 卡业务通信收费标准

➢国内电话 0.15 美元/6 s;国际电话 0.18 美元/6 s

➢船员电话预存话费有 50 min、100 min 和 200 min 三种。

(2)优惠通话时段(SQT)

为给船员提供海上通话机会,降低通话费用,INMARSAT 设置了优惠通话时段(SQT)。

➢在 INMARSAT 覆盖的所有海域从星期五的格林尼治标准时间(GMT)20:00 到星期一的(GMT)06:00,每天提供 10 h 的优惠通话时段。

➢周末 24 h 均为优惠通话时段。

3. “Internet 61”业务

“Internet 61”业务是指通过北京地面站特服号码“61”建立 Internet 连接访问互联网的业务。INMARSAT - B/M/Mini - M/F 船站都可以通过串行通信接口连接 PC 机终端,实现“61”上网业务。

船舶用户“Internet 61”业务的使用,无须增加任何设备,但需要事先对连接的 PC 机终端进行参数配置。配置工作主要有以下步骤。

①在计算机操作系统中添加 Modem 驱动程序。一般选择 33 600 b/s 标准调制解调器,并设置调制解调器的最大端口速度为 115 200 b/s。

②建立拨号连接。要求 ISP 电话号码设置为“61#”,有些型号的船站在设置号码时有特殊要求,具体参阅船站手册。

③配置完成后,拨号建立连接,可进行互联网的各种操作,如网页浏览、收发邮件等。

④断开连接。“Internet 61”业务与 MPDS 业务尽管都能实现上网,但“Internet 61”业务按时间计费,而 MPDS 业务按流量计费,因此不进行互联网操作时,应及时断开连接。

【知识拓展】INMARSAT - B/M 系统及通信业务

一、INMARSAT - B 系统

INMARSAT - B 系统于 1993 年 10 月开始全球运行,其性能比 INMARSAT - A 有很大提高,每颗卫星都有一个全球波束和五个点波束,并可按通信需要,重新分配功率和频率,提高了卫星资源的利用率。

INMARSAT - B 系统为全数字化通信系统,主要能提供双向直拨数字电话、双向电传、话音频带传真(数据)、高速数据(56/64 kb/s)、电子邮件(E-mail)等业务。同 INMARSAT - A相比,其话音、数据、传真通信时,只占用 20 kHz 带宽。

二、INMARSAT - M 系统

INMARSAT - M 和 INMARSAT - B 是姐妹系统,有许多共同之处。这两个系统的地面

段和空间段的组成是相同的。INMARSAT－M系统的性能指标略低于INMARSAT－B系统的性能指标，但其性能仍然是令人满意的。

INMARSAT－M 系统提供遇险通信、双工电话、传真等业务。其通信程序与 INMARSAT－B系统的通信程序基本相同，只是 INMARSAT－M 系统不提供电传业务。INMARSAT－M 虽然提供遇险功能，但是目前尚不满足 GMDSS 的要求。

【项目实施】

任务1 INMARSAT－F 系统安装

一、FELCOM－500 系统图和接线图

1. FELCOM－500 系统图

FELCOM－500 系统图如图 5－5 所示。

2. FELCOM－500 接线图

FELCOM－500 接线图如图 5－6 所示。

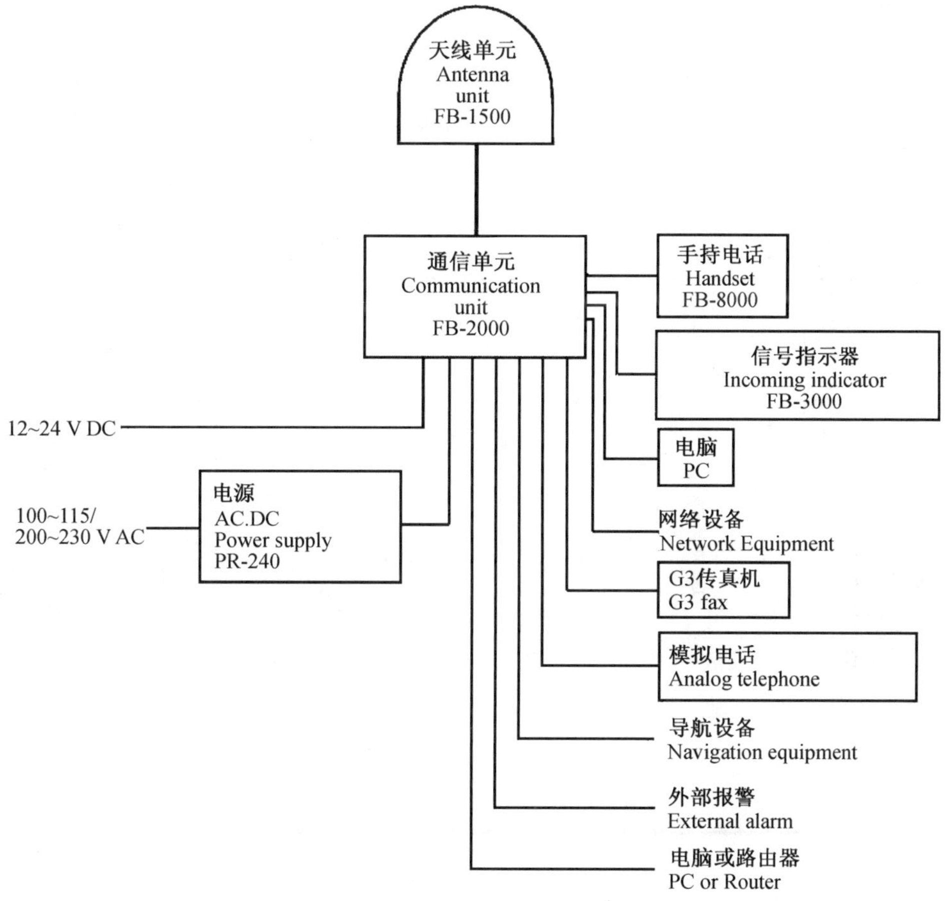

图 5－5 FELCOM－500 系统图

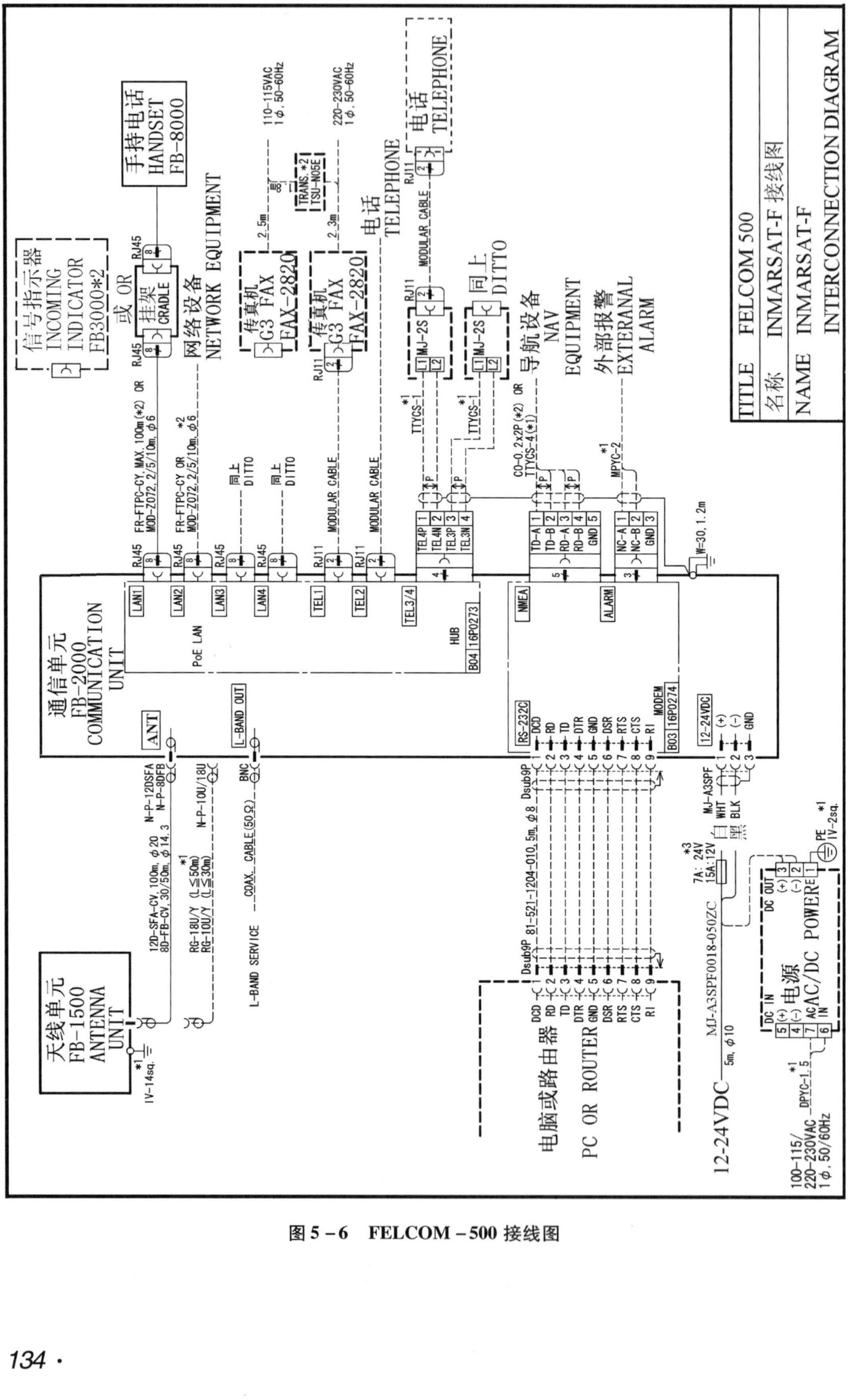

图 5 – 6　FELCOM – 500 接线图

二、天线单元的安装

1. 天线安装的注意事项

(1)安装位置要选择四周视野开阔且振动强度小的地方。

(2)不能堵塞排水孔。

(3)天线单元远离排气烟囱、远离热源、远离储存燃料和化学溶剂的地方。

2. 安装步骤

(1)松开四个吊耳,然后在天线罩底部向外打开吊耳,如图5-7(a)所示,然后拧紧四个螺钉,使吊耳牢固。

(2)用起重钢丝绳通过吊耳,盖罩与起重钢丝绳接触的地方用防护材料(橡胶等)进行隔离,以防止损坏天线罩。

(3)将天线装置吊到它的安装位置。

(4)放置橡胶板固定底座和天线单元。

(5)用四套六角螺栓和螺母套固定天线单元,如图5-7(b)所示。

(6)将接地线连接到接地螺栓。

(7)所有螺栓和螺母用硅酮密封,以防止电解腐蚀涂层。

(8)吊环恢复到原来的位置。

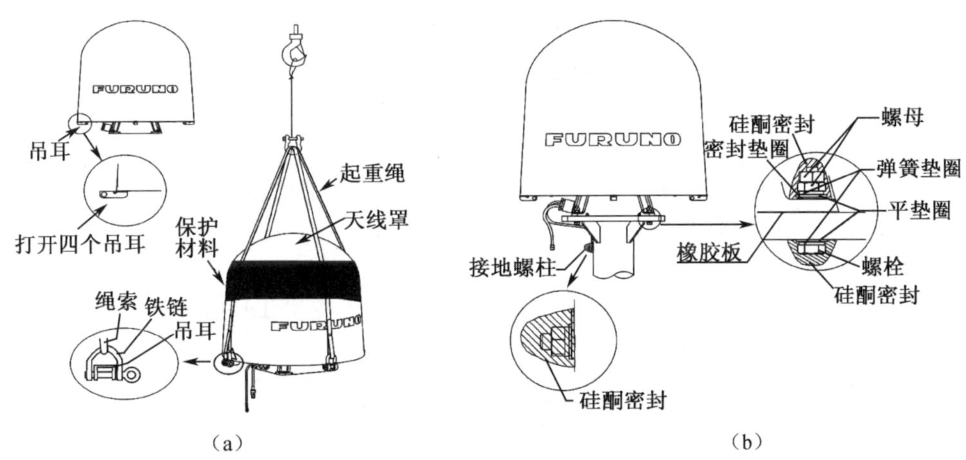

图5-7 天线安装图

天线罩内部布线如图5-8所示。

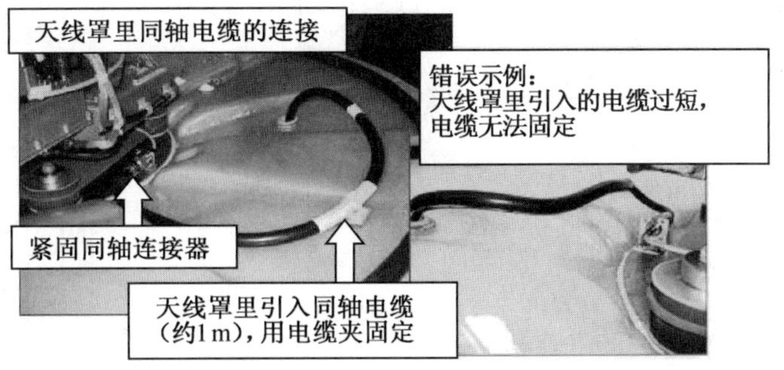

图5-8 天线罩内部布线

3. 危险标记

非维护人员远离天线罩 4 m 以上，示意图如图 5－9(a)所示。在天线的周围设置安全栏，不要靠近指定范围内。在距天线 4 m 左右的位置张贴有辐射危险的标记，提醒注意不得靠近天线，如图 5－9(b)所示。

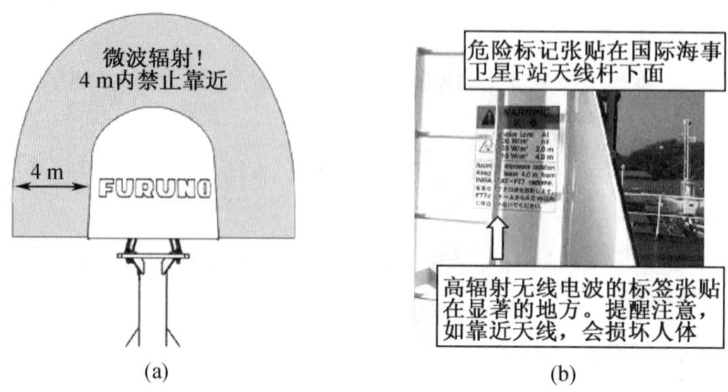

图 5－9　距离天线的安全距离图示及危险标记

(a)安全距离图示；(b)危险标记

三、通信单元的安装

1. 安装通信单元(CU)的注意事项

(1)通信单元不防水，安装时应远离水溅的地方。

(2)避免阳光直接照射，温度和湿度必须满足设备的技术要求。

(3)远离产生电磁场的设备。

(4)符合设备要求的冲击和振动规格。

(5)为了便于维护和检查，安装时在设备的两侧和后部留出足够的空间。

2. 通信单元与其他设备连接。

(1)与电话和传真机的连接

将电话或传真机连接到通信单元的 TEL1，TEL2，TEL3 或 TEL4 端口。用双绞线连接配电箱和通信单元，如图 5－10 所示。

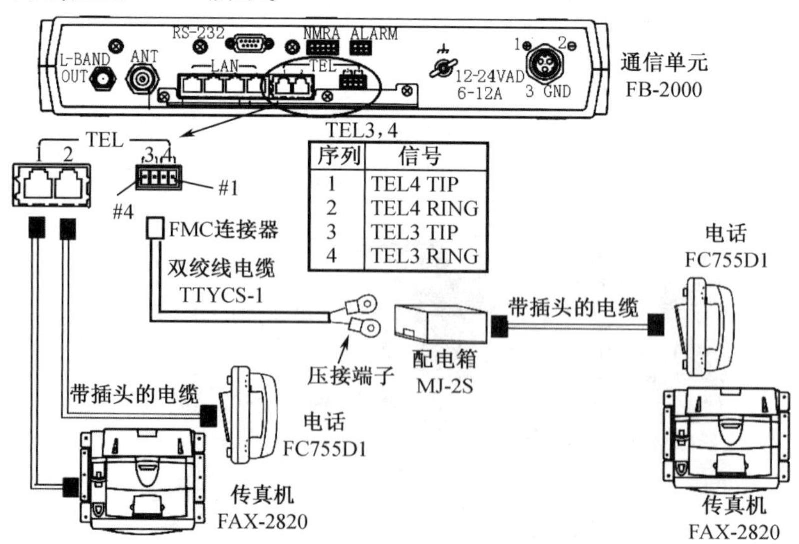

图 5－10　通信单元与传真机、电话的接线图

(2)与报警单元、导航设备的连接

与报警单元、导航设备的连接如图5-11所示。

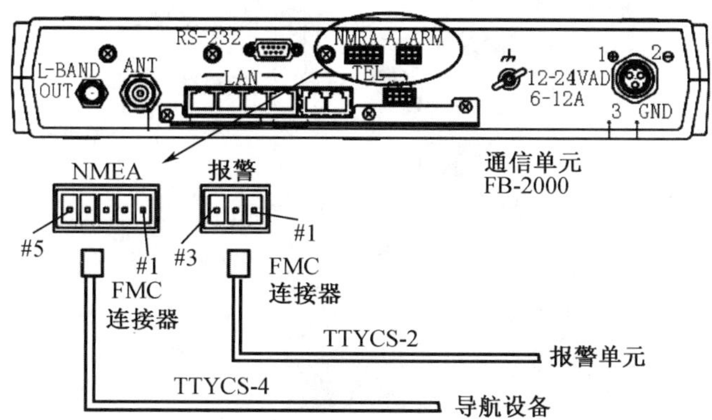

图5-11 通信单元与报警单元、导航设备的连接图

(3)与ISDN设备的连接

ISDN设备连接至通信控制器的ISDN插座上(接线端子或电话插座)。从1个ISDN插座开始串联ISDN设备时,线路总长不能超过100 m。此时,连接至其他ISDN插座的电缆长度不能超过10 m,如图5-12所示。

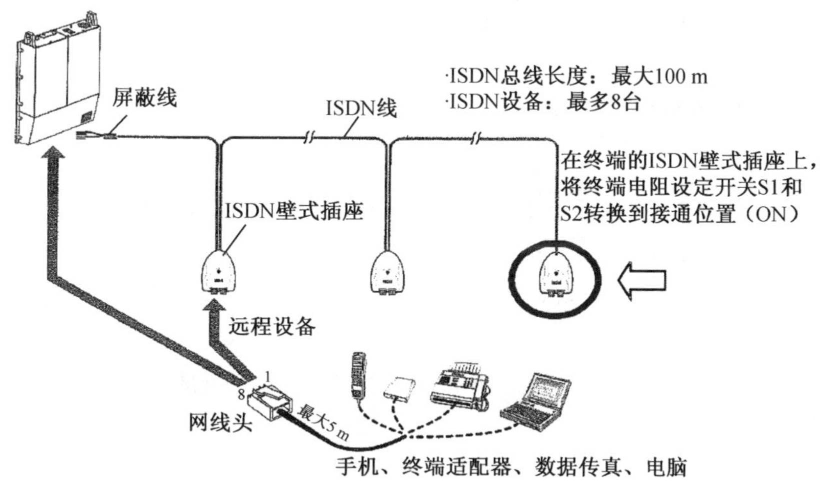

图5-12 与ISDN设备的连接

(4)与模拟设备的接线

与模拟电话、来电显示器和传真机的连线如图5-13所示。

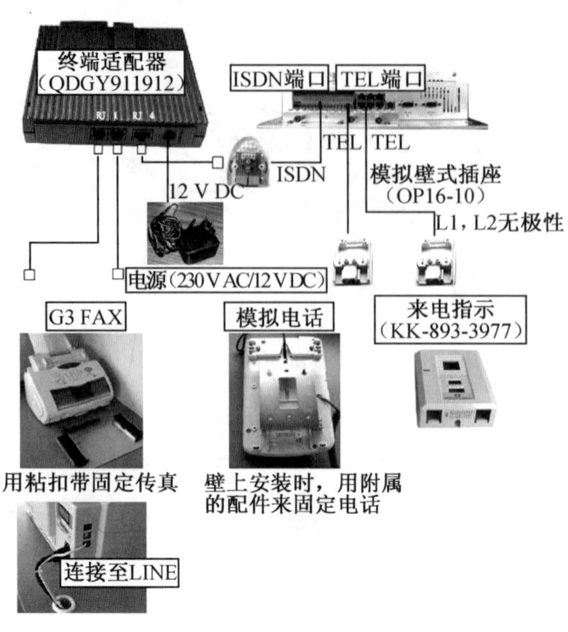

图 5－13　与模拟设备的连接图

任务 2　FELCOM－500 设备操作

一、FELCOM－500 终端设备

1. 通信单元

通信单元是 INMARSAT－F 船站设备中的控制单元，所有设备都要与它相连接，将外围设备信号进行处理后发送给天线，同时能将天线接收到的信号进行处理并发送给与之相连的设备。通信单元面板如图 5－14 所示。

2. 手机

INMARSAT－F 手持话机（手机）如图 5－15 所示，话机面板键功能见表 5－5。

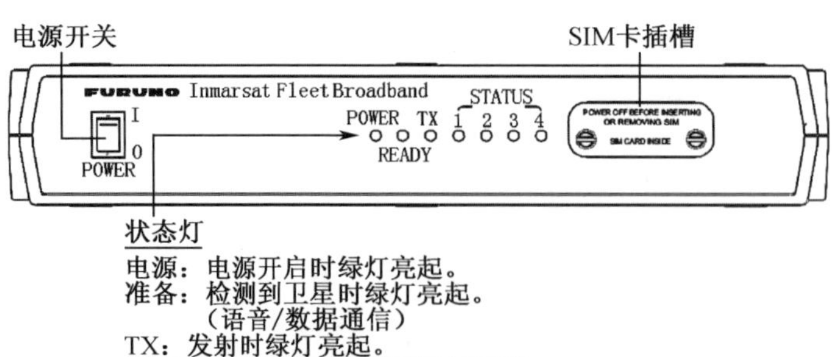

图 5－14　通信单元面板

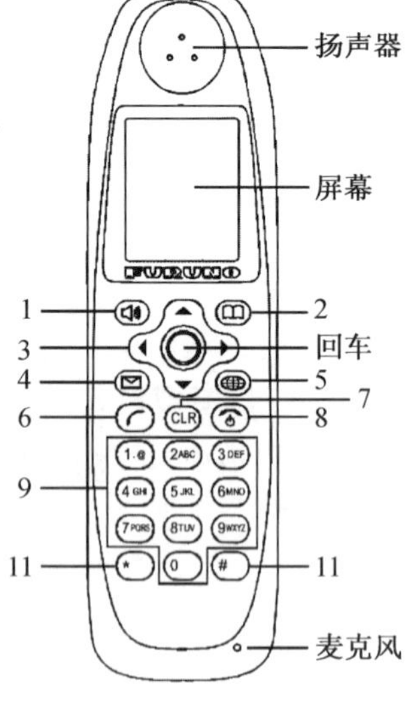

图 5－15　INMARSAT－F 手持电话机

表 5-5 INMARSAT-F 手持电话机面板键功能介绍

序号	键钮	功能
1	(声音键)	* Opens the[Sound]menu. 打开[声音]菜单。
2	(联系人键)	* Opens the Contacts screen. 打开"联系人"屏幕。
3	▲	* Moves the cursor up. Increases the volume. 将光标向上移动,提高音量。
4	▼	* Moves the cursor down. Decreases the volume. 将光标向下移动,减小音量。
5	◀	* Moves the cursor left. Opens Incoming History. 向左移动光标,打开呼入历史。
6	▶	* Moves the cursor right. Opens Outgoing History. 向右移动光标,打开呼出历史。
7	ENTER ◎	* When Information window is not displayed:Opens the main menu. 当信息窗口不显示:打开主菜单。 * When information window is displayed:Displays new information. 当信息窗口显示:显示新的信息。 * Soft key:Execute content that appears at center bottom of screen. 软键:在屏幕中心显示执行的内容。
8	(短信键)	* Opens[SMS]menu. 打开[短信]菜单。
9	(网页键)	* Opens[Web top]menu. 打开[网页顶部]菜单。
10	(呼叫键)	*Call、Answers phone. 呼叫、应答电话。
11	CLR	* Returns to the previous menu. Erases a number or letter. 返回到上一级菜单;擦除一个数字或字母。
12	(挂断键)	* Hangs up phone. Cancels operation. Long push: Restart handset. 挂断电话;取消操作;长按:重新启动手机。
13	*	* Press once for(*) and twice for(+) at the transmit screen. Enters text. 在发送屏幕中按一次显示(*),按两次显示(+)。
14	#	* Symbol(#). Enters text. 符号(#),输入文本。

3. SIM 卡

FELCOM - 250/500 使用与 INMARSAT Fleet Broad Band 兼容的 SIM 卡。

(1)SIM 卡的个人识别码

INMARSAT - F 站 SIM 卡如图 5 - 16 所示,用户个人信息存储在 SIM 卡上,当 SIM 卡插入时,系统读取信息用户登记号码并保存在 SIM 卡上,并且可以从一个终端用不同的 SIM 卡发送。在这种情况下,传输费用传送给登记 SIM 卡的人,联系地址也保存到 SIM 卡上。SIM 有 4 个登记代码,PIN1、PUK1、PIN2、PUK2。本单元不使用代码 PIN2 码和 PUK2。务必仔细记下 PIN1 和 PUK1 代码号码。

①PIN 码

为了防止未经授权的第三方使用,当设备开启时,用户将被提示输入 PIN 码。如果输入 3 次错码,系统将锁定,并且通信单元不能使用。

②PUK 码

如果系统锁定,使用 8 位的 PUK 码(解锁密钥)来解锁系统。当使用 PUK1 码时,如果输入 10 次错误的 PUK 码,SIM 卡将停止工作。出现这种情况,要联系 SIM 卡的零售商。

③SIM 卡应用的注意事项

➢确保插入/取出 SIM 卡之前关闭电源。

➢请勿触摸 SIM 卡的 IC 部分。

➢始终用手取出 SIM 卡。

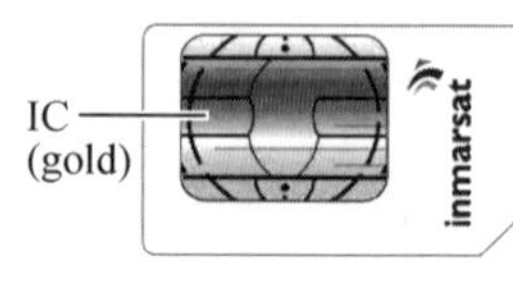

图 5-16　SIM 卡

(2)SIM 卡的开启

电源开关在 FELCOM250/500 通信单元的前面板上:

①松开通信单元前面靠近插槽的两个螺丝,卸下盖板,在下面找到 SIM 卡插入端;

②将 SIM 卡 IC 面朝下插入卡端口,要弹出 SIM 卡,用手指推它,如图 5-17 所示;

③盖上步骤 1 卸下的盖板;

④在通信单元上打开电源开关。话机屏幕显示"V:Ready""D:Disconnected",即可进行通信,屏幕显示大约为 3 min,如图 5-18 所示;

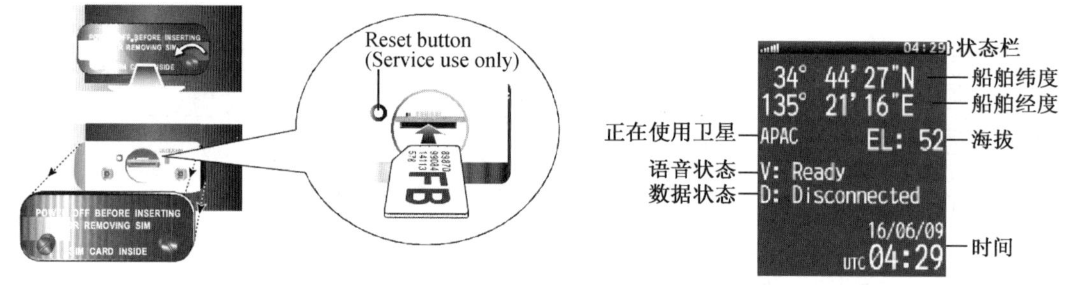

图 5-17　SIM 卡插入示意图　　　图 5-18　手机开启后的待机屏幕

注意:如果有障碍或卫星的干扰,开机时间更长;可能要求您输入 PIN 码,这取决于 SIM 卡的设置。

⑤按[Enter]键显示 PIN 代码输入的屏幕,如图 5-19 所示;

⑥输入 4~8 位的 SIM 卡的 PIN 码,按下[Enter]键。如果正确输入 PIN 码,则在手持设备上显示待机屏幕。如果输入错误,该消息出现"PIN 码无效";

⑦调整屏幕辉度。按[0]键的同时按▲键,屏幕变亮;按[0]键的同时按▼键,屏幕变暗。

如果连续三次输入错误的 PIN 码,则当前的 PIN 号码被锁定,按以下程序解锁 PIN 代码。

➢按[Enter]键显示 PUK 代码输入的屏幕,如图 5-20 所示;

➢输入 SIM 卡的 PUK 码,按[Enter]键;

➢按▼选择"[输入新的 PIN]",然后按[Enter]键;

➢输入新的 PIN 码,然后按[Enter]键进入手机主菜单,如图 5-21 所示;

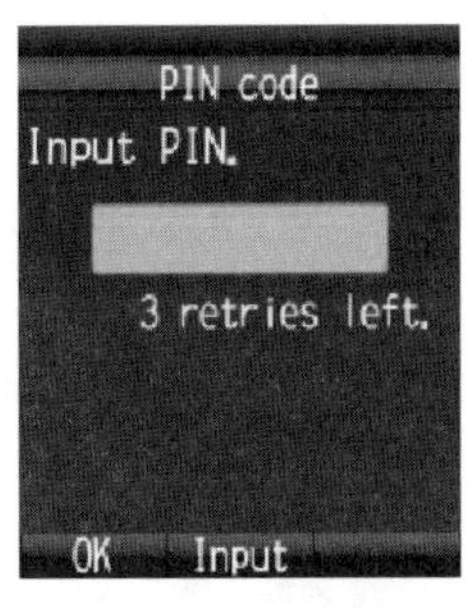

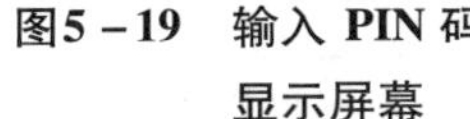
图5-19 输入 PIN 码显示屏幕

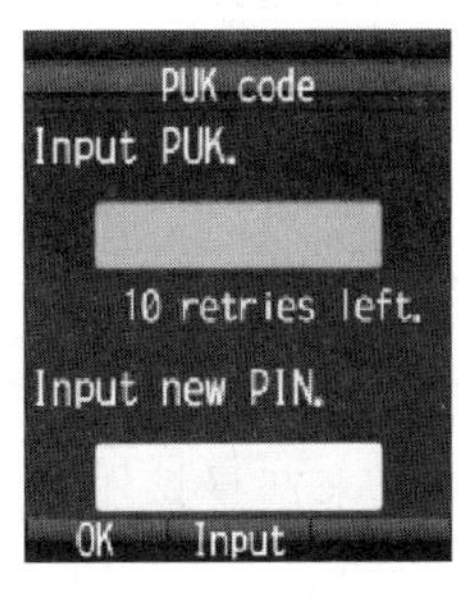

图 5-20 输入 PUK 码显示屏幕

图 5-21 手机主菜单

二、遇险通信操作

1.505 紧急报警

505 紧急报警是一个国际海事卫星服务，不符合 GMDSS 系统，在紧急情况下执行以下操作：

(1)从支架上取出手机，在空闲屏幕拨号[505]。

(2)按◯或[#]拨号。

根据所使用的卫星，将与表 5-6 中的 RCC 相连接。

表 5-6 INMARSAT-F 使用的卫星及相对应的 RCC

卫星	RCC
EMEA(西部亚洲、非洲、东部大西洋区)	RCC Den Helder(Holland)
APAC(西太平洋、东南亚、大洋洲地区)	RCC Australia(Canberra,Australia)
AMER(大西洋西部、东太平洋、美国大陆地区)	JRCC Norfolk(Norfolk,Virginia,USA)

例如，如果在日本进行 505 紧急报警，将连接到澳大利亚的 RCC，因为日本属于 APAC 卫星服务领域。

(3)一旦连接到 RCC，清楚地提供以下信息。

①你是谁，包括船舶的名称、电话号码和呼号。

②你在哪里，包括你所在的纬度和经度或已知的地理点距离的位置和方位。

③出现的问题，包括紧急情况或困难的性质。

④所需援助的类型。

⑤船上的人数。

2. 遇险报警盒报警

INMARSAT-F 站配有遇险报警盒，如图 5-22 所示。用时将红色保护盖拉开，按下报警钮 6 s 以上，报警发出。

图 5-22 遇险报警盒

三、常规通信操作

1. 拨打电话

可以呼叫陆地上的手机也可以呼叫船上的手机，有三种方法进行呼叫，即输入呼叫号码、选择从呼叫历史中调用号码、从联系人列表中选择呼叫号码。

当待机屏幕显示"V:Ready"输入手机号码,执行以下操作。

(1)从支架上取下手机,在待机屏幕输入号码,如图5-23所示。

注意:

➢若要清除错误输入的数字,按[CLR]键。

➢有两个语音服务:[4 kb/s AMBE + 2]和[3.1 kHz Audio],如表5-7所示。

在电话号码之前输入[1][*]或[2][*]来选择该服务。如果没有输入数字,默认使用[4 kb/s AMBE + 2],这取决于SIM卡的设置。

表5-7　SIM卡提供的两种服务类型

服务	费用	选择方法	屏幕显示
4 kb/s AMBE +2 (标准质量)	低	[1][*]+用户号码	Voice(语音)
3.1 kHz Audio (高质量)	高	[2][*]+用户号码	Fax(传真)

(2)按下键,或按[Enter]键发送呼叫。如果连接失败,出现消息"无法连接"。

(3)完成对话。通话期间,通信时间在屏幕上显示(以秒为单位),如图5-24所示。

图5-23　待机屏幕输入号码界面

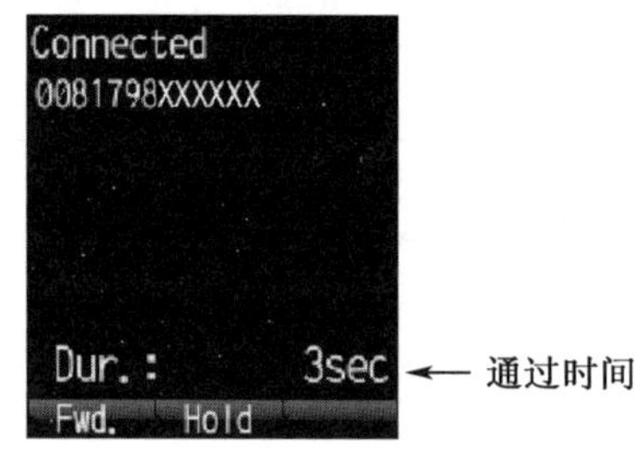

图5-24　呼叫期间显示界面

(4)按下键或将话机重新挂到支架上以结束通话。

2. 短信息

短消息服务(SMS)的功能就是发送和接收SMS消息,SMS消息最多160个字符。

注:并不是所有的移动电话运营商都允许INMARSAT终端接收和传输SMS消息。详细信息,请联系INMARSAT移动电话运营商。

(1)登录访问SMS菜单

①在待机屏幕上,按打开短信的菜单,按[Enter],登录屏幕如图5-25所示。

②输入短信密码,然后按[Enter]。为了缩短下次登录的过程,选择[保存密码],然后按[Enter]。

③按▼选择[登录],然后按[Enter]。

注:如果密码不正确会出现消息"密码不正确",则再次输入密码。如果由于其他原因不能登录,在待机屏幕显示"登录失败",并出现报警图标。

(2)发送短信

①在待机屏幕上,按下键显示[短信]菜单,如图5-26所示。

②按[1]选择[新建],如图5-27所示。

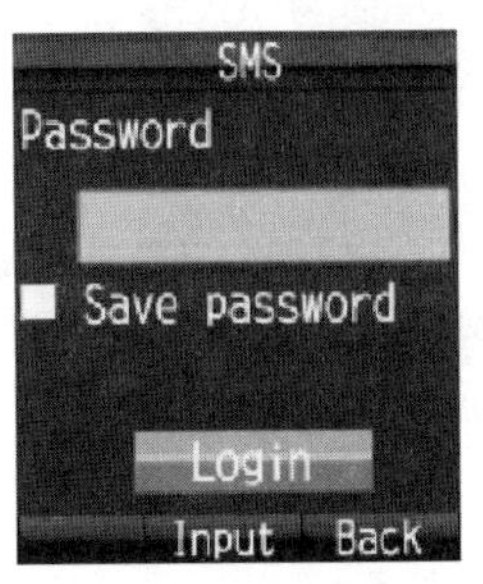

图5-25 登录访问SMS菜单

图5-26 [短信]菜单

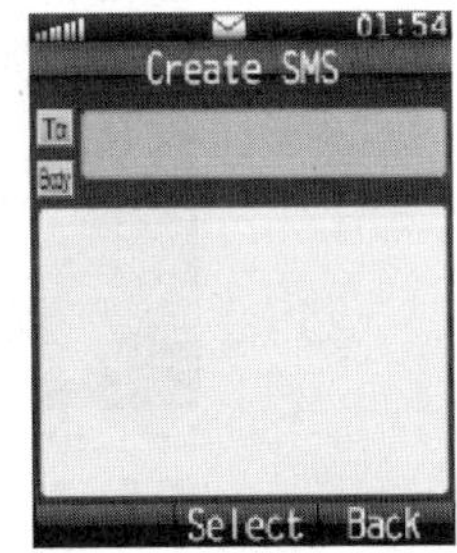

图5-27 新建短信界面

③在[To]区按[Enter]键,如图5-28所示。

若要从联系人列表中选择收件人,请按[1],选择联系人,然后按[Enter]键。

若要从呼叫历史中选择收件人,请按[2],选择联系人,然后按[Enter]键。

直接输入收件人号码,按[3],输入号码(最多20位),然后按[Enter]键。

④按▼选择[Body],然后按[Enter]键进入文本输入窗口,最多输入160个字符的文本,然后按[Enter]键。

⑤按下键打开图5-29所示界面。

⑥按[1]选择[发送]发送消息。正在发送消息时显示"发送..."。当完成时显示"已发送"。

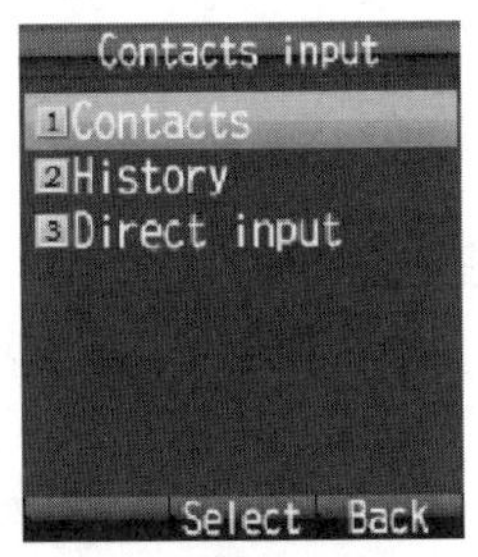

图5-28 联系人输入菜单

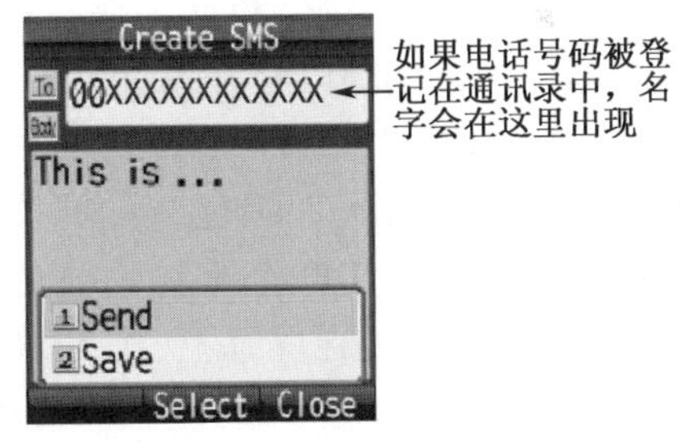

图5-29 编辑好短信和联系人的界面

注意:

➢按下[2],选择[保存],邮件保存到[Draft]框中,不发送消息。

➢要取消已经显示"发送..."的信息,按键。

⑦按可关闭菜单。

3. 话机浏览网页

可以通过话机浏览网页,费用根据信息量收取,与时间无关。

(1)登录网页

①在待机屏幕上,按键以打开Web top菜单,如图5-30所示。

②按[5]选择Std. IP,如图5-31所示。

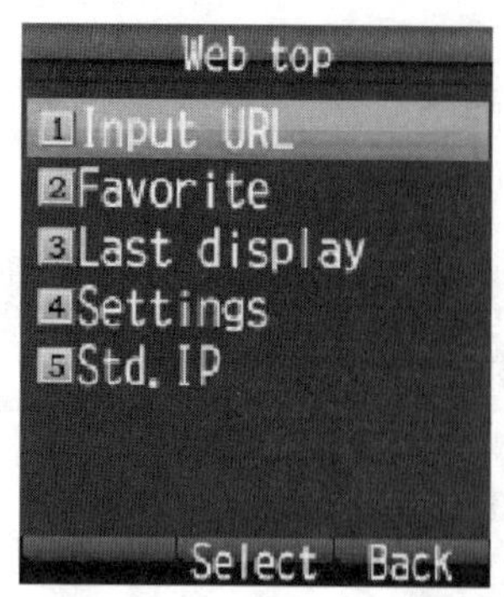

图 5－30 ［Web top］菜单

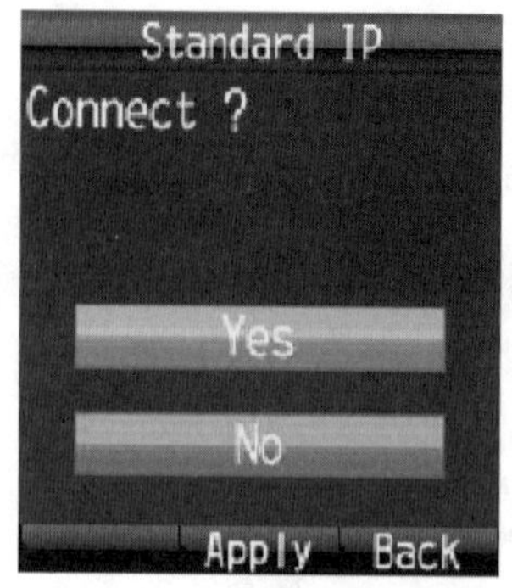

图 5－31 ［Std. IP］菜单

③按▲以选择 Yes，然后按［Enter］。连接过程中，屏幕显示“连接...”。当连接上时，显示“完成”。按 Enter 键，输入网络密码并按 Enter 键。

注意：

➢当无法建立连接，屏幕出现“故障”。

➢当设置了互联网密码时，要输入密码。

④按▼选择 OK，然后按［Enter］键。

⑤按☎键关闭菜单，待机屏幕会显示“D：Connected”。

（2）浏览网页

有四种方式浏览网页，即直接输入 URL、使用输入历史的 URL、从收藏夹中选择 URL、使用最后一个显示的 URL。

确认待机屏幕显示“D：Connected ”，如果显示“D：Disconnect”，将出现错误消息并且网页是空白的。

下面以直接输入 URL 来浏览页面为例。

①在空闲屏幕上，按🌐键以打开 Web top 菜单；

②按［1］选择 Input URL；

③按下［Enter］键，以显示 URL 输入的屏幕，如图 5－32 所示。

④输入 URL 地址（最多 192 个字符），然后按 Enter 键，可以输入除了空格以外的任何字符，如果最近访问网址出现在屏幕上，按 CLR 键清除。

⑤按▼选择 OK，然后按［Enter］键。URL 的网页显示在 web 浏览器中，如图 5－33 所示，可使用 Web settings 菜单来调整显示。

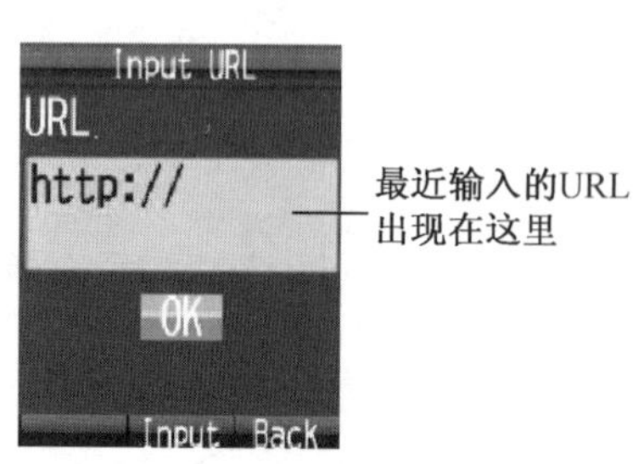

图 5－32 ［Input URL］界面

图 5－33 正确输入 URL 后的界面

⑥按下☎键，再按▲键选择 Yes，按[Enter]键，关闭浏览器。

网页的其他功能与手机上网程序相似，在此不再赘述。

四、传真 Fax（FX-2820）

传真单元（可选）可以发送和接收传真，在陆地上或船到船上使用 3.1 kHz。

1. 船站向陆地发送传真

输入“00”+“国家或地区代码”+“传真号码”+“#”，然后按[Start]发送传真。

2. 船站向船站发送传真

输入“00”+“870”（洋区码）+“移动终端识别码”（由 INMARSAT 统一分配的 9 位码）+“#”，然后按[Start]发送传真。

五、用 PC 机浏览网页

通信单元连接到 PC 机，使用 Web 软件可以调整通信单元设置，创建短信，创建/编辑联系人列表。通信单元使用的 Web 浏览器有：

➢ Internet Explorer 版本 6.0 或更高版本。

➢ Mozilla Firefox 3.0 或更高版本。

用 PC 机浏览网页的过程如下：

（1）插入 SIM 卡，打开通信单元电源；

（2）打开 PC 电源；

（3）电脑启动后，在桌面上双击如图 5-34 所示的“FELCOM_FB”图标，出现主屏幕，如图 5-35 所示。

FELCOM_FB

Felcom 250/500 icon

图 5-34 “FELCOM_FB”图标

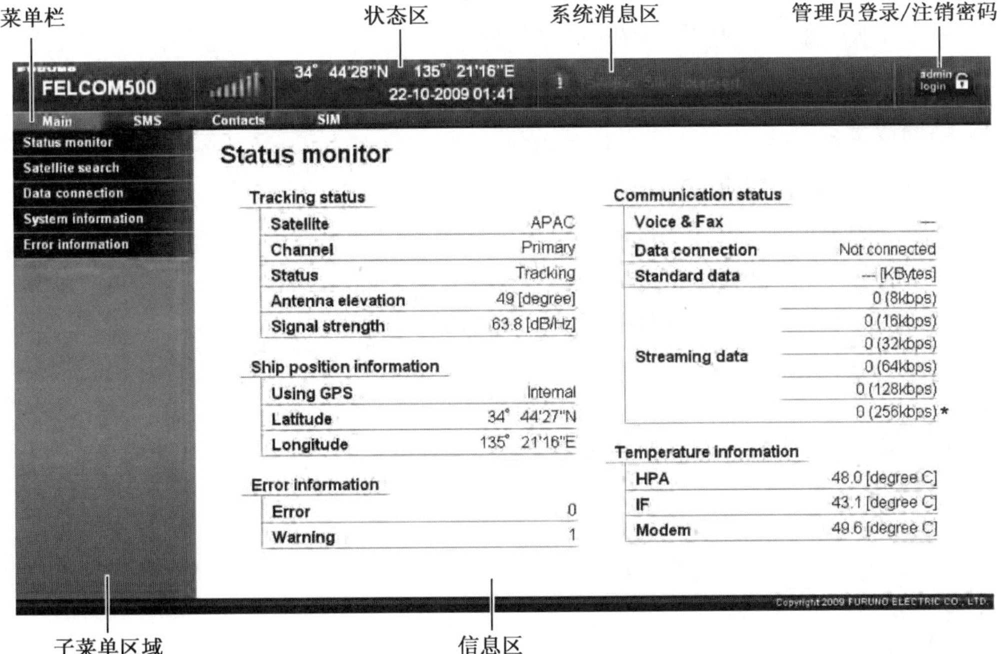

图 5-35 PC 显示主屏幕

注：如果出现图 5－36 所示的要求输入 PIN 码的屏幕，输入 SIM 卡 PIN 码。

(4)浏览网页结束，要关闭 Web 软件，在窗口右上角单击[X](关闭)按钮。

页面的其他操作与 PC 机操作相似，在此不再赘述。

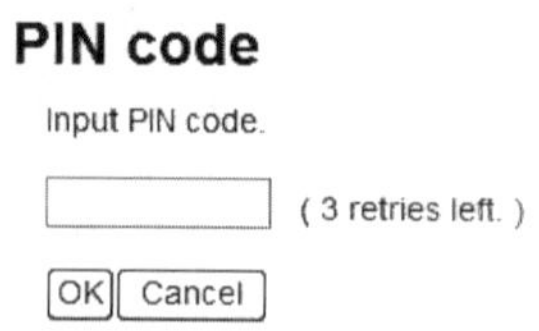

PIN code

Input PIN code.

(3 retries left.)

OK Cancel

图 5－36　输入 SIM 卡 PIN 码界面

任务 3　INMARSAT－F 船站故障检测与维修

一、电源故障

(1)故障现象：无电源(通信单元的电源灯不亮)。
(2)处理方法：
①检查保险丝是否烧坏。
②检查电源接头是否松动。
③检查电缆是否生锈或损坏。
④检查电缆是否受损。
⑤检查船舶电池的电压是否在(10.8～31.2 V DC)范围。

二、话筒屏幕故障

(1)故障现象：手控屏幕上没有显示。
(2)处理方法：
①检查手机电缆是否与通信单元连接正常。
②检查屏幕的亮度水平不要太暗。

三、话筒故障

(1)故障现象：话筒键没有响应。
(2)处理方法：
①按住☎键 3 s，重新启动和设置。
②如果重新启动后键仍然没有响应，应与经销商联系。

四、系统显示故障

(1)故障现象：没有显示 Ready 状态。
(2)处理方法：
①检查天线电缆是否连接正常。
②检查天线和卫星之间是否有物体阻挡信号。
③在 Web 软件中选择主菜单，再选择手动搜索卫星。
④检查船舶位置数据是否正确。
⑤在 Web 软件中，选择设置→基本设置→ GPS，检查备份 GPS 设置是否正确。

五、拨打外部电话故障

(1)故障现象:无法拨打外部电话。

(2)处理方法:

①查询电话号码是否正确。

陆地用户:[00]+国家代码+电话号码。

船舶用户:[00]+[870](洋区码)+移动终端识别码。

②检查话筒电缆是否正确连接到通信单元。

③检查手机屏幕是否显示[V:就绪]。

④一段时间后重新启动。

⑤如果手机显示[V:UDI]或[V:RDI],等待传输完成。

⑥在WEB软件中,检查设置→PBX→检查手机模式未设置为呼叫限制,如"仅外部通信"或"仅内部通信"。

⑦核对相同的号码和密码都已输入。

话筒:设置→3SIP→1客户端设定。

WEB软件:设置→PBX设置→外部。

六、电话接听故障呼叫

(1)故障现象:无法接听电话。

(2)处理方法:

①检查话筒电缆是否正确连接到通信单元;

②如果使用模拟电话,在设置→基本设置→网络软件上的模拟端口,核对电话号码是否有错误。

(3)在WEB软件中,在设置→PBX设置→呼叫限制查看手机模式是否设置为"仅外线"或"仅内部通信"。

(4)核对相同的号码和密码都已输入。

手机:设定→3 SIP→1 客户端设定。

网络软件:设置→PBX设置→外部。

七、上网故障

(1)故障现象:无法使用互联网。

(2)处理方法:

①检查话筒屏幕是否显示"D:连接",WEB软件是否显示"数据连接"。

②检查电脑上的互联网连接设置。

八、指示器故障

(1)故障现象:来电显示器无声音。

(2)处理方法:

①检查来电指示器和通信单元之间的电缆是否连接正确。

②调整来电指示器输入的音量,按▲增加音量。

③在 WEB 软件中,在设置→基本设置→来电指示查看语音(电话)、传真、综合业务数据等选项是否已经被检测。

【项目考核】

项目考核单见表 5 – 8。

表 5 – 8 项目考核单

序号	考核点	分值	建议考核方式	考核标准	得分
1	INMARSAT – F 系统图、接线图识读	15	教师评价(50%)+互评(50%)	能正确识读系统图、接线图,识读错误一处扣 1 分	
2	INMARSAT – F 设备的接线	15	教师评价(50%)+互评(50%)	能正确进行设备接线,接错一处扣 2 分	
3	INMARSAT – F 设备操作(见项目技能训练五)	15	教师评价(50%)+互评(50%)	能正确进行设备操作,操作错误一次扣 3 分	
4	项目报告	10	教师评价(100%)	格式标准,内容完整,详细记录项目实施过程并进行归纳总结,一处不合格扣 2 分	
5	职业素养	5	教师评价(30%)+自评(20%)+互评(50%)	工作积极主动、遵守工作纪律、遵守安全操作规程、爱惜设备与器材	
6	知识巩固测试(见项目知识训练五)	40	教师评价(100%)	对相关知识点掌握牢固,错一题扣 1 分	
完成日期		年　月　日		总分	

项目知识训练五

1. 下面号码中属于 INMARSAT – F 站的识别码是________。
   A. 704120123　B. 664121234　C. 674121234　D. 764120123
2. INMARSAT – F 系统采用的是________卫星。
   A. 低高度轨道　B. 静止轨道　C. 中高度轨道　D. 高轨道椭圆轨道
3. 不能利用 INMARSAT – F 站进行电话通信的区域是________。
   A. Al 海区　B. A2 海区　C. A3 海区　D. A4 海区
4. 在 INMARSAT – F 系统中地面站的缩写为________。
   A. MES　B. NCS　C. NCC　D. LES
5. 在 INMARSAT – F 系统中网络协调站的缩写为________。
   A. MES　B. NCS　C. NCC　D. LES
6. 在 INMARSAT – F 系统中,当不知被呼叫船所在洋区时,电话业务洋区码可输入________。
   A. 876　B. 860　C. 870　D. 不输入
7. 当利用 INMARSAT – F 站的传真机给中国用户发传真时其国家代码应为________。
   A. 868　B. 11　C. 86　D. 85

8. INMARSAT-F 站的语音业务识别码的首位数是________。

A. 2　　B. 7　　C. 5　　D. 6

9. INMARSAT-F 站的数据 56/64 kb/s 传输业务识别码的前两位数是________。

A. 87　　B. 76　　C. 60　　D. 85

10. INMARSAT-F 系统中,太平洋区的主用 NCS 是________。

A. 中国的北京(BEIJING)　　B. 新加坡的圣陶沙(SENTOSA)

C. 日本的山口(YAMAGUGHI)　　D. 美国的圣保罗(SANTAPAULA)

11. INMARSAT-F 系统中,印度洋区的主用 NCS 是________。

A. 中国的北京(BEIJING)　　B. 新加坡的圣陶沙(SENTOSA)

C. 日本的山口(YAMAGUCHI)　　D. 英国的贡希利(GOONHILY)

12. 在太平洋区的 INMARSAT-F 系统中,北京地面站识别码为________。

A. 868　　B. 211　　C. 11　　D. 118

13. MPDS 业务付费的特点是________。

A. 付费与通信时间成正比　　B. 按占用信道的时间付费

C. 按传输信息量的大小付费　　D. 按月付费

14. ISDN 业务付费的特点是________。

A. 付费与通信时间成正比　　B. 陆地用户付费

C. 按传输信息量的大小付费　　D. 按月付费

15. 手柄电话机通过________接口和通信主单元(MCU)相连。

A. RS232　　B. RS422　　C. NMEA　　D. ISDN

16. 在 INMARSAT-F 系统中可视电话属于________。

A. 窄带电话业务　　B. 宽带电话业务　　C. 模拟传真业务　　D. 数字传真业务

17. INMARSAT-F 系统中采用全球波束是为了________。

A. 为南北两极地区提供服务　　B. 为进一步提高 INMARSAT-F 系统的通信容量

C. 确保 GMDSS 的实施　　D. 为改善移动站的性能

18. 在 INMARSAT-F 卫星通信系统中,MES 使用的工作波段为________。

A. L 波段　　B. C 波段　　C. S 波段　　D. X 波段

19. 在 INMARSAT-F 系统中 MPDS 属何种业务? ________

A. 移动包交换数据业务　　B. 综合业务数据网业务

C. 电子邮件业务　　D. 传真业务。

20. 在 INMARSAT-F 系统中 ISDN 属何种业务? ________

A. 移动包交换数据业务　　B. 综合业务数据网业务

C. 电子邮件业务　　D. 传真业务。

21. 选用 MPDS 业务进行________是不明智的选择。

A. 网上冲浪　　B. 短电文发送与接收　　C. 电子海图更新　　D. 电视会议

22. INMARSAT-F77 站采用的卫星是________。

A. INMARSAT 第二代　　B. INMARSAT 第三代

C. INMARSAT 第四代　　D. INMARSAT 第三、第四代

23. INMARSAT-F77 是依据________而命名的。

A. 投资方为 77 国集团账　　B. INMARSAT-F 系统投入营运的日期

C. 天线直径的尺寸　　D. 使用的卫星数目

24. 在 INMARSAT-F 系统中电话费收费方法通常采用的是________。

A. 单向付费,谁呼叫谁付费　　B. 双向收费

C. 单向付费,由对方付费　　D. 包月

25. INMARSAT－F 站发出误报警以后的正确操作是________。
A. 给 LES 打电话取消　　B. 查出 RCC 电话号码，给 RCC 打电话取消
C. 按[DLSTRESS]按钮，RCC 接通后取消　　D. 关机，重启注意守听
26. INMARSAT－F 站的遇险报警如何完成？________
A. 编辑电传文件发送到 RCC。　　B. 查出 LES 电话号码，给 LES 打电话。
C. 按住"DISTRESS"按钮 5 s。　　D. 均不正确。
27. 航行在太平洋的船，其 INMARSAT－F 站识别码为 764121901，欲使用该 INMARSAT－F 站通过缺省地面站给中国青岛用户 85752167 打电话，则呼叫号码组成为________。
A. 00870764121901　　B. 008653285752167　　C. 0086764121901　　D. 008553285752167
28. 航行在印度洋的船，其 INMARSAT－F 站识别码为 764121901，欲使用该 INMARSAT－F 站通过缺省地面站给中国青岛用户 85752167 发传真，则呼叫号码组成为________。
A. 00870764121901　　B. 008653285752167　　C. 0086764121901　　D. 008553285752167
29. INMARSAT－F 系统包括________。
A. F77　　B. F55　　C. F33　　D. A＋B＋C
30. 选用 MPDS 业务进行________是明智的选择。
①网上冲浪；②短电文发送与接收；③电子海图更新；④电视会议；⑤商务电子；⑥保密电话
A. ①②③　　B. ①③　　C. ①②③⑤　　D. ④⑥
31. 选用 ISDN 业务进行________是明智的选择。
①网上冲浪；②短电文发送与接收；③视频数据传输；④电视会议；⑤商务电子；⑥保密电话。
A. ①②⑤　　B. ①②　　C. ①②③⑤　　D. ③④⑥
32. INMARSAT－F 系统北京地面站能覆盖的洋区有________。
①太平洋；②印度洋；③大西洋西区；④大西洋东区。
A. ①②　　B. ③④　　C. ①②③④　　D. ①③④
33. 下面关于 INMARSAT－F 系统业务的描述是正确的有哪些？________
①ISDN 采用线路交换，其通信费用与通信时间成正比
② ISDN 采用分组交换，其通信费用与通信时间成正比
③MPDS 采用分组交换，其通信费用与传输信息量成正比。
④MPDS 采用线路交换，其通信费用与传输信息量成正比。
A. ①②　　B. ②④　　C. ①③　　D. ①③④

项目技能训练五

1. 解释手持话机主要按键的功能。
2. 查看移动站的通信记录。
3. 给定一份传真件，将该传真件发给青岛用户 857525550。
4. 从《Admiralty List of Radio Signals》Vol.5 中查找美国搜救协调中心电话，并与之联系。
5. 将广州某用户电话号码(020)87765567 存到电话簿 2 号存储器中，并从电话簿中删除一指定号码。
6. 快速发送遇险报警，并说明后续通信中应报告哪些主要信息。

项目六　VSAT 卫星通信系统的安装与操作

【项目描述】

VSAT 卫星通信网一般是由大量 VSAT 小站与一个主站(Hub)协同工作,共同构成的一个广域稀路由(站多,各站业务量小)的卫星通信网。VSAT 卫星通信系统逐渐实现了远程监控、视频会议、Internet 等通信方式的应用。

VSAT 是一种微型的卫星通信地球站,它的首选网络结构是星状网络,有两种主要的卫星通信波段,分别是 C 波段和 Ku 波段。

【项目目标】

1. 了解 VSAT 数据通信网组成。
2. 了解 VSAT 卫星通信网业务类型。
3. 能对船舶局域网进行组网及调试。
4. 会对 VSAT 小站典型故障进行排除。

【知识链接】

知识链接 1　VSAT 卫星通信网认识

一、VSAT 卫星通信网的基本概念及其特点

1. 基本概念

“VSAT”是 VERY SMALL APERTURE TERMINAL 的缩字,直译为“甚小口径卫星终端站”,所以也称为卫星小数据站(小站)或个人地球站(PES)。这里的“小”字指的是 VSAT 卫星通信系统中小站设备的天线口径小,通常为 1.2~2.4 m。它是国外 20 世纪 80 年代发展起来的一个卫星通信新领域,利用 VSAT 用户数据终端可直接和计算机联网,完成数据传递、文件交换、图像传输等通信任务,从而摆脱了远距离通信地面中断站的问题。使用 VSAT 作为专用远距离通信系统是一种很好的选择。

2. 发展背景

VSAT 于 20 世纪 80 年代最先在美国兴起,发展速度很快。利用这种系统进行通信具有灵活性强,可靠性高,成本低,使用方便以及小站可直接装在用户端等特点。借助 VSAT 用户数据终端可直接利用卫星信道与远端的计算机进行联网,完成数据传递、文件交换或远程处理,从而摆脱了本地区的地面中继线问题。在地面网络不发达、通信线路质量不好或难于传输高速数据的边远地区,使用 VSAT 作为数据传输手段是一种很好的选择。它将是未来电信系统的重要组成部分,依赖地面超大容量光纤网,以及空间宽带卫星网,使用户设备方便地直接接入全国或全球宽带网络。

3. 主要特点

(1)设备简单,体积小,质量轻,耗电省,造价低,安装、维护和操作简便。

(2)组网灵活,容易扩充用,而且维修方便。

(3)通信效率高,性能质量好,可靠性高,通信容量可以自适应,适于多种数据率和多种业务类型,能够传输综合业务,便于向 ISDN 过渡。

(4)可建立直接面对用户的直达电路,可以与用户终端直接接口,避免了一般卫星通信系统信息落地后还需要地面线路引接的问题。

(5)集成化程度高,智能化(包括操作智能化、接口智能化、支持业务智能化、信道管理智能化等)功能强,可无人操作。

(6)建设周期短,不受地形和气候环境的影响,比传统的地面通信手段简单得多,不需要架设电缆、光缆。

(7)独立性强,互操作性好,可使采用不同标准的用户跨越不同地面网而在同一个 VSAT 网内进行通信。

二、VSAT 数据通信网

1. VSAT 数据网的组成

VSAT 网构成如图 6-1 所示,VSAT 网是由主站(HUB)、空间段和许多远端小站(VSAT)三部分组成的,通常采用星形网络结构。

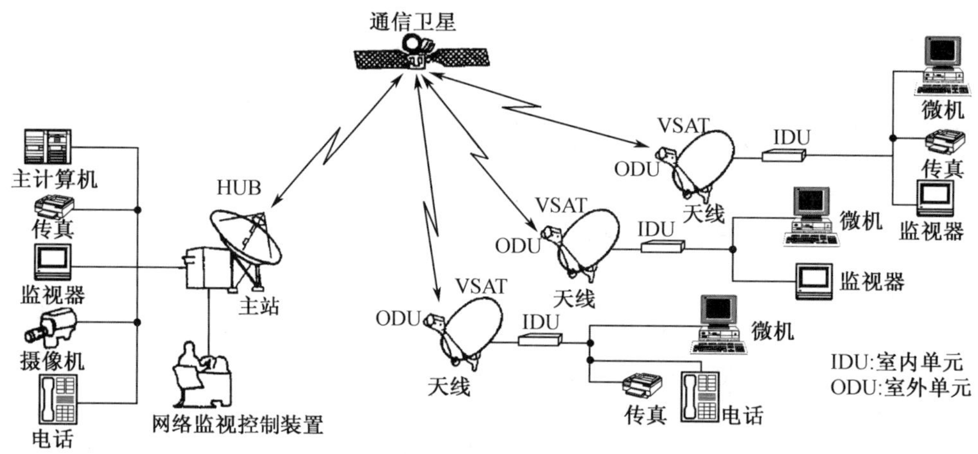

图 6-1 VSAT 网构成示意图

(1)主站(中心站)

主站又称中心站(中央站)或枢纽站(HUB),它是 VSAT 网的心脏。主站与普通地面站一样,使用大型天线,其天线直径一般为 3.5~8 m(Ku 波段)或 7~13m(C 波段),并配有高功率放大器(HPA)、低噪声放大器(LNA)、上/下变频器、调制解调器及数据接口设备等。主站通常与主计算机放在一起或通过其他(地面或卫星)线路与主计算机连接。

主站高功率放大器的功率要求与许多因素有关,例如,通信体制、工作频段、数据速率、发射载波数目、卫星特性以及远端接收站的大小及位置等。其额定功率一般为数百瓦(最小 1 瓦,最大达数千瓦)。当额定功率为 1~10 W 时,一般采用固态砷化镓场效应管(GaAsFET)放大器;当额定功率为 10~250 W 时,一般采用行波管放大器(TWTA);当它为

500 ~ 2 000 W 时，一般采用速调管放大器。

(2)小站(VSAT)

VSAT 小站由小口径天线、室外单元和室内单元组成。VSAT 天线有正馈和偏馈两种形式，正馈天线尺寸较大，而偏馈天线尺寸小、性能好(增益高、旁瓣小)，且结构上不易积冰雪，因此常被采用。室外单元主要包括 GaAsFET 固态功放、低噪声场效应管放大器、上/下变频器和相应的监测电路等。整个单元可以装在一个小金属盒子内直接挂在天线反射器背面。室内单元主要包括调制解调器、编译码器和数据接口设备等。室内外两单元之间以同轴电缆连接，传送中频信号和供电电源。整套设备结构紧凑、造价低廉、全固态化、安装方便、环境要求低，可直接与其数据终端(微计算机、数据通信设备、传真机、电传机等)相连，不需要地面中继线路。

(3)空间段

VSAT 网的空间部分是 C 频段或 Ku 频段同步卫星转发器。C 频段电波的优点是传播条件好、降雨影响小、可靠性高、小站设备简单、可利用地面微波成熟技术、开发容易、系统费用低。但由于有与地面微波线路相互干扰等问题，功率通量密度不能太大，限制了天线尺寸进一步小型化，而且在干扰密度强的大城市选址困难。C 波段通常采用扩频技术降低功率谱密度，以减小天线尺寸。但采用扩频技术限制了数据传输速率的提高。

通常，Ku 频段与 C 频段相比具有以下优点：

① 不存在与地面微波线路相互干扰的问题，架设时不必考虑地面微波线路，可随地安装；

② 允许的功率通量密度较高，天线尺寸可以更小，传输速率更高；

③ 天线尺寸一样时，天线增益比 C 频段高 6 ~ 10 dB。

虽然 Ku 频段的传播损耗受外界因素(尤其是降雨)影响较大，但在实际线路设计时都有一定的余量，线路可用性很高，在多雨和卫星覆盖边缘地区，使用稍大口径的天线即可获得必要的性能余量。因此，目前大多数 VSAT 系统主要采用 Ku 频段。

2. VSAT 系统工作原理

(1)外向(Outbound)传输

在 VSAT 网中，主站向外方向发射的数据，即从主站通过卫星向小站方向传输的数据，叫作外向传输数据。外向信道通常采用时分复用(TDM)或统计 TDM 技术连续性地向外发射，即从主站向各远端小站发送的数据，由主计算机进行分组格式化，组成 TDM 帧，通过卫星以广播方式发向网中所有远端小站。为了使各 VSAT 站同步，每帧(约 1 s)开头发射一个同步码。同步码特性应能保证各 VSAT 小站在未纠错误比特率为 1×10^{-3} 时，仍能保证同步。该同步码还应向网中所有终端提供 TDMA 帧的起始信息(SOF)。

(2)内向(Inbound)传输

各远端小站通过卫星向主站传输的数据叫作内向传输数据。在 VSAT 网中，各个用户终端可以随机地产生信息。因此，内向数据一般采用随机方式发射突发性信号。采用信道共享协议，一个内向信道可以同时容纳许多小站，所能容纳的最大站数主要取决于小站的数据率。

许多分散的小站以分组的形式，通过具有延迟的 RA/TDMA 卫星信道向主站发送数据。由于 VSAT 本身一般收不到经卫星转发的小站发射信号，因此不能用自发自收的方法监视本站发射信号的传输情况。因而利用争用协议时，需要采用肯定应答(ACK)方案，以防止数据丢失,即主站成功收到小站信号后,需要通过 TDM 信道回传一个 ACK 信号,宣布已成功收到了数据分组。如果由于误码或分组碰撞造成传输失败,小站收不到 ACK 信号,则为失败的分组,需要重传。

综上所述可以看出,VSAT 网与一般卫星网不同,它是一个典型的不对称网络。即链路两端设备不同、执行的功能不同、内向和外向业务量不对称、内向和外向信号强度不对称,主站发射功率很大,以便适应 VSAT 小天线的要求。VSAT 发射功率小,主要利用主站高的接收性能来接收 VSAT 的低电平信号。

3. VSAT 数据网的网络结构及组网形式

VSAT 通信网的基本结构包括星型、网型及两者的混合形式,如图 6-2 所示。在星型网中,外围各远端小站只与中心站直接发生联系,它们互相之间不能通过卫星直接互通。如有必要,各小站需经中心站转接才能建立联系(形成逻辑上的网型网)。星型网络拓扑是目前 VSAT 网中应用最广泛的网络形式。

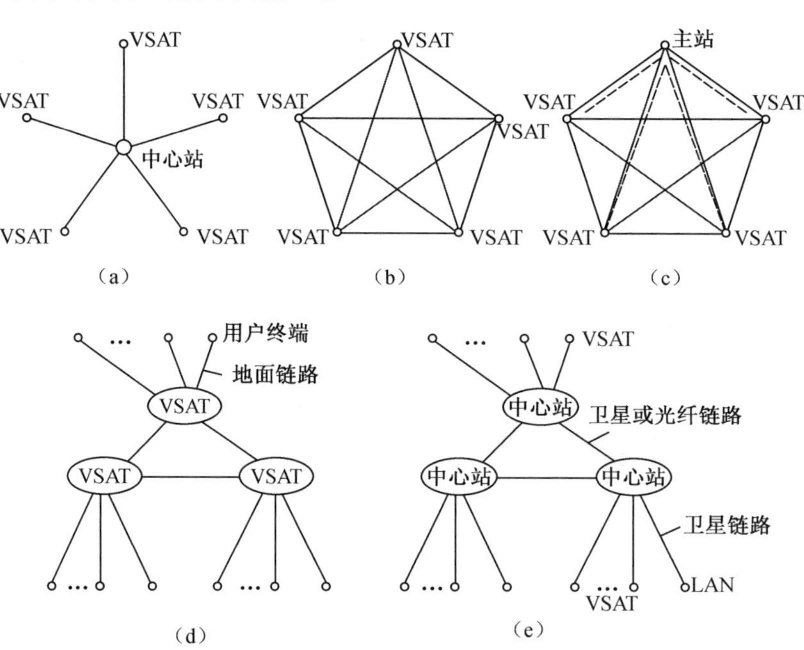

图 6-2　VSAT 网络结构

(a)星型网络;(b)网型网络;(c)星型和网型混合网络;
(d)点-点或卫星单跳结构(VSAT 作网关);(e)VSAT 作远端终端

4. VSAT 数据网接入方式(多址协议)

(1)频分多址(FDMA)

FDMA 是一种传统的多址方式,FDM/FDMA 和 TDM/QPSK/FDMA 一般用在业务量大的卫星通信系统中。在 VSAT 系统中一般采用 FDMA 方式中的 SCPC(单路单载波)多址方式,尤其在以传输话音为主的 VSAT 系统中大量采用 SCPC 方式,与按需分配(DAMA)技术相结合,可以大大提高卫星信道利用率。SCPC 方式的另一个优点是,各个地球站发射功率大小仅与本站发射载波(即信道)数有关,与整个 VSAT 系统的信道数(即系统总通信量)无关。业务量较小的地球站可以发射较小的功率,从而降低了小站成本。

(2)时分多址(TDMA)

TDMA是一种适用于大容量通信的多址方式,适用于站少容量大的系统。像VSAT这样一种站数十分多的系统单纯使用TDMA是不合理的。但TDMA是一种很有吸引力的多址方式,尤其数字传输系统为TDMA的实现创造了有利的技术基础。在VSAT系统中,TDMA是与FDMA及频率跳变(FH)结合在一起发挥其优点的。系统占用的带宽先按频率划分成各个载波,然后在每个独立载波的基础上使用TDMA。每个站指定的载波在所分配的时隙内发射,时隙的长短可以按业务量改变,也可以在必要时跳变到另一个载波上指定的时隙内发射。这种多载波的TDMA方式避免使用较大的TDMA载波,降低了小站发射功率和成本,在VSAT系统中广泛应用,并与DAMA技术相结合。TDMA常用的形式包括以下几种。

①预分配TDMA(TDMA/PA)。它是最基本的TDMA方式,但一般可以做到按时重分配。由网络控制中心设定各站信道数及路由,在指定的时刻切换改变。

②按需(动态)分配TDMA(TDMA/DA)。各站在有业务要发送时向控制中心申请时隙,由控制中心实时分配时隙。

③比特流方式。系统通过配置,设定用户固定地使用某一段固定时隙进行透明传输。这是在有协议支持的系统中为用户提供不需要协议支持的透明信道的一种方式。比特流时隙的分配可以按需分配,也可以预分配。在实际应用中,这一时隙的安排通常是在内向载波和外向载波中同时对应设置的。对于具有均匀输入比特速率且要求实时传送的用户数据(如数字话音业务),比特流方式是最佳的传送方式。

④组合访问TDMA(CA/TDMA)。该方式是一种同时包括争用方式和固定分配方式的多址访问协议,由前述S-ALOHA和固定分配TDMA(FA/TDMA)两种方式组成。它主要用于信道内各VSAT的异型混合,其中有些需要低延时的交互式应用,有些则要求分配专用信道来传输大业务量交互式数据和(或)批文件。

CA/TDMA具有良好的韧性、中等的时延、批数据传输所需的吞吐量、中等的复杂程度及中等的信道利用率,因此比较适合于中等要求下的交互式数据传输以及专用带宽占用下的数据传输。

⑤自适应多址方式。目前在大型VSAT网中,采用的最先进的多址方式为自适应多址方式。它综合了几种多址方式的优点,可根据VSAT网中实际业务的特点动态地选取适合的多址方式。对于大量的低业务量、短数据突发的用户,为保证短的响应时间,宜采用S-ALOHA方式,而当需要传输偶尔出现的长数据报文时,可采用预约方式,通过S-ALOHA信道预约或拆除预约,预约用户得到批准后,可长时间独占预约得到的信道时隙,直到传输完毕拆除预约为止。对于传输数字话音和要求透明传输用户数据的场合,可采用比特流方式,将一定时隙固定分配给用户独用。用户究竟采用哪种方式可以在系统组建时预先设置,也可以在系统运行过程中根据需要通过主站的控制进行自适应调整,可以做到自动测控、自动调节,协议之间可智能转换。

(3)码分多址(CDMA)方式

CDMA方式的优点是抗干扰性强。常用的CDMA实现方案是直接序列扩频(DS)。采用CDMA方式的系统中各站在同一时间使用同一频率,且发射功率不需进行严格监控,因此整个系统不需要复杂的网络控制。CDMA的主要缺点是频带利用率低,一般仅为百分之十几。因此,该方式适用于传输速率较低的业务及较小的系统,尤其适用于军用通信系统,也可用于广播式系统中。

(4)随机多址(RA)方式

RA 是一种争用多址方式,是 VSAT 系统中应用最广泛的多址协议,无论是 P - ALOHA、S - ALOHA,还是 SREJ - ALOHA 均有应用。随机多址协议不仅其本身作为独立的数据信道多址协议应用,而且在许多新型的多址协议(如预约协议、组合访问协议和自适应协议)中,它也是重要的组成部分,图 6 - 3 是多址协议选择示意图。

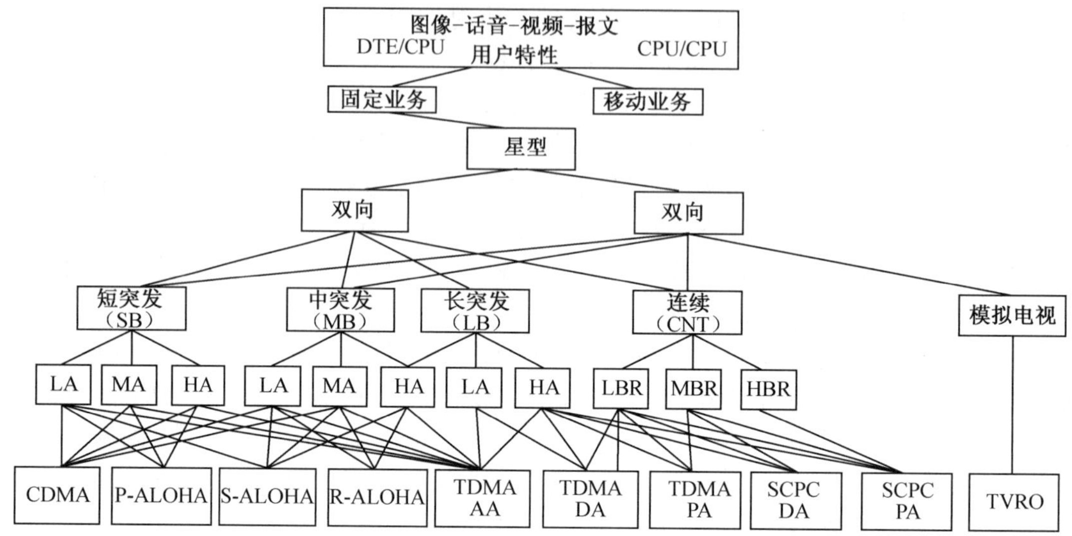

图 6 - 3　多址协议的选择

知识链接 2　VSAT 卫星通信网业务

一、话音 VSAT 网的网络结构

1. 业务信道

话音 VSAT 网通常采用电路交换方式,这是由电话业务的实时性决定的。

话音 VSAT 网的业务子网中,业务信道(话音信道)多采用 SCPC 方式,也可采用 TDMA 等多址方式(如图 6 - 4 所示)。对以话音为主、采用电路交换的话音 VSAT 网而言,显然采用 DAMA 方式分配信道资源比较合适,但在少数大业务量的站间也可分配一定数量的预分配信道。

2. 控制信道

话音 VSAT 网的控制子网相当于一个数据网。在控制子网中,小站和中心站之间一般采用 TDM/ALOHA 体制,即外向传输采用 TDM,内向传输采用 ALOHA、S - ALOHA 或其他改进型。此种方式技术简单、造价低,因此在实际系统中应用较多。

二、话音 VSAT 网按需分配呼叫过程

话音 VSAT 网的信道分配方式通常是按需分配与预分配相结合的。

按需分配的呼叫过程有三个基本阶段,即呼叫建立、通话和拆线。下面简单介绍一下

DAMA 呼叫建立过程和拆线过程。

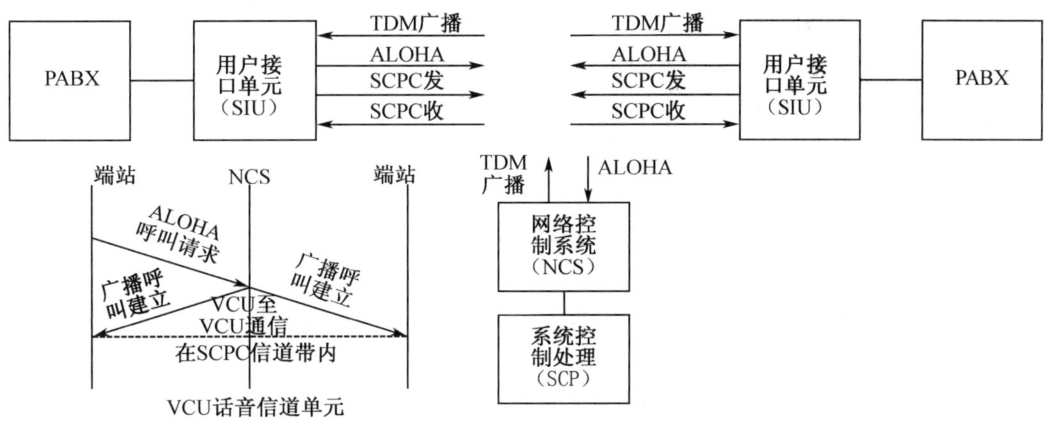

图 6-4 DAMA 网络结构

1. DAMA 呼叫建立过程

DAMA 呼叫建立过程如图 6-5 所示。

(1)呼叫方的 PABX 占用至 VCU 的中继线。

(2)VCU 确认该线占用并向呼叫方 PABX 发回“占用确认”信号,同时准备接收拨号号码。

(3)VCU 接收到号码的最后一位数后,即形成“呼叫请求”信息(其中含有拨号号码),并将其发给 NCS。

(4)NCS 立即向呼方 VCU 发回“确认”信号以应答该 ALOHA 信息。

(5)NCS 确定被叫方 VCU 的地址后,即检验该 VCU 是否处于空闲状态。若该 VCU 可用,则在主叫方和被叫方 VCU 之间建立一条话音电路,这两个 VCU 在 NCS 处被标识处于工作状态,这样就不会再被分配用作另一呼叫。

(6)NCS 接着给主叫方和被叫方发送“呼叫分配”信息。该信息内容包括谁是呼叫方,谁是被叫方,呼叫所用频率等,同时在 NCS 的呼叫记录中开始对此次呼叫计时。

(7)呼叫和被叫 VCU 均调谐在分配的话音电路上,被叫方 VCU 同时占用与其相连的 PABX 的中继线。

(8)收到拨号号码后,PABX 将电路接通至被呼号用户。

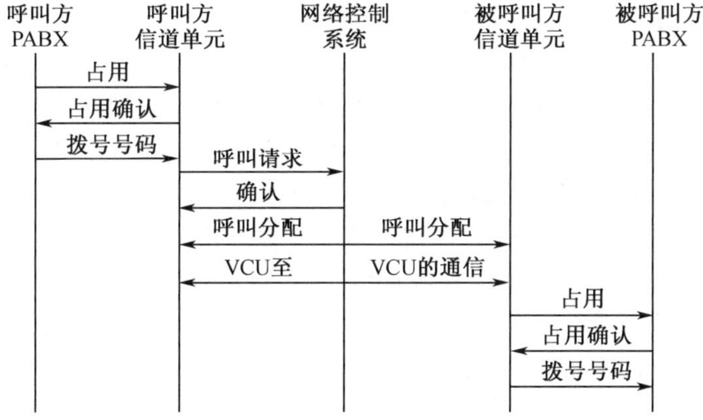

图 6-5 呼叫建立过程

2. DAMA 呼叫的拆线过程。

DAMA 呼叫的拆线过程如图 6－6 所示，具体拆线步骤如下。

(1)呼叫方挂机后，呼叫方 PABX 检测出挂机信号。

(2)呼叫方 VCU 确认挂机状态后，即通过分配的话音信道向被叫方 VCU 发送一“拆线指示信息”。

(3)被叫方 VCU 发回一个“拆线指示确认”信息，并将挂机状态通知本地 PABX。

(4)收到“拆线指示确认”信息后，呼叫方 VCU 即回到控制信道并向 NCS 发送一个“呼叫完成”信息，NCS 用一“ALOHA 确认”应答。

(5)被叫方 VCU 收到本地 PABX 发来的挂机信号后，即返回控制信道，并发送一“呼叫完成”信息。

(6)NCS 收回分配的频率点，标识呼叫方和被叫方 VCU 处于空闲状态，并向两个 VCU 发出“呼叫终止”信息。

(7)NCS 结束本次呼叫并存盘保存相关信息。

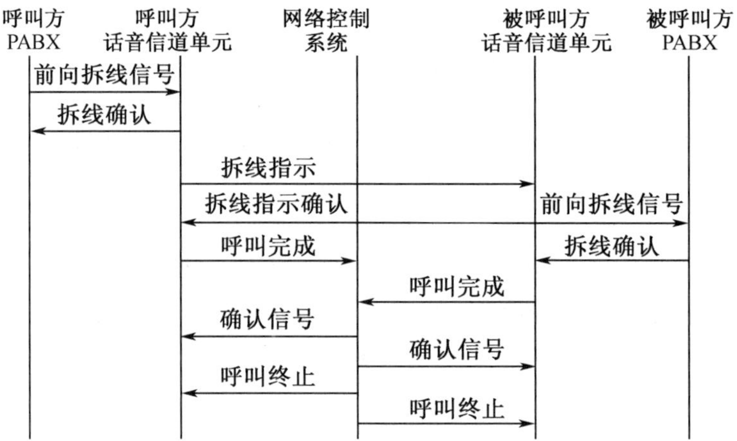

图 6－6　DAMA 呼叫的拆线过程

三、VSAT 卫星技术的应用

1. VSAT 卫星技术陆地通信的应用

VSAT 站能很方便地组成不同规模、不同速率、不同用途的灵活而经济的网络系统。一个 VSAT 网一般能容纳 200～500 个站，包括广播式、点对点式、双向交互式、收集式等应用形式。它既可以应用于发达国家，也适用于技术不发达和经济落后的国家，尤其适用于那些地形复杂、不便架线和人烟稀少的边远地区。因为它可以直接装备到个人，所以军事上也有重要的意义。概括起来，VSAT 技术可以应用于以下几个方面。

(1)普及卫星电视广播和卫星电视教育，传送广播电视、商业电视信号，尤其对于我国的边远地区，利用这种方式可以在物质文明建设和精神文明建设方面起到很大的作用。

(2)用于财政和金融系统、证券系统，对市场的情况进行动态跟踪管理，可大大缩短资金周转周期。深圳的证券交易系统就是利用 VSAT 系统与四面八方的客户进行双向通信的。

(3)用于水利建设的管理，监测水文变化，防止和减少自然灾害的损失。VSAT 系统可以及时传输气象卫星、海洋卫星、资源卫星和地面检测站获取的信息。

(4)用于交通运输的管理。国外发达的国家已经将 VSAT 用在铁路的运营调度,大大缓解了交通运输的紧张状态。用 VSAT 可以方便地开展任何两地的通话、电传和电报业务,节省了经费和时间。

(5)军事上应用。在 1991 年的海湾战争期间,多国部队利用 VSAT 进行了大量的移动通信。

(6)应急通信和边远地区通信的应用。对于自然灾害或突发性事件 VSAT 都是最便利的应急通信备份体系。

2. 在航海上的应用

(1)常规通信业务

常规通信业务属于 GMDSS 九大功能之一,一般包括电话、电传及电子邮件等业务,主要依靠 NBDP、SSB 和 C/B/F 型标准船站完成。

在 VSAT 卫星网络业务中,船舶局域网通过卫星链路与广域网连接,可以获得与陆地一样的网络服务,如 E-mail,QQ(带宽足够时可以语音和视频)、微信等。此外,如果船舶定制套餐达到一定额度,运营商大多愿意为船舶提供免费卫星电话业务。经调查,安装 VAST 卫星网络的船舶基本不再产生其他通信费用。

(2)海上安全信息的收发

海上安全信息的收发是 GMDSS 功能之一,包括航行警告、气象预报及警告、气象传真等,传统体制下,主要依靠 NAVTEX 接收机、气象传真接收机等设备完成。由于 VAST 卫星网络业务具有兆级带宽,在不依赖上述设备的情况下,船长既可以在个人电脑上安装接收软件,如 Radiocom 等,随时经由网络获取上述信息,又可以登录当地海事主管机关网站或者气象业务网站,下载航行警告、气象预报及云图等。

(3)紧急通信

虽然 INMARSAT - F/FBB 系统具有可视电话功能,但其摄像头固定,紧急情况下难以运抵事故现场。在安装 VAST 卫星网络的船舶上,配合无线路由器,船员可经由手机向岸上实时提供伤员及事故现场的视频、图片资料等。值得注意的是,VAST 卫星网络的“紧急通信”不具备“抢占”信道功能,即相对常规通信没有更高的优先级别。

(4)航海图书资料在线管理

目前,很多图书资料经销商已开发、运营基于网络的图书资料在线管理系统,如 Charttrack 等。基于该系统,船舶既可以完成航海图书资料登记、订购,又能及时获得相关资料的新版预告(每周),还可通过向 ct@ Charttrack. com 发送“update request”申请,及时获取与本船相关的资料通告并打印,最终完成航海图书资料的改正。

改正过程中有多种人性化操作方式可供选择:通过每周通告寻找小改正;通过海图/图书号码选择小改正;根据图夹号码选择小改正等。航海图书资料在线管理不仅大幅度降低了航海人员日常劳动强度,而且使图书资料订购、改正更加及时可靠。

(5)ECDIS 在线更新

由于带宽和通信资费的限制,以往电子海图显示与信息系统(ECDIS)通过手动或者存储介质(光盘等)更新,在 VAST 卫星网络支持下,ECDIS 在线更新得以实现,具有高效、准确、及时等优点。其在线更新包括主动下载和自动更新两种形式。

①主动下载。登录 ECDIS 发布系统网站,输入用户名和密码,完成身份认证;查找最新

更新,下载到本地磁盘;病毒查找;对现有 ECDIS 完成升级。

②自动更新。在系统安装时完成设置,包括 ECDIS 发布系统后台相关信息、用户身份认证信息等。在日常工作中保证 VAST 卫星网络在线即可,不需要其他操作。

除在线更新外,ECDIS 用户还可基于 VAST 卫星网络,实现海图订购、意见反馈、注册申请等功能。

(6)船员业余生活中的应用

VAST 卫星网络包月服务也为船员的业余生活带来巨大改变,除“常规通信业务”部分提及 E-mail、QQ、微信等外,当船舶安装无线路由器后,船员还可通过个人手机的电话软件(如 Skype,UU - Call 等),通过预付费方式随时拨打世界各地的电话。另外,某些船舶还在驾驶台安装基于 VAST 卫星网络的预付卡电话终端设备,船员日常通话费用每分钟不到人民币 0.5 元。

(7)其他应用

①可在一定区域内作业的若干船舶中的 1 艘(即母船)上安装 VAST 卫星网络,经过大功率无线路由器,附近子船即可分享母船的网络业务,可应用于钻井平台、渔船等。

②基于 VAST 卫星网络,建立船岸间无线对讲、实时监控或者召开视频会议等。

③基于 VAST 卫星网络,构建船岸间无线物联网。

【项目实施】

任务 1　VSAT 系统安装

一、VSAT 安装准备

(1)设备在安装前要了解用户对 VSAT 设备应用区域的要求及带宽要求,了解船舶所在区域、工作范围、船型、船舶种类。

(2)室外单元要安装在全船高点,首选是罗经甲板,与周边设备尽量留有足够安全距离,尽量避开遮挡、方便调试,支架固定强度要满足设备振动极限要求。

(3)室内设备安装时注意天线馈线要尽量短,电源及罗经信号引入要方便,以方便接入船舶办公网络,散热、通风要好。

(4)线路铺设通道要根据船舶现状、防护等级等灵活处理,尽量走原线缆通道,保证水密及防护等级。

二、VSAT 设备安装、布线

1. 天线安装

在天线安装位置处焊接天线底座,将天线吊装至现场安装空地上方,拆除运输木架和天线固定螺栓。将天线吊装或抬至安装底座上方,BOW 标志指向艏部,用螺丝固定。解除天线内部固定,保证各轴运动自由。如有必要可对天线内部进行拍照,目视天线内部各接线处有无松动,记下关键部件型号。

注意:天线位置选择,以遮挡最小为原则,具体注意以下事项。

①理想的天线位置可以清晰地看到地平线或周围的所有卫星。

②确保在天线辐射中心 15°以上不存在任何障碍物,如图 6 - 7 所示。

③任何障碍物都可能影响天线发射和接收卫星信号。

④不要将天线安装在雷达附近，特别是不要安装在同一平面上，雷达的功率水平可能超过天线前端电路。

⑤建议天线定位在雷达平面上方或下方至少 1.2 m，且与高功率短波雷达至少相差4.6 m。

⑥安装平台应具有足够的刚性且不会受到过多的振动影响。

⑦通常将天线安装在船舶中心，这样可以减少天线倾斜角度。

如果这些条件仅部分满足，综合考虑各种情况找到最佳安装地点。

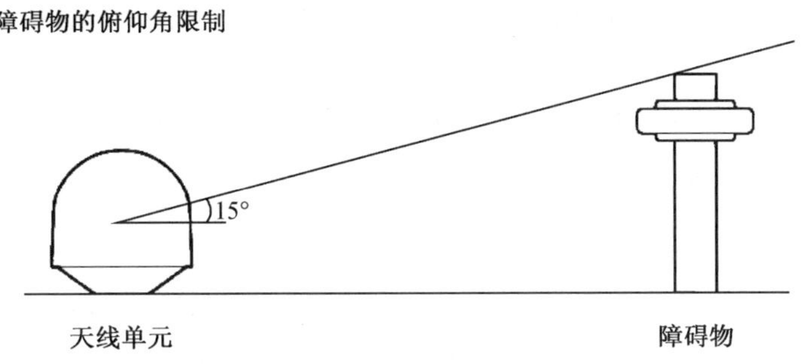

图 6-7 VSAT 天线安装角度

2. 室内设备的安装（以带机柜为例）

将 UPS 放在最下层，交换机机架放在中层，ACU 机架放在上层，卫星路由器放在最上层。线缆及电源连接好后要绑扎固定，网线采用原装网线，保证有效连接，做到统一、美观。

室内设备安放位置要以天线馈线最短、电源引入方便、罗经信号及船舶办公网络接入方便为原则，同时保证良好的散热和通风。

3. 铺设线路

（1）天线主线缆铺设尽量走原线缆通道，保证水密，注意防护等级，不能盘圈，不能折死弯，再将电源线、罗经信号线铺设引入设备。

（2）天线内部的电源、主线缆、接头连线无误，接头制作合格。

三、设备调试

1. 手动模式

（1）确保天线单元机械部分运动不受阻，供电电源正常无误，馈线连接无误，断开交换机连接后给天线设备通电，监控初始化过程。天线附近留人观察是否正常运转，如异常立即关闭电源，检查各线路，直至初始化通过。

（2）对天线进行设置，编辑测试星参数。使天线进入盲扫模式，当卫星信号达到最大值时，天线锁定卫星，观察并确保天线稳定锁定（天线自动跟踪卫星，根据天线参数锁定卫星。一般会锁定在最好信号值的状态。如果持续锁定，就视为稳定锁星）。保存天线参数，系统自动计算安装偏差。

（3）观察卫星路由器 RX 灯状态，由橙变绿并持续亮起为接收到正确载波，说明锁星正常。

2. 自动模式

参数设定并保存后，验证设备自动跟踪性能。重启设备，进入自动启动模式，天线自主跟踪测试星，观察仰角、方位角、极化角等，实际值与目标值偏差超过0.5°则需修正。这几个参数均可以通过手动输入数值直接修正偏差值，尽量使目标值与实际值相接近，快速、稳定地锁星。

3. ABS 模式

将卫星路由器 LAN 口与交换机相连，天线控制单元也与交换机相连，并都设置在一个字段内，实现信息交互(IP 的设置字段是由卫星网络运营商在配置小站端出口网络时配置的，天线要以运营商 IP 为设置依据)。卫星路由器与天线控制器互联后，通过公共的 OpenAMIP 协议，天线可以直接获取到卫星路由器设定好的卫星参数。此时，天线自主寻星，直到卫星路由器的状态灯显示为入网状态，说明天线运转正常，并成功进入入网状态。

四、入网参数设置(以 ORBIT 设备为例)

1. IP 地址设定

根据运营商提供网段设置 ACU(天线控制单元)、CCU(中央控制单元)、交换机以及 Modem 的 IP 地址。ACU 与 CCU 出厂均有默认 IP，一定要先改 ACU，再改 CCU。

各项参数列表如表6－1、表6－2、表6－3 所示。

表6－1　卫星主站及小站参数表

卫星通信系统	iDirect 双向卫星系统	
卫星	中星6A	
频段	Ku 频段	
卫星 Modem	iDirect X5	
卫星主站	地点	北京海淀区后厂村路59号鑫诺公司北京地面站
	天线	9 m
	频段	Ku 频段
	功放	750 W
	卫星 HUB	iDirect 5IF XLC－11(6 MHz＋1 Mb/s)
船载小站	船载动中通设备	天线:Orbit OrSat 1.15 m Ku－Band ACU: AL－7103 BUC:Agilis 8 W Ku 频段(12.8 GHz LO) LNB:SMW Q－PLL Type O Ku 频段(11.25 GHz LO)
	卫星 Modem	iDirect Evolution X5
	设备接口	RJ45 以太网口
	通信协议	TCP/IP
	通信速率	主站－>小站:512 kb/s 小站－>主站:256 kb/s
	其他设备	网络交换机:Cisco SF300－08

表 6-2 调制解调器(Evolution X5)设置参数表

型号	Evolution X5
S/N	140481
网络	中星 6A Ku network
IP Config	VLAN:Default LAN, IP Address: 172.25.3.145 LAN, Subnet Mask: 255.255.255.240 Mgmt, IP Address: 10.254.3.10 Mgmt, Subnet Mask: 255.255.255.0 VLAN:156 LAN, IP Address: 172.25.4.145 LAN, Subnet Mask: 255.255.255.240 Mgmt, IP Address: 10.254.3.10 Mgmt, Subnet Mask: 255.255.255.0 DHCP: Server DNS: 202.106.196.115, 210.72.200.8 Default GW: 172.25.4.9145 Range: 172.25.4.146-156
QoS	Downstream: CIR: 256 kb/s, MIR:512 kb/s Upstream: CIR: 128 kb/s, MIR: 256 kb/s QoS:
Geo Location	Mobile GPS input: Antenna,
VSAT	BUC:8W Ku Agilis M, 13750 to 14500 MHz, Frequency Translation: 12800 MHz, ODU Tx 10 MHz, Spectral Inversion: Normal LNB:SMW Q-PLL Type O Stability: ±10 kHz Frequency Translation: 11250 MHz(18 V,22 kHz) Reflector:AL-7104 Antenna Address: 172.25.3.146 Antenna Port: 5002 Hunt Frequency: 1323 Rx Polarization: Veritcal Tx Polarization: Horizontal LNB Voltage: 18 22 kHz Tone:

表 6－3　交换机(Cisco SF300－8)参数设置表

端口	VLAN	说明
IP Address	1	172. 25. 3. 148/255. 255. 255. 240/172. 25. 3. 145 telnet username：cisco password：P@55w0rd!
1	Trunk	iDirect X5 / 172. 25. 3. 145 / 172. 25. 4. 145
2	1	SBC/ACU/172. 25. 3. 146
3	1	CCU/172. 25. 3. 147
4	156	
5	156	

2. 天线设备参数设置

天线设备参数如表 6－4 所示,以天线 Orbit 7103 MKII 天线设置为例。

表 6－4　天线设备参数设置表

<table>
<tr><td>天线 IP 设置</td><td>IP Address：172. 25. 3. 146
Subnet Mask：255. 255. 255. 240
Default GW：172. 25. 3. 145</td></tr>
<tr><td colspan="2">中央控制单元(天线主机)CCU(below deck)主机的参数设置</td></tr>
<tr><td>设备连接</td><td>ADMX/BDMX:天线
IF OUT TX:IDirect Tx
IF OUT RX:IDirect Rx
ADMX LAN:Cisco SF300－08 端口 02
HUB LAN:Cisco SF300－08 端口 03
COM1－RS422：COMPASS input
COM2－RS232：GPS output ～ iDirect Monitor</td></tr>
<tr><td>IP 配置</td><td>IP Address：172. 25. 3. 147
Subnet Mask：255. 255. 255. 240
Default GW：172. 25. 3. 145</td></tr>
<tr><td>Host IP address</td><td>HOST －> Communication ACU/SBC IP Address:172. 25. 3. 146</td></tr>
</table>

五、入网测试

1. 设备连接

将交换机 trunk 接口与卫星 Modem 相连,VLAN1 接口与 ACU 相连,用户业务设备连接到交换机业务 Vlan156 接口。

2. 开通测试

(1)将电脑连接至交换机业务 VLAN 接口。

(2)设置电脑为自动获取 IP,如果 Modem X5 配置正常,则电脑应可以自动获取到 IP 地址,如果未能获取 IP,检查端口连接是否正确。

(3)获取到 IP 地址后,电脑应该可以正常 ping 到 X5 的业务 VLAN IP 地址。如果 ping 不到,则 X5 配置有问题。

(4)尝试 ping 主站 ID 系统服务器地址,例如 172. 16. 152. 50(或 51)。如果都 ping 不到,说明卫星链路有问题或主站系统配置有问题。

(5)尝试 ping 主站路由器,例如 172. 16. 152. 49,如果 ping 不到,则主站路由器配置有问题。

(6)尝试 ping 主站防火墙,例如 172. 16. 152. 57,如果 ping 不到,则主站路由器或防火墙配置有问题。

(7)尝试 ping 外网地址,例如 www. baidu. com,如果 ping 不到,则主站防火墙配置有问题,或 X5 DNS 配置有问题。可尝试手动将电脑 DNS 设为 202. 106. 196. 115(电信)或 210. 72. 200. 8(联通),如果仍然 ping 不到,则说明主站防火墙配置有问题。

六、船舶办公网络搭建

(1)查看原船是否有办公局域网及网络接入点。

(2)从 VSAT 交换机接入办公局域网。

(3)配置静态路由,设置网段,划分 VLAN,隔离办公局域网。

(4)如有必要,设置速率上限。

任务 2　VSAT 设备操作

将 VSAT 设备安装、调试完成后就可以上网了,上网方法与 INTERNET 上网方法一样,这里不再赘述。

任务 3　VSAT 小站典型故障排除

由于各 VAST 制造商产品迥异,本书介绍常见的 OrSat AL－7103－Ku Mk II 型小站典型故障排除方法。

1. 系统的重启

通过重启系统,大多数小故障可得到修复,因此被视为故障排查的第一步。OrSat AL－7103－ Ku Mk II 小站基于 Windows CE 操作系统上安装的 MTSLINK 软件实现系统控制。

开机后,系统操作软件自动运行,运行后输入密码(初始密码为“AL－7200”),进入日常操作系统;进入系统后,“IMU”状态开始 6 min 倒计时,“Mode”状态栏显示“Init”(天线系统初始化)。正常情况下,天线初始化完成后系统模式会自动变为“Pnt－to－ Sat”,然后进入正常的“Step Track”步进跟踪卫星的工作模式,同时“IMU”(惯性测量单元)状态变为“Locked”。如果系统没有自动跟踪卫星,需要进入手动跟踪卫星模式。

2. 典型断网故障的处理

在天线自动跟踪系统没有硬件损坏的情况下,即系统状态信息栏中没有出现红色的报警信息时,若网络发生中断,常见处理方法如下。

(1)天线控制器右侧的红色 ACC 电平值比正常时降低很多(与绿色的门限值非常接近),同时卫星调制解调器(Modem)上的 RX、SYNC 以及 ON LINE 的绿色灯全部中断或其中一两个中断,网络就无法使用。这种情况通常是由天线被桅杆大型吊的吊臂等遮挡造成的,阻挡范围在 10～15°。可稍微调整航向,一旦避开遮挡区,天线就会自动重新跟踪卫星。

(2)航行中,在并没有发现天线硬件损坏或被遮挡的情况下系统发生中断(该现象表征为卫星 Modem 上只有 ONLINE 灯灭),这主要是由于地理位置变化过大,卫星 Modem 某段时间内发生过中断且未重新更新位置数据造成的。解决方法是重新更新位置数据,即更新卫星 Modem 内的经纬度。

首先配置机柜中天线控制器下第一个设备,即卫星 Modem 设备(也叫 SkyEdge I Access),使用直连线插在交换机上,另一端插在电脑网卡端;然后在 IE 浏览器中输入 192. 168. 1. 1,直接进入设备配置菜单,电脑的 IP 地址需设置为 192. 168. 1. 10,子网掩码为 255. 255. 255. 0,网关为 192. 168. 1. 1(注意将 IE 中的代理服务器关闭);进入 IE 后,除第一个“Status”不需要密码外,其他设置都需要使用用户名和密码。更新经纬度时,需进入第 3 个菜单“Install”菜单中最后 2 项,进入后直接输入经纬度(注意经纬度中的秒数值只能为 0 ~ 50);完成后,点击最上面的菜单中的“Submit”,进入该项后选择“Save”;在最右边的菜单栏中有项“Commands”,进入该命令后点击“Reset”,完成经纬度的输入确认。

更新完经纬度后,卫星 Modem 重新启动并更新数据,此过程需 5 ~ 10 min。

3. 日常维护

(1)定期检查 ODU 部分(尤其在大风浪过后)。

(2)必要时为天线控制平台的轴加润滑。打开天线罩时必须关闭电源,防止电磁辐射、机械挤伤或高压电的电击伤等。

(3)ODU、双工器和电缆等插头应注意防水,尤其防止穿过舱壁的位置被钢板损坏。

(4)冬天注意清除天线罩表面的冰雪。冰雪对于 Ku 波段设备的影响尤其明显。

(5)当现场无专业人员时,禁止私自进行开关机和搜寻卫星的操作。

(6)一旦信号突然丢失,建议首先从天线被遮挡、天线罩表面有冰雪、船舶航行于本船运营商业务范围外等方面考虑。如果确定要进行设备软硬件操作,务必小心谨慎。

(7)小站电脑必须专用,切勿随意与其他电脑、存储设备发生物理连接。

(8)注意了解本船运营商业务覆盖范围,当计划航线超出覆盖范围时及时通知运营商。

【项目考核】

项目考核单见表 6 – 5。

表 6 – 5　项目考核单

序号	考核点	分值	建议考核方式	考核标准	得分
1	VSAT 系统的安装	20	教师评价(50%) + 互评(50%)	能正确安装,安装错误一处扣 4 分	
2	VSAT 上网前调试与操作(见项目技能训练七)	25	教师评价(50%) + 互评(50%)	能正确进行设备操作,操作错误一次扣 5 分	
3	项目报告	10	教师评价(100%)	格式标准,内容完整,详细记录项目实施过程并进行归纳总结,一处不合格扣 2 分	
4	职业素养	5	教师评价(30%) + 自评(20%) + 互评(50%)	工作积极主动、遵守工作纪律、遵守安全操作规程、爱惜设备与器材	
5	知识巩固测试(见项目知识训练六)	40	教师评价(100%)	对相关知识点掌握牢固,错一题扣 2 分	
完成日期		年　月　日		总分	

项目知识训练六

1. VSAT网是由________部分组成。

A. 主站(HUB)　B. 空间段　C. 许多远端小站(VSAT)　D. INMARSAT－C站

2. VSAT网一般采用________网络结构。

A. 树型　B. 星型　C. 网型　D. 柱型

3. 主站使用大型天线波段有________。

A. Ku波段　B. C波段　C. L波段

4. VSAT小站主要由________组成。

A. 小口径天线　B. 室外单元　C. 室内单元　D. 地面中继线路

5. C频段电波的优点有________。

A. 传播条件好　B. 降雨影响小　C. 可靠性高　D. 小站设备简单

6. 话音VSAT网按需分配信道的呼叫过程有________个基本阶段。

A. 申请信道　B. 呼叫建立　C. 通话　D. 拆线

项目技能训练六

1. 对VSAT小站进行上网操作。
2. VSAT系统安装时有哪些注意事项?

项目七　卫星搜救系统及 EPIRB 的安装与操作

【项目描述】

COSPAS－SARSAT(COSPAS 是俄文的拉丁化,英文的全称是 Space System For Search of Distress Vessels,意为搜寻遇难载体的空间系统;SARSAT—Search and Rescue Satellite Aided Tracking,意为卫星辅助跟踪的搜救系统)系统能自动确定遇险报警的位置。卫星示位标又称应急无线电示位标(EPIRB),当船舶遇险时,它可以发送遇险报警信号,报警信号中包含遇险船舶位置信息。岸上的搜救部门接收到卫星转发的报警信息后,可以根据 EPIRB 提供的位置展开搜救活动。

【项目目标】

1. 掌握 COSPAS/SARSAT 系统的概念、功能及 COSPAS/SARSAT 系统组成。
2. 能正确安装 EPIRB。
3. 会正确操作 EPIRB。

【知识链接】

知识链接 1　COSPAS/SARSAT 系统认识

一、COSPAS－SARSAT 系统的概述

COSPAS－SARSAT 系统,原称“低近极轨道搜救卫星系统”。近年来,该系统又引入了静止卫星作为转发器,因此现在系统更名为“国际搜救卫星系统”,是 1981 年由美国、苏联、法国和加拿大四国联合开发的旨在全球利用卫星进行搜索和救援的信息服务系统;一年以后,以上述四国为理事的国际搜救卫星组织(COSPAS－SARSAT)宣布成立,在此后的 20 多年的搜救活动中,使17 000多名遇险人员安全脱险,因此它也成为 GMDSS 重要组成部分,为海上搜救提供信息服务。

国际海事组织在《SOLAS 公约》中明确规定:所有 300 总吨及以上的船舶必须按照要求配备遇险定位的搜救设备。COSPAS－SARSAT 全球卫星搜救系统以其可靠、方便、免费使用等优点赢得了人们的青睐。该系统不仅广泛地应用于航海领域,而且也对航空业和陆地用户提供全球性的卫星搜救服务。

二、COSPAS－SARSAT 系统组成

COSPAS－SARSAT 系统由卫星空间段、示位标和地面段三部分组成如图 7－1 所示。

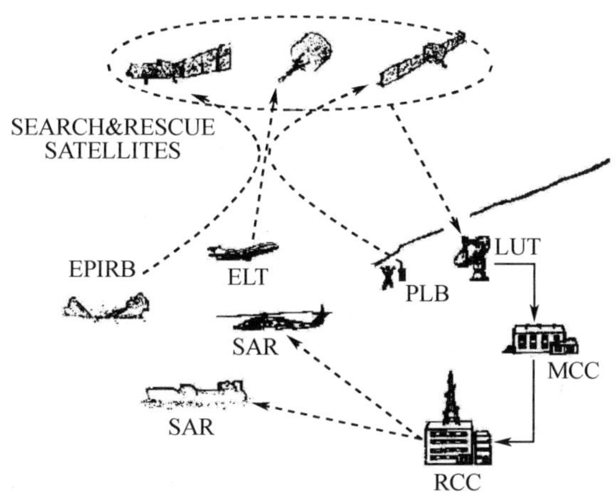

图7-1 COSPAS-SARSAT系统示意图

由图7-1可以看出,应急示位标(EPIRB)发出的信号经搜救卫星中继到地面段,通过地面段的本地用户接收终端LUT(Local User Terminal)、任务控制中心MCC(Mission Control Center)送至相应的搜救协调中心(RCC),由RCC来开展组织救助工作。

1. 空间段

空间段由两部分组成,即地球同步轨道卫星系统(GEOSAR—Geostationary Search end Rescue System)和低近极轨道卫星系统(LEOSAR—Low-altitude Earth Orbit System for Search and Rescue)。

(1)低近极轨道卫星

COSPAS-SARSAT低近极轨道卫星共有8颗,由苏联的COSPAS卫星和美国的SARSAT卫星组成,卫星高度为850~1 000 km,运行轨道为低近极轨道。因为该系统的卫星轨道较低,所以单颗卫星覆盖地球的面积比地球同步静止卫星要小,覆盖直径约为6 000 km的圆形区域,该区域称为卫星共视区。随着卫星绕地球旋转,在地面上形成宽约6 000 km的带状覆盖区域。

低近极轨道卫星的运行周期约为100 min,在目前卫星的工作情况下,中纬度地区两颗卫星飞越同一地区的时间间隔在1 h之内,在靠近赤道地区最长达1.5 h,从地面上看,一颗卫星飞过的时间为10~15 min。因此,对遇险目标来说,存在着一定的等待时间,同时,由于地面上本地用户接收终端LUT的分布有限,只有那些和LUT处在同一个卫星共视区内的遇险目标才能实现实时报警,而其他区域的报警将会出现一定的延时。因此,目前已经开始使用地球同步卫星实现对信标信号的实时转发,以消除卫星的等待时延。

①低近极轨道卫星的工作模式

由于低近极轨道卫星的轨道低(单颗卫星覆盖面有限),卫星只有8颗,不能完全实现实时报警,因此,卫星转发器提供了实时和存储转发两种工作模式。

➢实时模式

实时模式是指卫星收到示位标报警信号后立即转发,提供覆盖区内的实时报警。这种模式对121.5/243 MHz示位标和406 MHz示位标的星上处理方式略有不同。对于121.5/243 MHz示位标,卫星收到报警信号后直接转发到地面,星上不对信号进行任何处理,处理工作由与示位标处于卫星共视区内的LUT来完成,卫星只起中继转发作用;而对于

406 MHz 示位标，卫星上增加了对 406 MHz 信号的实时数据处理系统，卫星收到报警信号后，在星上对信号进行了一定处理，再转发至卫星共视区内的 LUT。

➢存储转发模式（全球覆盖模式）

存储转发模式是指卫星收到报警信号后，一方面实时转发报警信号，同时卫星又把报警信息存储起来，并连续地进行播发，所以即使示位标的卫星共视区内暂时没有 LUT，但随着卫星的运行，当卫星覆盖区内出现 LUT 后，卫星会把报警信息转发给该 LUT，同样也能实现报警。由于低近极轨道卫星的坐标是按要求设计的，随着卫星的运行，加上地球的自转，卫星可以实现非实时状态下的全球覆盖，即地球上任何地方的信标报警信号都可以被卫星收到，因此，存储转发模式也称为全球覆盖模式。但在这种工作模式下是延时报警，其延时时间与示位标和 LUT 的相对位置、卫星运行轨道和 LUT 的纬度等因素有关。

存储转发模式只适合于 406 MHz 示位标。可见，低近极轨道卫星对 406 MHz 示位标提供实时和存储转发两种模式。实际中 406 MHz EPIRB 实时模式和存储转发模式同时使用，一方面对覆盖区实时报警，同时延时报警定位。

②低近极轨道卫星的多普勒频移定位

对于 LEOSAR 系统，因为卫星与示位标之间有相对运动，所以卫星所接收到的信号频率与示位标发出信号的真正频率会有所差别，也就是产生了多普勒频移。卫星可以根据收到遇险信号的频率变化情况及轨道参数来判定示位标的具体位置，这就是多普勒频移定位原理。由于低近极轨道卫星对示位标具有定位功能，因此，当海上险情紧迫时，遇险者可以直接启动示位标，可以不考虑位置信息的注入等问题，通过系统的定位功能，可以准确获得信标的具体位置，这既节省了遇险者的报警时间，也解决了报警后由漂移带来的位置误差，有助于搜救部门的营救。

由低近极轨道卫星构成的 COSPAS – SARSAT 搜救分系统（LEOSAR）具有以下特点：

➢能够实现部分区域的实时报警和全球范围内的延时报警；

➢具有定位功能，能根据多普勒定位原理计算出遇险报警产生的位置；

➢因卫星和示位标之间有相对运动，降低了示位标对其本身与卫星之间遮挡物的敏感性，提高了报警的成功率。

（2）同步轨道卫星

COSPAS – SARSAT 同步轨道卫星共有 5 颗，分别由美国、印度和欧洲气象卫星组织提供。因为该卫星在地球同步轨道上，所以可以实现除南北两极之外的全球覆盖。

由同步轨道卫星构成的 COSPAS – SARSAT 搜救分系统（GEOSAR），作为低近极轨道卫星搜救系统的补充，具有如下特点：

①仅支持 406 MHz EPIRB；

②能够实现南北纬 75°之间的实时报警，提高了报警的时效性；

③无定位功能，需要人工注入或 GPS 定位仪注入位置信息。因为卫星和示位标之间无相对运动，因而不能利用多普勒频移原理对报警信标进行定位。

2. 示位标

示位标实际上就是一台全自动小型发射机，其作用是发射遇险报警和搜救作业时帮助确定幸存者位置。示位标按用途分为航空用示位标 ELT（Emergency Locator Transmitter）、船用示位标 EPIRB（Emergency Position Indication Radio Beacons）和个人用示位标 PLB（Personal Locator Beacon），目前个人用示位标和船用示位标的工作频率是406 MHz，航空用示位标的工作频率是121.5 MHz和243 MHz。

3. 地面段

地面段由区域用户中心也称本地用户接收终端(LUT)、任务控制中心(MCC)和搜救协调中心(RCC)组成。

(1)本地用户终端(LUT)

在COSPAS－SARSAT系统中有两种本地用户接收终端。工作于低近极轨道卫星搜救分系统中的LUT称为LEOLUT;工作于同步轨道卫星搜救分系统中的LUT称为GEOLUT。LUT作为卫星地面接收站,其作用是:跟踪搜救卫星并接收卫星转发下来的遇险示位标报警信号,然后解码、计算,给出示位标识别码和位置数据,把示位标的报警数据和统计信息送给相应的搜救任务控制中心。

因为卫星对各种频率的示位标信号处理方式不同,所以LUT对各种频率示位标的信号处理方式也是不同的。对121.5/243 MHz示位标,由LUT计算多普勒频移决定示位标的位置。如果LUT是无人值守的,则LUT只起中继作用,由MCC来完成计算多普勒频移决定示位标位置的工作;对406 MHz示位标,由卫星计算多普勒频移和时间定标数据,再送至LUT进行下一步处理。

为了得到较高的定位精度,LUT同时还承担实时修正卫星轨道参数的任务。

(2)任务控制中心(MCC)

搜救任务控制中心和本地用户接收终端相连接,其主要作用是:收集、整理、储存和分类从LUT及其他MCC送来的数据;分析数据的可信度,过滤虚假报警,解除模糊值;在COSPAS－SARSAT系统内与其他MCC进行信息交换;把报警和定位数据送到相应的搜救协调中心RCC或搜救协调点SPOC(Search and Rescue Point of Contact)。

对于每一个MCC,国际搜救卫星组织都按照其所属的地理区域位置,划分了搜救服务区。MCC在对每一个示位标数据进行处理时,首先判定其发生报警的位置。如果报警发生在自己的搜救服务区内,那么MCC将把遇险信息转发到与其相关联的搜救协调中心RCC或搜救协调点SPOC;如果报警发生在自己搜救服务区以外,MCC将通过其所属节点的任务控制中心(Nodal MCC)将报警信息转发给遇险示位标所在搜救服务区的MCC。

目前,全球已经建立了45个LEOLUT,18个GEOLUT,共有26个MCC处于工作状态,LUT的地理分布可以覆盖地球的大部分表面。

(3)搜救协调中心(RCC)

搜救协调中心的任务是组织、协调、指挥救助工作。

知识链接2 EPIRB认识

在GMDSS中船用示位标有三种:

- VHF频段CH70 EPIRB,它使用甚高频(VHF)CH70,可作为仅航行在A1海区船舶配备的示位标设备,目前已没有厂商生产。
- 1.6 GHz EPIRB,工作频率1.6 GHz,通过INMARSAT海事卫星进行中继的L波段EPIRB,但INMARSAT系统在2006年就已经停止对1.6 GHz EPIRB的服务。
- 406 MHz EPIRB,工作频率406 MHz,同时含有载频为121.5/243 MHz自引导信号,它是COSPAS/SARSAT系统的船上终端设备。目前GMDSS系统中使用的应急示位标只有这一种,《SOLAS公约》要求所有船舶配备自浮式406 MHz EPIRB。

国际海事组织规定,所有300总吨以上的货船以及适用于《SOLAS公约》的公约船,无论航行在A1、A2、A3或A4哪个海区(在A1海区可用VHF EPIRB代替),都必须配备406 MHz EPIRB。

一、406 MHz EPIRB概述

1. 406 MHz EPIRB简介

船用EPIRB一般内装两个发射机,406 MHz发射机和121.5 MHz/243 MHz发射机(121.5 MHz和243 MHz EPIRB不是强制的),用于发射遇险报警信号。同时,121.5/243 MHz发射机发射的信号还可作为搜救飞机和搜救船舶的寻位信号。

船上的406 MHz EPIRB要求被安装在自浮式支架上,并能人工启动和自动启动。EPIRB示位标启动后,每50 s发射一次0.5 s、功率为5 W的射频脉冲。EPIRB的电池使用年限为4年,电池容量为48 h。自浮式支架上的静水压力释放器使用年限为2年。图7-2为两种应急示位标外形。

图7-2　两种应急示位标外形

2. EPERB的装船注册

如果船舶要配备EPIRB,应及时向有关机构注册。注册的内容都已在注册卡上标明,主要包括装船EPIRB的出厂序列号,船舶的国籍、船东、船名等信息。如果注册的内容有任何变更,如船舶的变更、船东的变更、EPIRB的丢失、被盗等,都要迅速通知注册机构。

二、406 MHz EPIRB的启动方式

EPIRB的启动方式分为两种,即自动启动和手动启动。

1. 自动启动

如果示位标的存放盒或安装支架是浮离式的,则该示位标可以自动启动。具体是指当船舶遇险,船体下沉到一定深度后(一般为1.5~4 m),由压力传感器测得海水静压力,释放机构自动启动,示位标脱离支架或存放盒后浮出水面,开始发射报警信号,所以自动启动式示位标需要安装在没有遮挡的场合处。当然,自动启动式示位标通常也可以手动启动。

2. 手动启动

手动启动是指人为地将示位标从安装支架或存放盒中取出,手动启动示位标的遇险报警功能,使示位标开始发射遇险信号。

三、应急示位标的维护保养

应急示位标的维护保养主要包括一些部件的更换及日常维护保养。

1. 部件的更换

部件的更换主要指电池和静水压力释放器。

(1)电池的更换。不同型号示位标电池的有效期是不相同的,一般为3-5年,有效期通常标记在手动启动式示位标圆顶的后侧或自动启动式示位标的存放盒上。

(2)静水压力释放器的更换。静水压力释放器的有效期一般为2年,有效期通常标记在静水压力释放器以及存放盒侧面的标签上。

电池和释放器的有效期要经常查看,到期前应及时报告申请安排换新,换新后的电池、

释放器要标明有效期。

2. 日常维护保养

(1)检查示位标周围有无杂物堆积、有无新的构建物会在紧急时刻影响应急示位标的释放。

(2)检查示位标周围有无腐蚀品,尤其在油船、化学品船舶上,注意机体或存放支架是否牢固,有无腐蚀及爆裂等损坏。

(3)检查应急示位标机体是否有海水浸泡以及密封不良情况。

(4)检查示位标电池和静水压力释放器的有效期,如果即将到期,要及时通知岸上的代理机构及时更换。

(5)每月利用设备自身提供的自检测方式,检测设备工作状态。

(6)检查应急示位标机体上的标志是否清晰,如果异常及时更换。

(7)到港时注意防盗。

(8)定期测试。根据《SOLAS 公约》的要求:“卫星应急示位标(EPIRB)应在不超过 12 个月的间隔期内,对其操作有效性的各个方面进行测试”。届时应及时通知部门负责人并且做好相关记录,将各项检查结果填入无线电日志。

日常检查时应注意防止误报警,应急示位标的误报警已经是 GMDSS 误报警的主要来源。另外,由于 EPIRB 有水敏开关,因此在冲洗甲板时不要对着 EPIRR 冲洗以免发生误报警。如果发现 EPIRB 设备发送了误报警,必须马上联系就近的海岸电台或者适当的海岸地球站,或 RCC 取消误报警。

无论哪种设备出现了误报警,均应把误报警日期、UTC 时间、地理位置、经由的海岸电台或地面站记入无线电日志。一般来讲,对那些在产生误报警之后,能够按照正确的步骤取消报警从而消除其不利影响的船舶免予处罚,但是,那些经常进行错误操作的船舶可能被追究责任。另外,一旦船舶发生了误报警,船舶靠港时很可能面临严厉的 PSC(Port State Control)检查,所以航海人员必须认真对待。

四、使用 EPIRB 时的规定

我国已有相当数量的船舶配备了 EPIRB。为加强设备的管理,防止发生误报警,使 EPIRB 设备发挥应有的作用,做出以下相应的规定。

(1)EPIRB 设备安装前,各船舶所属公司的通信导航管理部门应认真核对和试验所装设备与船舶相关的数据是否一致;做好电池失效期、释放器更换期等有关数据的记录工作;按照要求填写相关数据资料,报送给相关主管部门。

(2)EPIRB 设备的电池、静水压力释放器的更换,由船舶所属公司的通信导航管理部门负责监督、执行,更新日期应填入表 7-1,一式两份,一份存通信导航管理部门,一份存船方。

表 7-1 EPIRB 设备管理记录登记表

船名	船舶编号或呼号	设备名称和型号	装船日期	电池更换日期	释放器更换日期	备注
⋮						

填表人: 负责人: 主管部门<盖章>

(3)EPIRB 设备应安装在靠近驾驶室并易于操作的位置,并张贴明显标志。设备周围和上方应避免有妨碍设备取出和自浮释放的物体。

(4)EPIRB 设备安装后,船长应组织全体船员学习有关使用规定和注意事项。船长、驾驶员必须了解和熟练掌握该设备的性能结构、操作规程及试验方法。

(5)EPIRB 设备属救生无线电报警设备。当船舶处于危急状况,严重危及船舶和人命安全时,在船长指示下或相关操作人员主动请求船长批准后方可启动。严禁无关人员随意触动设备及其附属设施。任何违反操作规程造成的误报警发射,要及时上报有关部门,并按《海上交通监督管理处罚规定》处理。

(6)EPIRB 设备在应急状态下的操作使用及设备在船上的日常维护工作由二副负责。按照《船舶安全开航技术要求》(GB 6551—89),远洋船舶(往返航期为三个月左右)每次国内开航前由二副对设备进行一次试验。短航线船舶(往返期不足两个月)每季度第一次开航前由二副对设备进行一次试验。试验时,应按产品说明书自测试程序进行,防止由于操作不当造成误报警发射,并将试验情况填入无线电日志。该项试验方法应作为交接班的一项内容。

(7)当各地港监或验船师登船检查时,二副应在场,并给予必要的协助。

知识链接 3 COSPAS/SARSAT 系统通信业务

一、COSPAS/SARSAT 系统的业务

COSPAS/SARSAT 系统的主要业务是为全球包括极区在内的海上、陆上和空中提供遇险报警及定位服务,以使遇险者得到及时有效的救助。

二、COSPAS/SARSAT 系统的搜救程序

对于遇险目标的搜救行动应在能够提供帮助的各搜救主管部门的协调下完成,但地面系统和卫星系统的搜救协调工作程序还是有所不同的。

1. 利用地面系统的搜救协调工作程序

如果船舶利用地面系统设备报警,可能的话离报告的事故地点最近的岸台应对遇险报警给予收妥确认。如果该最近的岸台因故没有应答,则收到报警的其他岸台应予以收妥确认。给予报警收妥确认的岸台在将其责任移交之前必须与遇险船沟通并保持有效的通信,同时,岸台会把报警信息转发给与其相关联的 RCC。

2. 利用卫星系统的搜救协调工作程序

如果船舶利用卫星船站报警,则需选择报警岸站,该岸站收到报警后会直接把报警信号转给与其相关联的 RCC;如果使用卫星 EPIRB 进行报警,则报警信号经卫星转发至 LUT,再通过 MCC 的处理和协调,最终转发给 RCC。

一个报警信号可能被多个岸台或岸站收到,但与第一个给出收妥确认的岸台相联系的 RCC 或与遇险者所选择的报警岸站相关联的 RCC 为组织协调的 RCC。若事故发生地不在本 RCC 救助区内或本 RCC 地理位置不利于搜救,除非有另外一个其地理位置有利于救助的 RCC 来承担责任,否则第一个 RCC 应承担起全部后续的搜救协调工作。若有多个岸台给予了收妥确认而无法确定哪个 RCC 为第一个 RCC,则相关的 RCC 之间必须尽快地商定出由哪个 RCC 承担起搜救协调工作,以便对事故做出最迅速的响应。图 7 – 3 是 COSPAS/

SARSAT 系统搜救通信业务操作流程。

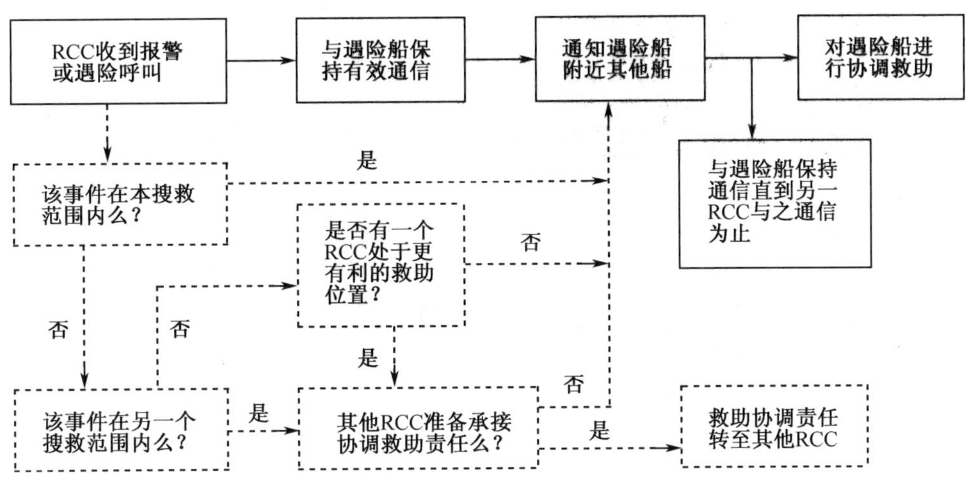

图 7－3 搜救通信业务操作流程图

【项目实施】

任务 1 406 MHz EPIRB 的安装

一、406 MHz EPIRB 安装时应考虑的因素

406 MHz EPIRB 一般安装在驾驶台两侧或驾驶台顶部。安装的地点应便于接近，容易维护，人工启动方便；周围无障碍，无废气，无化学品污染，无机械冲击，无海浪冲击。

二、406 MHz EPIRB 的安装

(1)安装 EPIRB 时要注意使收纳器盖子完全打开，以便 EPIRB 能浮起水面。注意 EPIRB 浮起时不能挂到船舷上。为使打开的收纳器盖子不会掉下，要在收纳器上安装支架，如图 7－4 所示。

图 7－4 EPIRB 的安装台

(2)安装 EPIRB 后,要在 EPIRB 旁边显著位置张贴荧光纸,以便可以显示 EPIRB 的位置(贴纸由造船厂提供)。

(3)剥去水压传感器的有效期标志(有效期:自检查月起 2 年),如图 7-5 所示。

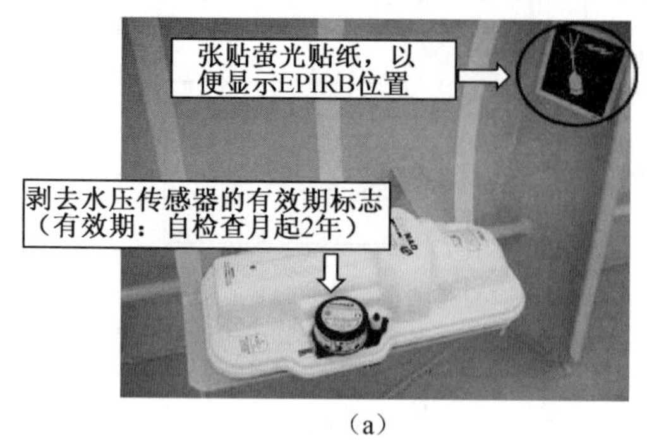

(a)

(b)

图 7-5 EPIRB 的安装

任务 2 JQE-3A 406 MHz EPIRB 设备操作

一、JQE-3A 406 MHz EPIRB 简介

JQE-3A 406 MHz EPIRB 设备是日本 JRC 公司的产品,如图 7-6(a)所示。它是自浮式 EPIRB,发射 406 MHz 遇险信号和 121.5 MHz 自引导信号,满足 IMO/CCIR 与 COSPAS/SARSAT 的相关规则。当船只遇险沉没时,卫星示位标会自动从托架上释放,发射 406 MHZ 紧急求救信号,在信号被 COSPAS/SARSAT 卫星接收后,会传送到 LUT。LUT 对其解码分析出示位标位置,并传达 RCC,以便实施紧急救援。定位精度误差为 2~5 km。同时可向飞机发射专用频率信号,以便展开更有效的搜救行动。

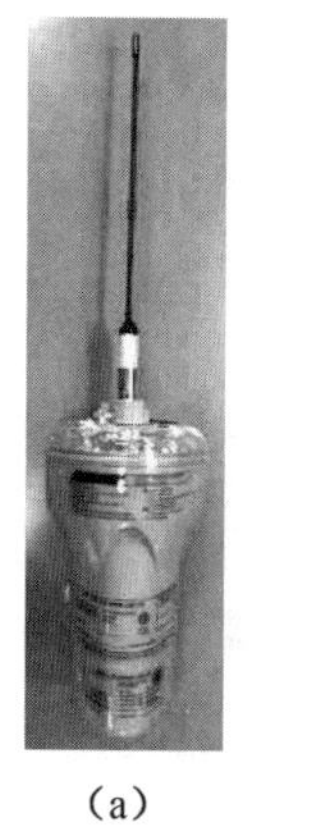

(a)

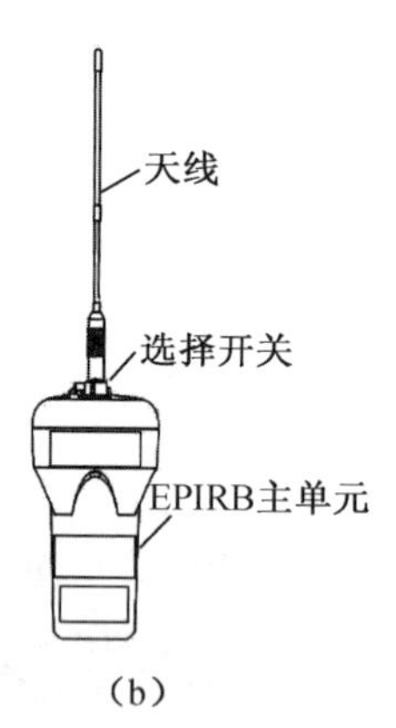

(b)

图 7-6 JQE-3A 406 MHz EPIRB 设备

(a)外形;(b)组成部分名称

二、JQE-3A 406 MHz EPIRB 操作

设备存放与工作程序如下。

1. 平时放置

示位标平时放置在自浮式支架上，机体上的黑色箭头和示位标自浮式支架上黑色箭头应对齐；选择开关在“READY”位，如图7－7所示。

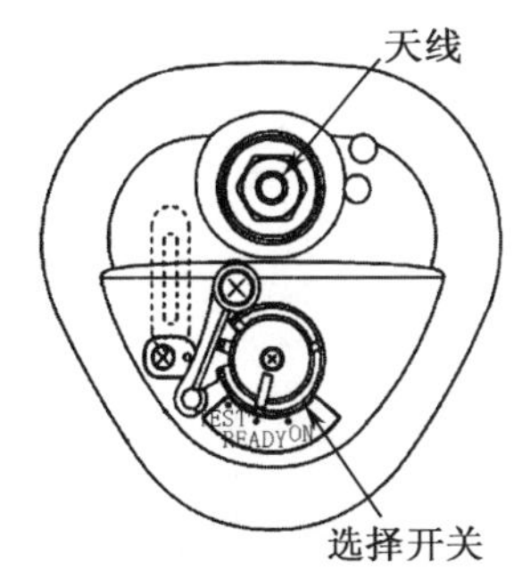

图7－7　JQE－3A 406 MHz EPIRB 开关图

2. 自动启动

船舶遇险时，EPIRB在水下2～4 m，示位标被释放，浮出水面，开始发射报警信号。

3. 人工启动

船舶遇险时，可人工启动EPIRB。方法为选择开关放置到“ON”位，如图7－7所示，示位标的电池电压提供到发射机，发射机开始发射报警信号。

4. 试验

将选择开关旋到“TEST”位，如图7－7所示。绿色指示灯亮，表示示位标工作正常。

任务3　EPIRB输码及检测方法

一、EPIRB输码细则

1. 信息来源

输码信息主要包括船名（英文或汉语拼音）、MMSI证书复印件或MMSI码、呼号以及其他信息。

2. 前期准备

（1）检查EIPRB的S/N编号和MMSI证书S/N号是否一致。

（2）若只提供MMSI码要与船东或付费人核实。

（3）检查EPIRB设备是否正常。

3. 输码

（1）检查电池有效期是否满足4年，不满4年的按电池最后期限输入电池有效期。

（2）检查静水压力释放器有效期是否满足2年，不满2年的按静水压力释放器最后期限输入静水压力释放器有效期。

（3）打开EPIRB输码软件，输入对应的信息，检查无误后，执行输码操作。

（4）打印EPIRB输码报告，核对信息。

（5）在EPIRB壳体上，用油性马克笔填写相关信息。

（6）在释放器保护罩上，用油性马克笔填写相关信息。

（7）按要求对释放器的标签进行打标处理。

（8）在输码报告上签字盖章。

（9）进行项目登记，填写《EPIRB输码登记表》。

4. 装箱

（1）按要求将EPIRB正确装入保护罩内（注意方向），别上锁销。

（2）配好原包装材料，装入外包装纸箱。

（3）检查说明书、产品合格证、输码报告、船级社证书是否都装入外包装箱内。

（4）封口。

二、EPIRB 输码流程(以 SAMYUNG SEP－500 为例)

1. 在电脑上安装 SAMYUNG 输码软件 WINEpirb. 500 程序，如图 7－8 所示。

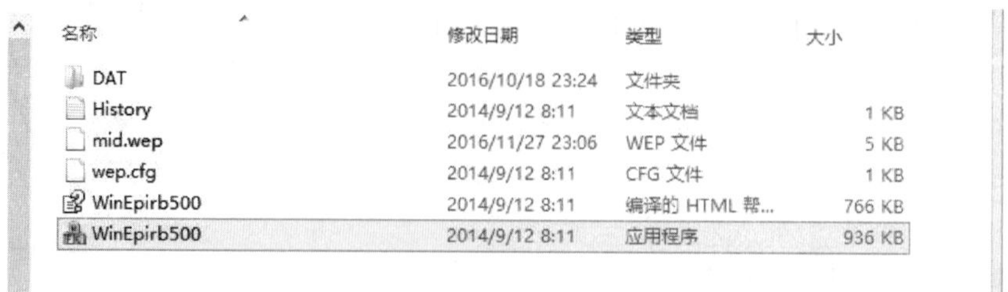

图 7－8　SAMYUNG 输码软件 WINEpirb. 500 程序

2. 打开 WINEpirb. 500 程序，输入操作员的名字，点击确认，如图 7－9 所示。

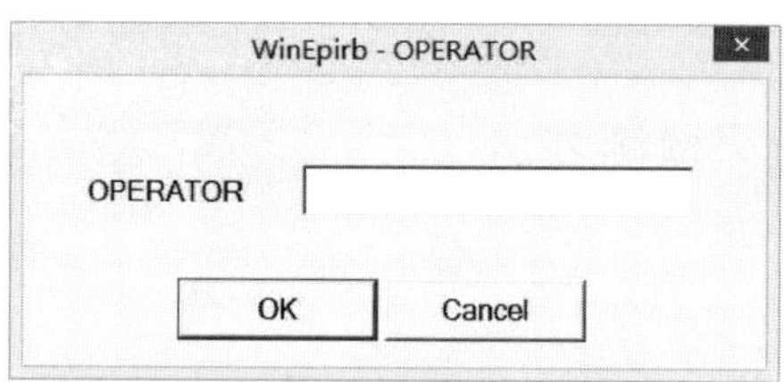

图 7－9　输入操作员名字界面

3. 选择海事用户位置协议 Maritime User Location Protocol，如图 7－10 所示。

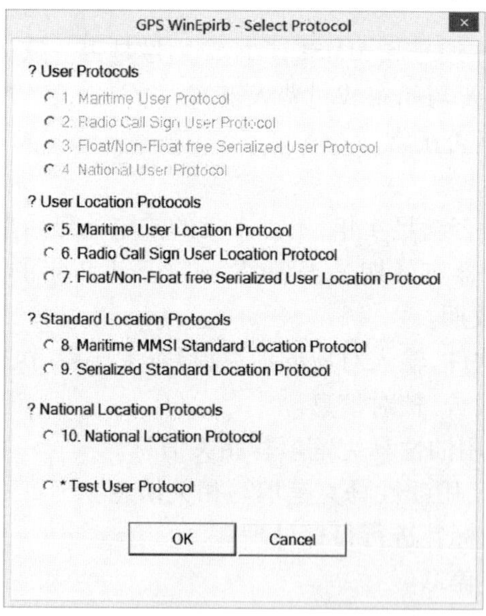

图 7－10　海事用户位置协议界面

4. 输入 Serial no，Battery，country code，MMSI NO，Vessel Name and 等信息，如图7－11 所示。

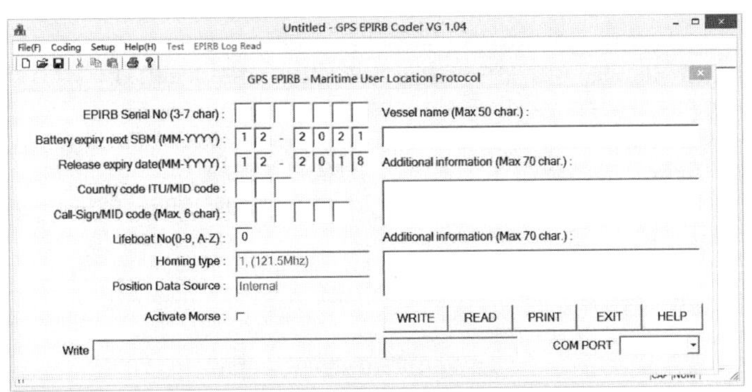

图 7－11　信息输入界面

5. 选择 WRITE，将编程套件放置在主机的编码 LED 孔上，按下主机的[TEST]键(黄色按钮)，如图 7－12 所示。

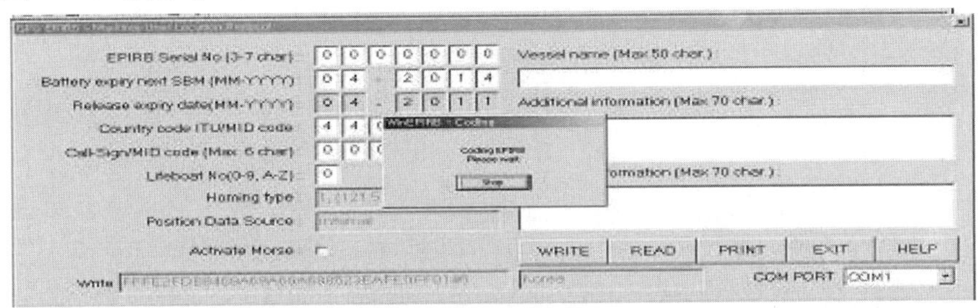

图 7－12　按下主机 TEST 键后的界面

6. 在完成编码单元的情况下，数据屏幕将自动显示编码数据，如图 7－13 所示。

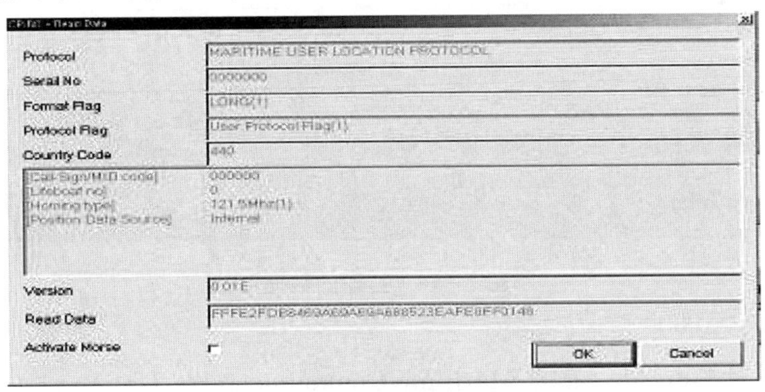

图 7－13　完成编码单元后的界面

7. 如果在上一步中选择[OK]，屏幕将更改为打印机屏幕，选择所需的数据后，打印数据，如图 7－14 所示。

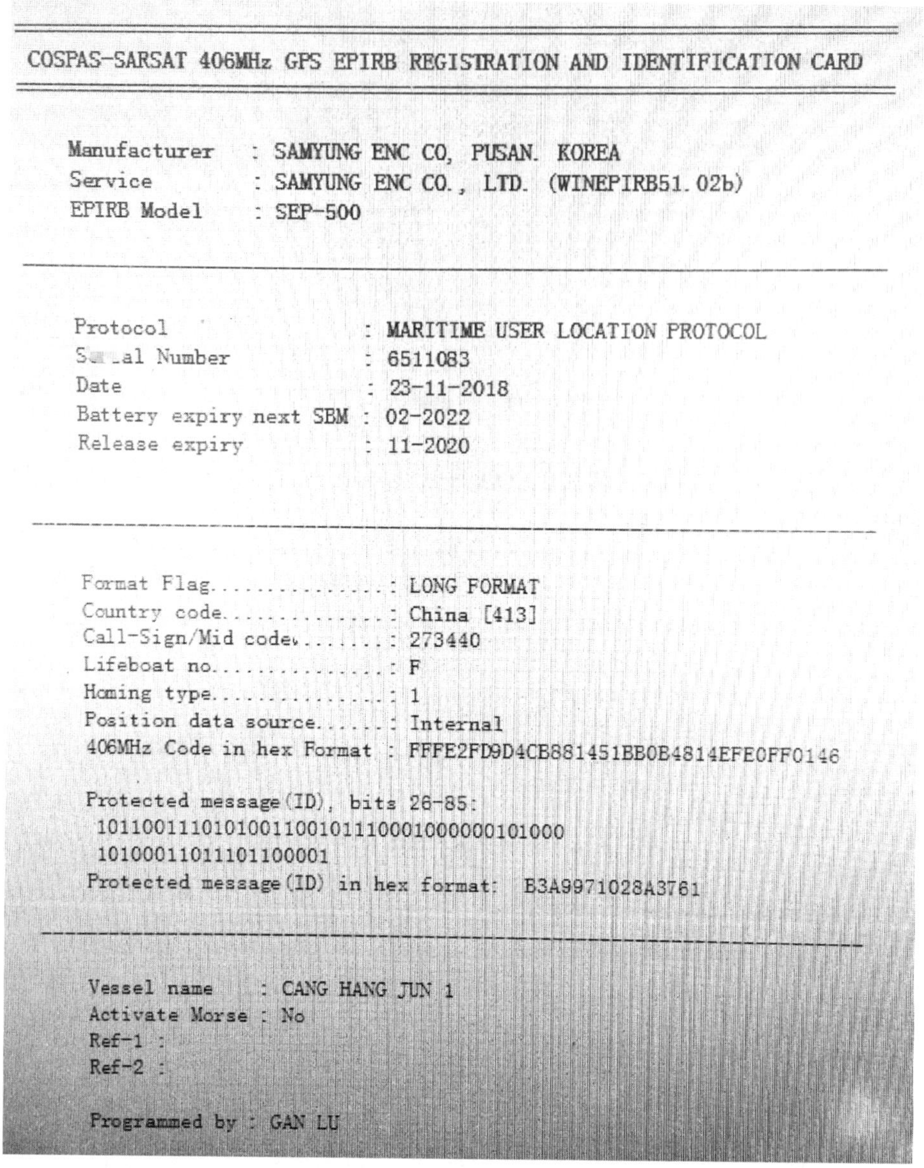

COSPAS-SARSAT 406MHz GPS EPIRB REGISTRATION AND IDENTIFICATION CARD

Manufacturer : SAMYUNG ENC CO, PUSAN. KOREA
Service : SAMYUNG ENC CO., LTD. (WINEPIRB51.02b)
EPIRB Model : SEP-500

Protocol : MARITIME USER LOCATION PROTOCOL
Serial Number : 6511083
Date : 23-11-2018
Battery expiry next SBM : 02-2022
Release expiry : 11-2020

Format Flag................: LONG FORMAT
Country code...............: China [413]
Call-Sign/Mid code.........: 273440
Lifeboat no................: F
Homing type................: 1
Position data source.......: Internal
406MHz Code in hex Format : FFFE2FD9D4CB881451BB0B4814EFE0FF0146

Protected message(ID), bits 26-85:
101100111010100110010111000100000000101000
101000110111011100001
Protected message(ID) in hex format: B3A9971028A3761

Vessel name : CANG HANG JUN 1
Activate Morse : No
Ref-1 :
Ref-2 :

Programmed by : GAN LU

图 7-14 打印的数据

三、检测(使用 Futronic MKII Maritime Communications Test Box)

1. 406 MHz EPIRB Test

EPIRB 测试方法如图 7-15 所示。当执行 EPIRB 测试时,要始终使用 EPIRB 上的测试模式。这样做,EPRIB 将辐射单个突发,信号被特别编码以便被 COSPAS-SARSAT 系统忽略。

如果 EPIRB 在紧急传输模式下意外启动,测试框将显示警告报警,应立即关闭 EPIRB,并向最近的海岸警卫队或搜救中心报告虚假警报。

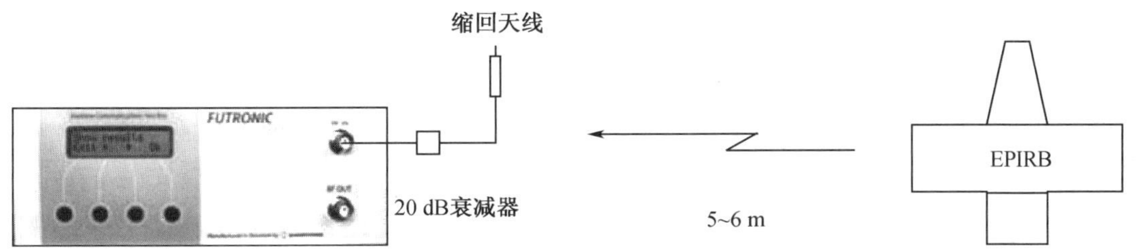

图 7 – 15　EPIRB 测试方法

测试箱对 EPIRB 信号非常敏感。如果显示屏显示“Please wait”,则测试箱已检测到信号,但仍在等待其余的操作。如果没有发生,通常是因为信号太强,尝试将 EPRIB 进一步移动或将 20 dB 衰减器更换为 40 dB。

(1)选择 406 MHz EPIRB 测试模式,然后按[OK]。

(2)设置数字。

如果希望连续测试几个 406 MHz EPIRB,每个 EPIRB 可以单独设置号码以便进行识别。默认数字为 1,按[OK]确认,或按[↑]或[↓]更改为其他数字。

(3)按确定键,“检测频率”将出现在显示屏上。

(4)在手动模式下,选择频率,然后按[OK],显示屏将显示“Waiting...”进行传输。然后激活 EPIRB,测试箱将执行完整测试,在测试传输期间测量频率和信号强度电平,并记录传输中包含的数据字符串。

(5)在自动检测频率模式下,按[OK],测试框将在显示屏上显示“Detecting ...”,然后激 EPIRB,并等待检测到的频率出现在显示屏上。此时,按[OK]并重新激活 EPIRB 以执行完整测试。

(6)显示屏上的“Received OK”确认测试成功。

测试结果自动存储在存储器中,并显示在显示器上,可以逐行查看。从内存中打印输出的示例,如图 7 – 16 所示:

Examples of Printout from the Memory:

EPIRB 406.028 MHz # 1　Time/date: 11:53:24 / 22-11-2011
Country Code: 219　ON-AIR TEST MODE　Short
User protocol code: Maritime　Id: 999999, Specific beacon: 0
Aux. device type 121.5 MHz
B.107:National use, undefined - Manual activation only
Bit 109-112: 0000
Programmed Message (Bit 25-112): 4DB418618618668CD35900
Programmed Identifier (Bit 26-85): 9B6830C30C30CD1
Freq:406,027.5 kHz　Level: 236

图 7 – 16　测试成功打印的数据

四、年度检验项目

EPIRB 年度检验必须经中国船级社 CCS 认可的 GMDSS 检测单位根据检验细则对相关项目进行检验并出具 EPIRB 406 MHz 卫星应急示位标年度检验报告,报告中包含检验项目状况,如表 7 – 2 所示。

表 7－2 EPIRB 检测报告单

EPIRB INSPECTION REPORT

检测控制号 TJ18AS00022　　　　No. :OT2018090536

船名 SHIP'S NAME		船 东 OWNER	
国籍 FLAG		识别码 CALL SIGN/MMSI	
检验地点 港口/泊位 PORT/BERTH		设备名称和型号 EQUIPMENT AND TYPE	
检测时间 INSPECTION TIME		序 列 号 SERIAL NUMBER	

工程师报告:THIS IS CERTIFY THAT THE FOLLOWING WORK HAS BEEN SATISFACTORILY CARRIED OUT

No.	项目 ITEM	结果 RESULT
1	检查安装位置及安装是否影响自浮操作 CHECKING POSITION AND MOUNTING FOR FLOAT-FREE OPRATION	OK
2	确认 EPIRB 的浮力短绳状况良好;该短绳收放妥当,不应与船体或机座相连 VERIFYING THE PRESENCE OF A FIRMLY ATTACHED LANYARD IN GOOD CONDITION	OK
3	外观检查 CARRYING OUT VISUAL INSPECTION FOR DEFECTS	OK
4	进行常规的自测试验 CARRYING OUT THE SELF-TEST ROUTINE	PASS
5	检查 EPIRB 的识别码(15 个十六进制 ID 码和其他要求信息)是否清晰地标明在设备的外部 CHECKING THAT THE EPIRB INDENTIFICATION IS CLEARLY MARKED ON THE OUTSIDE OF THE EQUIPMENT	Clearly Marked
6	从发射信号中解读出 EPIRB 的 15 个十六进制 ID 码和其他信息,检查解读出的信息(15 个十六进制 ID 码或 MMSI/呼号,按照主管机关的要求)是否与信标上的标识一致 DECODING THE EPIRB INFORMATION FROM THE TRANSMITTED SIGNAL: B38903590C334D1	OK
7	通过有关文件或国家编码登记机构核查设备的登记情况 CHECKING REGISTRATION THROUGH DOCUMENTATION OR THROUGH THE POINT CONTACT ASSOCIATED WITH THAT COUNTRY CODE	OK
8	检查电池的有效期 CHECKING THE BATTERY EXPIRY DATE:	2022. 05
9	如适用检查静水压力释放装置及其有效期 CHECKING THE HYDROSTATIC RELEASE AND ITS EXPIRY DATE ,AS APPROPRIATE	2020. 05
10	在自测模式下检测 406 MHz 频段的发射状态,或为避免对卫星发出遇险呼叫,采用适当的检测设备进行 CHECKING THE EMISSION IN THE 406MHZ BAND USING THE SELF-TEST MODE OR AN APPROPRIATE DEVICE TO AVOID TRANSMISSION OF A DISTRESS CALL TO THE SATELLITES	OK

表 7－2(续)

No.	项目 ITEM	结果 RESULT
11	如可能,在自测模式下检测在 121.5 MHz 的发射状态,或为避免启动卫星系统,采用适当的检测设备进行 IF POSSIBLE, CHECKING EMISSION ON THE 121.5 MHZ FREQUENCY USING HE SELF-TEST MODE OR AN APPROPRIATE DEVICE TO AVOID ACTIVATING THE SATELLITE SYSTEM	OK
12	检查 EPIRB 是否按照主管机关规定的时间间隔由认可的岸基维修机构加以维护 CHECKING THAT THE EPIRB HAS BEEN MAINTAINED BY AN APPROVED SHORE-BASED MAINTENANCE PROVIDER AT INTERVALS REQUIAED BY THE ADMINISTRATION	OK
13	检测完成后,重新安装 EPIRB,检查 EPIB 未被启动发射 AFTER THE TEST, REMOUNTING THE EPIRB IN ITS BRACKED, CHECKING THAT NO TRANSMISSION HAS BEEN STARTED	OK
14	确认保存有 EPIRB 的操作手册 VERIFYING THE PRESENCE OF BEACON OPRATING INSTRUCTIONS	OK

检测单位盖章:
COMPANY STAMP:

检测员签字:
SURVEYOR　SIGNATURE:
日期 DATE:

【项目考核】

项目考核单见表 7－3。

表 7－3　项目考核单

序号	考核点	分值	建议考核方式	考核标准	得分
1	406 MHz EPIRB 的安装	20	教师评价(50%)＋互评(50%)	能正确安装,安装错误一处扣 4 分	
2	406 MHz EPIRB 的操作(见项目技能训练七)	25	教师评价(50%)＋互评(50%)	能正确进行设备操作,操作错误一次扣 5 分	
3	项目报告	10	教师评价(100%)	格式标准,内容完整,详细记录项目实施过程并进行归纳总结,一处不合格扣 2 分	
4	职业素养	5	教师评价(30%)＋自评(20%)＋互评(50%)	工作积极主动、遵守工作纪律、遵守安全操作规程、爱惜设备与器材	
5	知识巩固测试(见项目知识训练七)	40	教师评价(100%)	对相关知识点掌握牢固,错一题扣 2 分	
完成日期		年　月　日		总分	

项目知识训练七

1. COSPAS/SARSAT 系统不能完成下列哪项通信任务？________

A. 测定遇险船舶的船位　　B. 遇险通信
C. A4 海区遇险报警与定位　　D. 接收和转发遇险报警

2. 在 COSPAS/SARSAT 系统中不能使用的示位标是________。

A. 156. 525 MHz EPIRB　　B. 406 MHz EPIRB
C. 121. 5 MHz EPIRB　　D. 243 MHz EPIRB

3. 406 MHz EPIRB 发射的遇险报警,必须给出的信息是________。

A. 船位　　B. 遇险性质　　C. 船舶电台识别数字　　D. 时间

4. 406 MHz EPIRB 的位置信息是________。

A. 由与 EPIRB 相接的导航仪给出
B. EPIRB 发射的 121. 5/243 MHz 信号给出
C. 由 COSPAS/SARSAT 系统的卫星检测
D. 由 COSPAS/SARSAT 系统卫星共视区的 LUT 检测

5. COSPAS/SARSAT 卫星通信系统覆盖范围是________。

A. 全球　　B. 南北纬 75°以内　　C. 南北纬 75°以外　　D. 极区

6. 406 MHz EPIRB,每 50 s 发射时间为________。

A. 5 s　　B. 0. 5 s　　C. 10 s　　D. 25 s

7. 406 MHz EPIRB 的电池每________更换,释放器每________更换。

A. 二年,四年　　B. 一年,二年　　C. 四年,二年　　D. 均为三个月

8. COSPAS/SARSAT 系统采用的定位原理是________。

A. 空间分集　　B. 双曲线原理　　C. 多普勒频移　　D. 时间分集

9. EPIRB 在 GMDSS 中的作用是________。

A. 当船舶发生海难事故时,用于进行遇险报警的装置
B. 当船舶发生海难事故时,用于进行遇险通信的装置
C. 当船舶发生海难事故时,用于进行搜寻救助的装置
D. 用于进行船舶定位的装置

10.《SOLAS 公约》对航行于不同海区的船舶配备 EPIRB 设备的要求是________。

A. 航行于 A1,A2,A3,A4 海区的船舶至少配备 1 台 EPIRB
B. 航行于 A1 ,A2 海区的船舶可选配 1 台 EPIRB
C. 航行于 A1,A2,A3,A4 海区的船舶至少配备 2 台 EPIRB
D. 以上均错

11. COSPAS/SARSAI 系统是由________四部分组成。

A. 低极轨道卫星、陆地用户终端、EPIRB 和任务控制中心
B. 静止卫星、陆地用户终端、EPIRB、营救协调中心
C. 低极轨道卫星、陆地用户终端、EPIRB、网络协调站
D. 低极轨道卫星、陆地用户终端、SCC、任务控制中心

12. COSPAS/SARSAT 系统使用的卫星是________。

A. 低高度极轨道卫星　　B. 高高度赤道轨道卫星
C. 静止轨道卫星　　D. 中高度倾斜轨道卫星

13. COSPAS/SARSAT 系统中任务控制中心的缩写是________。

A. LUT　　B. MCC　　C. RCC　　D. EPIRB

14. COSPAS/SARSAT 系统中,406 MHz EPIRB 使用的工作模式是________。

A. 实时转发和实时处理模式　　B. 实时模式和全球覆盖模式

C. 全球覆盖和存储转发模式　　D. 存储转发模式

15. COSPAS/SARSAT 系统中的 EPIRB 工作频率是________。

A. 121.5 MHz　　B. 406 MHz　　C. 1.6 GHz　　D. 156.8 MHz

16. EPIRB 设备在应急状态下的操作使用及在船上的日常维护由________负责。

A. 大副　　B. 船长　　C. 三副　　D. 二副

17. 当船舶沉到水下________处时,静水压力释放器被打开,EPIRB 浮到水面并自动启动,发送报警信息。

A. 1 ~ 2 m　　B. 2 ~ 4 m　　C. 4 ~ 6 m　　D. 1 ~ 5 m

18. 若不小心使用 EPIRB 误发报警,正确的处置方法是________。

A. 立即关机

B. 立即使用 INMARSAT - F 或 B 移动站给就近 RCC 打电话说明情况

C. 打电话报告给公司

D. 以上措施均可

19. EPIRB 的识别码应选用________。

A. 海事卫星海上移动业务识别　　B. 海上移动业务识别

C. 船舶呼号识别　　D. 船舶电台呼号识别

20. COSPAS - SARSAT 系统的示位标由________组成。

①EPIRB; ② LUT; ③ PLB; ④ELT; ⑤ LES

A. ①②③　　B. ①③④　　C. ②③④　　D. ③④⑤

21. EPIRB 安装应考虑的因素主要有________。

①驾驶台两侧或驾驶台顶部;②便于接近,容易维护;③周围无障碍、无废气、无化学品污染;④人工启动方便;⑤无机械、海浪冲击

A. ①②④　　B. ①③④　　C. ②③④⑤　　D. ①②③④⑤

22. EPIRB 日常维护与测试应注意的问题有________。

①对不同类型的设备,分别按不同的方法进行试验,检查其工作情况。带试验开关的设备,将开关转至"TEST"位置,试验指示灯应闪亮或点亮

②对设备进行的试验应避免造成误报警

③确认其安装位置及方法是否满足设备安装要求。所有示位标安放位置的上方不应存在妨碍示位标自动浮起的物体。做系绳用的浮力短索,其布置应能防止在浮离时被缠在船舶结构上

④检查电池的有效期和静水压力释放器的有效期

⑤检查贴于设备外部的简短说明、原电池的失效日期和编入发射器的识别码是否清晰可见,设备上的反光材料是否完好,是否具有制造厂、型号、编号、出厂日期的铭牌以及本局船用产品检验标志

A. ①②④　　B. ①③④　　C. ②③④⑤　　D. ①②③④⑤

项目技能训练七

1. 指出标志在 EPIRB 上的船名和呼号。
2. 说明如何人工启动 EPIRB。
3. 如何防止、取消 EPIRB 误报警?
4. 如何管理和维护 EPIRB?
5. EPIRB 电池和静水压力释放器的有效期分别是几年?
6. 说明 EPIRB 自动启动的过程。

项目八 NAVTEX系统的安装与操作

【项目描述】

海上安全信息(MSI—Maritime Safety Information)播发系统是GMDSS的分系统之一,它的主要工作过程是把有关方面提供的船舶航行安全的信息汇集起来,通过各种有效的途径,向航行于世界各个海域的船舶进行播发,确保航行安全。NAVTEX(Navigational Telex)系统是向船舶播发海上安全信息的自动直接印字电报系统,适合各种船舶,并可对所播发的电文进行有选择地接收和打印。

【项目目标】

1. 掌握海上安全信息播发系统的概念、业务。
2. 能正确安装NAVTEX系统设备。
3. 会操作NAVTEX接收机。

【知识链接】

知识链接1 海上安全信息播发系统介绍

海上安全信息播发系统用于向船舶及时有效地提供海上航行安全所必需的气象警告、航行警告、气象预报、冰况报告、引航业务(不包含美国)、电子航行系统更新信息、搜救信息等七种安全信息。这七种安全信息可分为航警信息、气象信息和搜救信息三大类,每类信息都有专门的信息提供者和自己的协调机构,三类信息汇总于一个总协调中心,根据需要经不同的系统播发。信息提供部门必须经国际海事组织(IMO)、国际航道测量组织(IHO)、世界气象组织(WMO)以及各国相关主管机关的认可。图8-1为MSI播发业务结构图。从图中可知,海上安全信息业务是一个国际性的协作业务,涉及安全信息的搜集、汇总、协调播发等多个环节。

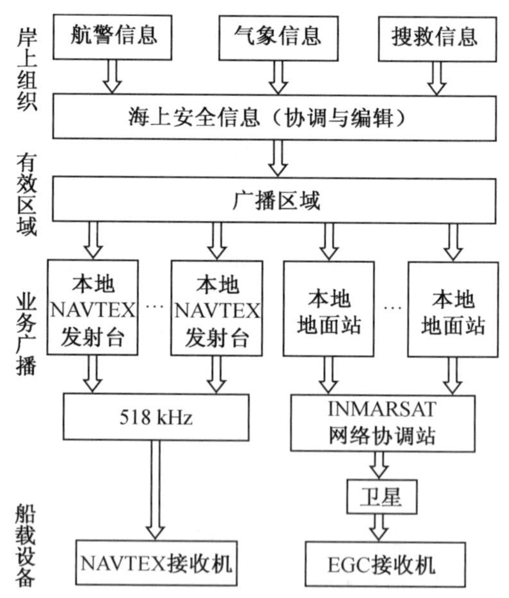

图8-1 MSI播发业务结构图

一、MSI播发系统

1. MSI的播发

《SOLAS公约》要求每艘公约船必须符合关于接收海上安全信息广播的规定。

(1)值守。在航船舶必须在相关海上安全信息广播的频率上保持值守。

(2)登记。每艘公约船应该在无线电日志中记录接收海上安全信息的时间和识别,并应该打印、保留所有与遇险通信有关的电文。

除了上述要求之外,IMO 还建议船舶驾驶台应该保留所有有效的航行及气象信息,供航行值班人员使用。

2. 主要播发手段

所有国际海上安全业务信息使用英语印刷和广播(有时本地语音会附加在英语之后)。在 GMDSS 中,MSI 主要通过下面系统进行播发。

(1)NAVTEX 系统。该系统主要提供国际 NAVTEX 业务。信息提供者把信息转发到特定区域的 NAVTFX 发射台。

(2)EGC 系统。该系统主要提供国际安全网业务。信息提供者把信息转发到特定区域的地面站,地面站通过 NCS 经过卫星向自己负责的洋区广播。因此,在海上航行的船舶,无论距离地面站和信息提供者多远,都可以接收到海上安全信息。

(3)HF NBDP。远程安全信息播发业务是利用高频(HF)窄带直接印字电报(NBDP)技术对 A3、A4 海域进行播发。根据《SOLAS 公约》1988 年修正案规定,如果配备了高频(HF)海上安全信息的接收设备,可以免除对 EGC 设备配备的要求,但是根据设备配备的实际情况,几乎所有的远洋船舶均配备 INMARSAT - C 移动站,因此协调国在播发区域安全信息时,基本全用 EGC 的方式播发,高频安全信息播发系统主要用于播发沿海安全信息,对国际 NAVTEX 系统进行补充。例如我国广州海岸电台,除在 518 kHz 进行正常的 NAVTEX 播发外,还在4 219 kHz、6 329 kHz、8 431 kHz、12 622. 5 kHz、16 854 kHz等频率上播发海上安全信息,补充518 kHz不能覆盖我国南海海域的实际情况,上海、天津等岸台也在高频播发相应的安全信息。

3. 辅助性播发手段

尽管根据《SOLAS 公约》第 4 章"无线电通信"的要求,当船舶航行在没有 NAVTEX 播发台覆盖的海域时可以通过 EGC 系统的 Safety NET(安全网)业务获得 MSI,但是国际海事组织从保障海上人命和财产安全的角度出发,积极鼓励沿岸国主管机关为船舶提供其他发送方式的警告和常规预报,作为国际 NAVTEX 业务和安全网业务的有益补充,主要包括以下内容。

(1)无线电传真图,包括气象图、冰况图以及其他航海者感兴趣的资料。

(2)无线电气象以及航行警告业务。有一些海岸电台通过甚高频、中频和高频无线电话和电传向海上船舶播发无线电气象和航行警告信息。

总之,上述所有的方式都有益于提高海上人命安全。但是各种播发方式的责任区域各有侧重,NAVTEX 系统主要负责 A1、A2 海区 MSI 业务的播发;EGC 系统通过 INMARSAT 卫星转发,尽管在 A1、A2、A3 海区都可以收到 EGC 系统的 MSI 信息,但该系统主要负责较远海域 MSI 业务的播发,某些没有 NAVTEX 业务的近岸海域(例如,澳大利亚沿海地区),可以通过 EGC 系统业务实现海上安全信息的收发;甚高频、中频和高频无线电话和电传对于 A1、A2、A3 和 A4 海区起到完善和补充作用,尤其 HF NBDP 系统由于采用了 NBDP CFEC 播发方式很好地覆盖了 A4 海区。

4. MSI 信息的播发频率

海上安全信息专用广播频率如表 8 - 1 所示。根据国际海事组织和电信联盟的规定,这些频率主要用于国际业务,语言为英语。

表 8－1　海上安全信息专用广播频率

NAVTEX 系统	EGC 系统	HF NBDP 系统
490 kHz 518 kHz 4 209. 5 kHz.	网络协调站公共 信令信道频率	4 210 kHz、6 314 kHz、 8 416. 5 kHz、12 579 kHz、 16 806. 5 kHz、22 376 kHz、 26 100. 5 kHz、19 680. 5 kHz

除了上述频率外，各国海岸电台还可自主决定辅助性播发频率。例如，中国的广州海岸电台(呼号 XSQ)在自己的话音工作信道上插播气象、航警消息等。播发细节可查阅《无线电信号表》第 3 卷。

二、海上安全信息业务

海上安全信息业务的种类很多，根据信息的来源和内容可分成两大类，即全球航行警告业务和海上气象业务

1. 全球航行警告业务

全球航行警告业务是由国际海事组织(IMO)和国际航道测量组织(IHO)协作为海上航行的船舶提供的全球航行警告业务；为了使船舶有选择、有目的地接收此业务，根据地理位置和电波可能覆盖的范围，1977 年 IMO 大会做出的 A381(X)决议，世界海域被分为 16 个航行警告区(NAVAREA)，并按罗马数字的顺序编排给定。每个区内最多可设立 24 个 NAVTEX 播发岸台，用 A ~ X 中一个英文字母识别。每个 NAVAREA 区域航行警告传播均由指定的区域协调国负责搜集、协调并播发所在区域的航行警告，位于这一区域的其他国家，把相关信息传送到区域协调国进行播发，当然各国应当各自播发本国的航行警告，以满足不同船舶的需要。我国海域位于世界航行警告第Ⅺ(11)海区，协调国为日本，我国大陆 NAVTEX 播发台共有六个，分别是香港[L]、三亚[M]、广州[N]、福州[O]、上海[Q]、大连[R]。广州台负责台湾以南中国海域的安全信息播发；上海台负责台湾以北中国海域；大连负责渤海、黄海海域。另外，我国的台湾地区在基隆等地也设立了几个 NAVTEX 台。

根据航行警告性质、影响、涉及的范围不同及在进行发射时采用的不同方式，全球航行警告业务分成三类。

(1)远距离航行警告业务

远距离航行警告业务也称航行警告区域警告业务，涉及的区域一般在公海或是商船经常经过的 A3、A4 区域，内容主要是与航行安全有关，如军事学习、航行标志的变更、不明漂浮物等，但也有一些是与船舶有关，例如某个区域人员落水失踪、接收到遇险报警信号等需要过往船舶协助搜救的一类业务。远距离航行警告业务由每个 NAVAREA 协调国负责协调和播发，该项业务的发送一般由 EGC 系统的安全网业务发送，船舶应配备 EGC 接收机(船站具有该功能时可免)自动接收并打印。A3、A4 航区的 MSI 播发业务也可通过 HF NBDP 中 CFEC 方式进行，船台用 NBDP 终端可定时自动接收并打印。

(2)沿海警告业务

沿海航行警告主要使用 NAVTEX 系统，信息覆盖范围一般距海岸 400 n mile 的 A1、A2 航区。对于海域范围比较大或受客观条件限制无法建立 NAVTEX 台的区域(例如中国南海)，就需要 HF(高频)无线电传方式发送，用来弥补 NAVTEX 台覆盖范围的缺陷。我国广

州、上海和天津海岸电台除用 NAVTEX 台播发安全信息外，还用 HF NBDP 方式播发相关信息。

(3)本地警告业务

在港区范围内的临时警告，例如港区大雾、能见度下降等，通常在 VHF 波段播发。当船舶航行在近岸或者江河中或者在锚地，应注意接收附近的 VHF 海岸电台播发的海上安全信息。

2. 海上气象业务

海上气象信息服务主要是指对船舶提供天气预报、气象警告等气象信息服务，服务方式与全球航行警告业务基本相同，同样地划分了气象服务区(METAREA)，划分方式与航行警告区完全相同，在一个区域内分气象信息发布国和提供国或地区。例如在第Ⅺ气象服务区(METAREA Ⅺ)，中国负责印度洋区域的气象信息的发送，信息提供国或地区是中国和中国香港特别行政区，日本负责太平洋区域的气象信息的发送，信息提供国或地区是日本、中国香港和澳大利亚。分类及发送方式与全球航行警告业务完全相同。

知识链接2 NAVTEX 系统及业务

一、NAVTEX 系统

NAVTEX 是 Navigational Telex 的缩写，直译为“航行电传”，我国交通部在 1985 年将其命名为“奈伏泰斯”。NAVTEX 系统是为海上航行的船舶播发航行警告、气象警告、气象预报和其他紧急信息的专用广播系统，是全球航行警告业务的一个组成部分。NAVTEX 系统由陆上 MSI 提供部门、NAVTEX 播发台和船上 NAVTEX 接收机组成。

NAVTEX 系统的播发频率是 518 kHz、490 kHz、和4 209.5 kHz。国际 NAVTEX 业务主要针对远洋船舶，使用英语在专用频率 518 kHz 进行播发；国内 NAVTEX 业务主要针对近海航行的本国船舶，使用本国电报编码在 490 kHz、4 209.5 kHz 或本国主管部门指定的频率上播发。

二、NAVTEX 业务

NAVTEX 业务是指采用 NBDP 技术，在 518 kHz 频率上协调播发航行警告、气象警告、气象预报以及其他紧急海上安全信息的业务，是 GMDSS 的组成部分，它与 EGC 安全通信网业务一起构成 GMDSS 海上安全信息播发系统。

1. NAVTEX 播发台的工作方式

各 NAVTEX 播发台的服务范围在以播发台为中心、半径为 400 n mile 以内，因此一个播发台的覆盖范围是有限的。国际海事组织(IMO)将全世界 16 个航行警告区作为 NAVTEX 播发岸台设立的 16 个基本区，由于各 NAVTEX 播发台和接收机都工作于 518 kHz，为防止 NAVTEX 接收机同时收到两个或两个以上播发台的信号而产生相互干扰，NAVTEX 系统采用了两种方法。

(1)同一航行警告区内的各播发台分时工作

每个 NAVTEX 播发台每次工作时间不超过 10 min，以 UTC 时间(Universal Time Coordinated 世界标准时间)00 时 00 分作为起始播发时间，按各台的识别字母 A，B，C... 顺序播发，这样每个小时可有 6 个台播发，将这 6 个台作为一组，共有 4 组。而每个区内最高

24 个台轮流工作一次用时 4 小时,那么每台播发间隔为 4 小时。第一组的 6 个台在每天的 00 h,04 h,08 h,12 h,16 h,20 h 工作,第二组的 6 个台在每天的 01 h,05 h,09 h,13 h,17 h,21 h 工作,第三组的 6 个台在 02 h,06 h,10 h,14 h,18 h,22 h 工作,第四组的 6 个台在03 h,07 h,11 h,15 h,19 h,23 h 工作,每组 6 个台按各台的识别字母顺序轮流播发 10 min。

因此,每个航行警告区内在任何时间内最多只有一个播发台在工作,避免了区内各播出台间相互干扰。分时工作方式如表 8 – 2 所示。

表 8 – 2　分时工作方式描述表

发射时间	第一组						第二组						第三组						第四组					
00 04 08 12 16 20	A	B	C	D	E	F	G	H	I	G	K	L	M	N	O	P	Q	R	S	T	U	V	W	X
10 ·· ·· ·· ·· ··	■																							
20 ·· ·· ·· ·· ··		■																						
30 ·· ·· ·· ·· ··			■																					
40 ·· ·· ·· ·· ··				■																				
50 ·· ·· ·· ·· ··					■																			
01 05 09 13 17 21						■																		
10 ·· ·· ·· ·· ··							■																	
20 ·· ·· ·· ·· ··								■																
30 ·· ·· ·· ·· ··									■															
40 ·· ·· ·· ·· ··										■														
50 ·· ·· ·· ·· ··											■													
02 06 10 14 18 22												■												
10 ·· ·· ·· ·· ··													■											
20 ·· ·· ·· ·· ··														■										
30 ·· ·· ·· ·· ··															■									
40 ·· ·· ·· ·· ··																■								
50 ·· ·· ·· ·· ··																	■							
03 07 11 15 19 23																		■						
10 ·· ·· ·· ·· ··																			■					
20 ·· ·· ·· ·· ··																				■				
30 ·· ·· ·· ·· ··																					■			
40 ·· ·· ·· ·· ··																						■		
50 ·· ·· ·· ·· ··																							■	
04 08 12 16 20 24																								■

(2)相邻航行警告区具有相同识别字母的播发台工作

在相邻航行警告业务区内具有相同识别字母的 NAVTEX 播发台最近距离必须保证接收机不会同时处于这两个台的发射范围内。

因此,即使识别字母相同的播发台工作时间、工作频率都相同,但接收机在任何时间及任何位置只能收到一个播发台发出的信号而不会形成干扰。为达到这一要求,每个航行警告区内各播发台识别字母的分配秩序必须按 IMO 要求分配。NAVTEX 发射台的信号覆盖范围取决于发射机的功率和当地的无线电波传播条件,通常白天最大发射功率为500 W,晚上降至 150 ~ 200 W,范围内可达到所要求的 250 ~ 400 n mile 距离。因此,每个发射台的发射机应有合适的发射功率以保证其所在地区的覆盖范围要求,并且其实际范围也不能超出要求,以免相邻区内相同识别字母台间相互干扰,发射台的发射功率在夜间通常可降低 60%,以免覆盖范围因在夜间电波传播条件变化而超出要求。

3. NAVTEX 发射台的电报播发规定

(1)各发射台共用 518 Hz 的频率播发,为了避免干扰,经国际协调,各台在规定的广播时间用英语进行国际 NAVTEX 业务广播。

(2)发射台的广播时间间隔不超过 8 h,且要进行协调,以免相互干扰。

(3)在广播时间内,电文的播发次序与电文收到的次序相反,即后收到的先播发。

(4)销号电文只应播发一遍,已被注销的电文在广播中应不再出现。

(5)航行警告只要仍处于有效期,一般在规定的广播时间内应一直重复播发。

(6)气象预报一般每天播发两次。

(7)气象警告应立即播发,然后在下一个广播时间重播。

(8)搜救通知 NAVTEX 广播不适用于遇险通信。但为了使航海人员警惕和了解遇险情况,最初的遇险电文应使用 B_2为 D 在 NAVTEX 进行广播,并可用 B_3B_4为 00。

(9)在无信息播发时,可利用这一时间段确认发信机在规定的广播时间内工作是否正常。

(10)应尽量少用缩略语,若使用缩略语时,应严格按照国际上公认的用法。

(11)发射台广播的电报分三个优先级,以确定一个新的电报首次播发时间,其优先等级顺序如下所述。

①VITAL:非常重要的信息。在频率未被占用时,发射台收到该等级电文后立即播发;如频率被占用,岸台的操作员立即确定是哪个台在广播,并通过各种方法与该台联系,要求该台停止正在进行的发射,以便立即播出"非常重要"等级的电报。当发射台"非常重要"的电报广播完毕后,工作台可恢复正常广播。

②IMPORTANT:重要信息。当频率未被占用时,"重要"等级的电报可在下一个可用的广播时间内播发。发射台有监听设施,可确定所用频率是否被占用,另一方面还可监听自己发射信号的质量及格式。

③ROUTINE:除 VITAL 和 IMPORTANT 以外的常规信息。发射台在收到"常规"等级的电报后,在下一个规定的发射时间内播发。

"非常重要"和"重要"等级的电报通常都要重播,至少在下一个规定时间内重播。

4. NAVTEX 的电文格式

每个发射台播发的 NAVTEX 电文的格式都相同,标准的 NAVTEX 报文格式如图 8-2 所示。

ZCZC B_1 B_2 B_3 B_4 (电文交发时间) 信息系列识别+顺序号 正文 NNNN

图 8-2 NAVTEX 报文格式

(1)定向信号

定向信号是使接收机与发射台同步,以保证接收的电文格式与发射端一致。每个播发台在起始播发时,至少发射10 s的定相信号;当一次播发两份以上的 NAVTEX 电文,两份电文中间所需的定相时间只需 5 s就足够了。

(2)起始字组 ZCZC

ZCZC 是 NAVTEX 电文发射开始字组,出现 ZCZC 后,表示同步定相信号结束,收发双方已同步。NAVTEX 接收机正确地识别 ZCZC 和技术编码 $B_1B_2B_3B_4$后,才能启动打印机。

(3)电文技术编码($B_1B_2B_3B_4$)

B_1为发信台的识别字符,由字母(A ~ X)组成。

B_2为各类电报的分类代码,由字母(A ~ Z)组成,各字母的含义如表 8-3 所示。

表 8-3 B_2代码及含义

字母	含义	字母	含义
A	航行警告,不可拒收	B	气象警告,不可拒收
C	冰况报告	D	搜救信息,不可拒收

表 8－3(续)

字母	含义	字母	含义
E	气象预报	F	引航业务信息
G	AIS 信息	H	罗兰信息
I	空闲	J	卫导信息
K	其他电子导航报文	L	A 类报文的附加报文,不可拒收 (航行警告编号超过 99 号时,B_2码采用“L”,其后的 B_3B_4再从 01 开始编号)
M－U	保留待今后规定	V－Y	特别业务 (由 IMO 下属的 NAVTEX 专家小组安排做试验用)
Z	无信息		

B_3B_4为报文的双字符编号。从 01 到 99,满 99 号后该信息种类重新编号,但要避免使用仍然有效的电报编号。00 编号的报文是特别重要的报文,如最初遇险电文,这类电文必须强制接收并打印。

(4)交发电文的时间

它作为独立的一行显示,其格式为日、时、分、月、年,用 UTC 时间表示,用以评估信息的有效性。例如,2005 年 5 月 18 日 12 点 16 分,UTC 显示为“181216 UTC May 2005”。

(5)信息系列标识和顺序号

信息系列标识为播发台所属区,这里的顺序号不同于 NAVTEX 电文编号 B_3B_4,它是用于鉴别报文来源的,例如,NAVAREA Ⅱ274。

(6)报文

报文指播发的安全信息的具体内容。

(7)NNNN

其表示电文结束。

NAVTEX 电文实例及说明如表 8－4 所示。

表 8－4　NAVTEX 电文实例与说明

	实例	说明
航行警告电文	ZCZC HA02	“ZCZC”是电文起始符。电文是某 NAVAREA 区,台名代码为“H”的 NAVTEX 电台发送的 A 类(航警)信息,编号“02”。
	251559 UTC DEC06	电文交发时间为“2006 年 12 月 25 日,协调世界时 15 时 59 分”
	JAPAN NAVTEX N/W NR 2018/2006	系列识别为“JAPAN NAVTEX N/W(Navigational Warning)”,顺序号为 2006 年第 2018 号。
	SETO NAIKAI. SUO NADA. NW OF IWAI SHIMA. CAPSIZED FISHING BOAT: ADRIFT INVICINITY OF 33－48. 2 N 131－57. 1 E, TOKYO DATUM, AT 251500Z DEC.	航警电文大意:在“SETO NAIKAI. SUO NADA. NW OF IWAI SHIMA”处,漂浮一艘倾覆的渔船,位置 33－48. 2 N 131－57. 1 E,大地坐标基准为东京,时间是 12 月 25 日,协调世界时 15 时 00 分
	CANCEL 2015/06.	取消 2016 年的 2015 航警
	NNNN	结束符

三、NAVTEX 接收机

NAVTEX 系统采用 NBDP 通信技术,用 CFEC 方式工作;系统中采用了七单元恒比码(4Y/3B 码),调制方式采用 FSK 方式,调制速率是 100 b/s,移频范围是 ±85 Hz,中心频率是1 700 Hz。

1. NAVTEX 接收机的组成

海上航行船舶按 GMDSS 设备的配备要求,都安装了 NAVTEX 接收机,自动接收、打印和播发海上安全信息。NAVTEX 接收机由 518 kHz 接收机、信息处理器和打印机等组成,518 kHz接收机是一个固定频率的中频接收机,用于接收海岸电台在 518 kHz 上发射的 NAVTEX 信息,进行放大,还原出 1 785 Hz 和 1 615 Hz 的 TELEX 信号并送到信息处理器。

信息处理器由一个解调器和微处理器组成。解调器负责将频率为1 785 Hz和1 615 Hz的模拟电传信号转换为微处理器能够处理的数字信号,并将信息送到打印机打印出来。

图 8-3 为古野 NX-700 接收机。NX-700A 具有内置打印机,其他功能与 NX-700B 相同。

(a) (b)

图 8-3 古野 NX—700 接收机

(a)NX-700A;(b)NX-700B

2. 对 NAVTEX 接收机工作的规定

(1)船舶应根据本船航行区域有关的 NAVTEX 电台的业务开放情况,设定 NAVTEX 接收机的 B_1、B_2。

(2)船舶在开航前至少八个小时开机值守。

(3)根据航区和电文种类的需要和变化,重新设定 B_1、B_2的选择状态。

3. NAVTEX 接收机的特点

(1)单信道接收机应能在 518 kHz 接收;双信道接收机应能在 518 kHz 和 490 kHz 接收;而三信道接收机应能在 518 kHz、490 kHz 和 4 209.5 kHz 接收。

(2)可由操作员自主选择发射台及报文种类。

(3)拒收已正确接收的报文。

(4)能计算误码率,只有在误码率小于 4% 时方可判定为有效接收。

(5)能存储 72 h 内已正确接收的报文的技术编码,且在断电 6 h 内不丢失。

(6)具有自测功能。

4. NAVTEX 接收机的日常维护

相比 MF/HF 组合电台和 VHF 设备,船用 NAVTEX 接收机属于简易型设备。因其体积小,功能单一,使得日常的维护工作相对简化。

(1)经常利用 NAVTEX 接收机的自检功能对设备进行测试检查,随时了解设备的工作状态。

(2)对老式机,应每日检查打印头和走纸是否正常,适时清洁打印头和更换打印纸。

(3)对双信道或三信道接收机,应测试每个信道的接收效果。

(4)经常检查 NAVTEX 接收机的天线状况。NAVTEX 接收机采用有源天线,检查时应注意安全。

【项目实施】

任务1 NAVTEX 系统安装

一、NAVTEX 系统图和接线图

1. 系统图

NAVTEX 系统图如图 8 - 4 所示。系统由航行警告接收机、天线、电源、打印机等设备构成。

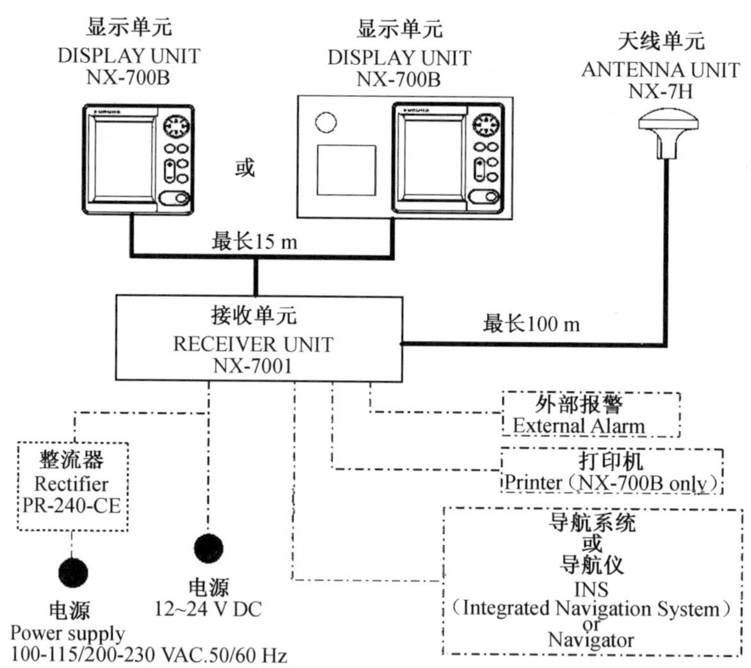

图 8 - 4 NAVTEX 系统图

2. 接线图

NAVTEX 接线图如图 8 - 5 所示(以 NX - 700B 为例)。

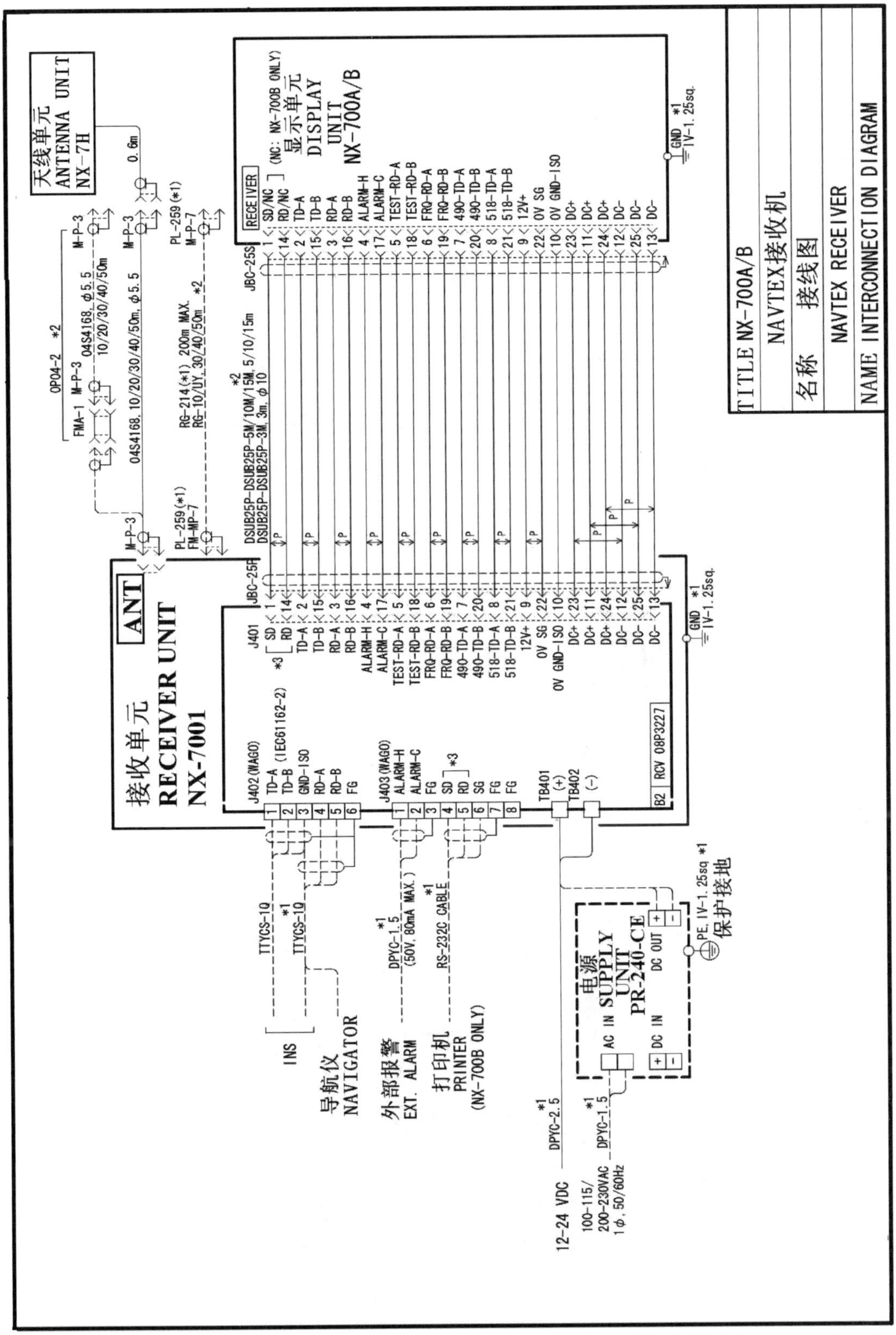

TITLE NX-700A/B
NAVTEX接收机
名称 接线图
NAVTEX RECEIVER
NAME INTERCONNECTION DIAGRAM

天线单元 ANTENNA UNIT NX-7H

接收单元 RECEIVER UNIT NX-7001

显示单元 DISPLAY UNIT NX-700A/B

电源 SUPPLY UNIT PR-240-CE

导航仪 NAVIGATOR

外部报警 EXT. ALARM

打印机 PRINTER (NX-700B ONLY)

保护接地

12-24 VDC

100-115/200-230VAC 1φ, 50/60Hz

图 8-5 NAVTEX 接线图

二、NAVTEX 系统安装

1. NAVTEX 天线的安装

(1)使用天线金属配件,稳固地安装在天线杆上。

(2)同轴电缆连接器的连接部分要使用自溶胶带和乙烯树脂胶带进行防水处理。

(3)同轴电缆缠绕成环状时,直径要在 200 mm 以上,以免芯线折断,如图 8-6 所示。

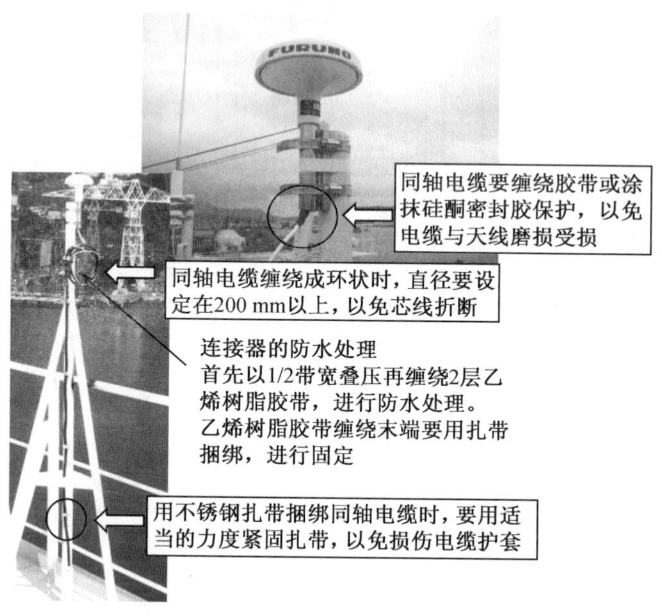

图 8-6　NAVTEX 天线的安装

2. NAVTEX 接收机的安装

NAVTEX 接收机一般安装在驾驶室的海图桌上。接收机后面的接线如图 8-7 所示。

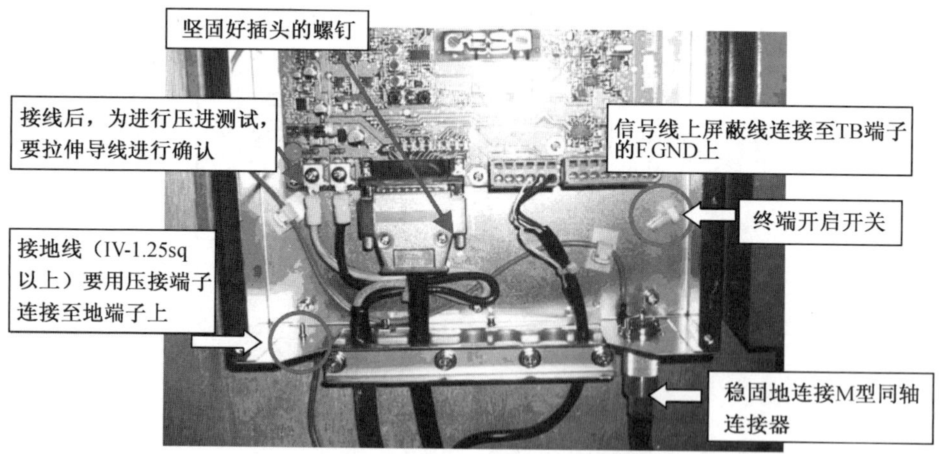

图 8-7　NAVTEX 接收机的接线

任务2　NAVTEX 设备操作

一、NX－700B 接收机面板

NX－700B 接收机面板如图 8－8 所示。

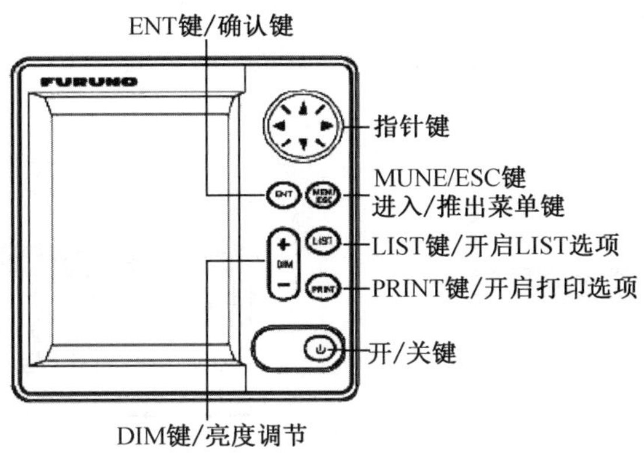

图 8－8　NX－700B 接收机面板

二、NX－700B 接收机面板基本操作

1. 开机

(1)按⏻键开机，接收机会发出“嘀”声，ROM、RAM 操作检查正确会显示 8－9 所示屏幕。5 s后，在默认设置下，所有的信息都在 518 kHz 下显示，如图 8－10 所示。

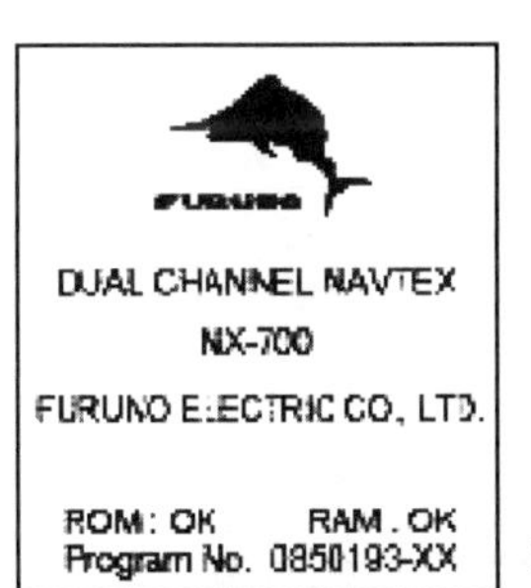

XX:Program version No. 版本号

图 8－9　开机显示界面

图 8－10　518 kHz 信息显示界面

(2)按◄或►选择 518 kHz 或 490 kHz。

2. 关机

按⏻关机。

3. 调节亮度

按[±]调整亮度“0”(全黑)至“9”(最亮)，“＋”增加，“－”减少。

三、信息处理

1. 选择接收模式

(1)按[MUNE/ESC]键进入主菜单，如图 8－11 所示；

(2)按[▼]或[▲]选择 NAVTEX；

(3)按[ENT]键或[▶]键打开 NAVTEX 菜单，如图 8－12 所示；

(4)按[▼]或[▲]选择接收模式，按[ENT]键，适当选择 INS、AUTO 或 MANUAL 接收模式，然后按[ENT]键；

(5)按[MENU/ESC]键几次关闭菜单。

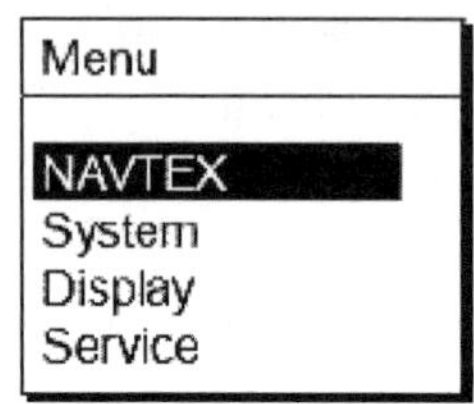

图 8－11　主菜单界面

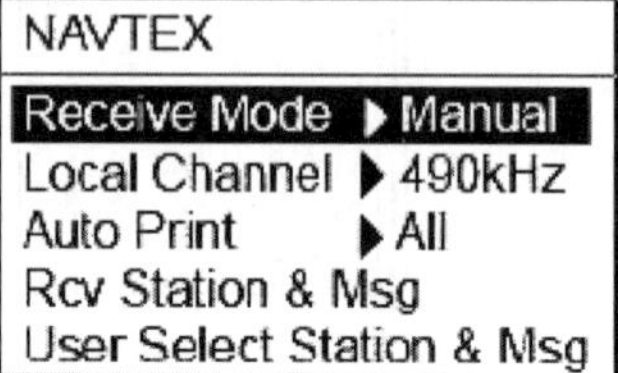

图 8－12　NAVTEX 菜单界面

2. SAR(搜救)信息

(1)当接收到一个 SAR 信息时，发出响声报警，并显示该 SAR 信息，如图 8－13 所示。

图 8－13　接收到一个 SAR 信息的界面

(2)按开关键以外的任意键静音。

3. 接收其他信息

(1)收到 SAR 信息以外的信息，显示如图 8－14 其中之一；

Received new int'l msg. Display new msg ? Yes No	Received new local msg. Display new msg ? Yes No
国际信息	本地信息

图 8－14　接收到其他信息的界面

(2)如直接读取，按[◀]键选择“YES”然后按[ENT]键；

(3)如想以后再读取，选择“NO”，然后按[ENT]键关闭窗口。

4. 信息选择与读取

按选择键上的[▲]或[▼]选择一个信息，然后按[ENT]键显示信息内容。按[ENT]键在信息清单和信息明细之间转换,如图 8－15 所示。

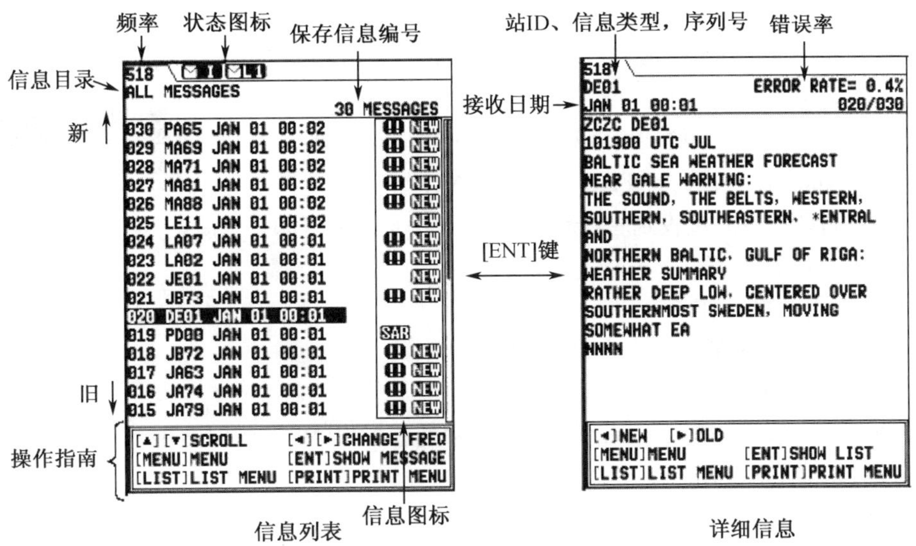

图 8－15 信息选择与读取界面

5. 选择要显示的信息

信息显示类别包括 ALL(全部)、ALARM(报警)、USER(用户)、USER SELECTED(已选)、GOOD(好信息)。

(1)在显示信息菜单或信息明细的情况下,按[LIST]键显示选择清单,如图 8－16 所示。

All Messages
Alarm Messages
User Messages
Good Messages
Lock Message

图 8－16 信息清单

(2)按[▼]或[▲]选择项目。

ALL MESSAGES:显示所有接收的信息。

ALARM MESSAGES:只显示 SAR/WARNING 信息。

USER SELECTED MESSAGES:显示用户在用户选择接收站及在 NAVTEX 菜单上准备的信息。

GOOD MESSAGE:显示错误率在 4% 以下的信息。

(3)按[ENT]键关闭窗口。

6. 保护编辑信息

(1)有如下情况,会自动删除信息:

➢超过 66 h。

➢超过 NO. 200。

(2)防止信息被删除,有以下操作:

➢选择防止删除的信息;

➢按[LIST]键显示列表窗口,如图 8－16 所示;

➢选择锁定消息“LOCK MESSAGE”,(L)符号会显示在被选择的信息后面。

注意:

➢选择信息然后选择 UNLOCK MESSAGE 解锁;

➢当解锁一个已接收 66 h 或 NO. 200 以后的信息,会在解锁后立即被删除;

➢总共可以保护 50 个信息(国际及本地各 50%).

7. 打印信息

可通过内置(NX－700A)或外接的(NX－700B)打印机自动或手动打印接收的信息。

打印所有显示的信息

(1)在显示所有信息下按[PRINT]键,如图 8－17 所示;

(2)按[▼]或[▲]去选择"PRINT",按[ENT]键打印。

注意:当在打印信息时接收到一个新的信息,该信息不能打印。

Print
Cancel Print

图 8－17　选择打印窗口

8. 打印每个信息

(1)手动打印信息操作

➢按[▼]或[▲]键在清单中选择所需的信息;

➢按[ENT]键显示信息明细;

➢按[PRINT]键,按[▼]或[▲]键在窗口中选择"PRINT",按[ENT]键打印。

(2)自动打印信息操作

当接收到一个信息,可立刻打印。

➢按[MENU/ESC]键打开主菜单;

➢按[▼]或[▲]键选择 NAVTEX,然后按[ENT]键显示 NAVTEX 菜单;

➢按[▼]或[▲]键选择自动打印,然后按[ENT]键打开自动打印选项,如图 8－18 所示;

➢按[▼]或[▲]键去选择所显示的 ALL、USER SELECT 或 OFF;

ALL:接收时打印所有信息。

USER SLECT:接收时只打印用户选择的信息。

OFF:所有信息都不会自动打印。

图 8－18　自动打印选项

➢按[ENT]键;

➢按[MENU/ESC]键几次关闭菜单。

(3)取消打印

当菜单显示时,不能取消打印。

➢当显示信息开启打印窗口时,按[PRINT]键;

➢按[▼]键选择"CANCEL PRINT"然后按[ENT]键。

四、频率选择

1. 选择本地频率

在自动模式及手动模式下,本地频率有 490 kHz 或 4 209.5 kHz。

(1)按[MENU/ESC]键进入主菜单;

(2)按[▼]或[▲]选择 NAVTEX,然后按[ENT]键或[▶];

(3)按选择本地频道,然后按[ENT]键或[▶]示所选的本地频率,如图 8－19 所示;

(4)按[▼]或[▲]选择 490 kHz 或 4 209.5 kHz,然后按[ENT]键;

(5)按[MENU/ESC]键几次关闭菜单。

2. 选择显示频率

在信息清单中,可按[◀]或[▶]键在 518 kHz 或 490(或 4 209.5)kHz 之间转换,如图 8－20 所示。

各种型号的 NAVTEX 一般都有自检程序，下面以 NX－700 型号为例介绍一下调试，按[MENU]键显示主菜单，通过上下箭头选择 SERVICE，然后按[ENT]键，选择[TEST]键，当出现 START TEST 后，选择开始自检，测试正常显示 OK.

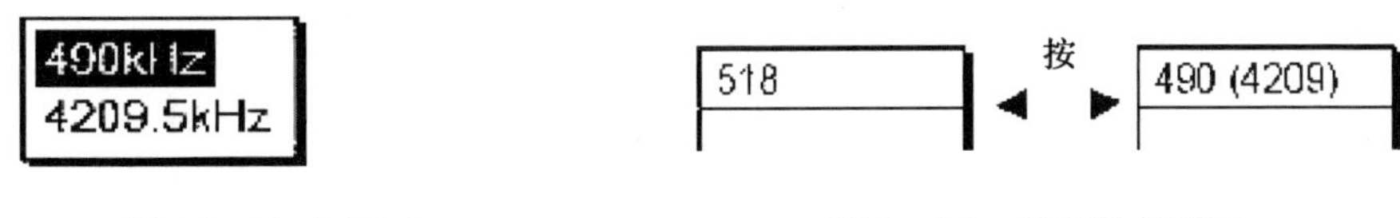

图 8－19 选择本地频率界面　　图 8－20 频率选择窗口

任务 3 NAVTEX 接收机故障检测与维修

一、NAVTEX 接收机天线故障

1. 故障现象

故障现象是接收效果差，误码率高，且近距离才能接收。

2. 故障分机

NAVTEX 接收机接收效果差常常是由于接收天线或天线接口及天线引线接触不良造成的，接收机一般可接两种（有源和无源）天线输入，多数情况下使用的是有源天线，可用万用表电阻挡检查有源天线或引线是否损坏，如天线电阻小于（或大于）正常值很多，说明天线或引线损坏。

3. 处理方法

如果有源天线损坏，而船上又没有备用有源天线，可通过接收机的另—天线接口接入无源天线临时代替使用。如果引线损坏，可用一般同轴线代替使用。

二、NAVTEX 接收机电源单元故障

1. 故障现象

故障现象是开机后或在值守时指示灯不亮，无电源指示。

2. 分析判断及处理方法

此故障与 VHF/DSC 电源故障相同，分析判断及处理方法也基本相同。

三、NAVTEX 接收机按键板故障

1. 故障现象

故障现象是操作面板功能键部分正常，部分功能键按下时无反应。

2. 分析判断

由于面板功能键长期反复操作，有些按键会因为操作太多使弹力不足或接触不良而失效，导致功能键按下时毫无反应。

3. 处理方法

如发现一些关键的功能键失效，必须及时向通导主管部门申请更换同型号的按键板；更换按键板时应注意拆装的先后顺序和位置。

四、NAVTEX 接收机打印头故障

1. 故障现象

故障现象是接收机打印的报文字迹不清晰，甚至完全看不出字符。

2. 分析判断

通常有两种情况下会发生上述现象：一种情况是当热敏打印纸过期较长时间；而另一种情况是由于热敏打印头损坏。

3. 处理方法

首先检查打印纸是否过期，确定打印纸正常后，再向公司通导主管部门申请更换打印头。更换打印头时应注意拆装先后顺序。

五、NAVTEX 接收机卡纸

1. 故障现象

故障现象是接收打印时打印纸卡在打印头或机器内，不能正常出纸。

2. 分析判断

NAVTEX 接收机打印时卡纸是由于换纸或撕纸位置不正确造成的，如果打印纸被划碎并卡在里面，要及时关机并处理。

3. 处理方法

发生卡纸后不能用镊子或螺丝刀直接在前面出纸孔将卡纸清理出来，因为这样做很容易将打印头弄坏。正确的方法是：卸下接收机后盖螺丝，拆出机身，小心取出碎纸，然后再装回整机，拆装时应注意先后顺序。

【项目考核】

项目考核单见表 8－5。

表 8－5　项目考核单

序号	考核点	分值	建议考核方式	考核标准	得分
1	NAVTEX 系统图、接线图识读	15	教师评价(50%)+互评(50%)	能正确识读系统图、接线图，识读错误一处扣 1 分	
2	NAVTEX 设备的接线	15	教师评价(50%)+互评(50%)	能正确进行设备接线，接错一处扣 2 分	
3	NAVTEX 设备操作(见项目技能训练八)	15	教师评价(50%)+互评(50%)	能正确进行设备操作，操作错误一次扣 3 分	
4	项目报告	10	教师评价(100%)	格式标准，内容完整，详细记录项目实施过程并进行归纳总结，一处不合格扣 2 分	
5	职业素养	5	教师评价(30%)+自评(20%)+互评(50%)	工作积极主动、遵守工作纪律、遵守安全操作规程、爱惜设备与器材	
6	知识巩固测试(见项目知识训练八)	40	教师评价(100%)	对相关知识点掌握牢固，错一题扣 1 分	
完成日期		年　月　日		总分	

项目知识训练八

1. 根据船舶航行的区域设置 NAVTEX 接收机,需要查找《无线电信号书》第________卷。

A. 1　　B. 3　　C. 5　　D. B 和 C

2. 在 NAVTEX 系统中哪个说法不正确? ________

A. 每个 NAVTEX 播发台分时工作

B. 每个 NAVTEX 播发台采用二重时间分集进行 MSI 广播

C. 每个 NAVTEX 播发台分别以字母 A ~ Z 表示,所以最多可以设 26 个台

D. NAVARER 区与区之间的播发台的字母首尾相连,以免干扰

3. NAVTEX 每个航行警告区最多设置的电台是________。

A. 24 个　　B. 26 个　　C. 4 个　　D. 8 个

4. NAVTEX 报文中, B_2 表示________。

A. 电台代号　　B. 报文种类　　C. 报文编号　　D. 洋区代号

5. NAVTEX 岸台播发的时间每次最多为________。

A. 1 h　　B. 10 min　　C. 5 min　　D. 30 min

6. 不可拒收的 NAVTEX 电文的种类是________。

A. A B D L　　B. A B C E　　C. B C D L　　D. B D F

7. NAVTEX 接收机收到报文的技术编码为 QE18,________是正确的。

A. 冰况报告　　B. 技术编码错误

C. 第 18 次接收该电文　　D. 这类报文可拒收

8. NAVTEX 系统技术编码为 QA0 1 的播发时间为________。

A. 每隔 1 h 播发一次

B. 在 01、05、09、13、17、21 h 时的 40 ~ 50 min 播发

C. 在 02、06、10、14、18、22 h 时的 40 ~ 50 min 播发

D. 在 01、05、09、13、17、21 h 时的 50 ~ 60 min 播发

9. NAVTEX 接收设备报文识别标志至少存储________。

A. 72 h　　B. 30 h　　C. 6 h　　D. 24 h

10. NAVTEX 系统的每个发射台覆盖范围是________。

A. 150 n mile　　B. 200 n mile　　C. 300 n mile　　D. 400 n mile

11. NAVTEX 发射时间分配,每个航警区域的发射台分________个发射组,每组有________个发射台,每个发射台每________ h 分配给________ min 发送时间。

A. 4/4/6/10　　B. 4/6/4/10　　C. 6/4/10/4　　D. 10/4/6/4

12. NAVTEX 系统检错方式不采用哪种? ________

A. 二重时间分集　　B. 字符采用 4B/3Y 编码

C. 字符采用十单元水平一致检错码　　D. A 和 B 都是。

13. 收到 NAVTEX 报文的技术编码为 AD00,这表示________。

A. 航行警告必须打印　　B. 气象预报、编号为 00,不重复打印

C. 搜救通知必须打印　　D. 搜救通知、编号为 00,不重复打印

14. 海上安全信息(MSI)不包括________。

A. 航行警告

B. 船队信息

C. 气象预报

D. 有关航行安全的其他紧急安全信息

15. 全球航行警告主要安排用何种方式播发？________

A. INMARSAT 系统的 EGC 方式　　B. NAVTEX 系统 FEC 播发

C. A 和 B　　D. A 或 B

16. 世界航行警告业务包括哪个？________

A. 远距离的航行警告业务　　B. 岸基的航行警告业务

C. 本地的航行警告业务　　D. A、B 和 C

17. GMDSS 中的 MSI 播发是通过何种方式来进行的？________

A. NAVTEX 系统　　B. EGG 系统　　C. 高频电传方式　　D. A、B 和 C

18. GMDSS 海上安全信息的播发途径是什么？________

A. EGG 业务中的 SAFETYNET　　B. 国际 NAVTEX 业务

C. EGC 业务中的 FLEETNET　　D. A 和 B

19. 国际 NAVTEX 系统使用的专用频率是________。

A. 500 kHz　　B. 518 kHz　　C. CH16　　D. 4 210 kHz

20. 对于 NAVTEX 系统，以下说法错误的是哪个？________

A. 采用分区、分时方式在同一个频率上播发海上安全信息，以避免相互干扰

B. 限制发射功率，白天最大 500 W，晚上降至 150 ~ 200 W，覆盖范围为 400 n mile

C. 设备小型化，自动接收，自动打印

D. 可以选择接收或拒收任意播发台和任意信息种类

21. NAVTEX 每个协调区的播发台分别播发一次所需的时间为________。

A. 4 h　　B. 1 h　　C. 24 h　　D. 6 h

22. NAVTEX 系统共分________区，我国位于________区。

A. 16，11　　B. 6，2　　C. 4，1　　D. 8，1

23. 我国目前的 NAVTEX 播发台分别设在________。

A. 上海、湛江、大连、台北　　B. 上海、广州、大连、香港

C. 上海、广州、青岛、威海　　D. 上海、天津、广州、香港

24. NAVTEX 系统Ⅺ区的协调国是________。

A. 澳大利亚　　B. 日本　　C. 美国　　D. 英国

25. NAVTEX 系统中，发射台采用________发射海上安全信息。

A. 莫尔斯等幅报方式　　B. 窄带报的 CFEC 方式

C. 窄带报的 SFEC 方式　　D. 窄带报的 CW 方式

26. NAVTEX 电文的 NNNN 表示________。

A. 电文开始　　B. 报类识别　　C. 设备型号　　D. 电文结束

27. NAVTEX 报文 ZCZC 表示________。

A. 同步结束、报文开始　　B. 电文种类识别　　C. 报文结束　　D. 特别重要的电文

28. 收到一份 NAVTEX 报文，其技术编码为 BA05，表明这是一份________。

A. B 台播发的航行警告　　B. A 台播发的航行警告

C. B 台播发的气象警告　　D. A 台播发的搜救信息

29. NAVTEX 的优先等级不包括________。

A. VITAL　　B. IMPORTANT　　C. ROUTINE　　D. EMERGENCY

30. NAVTEX 系统规定航行警告信息________。

A. 只应播发一遍

B. 只要在有效期内应一直予以播发

C. 只要在有效期内，在规定的广播时间内应一直予以播发

D. 在任何时间都可以播发

31. 国际 NAVTEX 业务播发的语言是________。
A. 法语 B. 英语 C. 汉语 D. 任何语言均可
32. MSI 系统中________是 GMDSS 的基本配置。
A. NAVTEX 接收机 B. EGC 接收机 C. HF 的 NBDP 设备 D. 无
33. 远距离航行警告业务一般使用________来发送。
A. EGC 的安全网 B. NAVTEX 系统 C. VHF D. DSC
34. 沿岸航行警告业务一般使用________来发送。
A. EGC 的安全网 B. NAVTEX 系统和高频无线电传
C. VHF D. NAVTEX 系统
35. 船舶航行时必须 24 h 开启 NAVTEX 接收设备,是为了防止________。
A. MSI 信息的漏收 B. 丢失已预置的设定状态
C. 打印已收到的信息 D. 丢失对当地气象信息的接收
36. 对 518 NAVTEX 接收设备字符差错率的要求是________。
A. 小于或等于 2% B. 小于或等于 4% C. 小于 2% D. 小于 4%
37. 以下何种 MSI 信息是定时播发的? ________
A. 航行警告 B. 气象警告 C. 气象预报 D. A 和 C
38. NAVTEX 报文中,技术编码 B2 为 A 的电文的编号是从________。
A. 00 ~ 99 B. 01 ~ 99 C. 00 起顺序编号 D. 0l 起顺序编号
39. NAVTEX 系统防止各岸台相互干扰方法有________。
①NAVTEX 系统设 24 个播发岸台,按每台每次 10 min 分时工作;
②各 NAVTEX 播发台覆盖范围不重叠;
③相邻播发区内相同识别字母的播发台的业务覆盖范围不重叠;
④播发台发射功率经常调整,保持其业务覆盖范围不变;
⑤同一区间每个播发台每次工作 10 min,最短间隔 4 h,分时工作;
⑥同一区间每个播发台的业务只覆盖 400 n mile。
A. ①②④ B. ①③④⑤⑥ C. ①②③⑤⑥ D. ③⑤⑥
40. NAVTEX 系统主要使用的频率是________。
①518 kHz;②490 kHz;③4 209. 5 kHz;④156. 8 MHz;⑤8 414. 5 kHz; ⑥12 557 kHz
A. ①②③ B. ②③⑤ C. ②③④ D. ④⑥
41. NAVTEX 系统播发电报优先次序的标志是________。
①VITAL;②IMPORTANT;③ ROUTINE;. ④URGENT; ⑤SAFETE; ⑥MAYDAY
A. ①②③ B. ②④③ C. ⑥④③ D. ④⑤①

项目技能训练八

1. 解释 NAVTEX 设备面板各功能键的作用。
2. “天富海”船(呼号:BOHX)在广州附近海域,设置 NAVTEX 播发台,并接收 N/ W 和 WX 信息;查找上海海岸电台 NAVTEX 气象预报播发区域图。
3. 某 NAVTEX 报文的技术编码是 RD00,解释此技术编码的含义。
4. 取消 NAVTEX 的音频报警。

项目九　气象传真机的安装与操作

【项目描述】

海上的气象传真系统是将陆地气象观测台观测到的各种气象资料图片，由海岸气象传真播发台在固定的频率上，以无线方式定时向远洋船舶播发。航行在各海区的船舶可以使用气象传真接收机有选择地接收海岸电台播发的气象传真图，及时掌握船舶所在海区的气象情况，以保证船舶航行安全。

【项目目标】

1. 掌握气象传真机业务、日常维护方法。
2. 能正确安装气象传真机。
3. 会对气象传真机进行操作。

【知识链接】

知识链接1　气象传真机认识

一、气象传真机概述

气象传真机不是GMDSS强制要求配备的设备，但为了船舶的航行安全，几乎所有的船舶都安装了气象传真机。

目前，船用气象传真机大多是具有独立接收能力的接收和记录为一体的传真机，结构上主要由接收器和记录装置两部分构成，接收器的工作种类为F3C，接收频率范围为110 kHz～72 MHz，至少为3～24 MHz。按最低标准，接收器至少有6个预置定点频率。记录装置多为滚筒式热敏纸记录方式。

二、气象传真机工作原理

气象传真机的工作原理是内部的单边带接收机将接收的下边带高频信号进行解调，还原为1 500 Hz（黑信号）和2 300 Hz（白信号），然后进行处理，转鼓按照一定的速度旋转（转速与发方相同）。同时，热敏打印头装置在导杆上按照一定的速度左右移动。当收到1 500 Hz的黑信号时，传真机的信号处理单元发出命令，使热敏头发热，热敏纸上印出一个黑点；反之打印头不发热，热敏纸上空出一个白点。打印头按照控制单元的指令从左向右逐点打印，到达右端点，实现自动换行。打印头周而复始地工作，直至一张原稿接收完毕。

三、气象传真机的性能参数

1. 同步

为使收发机自动同步，传真发送机一般均在发送气象传真图之前先传送遥控信号。遥控信号包括相位同步信号、开始信号和结束信号。相位信号在原稿件上表现为边缝上一条宽度为 8 mm 的带有白色间隔的黑带。

开始信号表现为边缝上的一列黑点，当其频率为 675 Hz 时，表示气象传真发射机的线扫描密度为 288；当其频率为 300 Hz 时，表示气象传真发射机的线扫描密度为 576。当气象传真接收机收到此遥控信号时，信息处理单元便启动打印机打印传真图，同时自动设置扫描密度，使之与发射方同步。

结束信号是原稿件左边缝上一列黑点，其频率为 450 Hz。当气象传真接收机接收到此信号时，便得知发方已经发完一幅气象传真图。信息处理单元将会产生控制信号，使打印单元停止打印。

2. 相位信号

相位信号指明气象传真发射机扫描信号的起始位置（即相位）。如果接收机打印头的起始位置与发方起始位置同步，则复制出的相位信号印于传真纸的右侧，否则相位信号将位于图的中间某位置使收到的传真图分成两半，这是相位不同步造成的。调整收、发两端的相位使之完全相同的过程，称为“对相”。常用的对相方法有手动对相和自动对相。手动对相一般是利用机械方式或电子方式，稍微改变接收机主扫描的频率，使其扫描的起始位置与发端相同，再立即用与发端相同的频率进行同步扫描。

如果收发双方的转速不同（不同步），接收方也不能收到与发方完全相同的气象传真图，接收的图像会产生重复、畸变。因此在接收海岸电台发布的气象传真之前，应正确设置气象传真机的转速。实际工作中，机器根据上面提到的遥控信号自动设置。

为满足高标准的同步要求，在传真机中普遍采用同步电机作为扫描的动力源。为确保获得稳定的扫描速度，必须采用高稳定度的电源为同步电机供电。同步电机转速的高低和稳定与否，关键在于转子的转速和稳定度。转子的工作情况又由旋转磁场来决定，而旋转磁场旋转的速度和稳定度则受供电电源的频率控制。因此，只有由频率稳定的电源来给同步电机供电，才能保证其具有稳定的转速，气象传真机一般有 60 r/min、90 r/min 和 120 r/min或240 r/min的转速。为保证收、发两端严格同步，使接收端具有和发射端相同的扫描速度，在船用气象传真机中，广泛采用了独立的同步源，如采用晶体振荡器、音叉振荡器等作为同步电机的同步源，其频率稳定度可达 5×10^{-6} 量级。

3. 合作系数

除了转速和起始相位要求收发同步以外，要想接收到不失真的图像，传真接收机还应正确设置合作系数（IOC），也称线扫描密度。合作系数是指传真图像长宽的比例系数。为了保证国际上传真机信号参数的一致性，国际气象组织（WMO）规定了两种传真机的扫描线密度标准，高密度 IOC = 576 和低密度 IOC = 288。由于转速与合作系数是密切相连的，实际上对于传真图来说清晰度是一样的，例如，采用 288 的合作系数，转速就采用 60 r/min，唯一的区别在于传送传真图像的速度有快慢。在人工设置时，如果接收方设置的 IOC 不正确，接收到的图像会压缩或者拉长，产生失真。实际上，合作系数也是包含在遥控信号中，接收机自动辨别后自动设置。

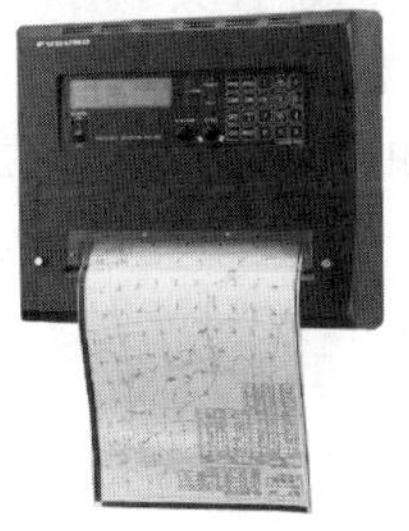

图 9-1　FAX-408 型气象传真接收机

图 9-1 为日本 FURUNO 公司出品的 FAX-408 型船用气象传真接收机。一般而言，要保证气

象传真接收机所接收到的图像信号不失真，应满足同步、同相和相同的合作系数。

四、船用气象传真机日常维护

(1)做好接收天线的维护工作，谨防天线出现接点锈蚀、固定装置松动以及绝缘性能变差等情况。

(2)注意防止雷击。雷雨天气要慎重使用，若非必须，最好不用，用后不但要及时关掉电源，还应将天线与传真机断开，并予以接地。

(3)所接收气象图不清晰时，可进行热敏头的测试，并检查热敏头是否损坏，若有损坏应及时更换。

(4)使用过程中，若发生记录纸卡纸情况，应关闭设备电源，重新安装记录纸。但要注意，安装好记录纸后，合纸舱盖的动作不宜过猛，以免造成纸舱盖变形，或损坏热敏头。

(5)在记录纸的剩余长度不足 1 m 时，会有明显的标记用来提醒使用者记录纸就快用完了。见此标记后，应及时更换新的记录纸。

(6)适时检查气象传真接收机的自动接收功能，检查手动接收时的扫描同步和对相装置的调整情况。

(7)经常目测检验接收到的气象图是否完整一致，同时，目测检验每一条线扫描密度的均匀性和它与前一条线的平行度。

知识链接2　气象传真机业务

气象传真机的主要业务是气象传真图业务。世界许多国家的气象部门通过其海岸电台向各大洋区定时发布气象传真图。气象传真图的种类包括海面分析图、高空等压分析图、24/48/72/96 小时气象预报、海浪预报、云层、冰层、潮流及卫星云图等。适用于航海使用的气象传真图大致可以归纳为传真天气图、传真海况图和传真卫星云图三类。

一、播发台

气象传真机主要接收气象传真信息，世界气象组织将世界各地的气象传真广播发射台的位置划分为六个区域:第一区是非洲，第二区是亚洲，第三区是南美洲，第四区是北美洲，第五区是大洋洲，第六区是欧洲。每个区域有一定数量的播发台，但是这6 个区域划分没有航行警告区那样严格，气象传真服务不仅仅为海上服务，各气象传真播发台有固定的播发频率，一般气象传真机中都已经把这些频率存储好，可以按照要求调用，各气象传真播发台定时播发不同区域和不同内容的气象信息，船舶电台要根据航行的区域选择合适的气象信息播发台和信息种类。

《无线电信号书》第 3 卷给出了气象传真发布台的有关资料，包括气象播发电台的工作频率、发布的传真图种类、区域和发布时间等信息。每个航次开始之前，GMDSS 操作员需要根据航次计划，参照现行版《无线电信号表》第 3 卷制定关于接收海上安全信息的计划，其中一项重要的内容就是气象传真图的接收计划。发布气象传真图的主要海岸电台如表9 -1所示。

表 9-1 世界气象传真主要播发台

区域	海岸电台	呼号	国家
非洲	内罗毕 Nairobi	SYE	肯尼亚
	开罗 Cairo	SUU	埃及
	比勒陀利亚 Pretoria	ZRO	南非
	达喀尔 Dakar	6VY/6VU	塞内加尔
	圣·丹尼斯 Saint Denis	HXP/FZS63	法国
亚洲	北京 Beijing	BAF	中国
	上海 Shanghai	BDF2	中国
	新德里 New Delhi	ATA/ATP/ATU/ATV	印度
	东京 Tokyo	JMH/JMJ	日本
	曼谷 Bangkok	HSW	泰国
	哈巴罗夫斯克 Khabarovsk	/	俄罗斯
南美洲	布宜诺斯艾利斯 Buenos Aires	LRO/LRB	阿根廷
	里约热内卢 Rio de Janeiro	PPO/PWZ	巴西
	巴西利亚 Brasilia	PPN	巴西
	圣地亚哥 Santiago	CCS	智利
北美洲	艾斯魁蒙托 Esquimalt	CKN	加拿大
	哈利法克斯 Halifax	CFH	加拿大
	旧金山 S Francisco	NMC	美国
	诺福克 Norfolk	NAM	美国
西南太平洋	堪培拉 Canberra	AXM	澳大利亚
	达尔文 Darwin	AXI	澳大利亚
	奥克兰 Auckland	ZKLF	新西兰
	珍珠港 Pearl Harbor	NPM	美国
	檀香山 Honolulu	KVM70	美国
	关岛 Guam	NPN	美国
欧洲	索菲亚 Sofia	IZJ	保加利亚
	罗马 Roma	IMB	意大利
	奥芬巴赫 Offenbach	DCF	德国
	布拉克内尔 Bracknell	GFE/GFA	英国
	马德里 Madrid	EBA	西班牙
	罗塔 Rota	AOK	西班牙
	诺尔彻平 Norrkoping	SMA	瑞典
	安卡拉 Ankara	YMA	土耳其
	莫斯科 Moscow	RBI/RND/RDD/RAB	俄罗斯
	奥斯陆 Oslo	LMO	挪威
	巴黎 Paris	FTE/FTI/FTM/FYA	法国

二、气象传真图的接收

1. 查阅发射台相关资料

根据航次计划并且结合当时船位，在《无线电信号表》第3卷中查询相关海岸电台的名称和相关资料，见表9－2。

在表a中，"Boston"是发射台名称，"NMH"是发射台呼号。表中第二列数字是发射台工作频率，空白栏目中某些发射台可能填写"Summer""Winter"等字样，标明该海岸电台工作季节。对应右侧数字表示"波士顿"电台在每个频率上的工作时间段。有些海岸电台不仅具有文字说明，还会附加地图来进一步标明具体覆盖范围，在这种情况下海岸电台会使用"DIAGRAM：Consult Diagram XX"加以标注，"XX"为地图在《无线电信号表》中的页码。当以地图形式具体说明覆盖范围时，一个海岸电台往往在一页地图上标明自己的多项业务，各项业务的范围以蓝色线条标出。

表b和表c中的数字（有时为大写字母）表示某项业务的代码，例如，表b中的数字"4"表示"波斯顿"海岸电台代码为"4"的业务覆盖范围是"65°N 95°W，65°N 10°W，15°N 95°W，15°N 10°W"；在表b中，(a)(b)和(c)分别表示墨卡托、兰勃特和极地平面投影，本表中只包含(a)，即墨卡托投影方式。表c为波士顿海岸电台气象传真图广播表，第二栏表示传真图的种类；第三栏为图时，即发射传真图的具体时间（UTC时间），时间精确到分钟，后面括号中的两位数字表示观测的具体时间，可以分别是00Z、06Z、12Z和18Z。第4栏的数字表示发射台扫描器的旋转速度（转/分钟）和合作系数ICO。120/576表示扫描器的旋转速度是120 r/min，合作系数ICO为576。

表9－2　波士顿（Boston）海岸电台气象传真图业务资料

a. 频率和工作时间				
Boston(NMH)(U. S. Coast Guard)				
	4 235			0230－1015
	6 340. 5			H24
	9 110			1430－2215
	12 570			
Note：Carrier frequency is 1. 9kHz below the assigned frequency				
DIAGRAM：Consult Diagram XX				

b. 各种气象传真图覆盖范围			
1(a) 52°N 85°W52°N45°W 28°N85°W28°N45°W	2(a) 65°N45°W65°N10°W 15°N45°W15°N10°W	3(a) 65°N95°W65°N40°W 15°N95°W15°N40°W	4(a) 65°N95°W65°N10°W 15°N95°W15°N10°W
5(a) 55°N95°W55°N55°W 20°N95°W20°N55°W	6(a) 60°N130°W60°N40°W 0°N130°W0°N40°W		

表 9－2(续)

c. 波士顿海岸电台气象传直图广播时间表

	传真图的种类	图时	发射台旋转速度/ICO
	Test Pattern	0230 0745 1400 1720 1900	
1	Preliminary Surface Analysis	1233(00) 0755(06) 1453(12) 2025(18)	120/576
	Schedule:Part 1	0243 1405	
	Schedule:Part 2	1254 1420	
	Request for comments	1305 1433	
5	Satellite Image	0305(00) 1503(12)	
4	500 hPa Analysis	0428(00) 1503(12)	
1	24 hour Surface Prognosis	0805(00) 1905(12)	
	24 hour Wind/Wave Prognosis	0815(00) 1915(12)	
	24 hour 500 hPa Pronosis	0825(00) 1925(12)	
6	Satellite Image	0951(06) 2151(18)	

2. 接收气象传真图注意事项

为了高质量地接收气象传真图，GMDSS 操作员需要注意以下事项：

(1)确保接收机工作正常，接收机内部安装有足够的打印纸；

(2)认真查阅《无线电信号表》，注意发射时间和传真图类型；

(3)如果具有自动值守功能，注意校准设备自身的时钟，以便在岸上发送信息之前能够自动转入待机状态；

(4)如果设备没有自动值守功能，或者自动值守功能失效，注意在规定时间启动接收机；

(5)根据从《无线电信号表》中查阅的资料，正确设置传真机的接收频率、扫描速度和 ICO 参数；

(6)船舶长时间靠港时可以关闭接收机，但是在开航之前必须提前开机，以确保船舶能够接收所有需要的信息；

(7)条件允许时，初次使用的海岸电台可提前测试；

(8)对于具有自动值守功能的接收机，可能由于信号信噪比过低，接收机在起始接收阶段同步或者启动失败，导致传真图不完整或者接收失败，因此，对于这类接收机，在必要时需要谨慎操作；

(9)多数气象传真图的打印为热敏传真纸，库存纸张和收妥的传真图应该远离热源，注意避光保存；

(10)在整个航次，需要在《电台工作日志》中记录所有收到信息的识别代码，有效期内需要在驾驶台保存收妥的传真图。

【项目实施】

任务1　气象传真机安装

一、气象传真机的系统图与接线图

图9-2、图9-3为某船厂45 000 t散货船气象传真机系统图和接线图，实际接线时要结合这两个图。图9-2中，气象传真机的天线安装于罗经甲板；气象传真机安装于驾驶台的海图区，由来自驾控台的交流220 V电源供电。

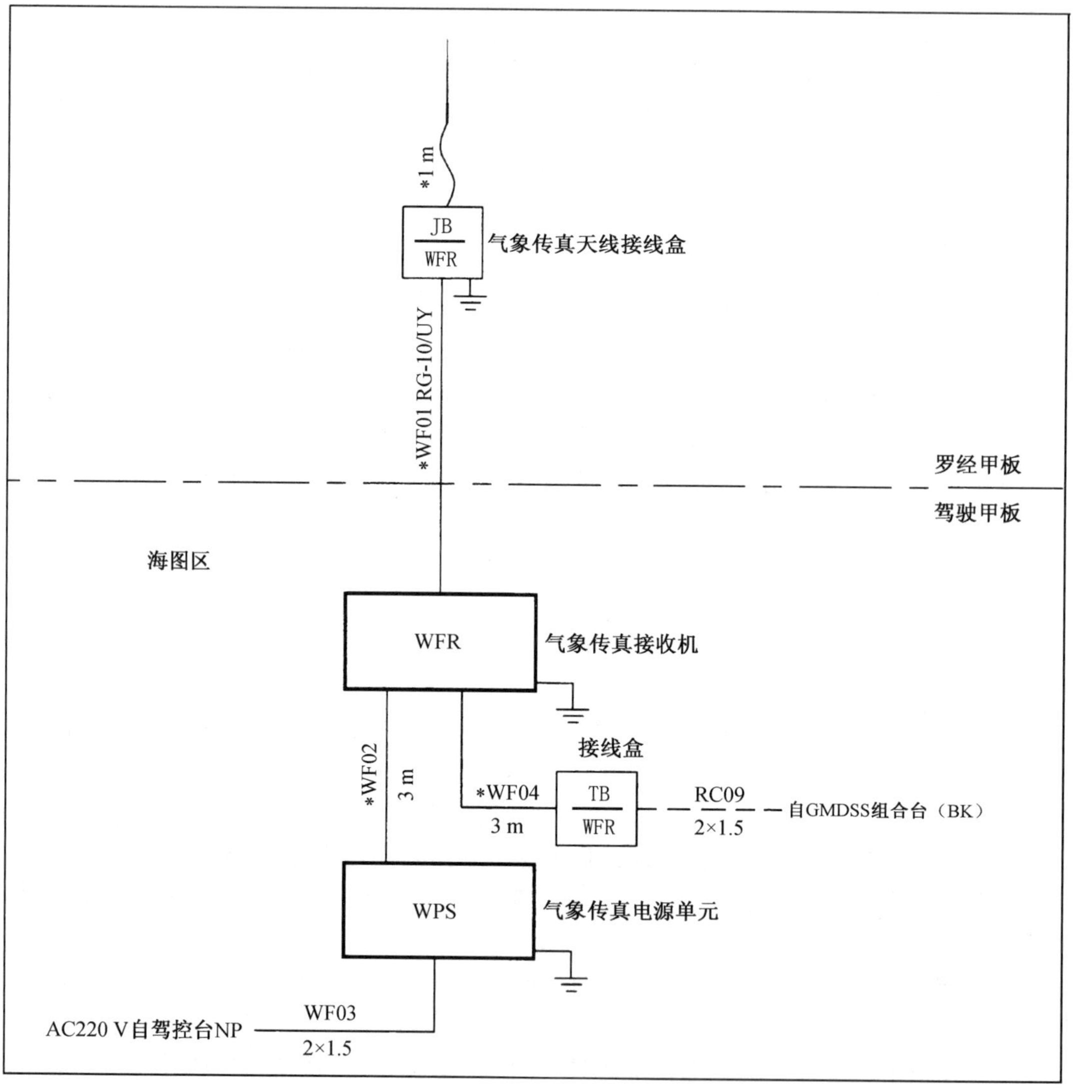

图9-2　45 000 t散货船气象传真机系统图

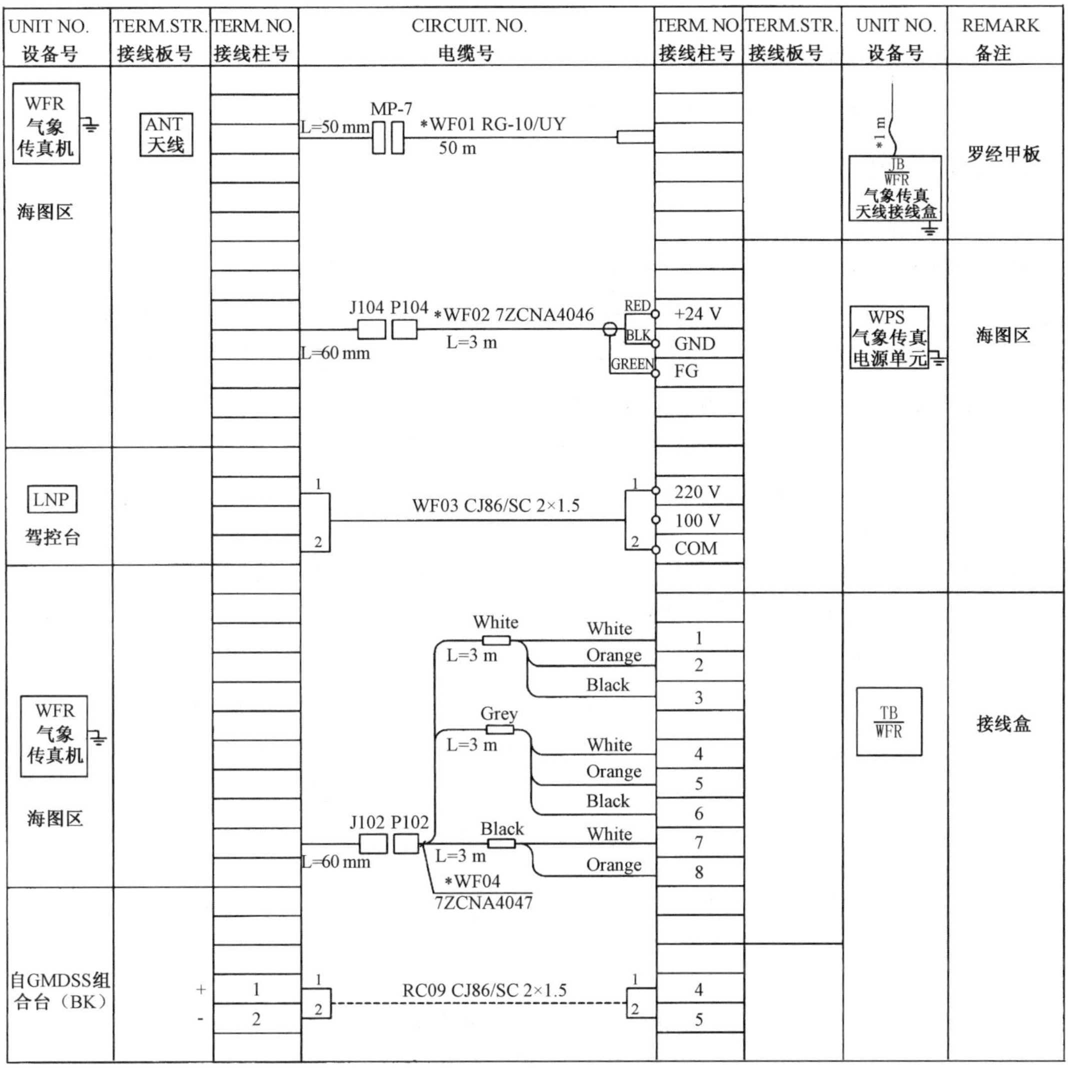

UNIT NO. 设备号	TERM.STR. 接线板号	TERM. NO. 接线柱号	CIRCUIT. NO. 电缆号	TERM. NO. 接线柱号	TERM.STR. 接线板号	UNIT NO. 设备号	REMARK 备注
WFR 气象 传真机 海图区	ANT 天线		MP-7 L=50 mm *WF01 RG-10/UY 50 m			*1 m JB WFR 气象传真 天线接线盒	罗经甲板
			J104 P104 *WF02 7ZCNA4046 L=60 mm L=3 m RED BLK GREEN	+24 V GND FG		WPS 气象传真 电源单元	海图区
LNP 驾控台			1 2 WF03 CJ86/SC 2×1.5 1 2	220 V 100 V COM			
WFR 气象 传真机 海图区			White L=3 m White Orange Black Grey L=3 m White Orange Black J102 P102 L=60 mm Black L=3 m White Orange *WF04 7ZCNA4047	1 2 3 4 5 6 7 8		TB WFR	接线盒
自GMDSS组合台（BK）	+ -	1 2	1 2 RC09 CJ86/SC 2×1.5 1 2	4 5			

图 9 - 3　45 000 t 散货船气象传真机系统接线图

二、气象传真机的安装

气象传真机的安装示意图如图 9 - 4 所示。用 5 × 25 自攻螺丝(提供),将其安装在桌面或仓壁上。选择安装地点时,应考虑下列几点内容。

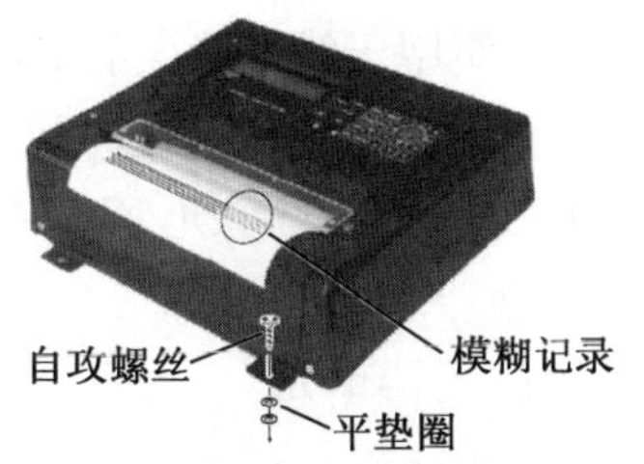

图 9 - 4　主单元安装示意图

(1)务必确保安装表面平整,否则会导致记录模糊。需要调平传真机时,可在传真机与安装表面的适当位置插入平垫圈(随机附送)。

(2)不要将气象传真机安装于太阳直射处,因为热量会在机柜内积聚。

(3)当安装在舱壁时,应确保安装位置足够结实牢固。

(4)安装在振动和冲击最小并且便于操作控制面板的位置。

(5)在气象传真机四周留置足够的空间,以便检修和维护。

(6)安装位置应远离雨淋或水溅区域。

(7)如果气象传真机太靠近磁罗经,则会干扰磁罗经。

三、天线系统的安装

1. 天线的选择

传真接收机的性能好坏直接与天线的安装有关。一般情况下,天线应该越高越好,以免受附近天线、绳索和桅杆的影响。确保天线的安装地点远离发射天线和产生噪声的设备。应该特别注意 MF/HF 无线电设备发射天线,因为它们的感应电流会损坏传真接收机(避免感应的最好方法就是安装前置放大器单元)。FAX-408 可以安装如下天线。

(1)前置放大单元 FAX-5(选购)加 2.6 m 鞭状天线(选购)。

(2)鞭状天线(6 m,选购)。

(3)长天线(自备)。

如果不使用前置放大单元,需要安装匹配箱。在天线与匹配箱之间连接一根馈线。在同轴电缆上安装一个接头,并在天线与接收机之间连接。所用的同轴电缆为 RG-10/UY 或 RG-12/UY。使用及未使用前置放大器时的安装图如图 9-5 所示。

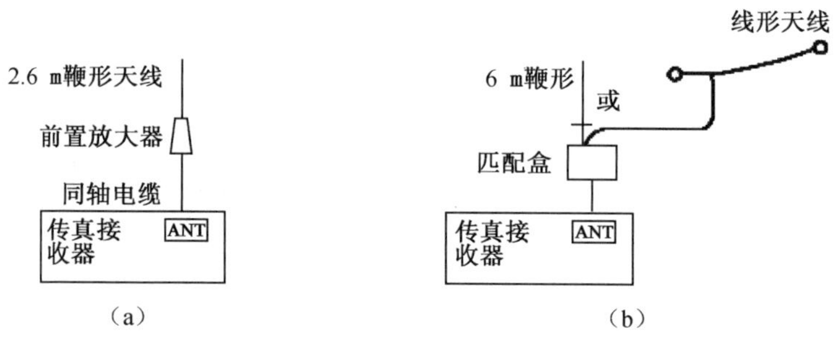

图 9-5 使用及未使用前置放大器时的安装图示

(a)使用前置放大器;(b)未使用前置放大器

2. 鞭状天线或长天线使用特点

(1)既可以使用鞭状天线也可以使用长天线。使用的长天线包括馈线应该为 10 m 或更长。鞭状天线应该为 6 m 或更长。一般来说,鞭状天线适合接收 6 MHz 以上的频率,长天线适合接收 6 MHz 以下的频率。

(2)使用天线切换装置,可以与其他接收机共享天线。

(3)如果安装长天线时灵敏度太低,请使用前置放大器单元。

3. 前置放大器单元 FAX-5 的安装方法

小型船舶可能没有安装长天线的空间。在这种情况下,推荐安装带有 2.6 m 鞭状天线的前置放大器单元。

(1)天线桅杆的高度不应超过 1.5 m,以免在大风中弯曲。

(2)将前置放大器固定在天线桅杆上。

4. 天线系统安装过程

(1)将前置放大器固定在安装地点;

(2)将鞭状天线旋在前置放大器上;

(3)如果天线桅杆是金属材料,在桅杆和前置放大器之间焊接一个接地点(自备);

(4)用密封胶将连接处和曝露的材料做防水处理;

(5)用同轴电缆直接连接 FAX－408 的接头。注意,电缆长度为 10 m、20 m、30 m、40 m 和 50 m 时使用电缆延长工具。

注意:

①可使用数米长的裸铜线天线替代鞭状天线。在这种情况下,应在天线与前置放大器之间安装长天线固定装置(随前置放大器一起提供)。

②前置放大单元由传真接收机供电,要给前置放大单元供电,将接通主单元 RCV 板的开关 S1。

任务 2　系统操作

一、FAX－408 的控制面板

FAX－408 的控制面板如图 9－6 所示,面板按键说明见表 9－3。

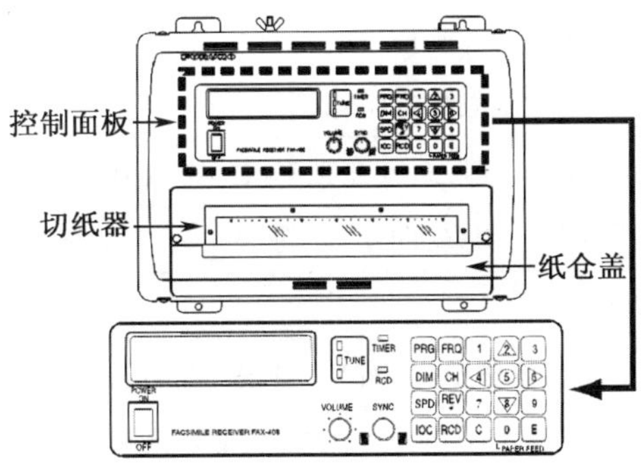

图 9－6　FAX－408 的控制面板

表 9－3　FAX－408 的控制面板按键说明

控制指示	描述
ON POWER OFF	开关电源
VOLUME	调整接收信号音量和按键的哔哔声
SYNC	细调相位信号
PRG	＊启用一个设置模式(与数字键组合使用)。按此键及相应的数字键选择一个设置模式: 1. 选择内置或外接接收机;2. 设置定时接收功能;3. 设置睡眠定时;4. 添加或编辑频道;5. 设置日期和时间;6. 设置 ISB 频移;7. 调整 LCD 对比度;8. 清空 RAM ＊返回设置模式的第一页

表 9-3(续)

控制指示	描述
PRQ	* 从频道模式改变到频率模式; * 在频率模式中设置频率
DIM	调整 LCD 亮度和 LED 亮度(5 级可调)
CH	* 从频率模式改变到频道模式; * 在频道模式中设置频道
SPD	选择记录速度
REV ·	* 反白记录格式(从白底黑字改变到黑底白字,反之亦然); * 输入频率时插入小数点,输入频道时插入星号; * 选择"+"或"-"
IOC	选择合作系数
RCD	手动记录时启动或停止记录
E	确认设置
C	* 在设置模式中清除数据; * 从设置模式切换到预备模式
△2	在频道模式中提升频道,或在频率模式中提升频率
◁4	记录时,手动相位调整(向左)。每按一次,记录图像向左移动 5 mm
⑤	显示日期和时间
6▷	记录时,手动相位调整(向右)。每按一次,记录图像向右移动 5 mm
▽8	频道模式中降低频道,或在频率模式中降低频率
0	送纸
▯▯▯ TUNE	当高于接收频率时,最上面的 LED 亮;当与接收频率相同时,中间的 LED 亮;当低于接收频率时,最下面的 LED 亮
▭ TIMER	当启用定时模式或睡眠模式时亮

二、FAX-408 的基本操作

1. 电源开关

按[POWER]键开关电源。开启电源时,显示上一次使用的频道。

2. 频道和频率显示

按[CH]键选择频道显示,用[FRQ]键选择频率显示。频道编号以三位数字显示,如图 9-7 所示。

(1)频道设置

频道显示模式中,按[▲]或[▼]选择频道编号。此外也可在频道显示模式下按[CH]键,然后用数字键输入频道编号。要自动接收频道组中灵敏度最高的频率,可用[REV/●]键在第 3 个数字位置输入星号(*)。

(2)选择所要的频率并微调频率

用[FRQ]键可以手动输入频率。用数字键输入频率,用[REV/●]输入小数点。可用的频率范围是2 000.0~24 999.9 kHz。

频率显示模式中,用[▲]或[▼]细调频率,0.1 kHz步进。当调整合适时,中间的TUNE LED(绿色)亮。如果上面的LED(红色)亮时按[▲],当下面的LED(红色)亮时按[▼]。

3. 自动接收

当选择了用于接收的传真站后,系统会进入待机模式,等待来自传真站的开始信号,当收到开始信号时开始记录。

(1)按[CH]键显示频道屏幕,如图9-8所示。

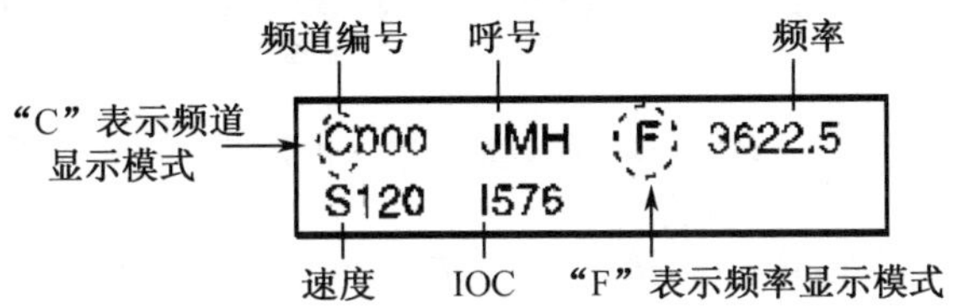

图9-7　频率显示界面

C00*　JMH　3622.5
S120　I576
*星号表示自动选择频率

图9-8　自动接收时按[CH]键显示频道界面

(2)按[▲]或[▼]选择所要的频道,当收到开始信号时,屏幕上显示“AUTO START SEARCHING FRAME”(自动开始搜索画面),同时RCD LED(橙色)闪烁;开始记录时自动调整速度和IOC,记录过程中RCD LED亮起。

4. 手动接收

(1)按[CH]键显示频道屏幕,按[▲]或[▼]选择所要的频道。

(2)按[RCD]键开始接收,显示“MANAUL START SEARCHING FRAME”(手动开始搜索帧),RCD LED(橙色)闪烁。

(3)如果记录没有开始,再按[RCD]键,记录开始后RCD LED停止闪烁并常亮。

5. 停止记录。

当收到停止信号后,记录自动停止,也可以用[RCD]键手动停止记录。当记录停止时RCD LED熄灭。

6. 传真图像的处理

在记录期间可以调整速度、合作系数IOC、相位、同步和图像格式。

(1)速度

按[SPD]键显示速度屏幕如图9-9所示,按[1][2]或[3]键选择所需的正确速度。

(2)IOC

按[IOC]键显示IOC屏幕,如图9-10所示,按[1]或[2]键选择适当的IOC。

SPEED: 120
1-120　2-90　3-60

图 9－9　按[SPD]键的界面

IOC: 576
1-576　2-288

图 9－10　按[IOC]键的界面

(3)手动定相

当 FAX－408 开始记录进行中的广播或噪声信号阻止定相信号的探测时，记录上会出现一个死区（黑色或白色条纹），这是由相位失配造成的，如图 9－11 所示，此时请调整记录位置。

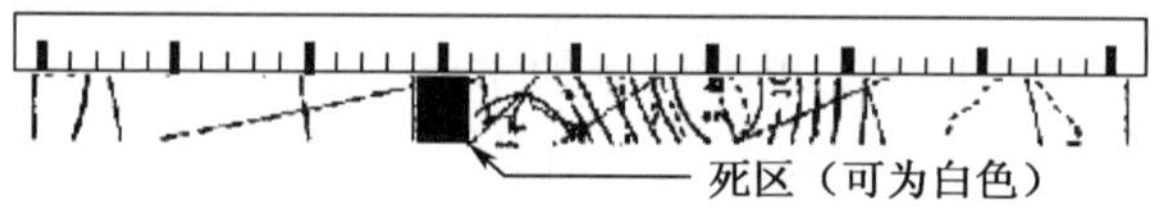

图 9－11　相位信号错误时的图像

使用[◀]或[▶]键调整定相。按[◀]向左移动，按[▶]向右移动。每按一下记录会向左（向右）移动约 5.0 mm。

(4)同步

如果即使正确选择相位，死区仍偏移一定角度，请使用[SYNC]（同步）控钮调整同步以显示垂直的死区。如果图片向左（右）倾斜，请逆（顺）时针转动控钮，如图 9－12 所示。

(5)反白模式

多数传真站发射白底黑字的传真图像，但有些站则使用黑底白字格式打印。如果想使用与接收时不同的格式记录传真，按[REV/●]键出现如图 9－13 所示的屏幕，按[1]键关闭反白模式，按[2]键打开反白模式。

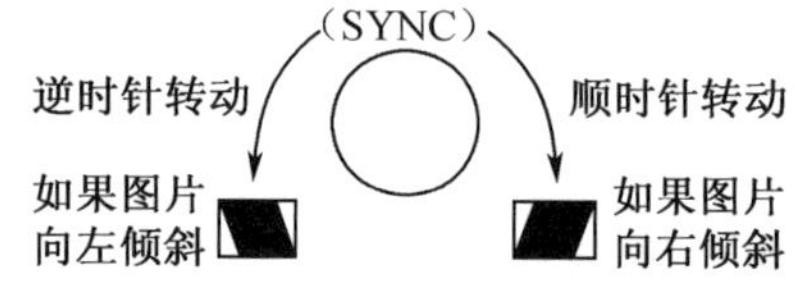

图 9－12　调整同步的示意图

REVERSE: OFF
1-OFF　2-ON

图 9－13　调整同步的示意图

任务 3　气象传真接收机故障检测与维修

一、气象传真接收机电源故障

1. 故障现象

故障现象是开机后电源指示灯不亮，整机无电源。

2. 分析判断

不同厂家的气象传真接收机，其供电电源也可能不同，一种是 220 V 交流供电，另一种是24 V直流供电。如果是220 V电源供电，开机后或在开机较长时间后断电，有可能是电源保险丝烧断；如果是 12 V 或 24 V 直流供电，则一般是稳压电源部分故障。

3. 处理方法

用 220 V 交流电源供电给接收机，用万用表检查保险丝是否烧断，如确定保险丝烧断，更换同规格的保险丝，如果更换保险丝后又再烧断，说明设备内部有短路故障，必须拆开设备做一步检查或报公司通导主管部门。

用24 V直流电源供电给接收机，用万用表检查稳压电源输出是否正常，保险丝是否烧断；如果确定稳压电源故障，可临时用 24V DC 备用电源直接供电。

二、气象传真接收机天线故障

1. 故障现象

故障现象是在较近距离接收气象传真时，图像依然模糊不清、不能同步，甚至完全没有信号。

2. 分析判断

此故障现象一般是天线部分的问题，特别是气象传真使用有源天线时易发生此故障。

3. 处理方法

气象传真接收机可接两种天线，首先判断接收机安装的是哪一种天线，然后用万用表电阻挡进行检查，如果确定是有源天线故障，可临时用一根普通的接收天线代替。

三、气象传真接收机主板电池失效

1. 故障现象

故障现象是开机后原存储的频率、时间等数据丢失。

2. 分析判断

气象传真接收机主板有一个用于保存数据的小电池，如果该电池使用时间过长或质量问题失效，当接收机关机时间较长时，原来保存的数据便会丢失。

3. 处理方法

拆开主机，更换同型号的电池。

【项目考核】

项目考核单见表 9－4。

表 9－4　项目考核单

序号	考核点	分值	建议考核方式	考核标准	得分
1	气象传真机系统图、接线图识读	15	教师评价(50%)+互评(50%)	能正确识读系统图、接线图，识读错误一处扣 1 分	
2	气象传真机设备的接线	15	教师评价(50%)+互评(50%)	能正确进行设备接线，接错一处扣 2 分	
3	气象传真机设备操作(见项目技能训练九)	15	教师评价(50%)+互评(50%)	能正确进行设备操作，操作错误一次扣 3 分	
4	项目报告	10	教师评价(100%)	格式标准，内容完整，详细记录项目实施过程并进行归纳总结，一处不合格扣 2 分	

项目考核单(续)

序号	考核点	分值	建议考核方式	考核标准	得分
5	职业素养	5	教师评价(30%)+自评(20%)+互评(50%)	工作积极主动、遵守工作纪律、遵守安全操作规程、爱惜设备与器材	
6	知识巩固测试(见项目知识训练九)	40	教师评价(100%)	对相关知识点掌握牢固,错一题扣4分	
完成日期		年 月 日		总分	

项目知识训练九

1. 在航海领域使用的以无线方式传送,以图形方式来表示天气的系统是________。

A. 气象警告系统　　B. NAVTEX 系统　　C. MSI 系统　　D. 气象传真系统

2. ________指明气象传真发射机扫描信号的起始位置。

A 相位信号　　B. 转速　　C. 合作系数信号　　D. 扫描速度

3. 关于气象传真播发台的播放频率描述正确的是哪个? ________

A. 518 kHz　　B. 所有的台使用相同的固定频率

C 每个播发台都有自己的固定播发频率　　D. 均不正确

4. 气象传真机所接收到的图形歪斜,应该调整________。

A. SPD　　B. IOC　　C. PHASE　　D. SYNC

5. 气象传真机所接收到的图形被压缩或拉长的原因是________。

A. 收发不同相　　B. 收发不同步　　C. 收发速度不同　　D. 收发合作系数不同

6. 传真接收机接收的图像分成两半,是由于传真发射机与传真接收机________造成的。

A. "IOC"不同步　　B. "SPD"不同步　　C. "PHASE"不同步　　D. 收、发不同步

7. 气象传真播发台的播放频率、发布的传真种类、区域和发布的时间等信息都在________中查询。

A.《无线电信号书》第三卷　　B.《无线电信号书》第一卷

C.《无线电信号书》第五卷　　D. 均不正确

8. 世界上播发气象传真图的电台基本上按所在的洲划分,共划分为________个区。

A. 4　　B. 5　　C. 6　　D. 7

9. 气象传真机执行自检后,将检测设备的哪些功能? ________

①设备调相;②打印机;③气象传真接收机;④微处理器;⑤发射机

A. ⑦③④⑤　　B. ①②④⑤　　C. ①②③⑤　　D. ①②③④

项目技能训练九

1. 接收的气象传真图向左漂移,应该如何进行调整?
2. 解释气象传真机面板各功能键和旋钮的作用。
3. 打开气象传真机的程序菜单,并说明可实现的功能。
4. 删除气象传真机中设置的所有定时接收程序。

项目十　搜救雷达应答器 SART 的安装与操作

【项目描述】

在 GMDSS 系统中，除了地面通信系统、卫星通信系统、海上安全信息的播发系统外，还有一个寻位系统。寻位系统由遇险船舶上的搜救雷达应答器（SART—Search and Rescue Radar Transponder）和救助船舶上的 9 GHz 雷达组成。SART 是确定遇险船舶、救生艇及幸存者位置的设备。

【项目目标】

1. 能正确安装 SART 设备。
2. 会操作 JQX－10A 型 SART。
3. 掌握 SART 的检查、测试及维护保养方法。

【知识链接】

知识链接 1　SART 系统认识

一、SART 的功能及示位原理

1. 搜救雷达应答器的功能

在 GMDSS 系统中，遇险船可利用各种手段进行遇险报警，报警信息中包含遇险船舶的位置信息，但是由于受到客观原因的制约，例如遇险船舶使用的定位系统的精度等因素的影响，遇险船舶或幸存者报告的位置与实际的位置可能存在一定的误差和变化，同时考虑到遇上恶劣海况、浓雾或黑夜，现场搜救幸存者的工作难度很大。为尽快发现幸存者，在 GMDSS 系统中，公约船都按要求配备了 SART，解决了现场搜救不易发现失事地点或幸存者的问题，使得遇险船舶、救生艇或幸存者能被迅速发现和获救。

SART 是 GMDSS 系统中用来近距离确定遇难船舶、救生艇（筏）及幸存者位置的主要方式。SART 是遇险现场使用的设备，能引导搜救飞机或搜救船舶尽快地搜寻到遇险者，并可让持有 SART 的幸存者知道是否有救助飞机或救助船舶在靠近他们。图 10－1（a）为 SAR－9型 SART。

2. SART 的示位原理

SART 启动后首先处于待命状态，即只收不发。但只要收到 X 波段的雷达信号，则立即进入应答状态。应答时，在雷达发射的一个脉冲周期内，SART 会发射 12 个周期扫频信号，该信号在雷达显示器上的标志是同一方位上的 12 个等距离亮点，12 个亮点大约距离 8 n mile，相邻 2 个亮点间大约是 0. 65 n mile。如图 10－1（b）所示，ON 为船首线，第一个亮点到雷达荧光屏中心的距离 A 为救助船与幸存者间的距离，12 个亮点的连线与船首线的夹

角 θ 就是搜救船到幸存者的相对方位。

SART 标志信号在雷达显示器上的视觉效果，如图 10－2 所示。其中(a)图描述的是双方距离较远时的情形。随着双方距离渐进，雷达所收到的 SART 信号也渐强，因而在大光点附近会逐渐出现小光点，这主要是 SART 应答雷达波的回扫信号造成的。当距离近至约 1 n mile甚至更近时，雷达天线的旁瓣方向也能接收到 SART 的信号，导致雷达显示器上的标志信号由 12 个光点逐渐扩展为 12 条弧线，如图 10－2(b)。再近时则可形成 12 个同心圆，如图 10－2(c)。这时的标志信号只能用来测距，却无法用来测量方位。为避免出现上述情形，要求搜救雷达的操作员必须随距离的逐渐接近，适时降低雷达增益，始终保持雷达显示器上的 SART 标志信号成 12 个光点状态。

另外，在 SART 上还同时设有声、光指示装置，以便遇险幸存者判定设备的工作状态和与搜救单位之间距离的远近。例如 TRON 型 SART，在其处于待命状态时，其上的指示灯以亮 0.5 s、灭 1.5 s 的 2s 周期闪动。当收到雷达信号后，其频率加快，改为以亮 0.5 s、灭0.5 s 的1 s周期闪动；而声响装置在待命状态不发声，在收到雷达信号后，远距离时能周期性地听到 SART 应答雷达信号发出的短促声，随距离渐近，周期渐短，直至变成连续的声响，此时表明搜救雷达已经近在咫尺了。若听到几种不同音调的声响时，则可断定有多个救援船舶或飞机到达。

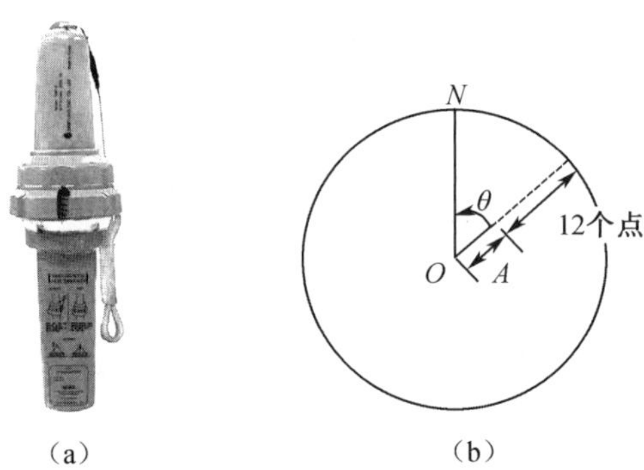

(a)　　(b)

图 10－1　SART 图片及雷达显示的 SART 信号

(a)SAMYUNG SAR－9；(b)SART 信号

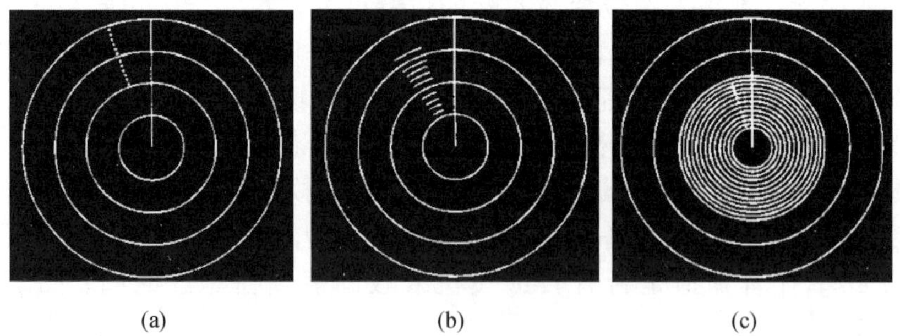

(a)　　(b)　　(c)

图 10－2　SART 标志信号在雷达显示器上的视觉效果

二、SART 的技术性能

1. SART 的容量

雷达的发射脉冲重复周期为 1 ms，而 SART 的 12 次扫描发射大约为 100 ms，加上 SART

的回复抑制时间,则每台 SART 在一个具体方位上能响应大约 9 台雷达的询问。在全方位上,雷达的方位鉴别能力按 2°计算,则每一台雷达只有在雷达天线旋转一周所用时间的 1/180(2/360 = 1/180)的时间内对 SART 发出询问信号。于是在全方位内,SART 所能响应的询问雷达的台数是 180 ×9 = 16 20 台。因此 SART 所能响应的雷达台数是完全可以满足实际需要的。同时,现代雷达都使用了成熟的噪声抑制技术,可防止与雷达本身发射不同步的回波显示。

2. 对电池的要求

SART 是用电池供电工作的。要求 SART 的电池容量应能使 SART 在准备状态工作 96 h,然后还能连续应答 1 kHz 探测脉冲 8 h。

3. 其他要求

满足 CCIR -628 建议的 SART 的其他技术性能如下所述。

(1)频率范围:9 200 ~9 500 MHz。

(2)极化方式:水平极化。

(3)扫描形式:锯齿线性变化的扫描频率发射。

(4)脉冲持续时间:每次响应,扫描发射 12 次,约 100 ms。

(5)有效全向辐射功率(EIRP):大于 400 mW。

(6)有效接收灵敏度:优于 -50 dBmW。

(7)恢复时间:在 10 ms 以内。

(8)响应延迟时间:小于 0. 5 ms。

(9)工作温度范围: -30 ℃ ~ +65 ℃储存; -20 ℃ ~ +55 ℃工作。

4. 操作要求

在操作上对 SART 的要求是工作可靠,操作简便,便于携带,容易发现。具体规定如下所述:

(1)应能容易由非熟练人员操作;

(2)应装有防止意外启动的装置;

(3)应装有监听或监视(或二者兼备)装置,以指示应答器是否正常工作和告知幸存者已有搜救船只在靠近他们;

(4)应能人工启动和关闭,也能在紧急时自动启动;

(5)应能提供待命状态的指示;

(6)应能从 20 m 高落入水中而不损坏;

(7)在 10 m 深水处,至少应能保持 5 min 而不进水;

(8)在浸入水中条件下,受到 45 ℃热冲击应仍能保持水密;

(9)单独落入水中,应能自动正向立起,指示灯在上面;

(10)应有一根与 SART 连接的浮动绳索,以提供遇难幸存者系在身上使用;

(11)应能抗海水和油的浸蚀;

(12)长期曝露在阳光下及在风雨侵蚀下,技术指标不应降低;

(13)所有表面应呈可见度高的橘黄色;

(14)外围构造平滑,以防止损伤救生筏和遇难幸存者。

知识链接2 SART设备的使用、测试及维护

一、SART的使用

1. SART的作用距离

SART的作用距离主要与SART的安装高度和搜救者雷达的天线高度有关。一般情况下，如果SART的安装高度离海面1 m以上，雷达天线高度离海平面15 m以上，搜救船在至少5 n mile远处就能探询到SART信号；飞行高度3 000 ft(1 ft = 0.304 8 m)、雷达峰值功率10 kW的搜救飞机能在40 n mile远处探询到SART信号。影响探询SART信号距离还有以下三方面的因素。

(1)雷达的类型和使用。一般来说，大型船舶的雷达有较高的天线增益，离海平面也比较高，探询SART的距离也远。雷达的性能和最佳使用也很重要。

(2)海面和天气状况的影响。平静的海面因电波多径传输可影响到SART的接收；大浪时，搜救雷达和SART仰角要发生变化，可能导致接收的距离更远；但是SART在海浪波谷时也会降低探测距离。

(3)SART安装高度的影响。实际使用时，要提高SART的作用距离，应当将SART启动后安装在尽可能高的地方，并注意不要有任何遮挡。

实验得知：将SART平放在地板上时，作用距离1.8 n mile；垂直放在地板上时，作用距离2.5 n mile；当SART漂浮在水中时，作用距离为2.0 n mile。一般天气情况下，适当地安装SART，对大船雷达，发现距离可达10 n mile以上。如果安装不好，比如在救生艇(筏)内使用，或者漂浮在水中，探测距离甚至比视距还要近。

2. SART使用

SART平时是以关机状态保存在容器中，安装在驾驶室两侧容易接触到的地方。在船舶遇险时从安装容器中取出SART，开机放置在“STAND BY”处(有的设备标识为“ON”)。如果在母船上用，应把SART安装在罗经甲板的栏杆上；如果是弃船，应由专人把它带到救生艇(筏)上，尽量安装在高处；也可由幸存者手持，或者安放在遇险船的船舷上，作为出事点的标志。

SART开启后，准备应答搜救船舶或者搜救飞机的雷达触发信号。

3. 搜寻SART信号应注意的问题

在海上救助时，使用雷达搜寻遇险者的SART信号应注意以下几个问题。

(1)雷达量程的选择

在使用雷达近量程挡时，仅能显示SART的几个亮点，例如在3 n mile量程仅能显示SART信号的4个亮点。在恶劣海况下，杂波干扰非常严重，经常不能看到完整12个点的SART信号。一般情况下，海浪干扰最严重可延至4 n mile，但不会完全淹没整个SART信号。因此，由两亮点间约0.65 n mile，可推算出遇险者的位置。

从以上分析看，开始进入搜救区时，应尽量用远量程，以便在大范围内搜寻到遇险者的SART信号。当搜寻到遇险者的SART信号后，最好使用雷达的6～12 n mile之内的量程。使用这些量程，能看到完整的或多个SART亮点，易区别其他回波和确定SART的位置。

(2)SART的距离误差

在SART距搜救者雷达相距6 n mile左右时，距离误差达150 m以上；而在接近SART

时,因为雷达能接收到 SART 的正向扫描信号和返回扫描信号,所以会出现两个不同形状的亮点,第一个亮点的距离误差不大于 150 m。

(3)选择合适的雷达带宽

小于 5 MHz 的雷达带宽将对 SART 的信号稍有衰减,最好是使用中等带宽以确保获得 SART 的最佳信号。一般雷达的远距离量程,带宽为 3 ~ 5 MHz;雷达的近距离量程,带宽为 10 ~ 25 MHz,应根据具体情况,灵活选用。

(4)接近 SART 时注意

在接近 SART 时,来自雷达天线的旁瓣波束,可能使 SART 的信号在雷达的荧光屏上变成一串圆弧或同心圆。这种情况,可用海浪抑制旋钮来消除。出现这种情况,证明 SART 在船附近,应减速并注意搜索。

(5)恶劣的海况下使用的注意事项

在海况不好的情况下,为增加 SART 信号的可见度,可失谐雷达,以减小海浪回波的影响。自动频率控制雷达不允许手动失谐设备。注意在失谐的情况下,一些需要的信息比如航行和避碰船舶信息可能被取消,因此可能的情况下,要尽快回到正常调谐状态。

(6)导航雷达的调整

在搜救过程中,要合理地调整雷达增益,最好使雷达显示器出现轻微背景噪声,但是还不至于干扰到正常信号的辨别,以获得对 SART 信号的最大范围的搜寻。

为获得最佳探测距离,海浪抑制旋钮应放在最小。注意在受到海浪杂波干扰时,不使用海浪抑制旋钮,最近的 SART 回波可能被淹没。在这种情况下,可从 SART 回波的最近亮点推算出本船船位。如海浪抑制旋钮有自动/人工选择,选择人工方式。注意和自动方式比较一下,看选择哪种方式效果更好。

在搜寻 SART 时,应将抗雨雪干扰旋钮放在人工位置上,直到搜寻到 SART 信号。如果海浪抑制和抗雨雪干扰用一个旋钮控制,建议选择手动搜寻 SART 信号。注意和自动方式比较一下,看选择哪种方式效果更好。

二、SART 的检查、测试及维护保养

1. SART 的检查、测试

SART 是遇险现场搜救用设备,要求每月进行检查、测试其工作是否正常,并将情况记录在无线电日志上。要注意外观检查,确认其处于良好状态;检查 SART 上标识的船名、呼号、MMSI 号是否清楚,电池是否在有效期内。检查 SART 的存放位置是否便于取出并易于带上救生艇(筏)。

进行测试时,应按照设备厂家的操作要求进行。当 SART 没有自测控钮时,把 9 GHz 雷达打开,将 SART 从容器中取出,开关打到“STAND BY”位置,拿到船头,另一人在船舶驾驶台观测雷达是否收到 SART 的应答信号。当雷达显示器上出现一系列等间隔点样回波,同时 SART 被触发产生蜂鸣和指示灯闪亮,表明 SART 工作正常。SART 的试验时间应尽可能地短,以延长电池使用寿命,同时也避免干扰其他船舶雷达的工作。

大多数 SART 有自测功能。测试时,将 SART 工作开关置“TEST”位置,观察指示灯是否闪亮并伴有声响,在雷达屏幕上也会出现一系列等间隔点样回波。

2. SART 的维护保养

一般每 4 年由 SART 的代理商,对设备的工作情况进行 1 次全面地检查,并更换电池。

更换SART电池的工作,只能由委托的代理去做,并由其处理旧电池,同时注意如下事项。①不要企图打开该机;②不要对电池充电;③不要将电池扔进火中;④不要将电池放在70℃以上的地方;⑤不要短路电池;⑥如果除试验以外的其他原因,使用了SART,不管发射时间多长,不管是否到了电池更换期限,都必须更换电池。

【项目实施】

任务1 SART设备安装

一、SART安装位置

按IMO要求,无论在哪一航区,500总吨以上的货船和所有客船应至少配备2台SART,而不满500总吨的货船,则可只配备1台SART。

SART安装在驾驶台靠近左右门内侧墙的适当位置,如图10-3(a)所示。如果安装两台,左右侧对称各装一台。必须不借助任何工具即可提起SART。救生艇上安装SART有专用托架,以备万一,如图10-3(b)所示。

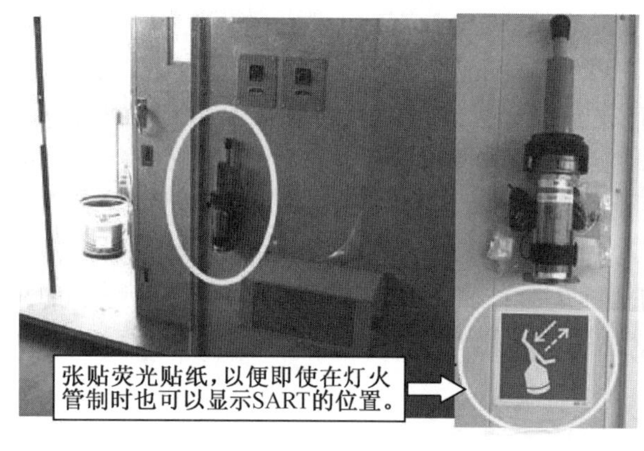

(a)

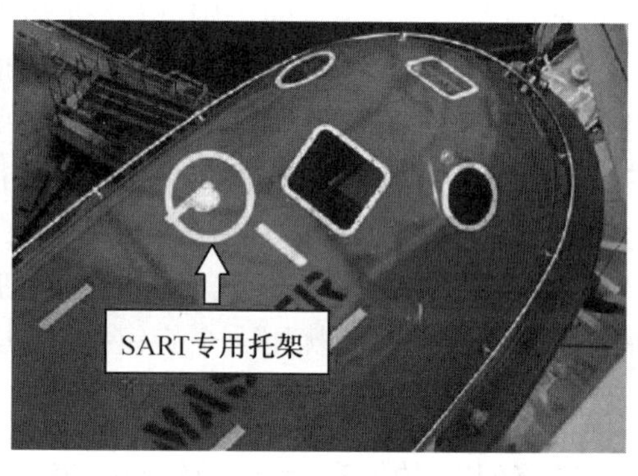

(b)

图10-3 SART安装位置

二、SART安装要求

①安装前主管部门应认真做好设备的测试,并做好型号、序号、电池的有效期登记。

②如安装在救生艇(筏)上,使用时天线高度应高于水面至少1 m。

③装船的SART应在外壳上标明船名和船舶呼号。

④配备可用作系绳的浮索应将其妥善盘起,防止损坏。

⑤安装完毕后,应将有关说明书、各类证明及证书完整移交船舶责任人并应妥善保管。

任务2 SART设备操作

一、JQX-10A搜救雷达应答器简介

JQX-10A搜救雷达应答器是日本JRC公司的产品,天线高度在1 m以上,外壳呈橘红

色，有利于海上搜寻。

JQX－10A SART 由本机和其容器组成。储存时，可将 SART 装进容器。一般情况下 SART 安装在驾驶台两侧容易接触到的地方，如图 10－4 左图所示为安放在驾驶室舱壁上的情形。使用时，取出 SART 本机，把外壳作为 SART 的下半部分，SART 本机作为上半部分，构成如图 10－4 右图所示的形状。

在船舶遇险时，应取出 SART 本机，启动后，固定安放到合适的位置或手持 SART 本机。

二、JQX－10A 雷达应答器操作

1. 从容器中取出 SART 本机，如图 10－5 左图所示。

（1）旋下容器帽①。

（2）从容器中取出 SART 本机②。

2. 启动 SART，如图 10－5 所示。

（1）旋下 SART 本机黑色的后盖③。

（2）把 SART 底部的开关④打到"ST－BY"位置。

（3）检查"ST－BY"绿色指示灯是否亮。

3. 将 SART 本机固定在容器上，如图 10－6 左图所示。

（1）将 SART②按图示方向插进容器中。

（2）从 SART 顶套进容器帽①，并按顺时针方向旋紧固定 SART。

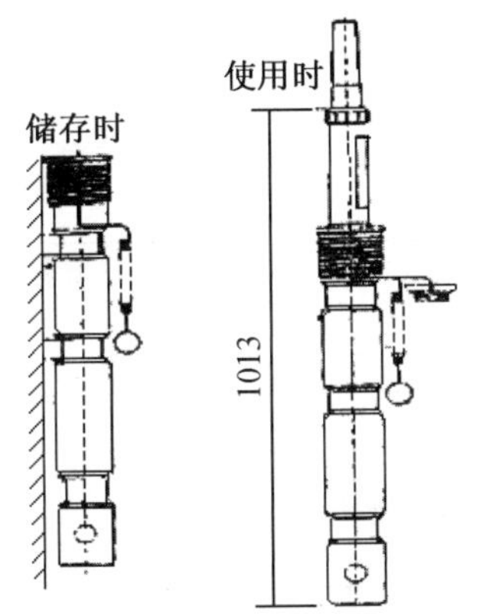

图 10－4　JQX－10A 储存和使用

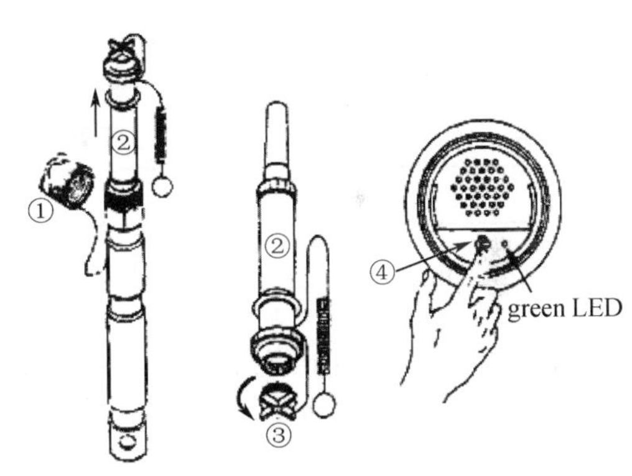

图 10－5　JQX－10A 取出与启动

①—容器帽；②—SAKT 本机；③—后盖；④—"ST－BY"位置

4. 启动后的 SART，根据遇险情况不同，可固定在合适的位置。

（1）如果想把 SART 固定在遇险船上，作为指示遇险位置的标志，可按图 10－6 右图所示的方式固定 SART，用固定架或者绳子将顶部装有 SART 的容器，按垂直于海平面的方向，固定在船舷边，底部应离水面 1 m 以上。当 SART 被 9 GHz 雷达探测时，"嘀嘀"声⑤会从底部圆孔中传出，并且随着搜救船或飞机的靠近，"嘀嘀"声会有所变化。

（2）如果遇险后弃船，应把 SART 带到救生筏或救生艇上，将其固定。可按图 10－7 或图 10－8 所示方式固定该 SART，即用绳索缚牢在救生艇（筏）上，或者在救生艇的舷边事先安装一个固定附件⑥，遇险弃船时，将 SART 带到救生艇上，用 SART 的容器顶盖将其固定，并注意监听 SART 的声音变化，以证实是否有搜救船或飞机在接近自己。

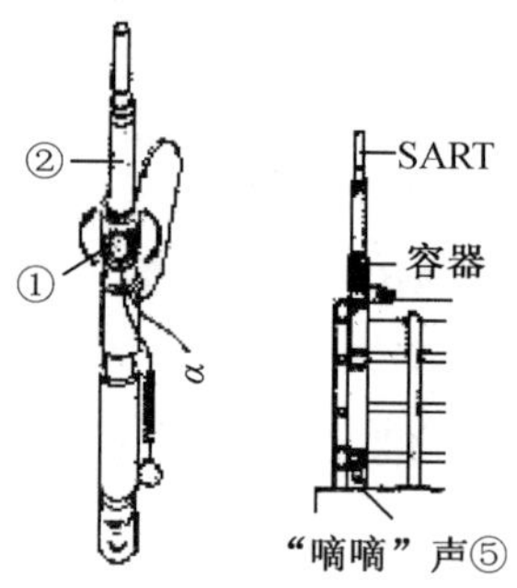

图 10－6　固定 SART

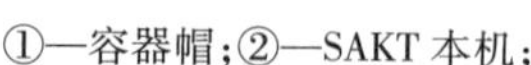
①—容器帽;②—SAKT 本机;
③—“嘀嘀声”

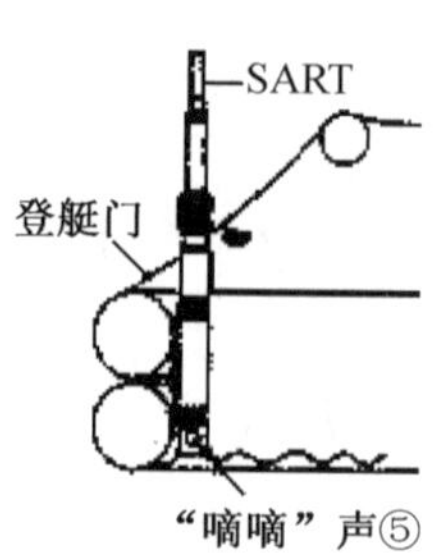

图 10－7　固定在救生筏上

⑤—“嘀嘀声”

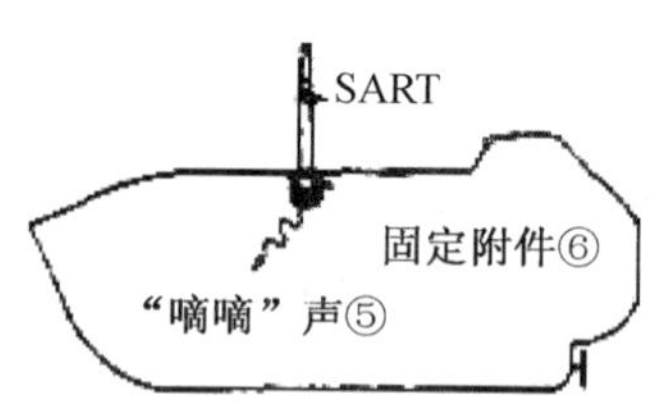

图 10－8　固定在救生艇上

⑤—“嘀嘀声”⑥—固定附件

如果固定 SART 有困难,可人工手持 SART。

JQX－10A SART 的电池型号是 NBB－272,额定电压 15 V,额定容量 10 A·h。电池更换方法如下:

①从容器中取出 SART;②旋下 SART 底部活动螺母;③将底部 SART 的监测接收机与电池的电源连接头分开;④拉出在 SART 中间部位的锂电池,放入新电池;⑤连接新电池和监测接收机电源接头;⑥装复各部分,旋上底部活动螺母。

【项目考核】

项目考核单见表 10－1。

表 10－1　项目考核单

序号	考核点	分值	建议考核方式	考核标准	得分
1	SART 设备安装	15	教师评价(50%)+互评(50%)	能正确安装 SART,安装错误一处扣 3 分	
2	JQX－10A 型 SART 设备操作	15	教师评价(50%)+互评(50%)	设备操作,操作错误一次扣 3 分	
3	SART 的检查、测试及维护保养方法(见项目技能训练十)	15	教师评价(50%)+互评(50%)	能正确进行 SART 的检查、测试及维护保养,错误一次扣 3 分	
4	项目报告	10	教师评价(100%)	格式标准,内容完整,详细记录项目实施过程并进行归纳总结,一处不合格扣 2 分	
5	职业素养	5	教师评价(30%)+自评(20%)+互评(50%)	工作积极主动、遵守工作纪律、遵守安全操作规程、爱惜设备与器材	
6	知识巩固测试(见项目知识训练十)	40	教师评价(100%)	对相关知识点掌握牢固,错一题扣 4 分	
完成日期		年　月　日		总分	

项目知识训练十

1. SART 应答信号在救助船雷达显示屏上的图像,下列描述错误的是________。
   A. 与救助船雷达的量程有关　　B. 与救助船雷达天线高度有关
   C. 与救助船与 SART 的距离有关　　D. 与救助船的多少有关
2. 符合 CCIR－625 建议的搜救雷达应答器,有一根短索与之连接,为________使用。
   A. 遇难幸存者系在身上
   B. 便于把 SART 绑扎固定于船舷
   C. 使 SART 有良好的接地,避免发射时对人员造成伤害
   D. 增加 SART 的有效发射功率
3. SART 应答信号是由 12 个等间距点状信号组成,代表________ n mile。
   A. 8　　B. 12　　C. 0.8　　D. 0.7
4. 搜救雷达应答器是与________共同完成寻位作用的。
   A. 卫星示位标　　B. X 波段导航雷达　　C. S 波段导航雷达　　D. DSC 终端
5. SART 的电池要求在待命状态和应答状态的工作时间________。
   A. 都为 48 h　　B. 都为 24 h　　C. 96 h/8 h　　D. 96 h/48 h
6. SART 的作用是________。
   A. 发射遇险信号　　B. 发射船位信号
   C. 发射应答信号　　D. 受雷达询问脉冲触发后应答
7. SART 表面应涂________色,以保证具有较高的可见度。
   A. 红　　B. 白　　C. 橘红　　D. 蓝
8. 每艘客船至少应配备________只 9 GHz 搜救雷达应答器。
   A. 1　　B. 2　　C. 3　　D. 4
9. SART 接收和发射的频率范围是________。
   A. 7 380 ~ 7 500 MHz　　B. 9 200 ~ 9 500 MHz
   C. 8 200 ~ 8 380 MHz　　D. 6 100 ~ 6 380 MHz
10. SART 和搜救船舶上________导航雷达配合使用。
    A. 9 公分雷达　　B. 3 公分雷达　　C. 10 公分雷达　　D. 3 GHz 雷达

项目技能训练十

1. 简要说明 SART 的功能。
2. 指出在 SART 上的船名、呼号标志。
3. 指出在 SART 上的电池的有效期标志。
4. 对 SART 进行测试。
5. 说明 SART 的使用注意事项。
6. 正确安装 SART。
7. 如何管理和维护 SART?

项目十一　船用天线的布置安装与船舶备用电源

【项目描述】

船舶无线电利用通信用天线收发信息。天线的种类繁多,以适应各种不同用途的需要。而同一类型的天线,也可能有多种不同的种类。比如按工作性质可分为接收天线和发射天线;按天线结构可分为线状天线和面状天线。一般天线都具有可逆性,即同一幅天线既可用作接收天线也可用作发射天线。

船舶电源包括主电源、应急电源和备用电源。正常情况下,船上配备的所有 GMDSS 通信设备都是由船舶主电源来供电。但船舶主电源和应急电源因故障而中断时,若无其他解决办法,则船舶通信会全面瘫痪。一旦此时出现险情,船舶将陷入孤立无援的困境,人命和财产的安全将无法得到保障。因此,所有船舶必须配备能随时保证通信设备正常使用的备用电源。

【项目目标】

1. 能识读天线布置图。
2. 在确保良好通信的前提下,能按要求布置船舶天线。
3. 会对船用备用电源进行维护保养。

【知识链接】

知识链接1　船用天线认识

一、天线的作用

天线是辐射或接收电磁波的装置。根据天线辐射或接收电磁波的不同,一般分为发射天线和接收天线。发射天线的作用是把已调高频电流的能量转换成电磁波能量向空间辐射出去;接收天线的作用是将来自空间的电磁波能量转换为高频电流能量。因此,发射天线与接收天线都是一种能量转换装置,并且可以证明它们具有互易性,即收发天线可以互换使用,其参数基本不变。

二、天线的主要参数

1. 天线的方向性

天线辐射的电磁能量在空间各个方向上的分布是不均匀的,因此天线具有方向性。其中描述地球表面上天线的方向性通常用电波在垂直面和水平面的辐射方向来表征。

船用中高频天线、甚高频天线在水平面就是全向的,即水平波束为 360°,而在垂直面辐射是不均匀的,一般越靠近天线底部辐射越强。船用雷达天线水平波束很窄,一般为 1°左右，以便提高水平目标分辨率，而垂直波束较宽，一般为20°左右，以防止船舶摇摆漏失目标。INMARSAT－B/F船站的天线更具有很强的方向性，天线只有对准卫星才能正常通信。

2. 天线的辐射效率 η_A

天线的辐射功率 P_o 与馈送到天线上的总功率 P_i 之比为 η_A，即：$\eta_A=\frac{P_o}{P_i}=\frac{P_o}{P_o+P_n}$，式中 P_n 为天线损耗电阻上消耗的功率。显然，天线的损耗功率越小，其辐射效率就越高。

3. 天线的辐射电阻 R_r

天线作为一个辐射器向空间辐射电磁波，辐射的能量可以等效为电路中电阻的损耗。该损耗可以认为是在一个假想的电阻 R_r（辐射电阻）上的损耗。因此辐射电阻 R_r 可定义为：天线向外辐射的功率 P_o 与天线上电流 I 的平方之比。当 I 一定时，R_r 越大，向外辐射的功率 P_o 越大。可见 R_r 是表征天线辐射能力的参数。

4. 天线的互易性

同一通信系统收发天线的结构、方向性及阻抗等方面的特性都是相同的，因此，从能量转换这一角度看它们是可以互换使用的，即天线具有收发的互易性。如船用甚高频天线、INMARSAT船站天线等都是收发共用的，MF/HF天线通过收发转换控制也可实现收发共用。

5. 天线的有效高度 h_e

天线上的电流分布是不均匀的，电流从顶端到底部按正弦规律变化，在考虑天线的辐射效果时，一般把天线上电流分布设想为均匀分布。如图11－1所示，用曲线 AC 表示垂直天线 AB 的电流分布，求出与 ABC 面积相等的长方形 $BCDE$，则 BE 就称作该天线的有效高度 h_e。垂直天线的有效高度 h_e 为其实际高度的0.5～0.6。

三、船舶通信天线种类

作为航海船用通信天线，我们更多地从工作波段和用途来分类。其一般分为船用中短波天线、超短波天线及卫星船站天线三大类。

1. 船用中短波天线

由于船上空间有限，船用单边带收发通常只配备一副天线，另配一副DSC值守天线，且均采用垂直天线。

早期的船用中短波天线普遍采用倒L形或T形的加顶天线。加顶的作用是为了增加垂直天线的有效长度，以增大天线的辐射电阻，从而解决天线辐射效率低和防止天线过压。但这种天线在实际使用中安装和使用不方便，占船面积大，且易于损坏。

目前船用中短波收发天线，包括MF/HF DSC值守机、NAVTEX接收机等天线一般采用垂直鞭状天线，长度一般为5～12 m，其内部绕有螺旋状铜线，以增加天线的实效长度。有时在螺旋顶端加侧鞭，也相当于加大了天线的有效长度，如图11－2。由于中短波鞭状天线一般小于工作波长，天线呈较大容性，通常经由天线耦合器接入接收机。

鞭状天线是目前GMDSS船舶采用最多的天线，因为这种天线外形简单、架设容易、风阻小，而且维护和使用非常方便。

2. 超短波天线

船用VHF通信频段是156 MHz～174 MHz，波长不到2 m。目前船用VHF设备普遍采用垂直鞭状天线，如图11－3所示，信号均分布在中心点周围360°全方位区域。当天线高出海面为 5 ~ 10 个波长时，此频段电波主要以空间波方式传播，天线越高，其传播视距越远。

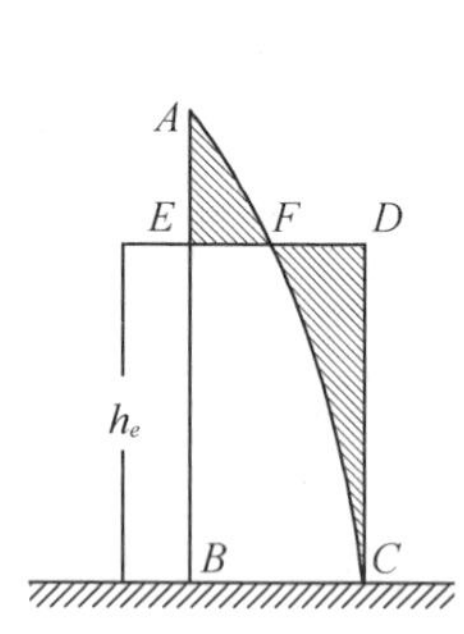

图 11 - 1　垂直天线的有效高度

图 11 - 2　带侧鞭的鞭状天线

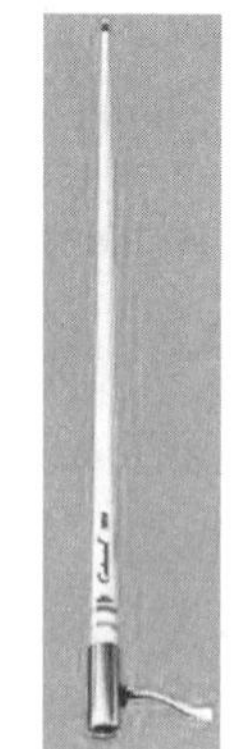

图 11 - 3　VHF 天线

3. 卫星船站天线

所有卫星船站天线都装在一个半球形防护罩内，以防设备受到腐蚀损坏。在海事卫星通信系统中，由于电磁波传播的特殊性，要求卫星船站具有很高的天线增益。

(1) 全向天线

全向天线能够接收所有方向来的无线电波，不需要伺服装置调整天线指向，INMARSAT - C 船站使用的就是全向天线，如图 11 - 4 是 FURUNOT 和 T&T 公司生产的 INMARSAT - C 站全向天线。

图 11 - 4　INMARSAT - C 站全向天线

(2) 抛物面天线

抛物面天线如图 11 - 5 所示。这种天线使用聚焦技术，在抛物面的焦点处获得较高的发射和接收增益。图中由卫星发来的信号被碟形的抛物面天线所接收并反射聚焦到主焦点，因此信号大大提高，也就获得较高的天线增益。信号在主焦点被收集送至船站电子单元。

INMARSAT - B 船站和 M 船站，都有采用抛物面天线。这种天线方向性强，通信时要求天线时刻对准卫星，且天线与卫星之间不能有任何障碍物阻断，需要伺服机构保证天线在船舶运动的情况下时刻指向卫星。

(3) 阵列天线

阵列天线也是定向天线的一种，通信时其阵列天线平面也需要指向卫星。INMARSAT - F船站使用阵列天线，如图 11 - 6 所示。该天线由 4 块波束阵列天线组成，用跟踪控制模块控制相移器的开关，从水平和垂直方向调整阵列天线指向卫星，实现点波束通信。

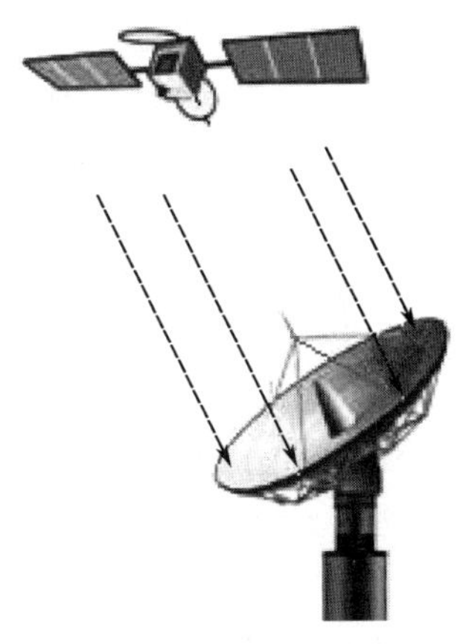

图 11－5　抛物面天线

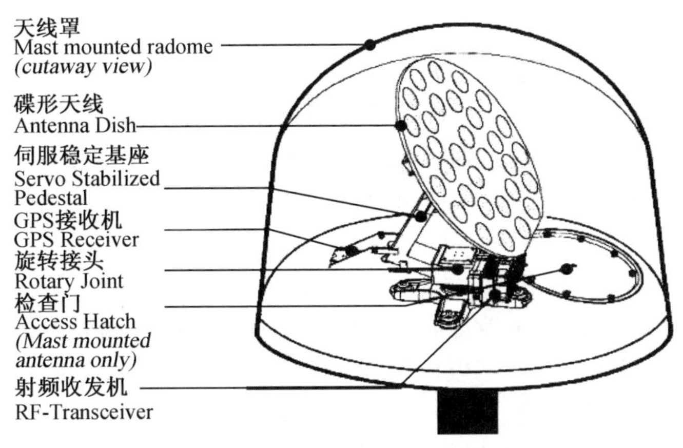

图 11－6　阵列天线

知识链接 2　船舶通信设备备用电源

一、船舶备用电源概述

1. 船用电源

船舶电源包括主电源、应急电源和备用电源。主电源和应急电源由开关自动切换控制，主电源不能正常工作时，由应急电源供电。主电源或应急电源一方面向船舶设备供电，另一方面通过充电器给备用电源（蓄电池）充电，保证备用电源处于充满电状态。主电源和应急电源都不能供电时由备用电源供电。

2. GMDSS 系统对备用电源的要求

为使船舶通信不因主电源和应急电源故障而中断，船舶应配备 1 个或多个备用电源，按 CCIR 要求，应急情况下，船舶的备用电源必须能同时保证 VHF 设备和另外一台适合所在海区使用的报警设备有效工作。

对于配备应急电源的船舶，如果应急电源完全符合有关要求，备用电源应能确保相关设备连续工作 1 h 以上。如果没有配备完全符合有关要求的应急电源，备用电源应能向相关设备供电 6 h 以上。

二、船舶备用电源的认识

船舶备用电源分为酸性蓄电池、碱性蓄电池和锂离子电池。目前船舶使用最多的是铅酸蓄电池。

1. 铅酸蓄电池

(1) 铅酸蓄电池的特点

铅酸蓄电池的特点是能量密度大，能在较大温度范围内可靠地工作，性能优越且价格便宜，可用时间也相对较长。在 GMDSS 中，船站设备、单边带设备及 VHF 设备等，均以此作为备用电源使用。

铅酸蓄电池单节端电压为 2 V，实际应用中采用多节串联以获得 6 V/12 V/24 V 直流输出。铅酸蓄电池是利用二氧化铅和硫酸的化学反应来储存和输出电能的。

(2)免维护电池

普通铅酸蓄电池维护很麻烦,随着技术的不断改进,近几年推出了阀控式密封免维护铅酸蓄电池。它具有耐震、耐高温、体积小、自放电小的特点,使用寿命一般是普通蓄电池的2倍。市场上免维护蓄电池有两种,一种在购买时一次性加电解液以后使用中不需要维护(加补充液);另一种是电池本身出厂时就已经加好电解液并封死,用户根本就不能加补充液。

2. 碱性蓄电池

镍镉、镍氢电池都属于碱性蓄电池。镍镉电池放电性能比干电池好,内阻比较低,允许大电流放电,但记忆效应较强,正常寿命在400～1 000次充放电之间。在GMDSS设备中,镍镉电池主要用于便携式VHF对讲机。

近几年大量开发的镍氢电池具有更大的容量,一般为1 100～2 100 mAh。同样尺寸的镍氢电池,容量比镍镉更大,内阻也更低,更适合大电流放电,几乎没有记忆特性,寿命多达1 000次充放电,所以镍氢取代镍镉已经是必然趋势。

镍镉电池与镍氢电池的标称电压是1.2 V,充满电以后为1.3～1.5 V,随着放电很快落回到1.2 V,放完电以后端电压为1 V。

3. 锂离子电池

可充放电锂离子电池是最新一代高能电池,它具有端电压高、容量高、内阻低、性能稳定、寿命长的特点(充放电300～1 000次)。其端电压约为3.6 V,充满电在4 V左右,放完电约为3 V。整个放电过程端电压始终平稳,直到电量将尽时电压才会迅速下降。

【项目实施】

任务1 船用天线布置

一、45 000吨级散货船天线布置情况

船舶无线电通信及船舶导航设备天线安装在罗经甲板上,图11-7、图11-8和图11-9是某45 000 t级散货船的天线布置图,图中天线代号名称见表11-1。图11-7是从空中俯视天线布置情况,图中序号为16的是磁罗经,序号为15是风速风向仪传感器,这二者不是天线;序号为①的是中高频收发天线②的耦合器,其作用是使天线与收发信机达到调谐状态,以便输出最大功率;图中VHF收发天线有3根(序号④),可知本船装有三套VHF设备,其中No.1和No.2 VHF设备有DSC值守天线(序号⑤);DGPS天线有2根(序号⑨),可知本船装有二套DGPS设备。此外俯视图中看不到卫通C站天线(序号⑥)和X波段雷达天线(序号13)。

图11-8是从船舶侧面看天线布置情况,图中卫通C站天线(序号⑥)有2根,说明本船装有二套C站设备。侧视图中看不到航行告警接收机天线(序号⑦)和DGPS天线(序号⑨),也看不到风速风向仪传感器和磁罗经。

图11-9是从船头向船尾看天线布置情况(B向图),图中间为雷达桅,其上装有S波段(序号12)和X波段(序号13)雷达天线,此外还有C站天线(2根,本图只看到1根)、No.1 VHF收发天线和风速风向仪传感器。B向图中看不到航行告警接收机天线(序号⑦)、No.1卫通C站天线、No.3 VHF收发天线和磁罗经。

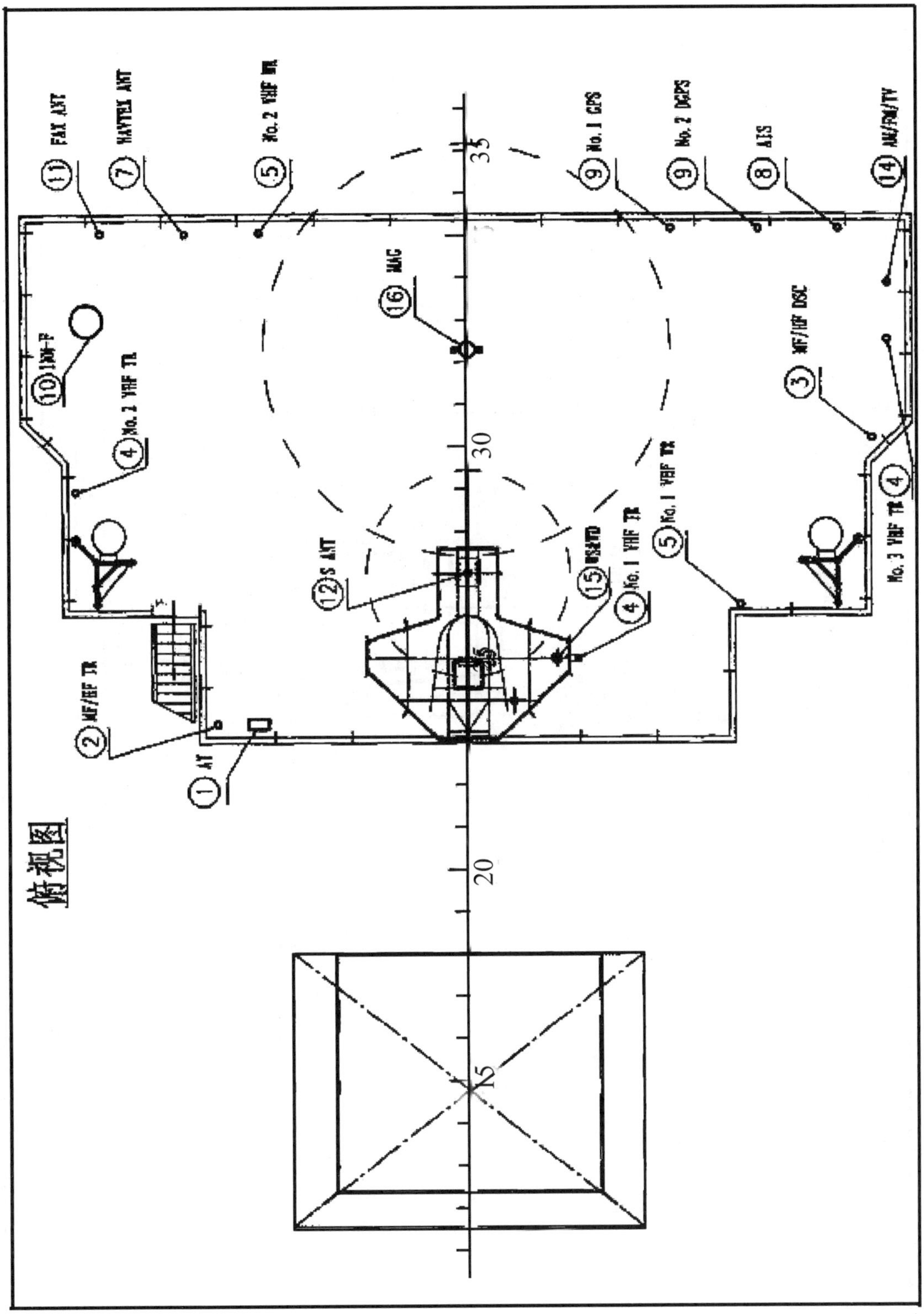

图 11－7　45 000 t 级散货船天线布置俯视图

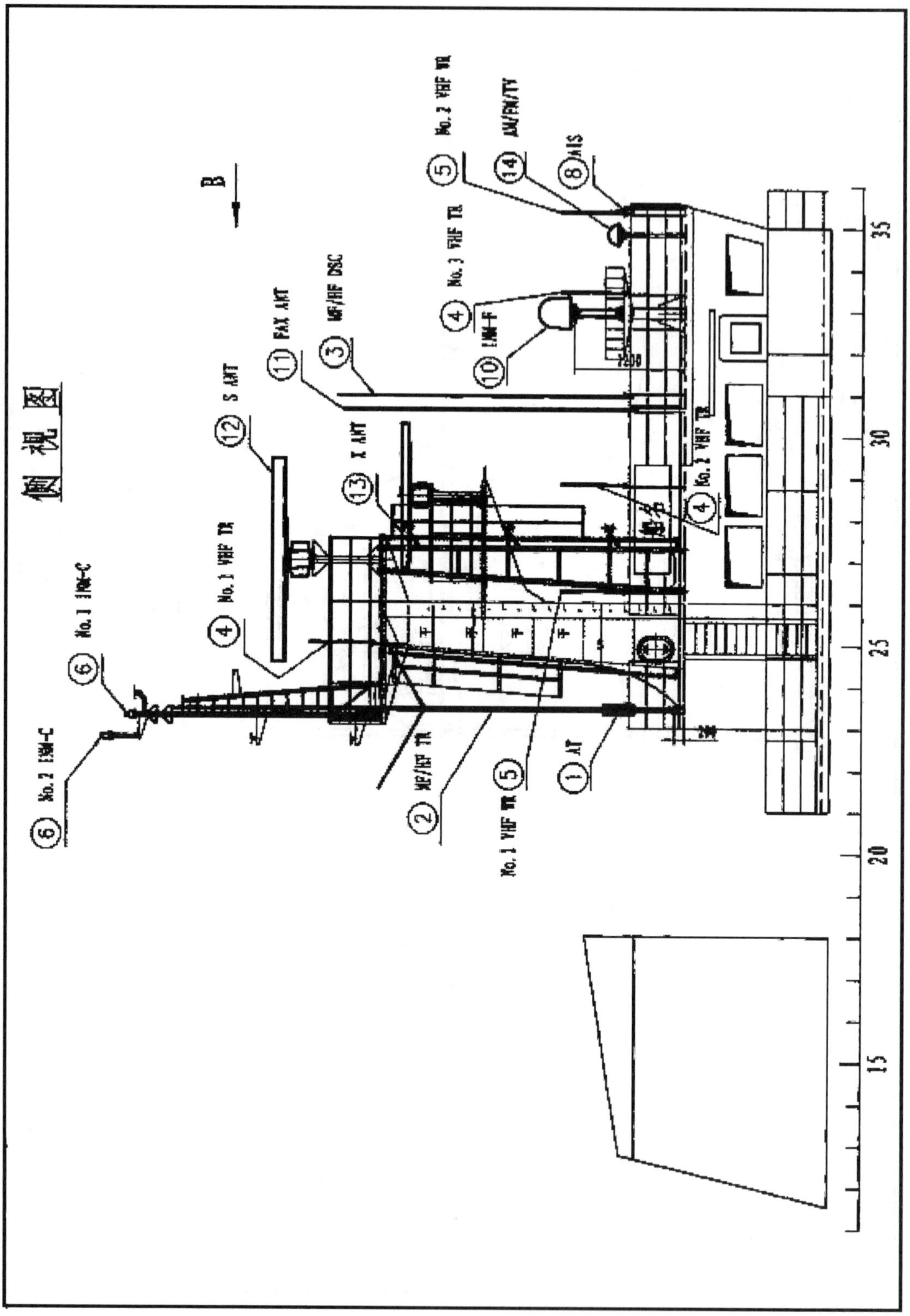

图 11－8　45 000 t 散货船天线布置侧视图

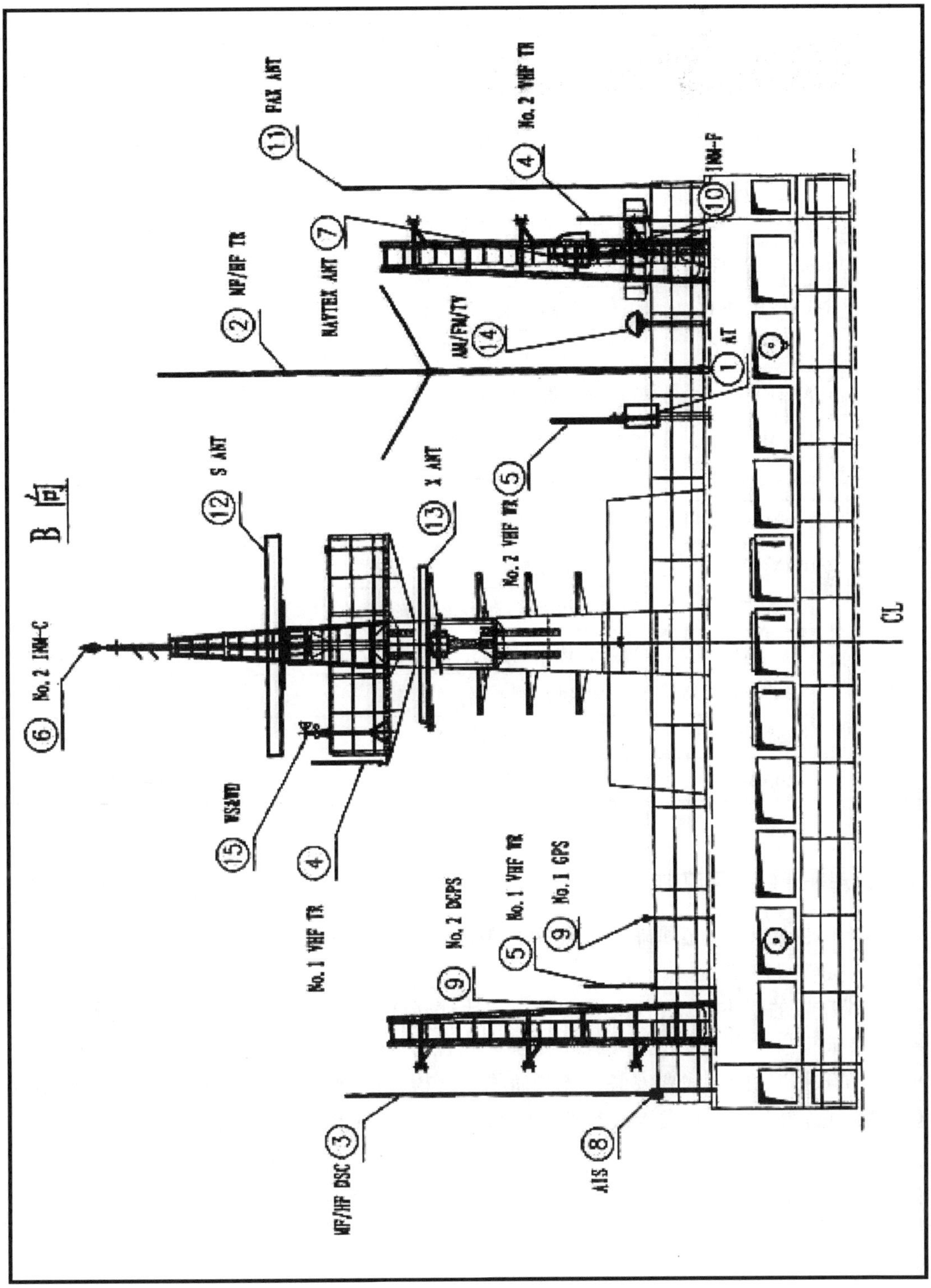

图 11－9　45 000 t 散货船天线布置 B 向图

表 11－1　天线布置图中代号名称说明

序号 Ser No.	代号 Code No.	名称 Description	数量 Qty	规格型号 Spec Type
①	AT	中高频天线耦合器	1	NFC－296
②	MF/HF TR	中高频收发天线	1	NAW－208S
③	MF/HF DSC	中高频 DSC 接收天线	1	JQD－69C&NAW－60
④	No. x VHV TR	甚高频收发天线	3	7ABJD0004
⑤	No. x VHF WR	甚高频值班天线	2	7ABJD0004
⑥	No. x INM－C	卫通－C 站天线	2	NAF－741GM
⑦	NAVTEX ANT	航行告警接收机天线	1	NAW－333
⑧	AIS	AIS 收发天线	1	NTE－182
⑨	No. x DGPS	DGPS 天线	2	JLR－4341
⑩	INM－F	卫通 F 站天线	1	GSC－501
⑪	FAX ANT	气象传真机天线	1	NAW－600
⑫	S ANT	S 波段雷达天线(带性能监测器)	1	NKE－1130/NJU－84
⑬	X　ANT	X 波段雷达天线(带性能监测器)	1	NKE－1125－9/NJU－85
⑭	AM/FM/TV	广播电视共用天线	1	MARK 22CA
⑮	WS&WD	风速风向仪传感器	1	HWD－130
⑯	MAG	磁罗经	1	SH－165A1

二、船舶天线布置原则

为确保良好通信,必须确保天线间的距离,减小天线间的相互干扰。船舶天线相互关系一览表如表 11－2。

天线布置的基本原则:各天线安装在雷达、国际海事卫星的辐射电波之外;各接收天线间距离 1 m 以上;甚高频收发天线间要尽可能保持一定间距(可能的话,间隔 10 m 以上);INMARSAT－C 站的天线要安装在无障碍物雷达桅杆的顶部;掌握海事卫星 B 站、F 站的盲区;安装中高频无线电收发天线与使用中高频频段设备的接收天线时,要尽可能远离。

表 11-2 船舶天线相互关系一览表

	No. 1 INM-C	No. 2 INM-C	INM-B/F	AIS	NAVTEX	MF/HF WR	MF/HF RT	MF/HF Rx	No. 1 VHF RT	No. 1 VHF WR	No. 2 VHF RT	No. 2 VHF WR	GPS	S-RADAR	X-RADAR
No. 1INM-C	—	L=1.5 m H=1 m	3.5 m	2 m	2 m	2 m	5 m	2 m	3 m	2 m	2 m	2 m	3 m	Beam	Beam
No. 2INM-C	L=1.5 m H=1 m	—	3.5 m	2 m	2 m	2 m	5 m	2 m	2 m	2 m	2 m	2 m	3 m	Beam	Beam
INM-B/F	3.5 m	3.5 m	—	2 m	2 m	2 m	5 m	2 m	2 m	2 m	2 m	2 m	5 m	Beam	Beam
AIS	2 m	2 m	2 m	—	2 m	2 m	3 m	2 m	H:10 m 或 V:3 m	5 m	H:10 m 或 V:3 m	5 m	1 m	Beam	Beam
NAVTEX	2 m	2 m	2 m	2 m	—	1 m	5 m	1 m	2 m	1 m	2 m	1 m	1 m	Beam	Beam
MF/HF WR	2 m	2 m	2 m	2 m	1 m	—	5 m	1 m	2 m	1 m	2 m	1 m	1 m	Beam	Beam
MF/HF RT	5 m	5 m	5 m	3 m	5 m	5 m	—	5 m	3 m	3 m	3 m	3 m	4 m	Beam	Beam
MF/HF Rx	2 m	2 m	2 m	2 m	1 m		5 m	—	2 m	1 m	2 m	1 m	1 m	Beam	Beam
No. 1 VHF RT	2 m	2 m	2 m	H:10 m 或 V:3 m	2 m	2 m	3 m	2 m	—	5 m	5 m	5 m	1 m	Beam	Beam
No. 1 VHF WR	2 m	2 m	2 m	5 m	1 m	1 m	3 m	1 m	5 m	—	5 m	1 m	1 m	Beam	Beam
No. 2 VHF RT	2 m	2 m	2 m	H:10 m 或 V:3 m	2 m	2 m	3 m	2 m	5 m	5 m	—	5 m	1 m	Beam	Beam
No. 2 VHF WR	2 m	2 m	2 m	5 m	1 m	1 m	3 m	1 m	5 m	1 m	5 m	—	1 m	Beam	Beam
GPS	3 m	3 m	5 m	1 m	1 m	1 m	4 m	1 m	1 m	1 m	1 m	1 m	—	Beam	Beam
S-RADAR	Beam	Beam	Beam	Beam	Beam	Beam	Beam	Beam	Beam	Beam	Beam	Beam	Beam	—	Beam
X-RADAR	Beam	Beam	Beam	Beam	Beam	Beam	Beam	Beam	Beam	Beam	Beam	Beam	Beam	Beam	—

1. 国际海事卫星(INMARSAT)天线

INMARSAT－C 站天线的安装,要求沿船头、船尾方向及距水平线－5°～90°范围内没有超过 2°的障碍物。沿左舷、右舷方向,距水平线－15°～90°的范围没有超过 2°的障碍物。

两台 INMARSAT－C 站天线的安装,最下限度按图 11－10 配置安装。相互间高度不要进入图中所示范围内。为避免天线间相互干扰,天线相互间距离要在 1.5 m 以上,且天线相互间高度差要在 1 m 以上。

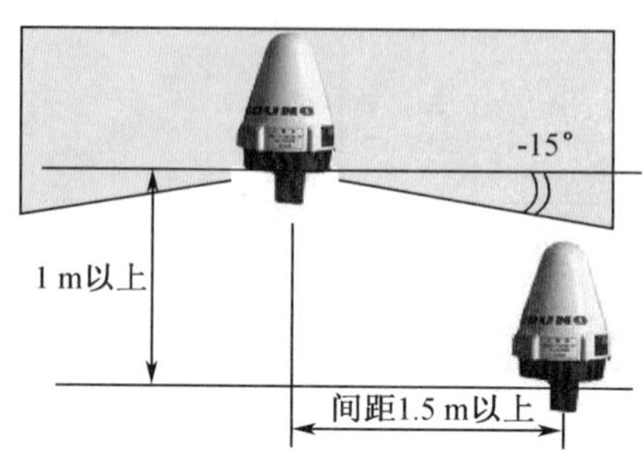

图 11－10　两台 C 站天线安装

2. INMARSAT－C 站与 F 站天线的位置关系

INMARSAT－F 站的天线与 INMARSAF－C 站天线相互间的距离要在 3.5 m 以上。INMARSAT－F 站的波束如果朝向 INMARSAF－C 站天线,则无法确保 INMARSAF－C 站同步接收。

3. INMARSAT－F/C 站与 GPS 天线的位置关系

INMARSAT－F 站与 GPS 天线间距离应在 5 m 以上。INMARSAT－F 站的波束如果朝向 GPS 天线,GPS 接收能力会下降。

INMARSAT－C 站与 GPS 天线间一般距离应在 3 m 以上。如果只能将 GPS 天线安装在距 INMARSAT－C 站天线 3 m 以内时,GPS 天线要安装距卫通辐射电波 1 m 以外距离。

4. 卫通 F 站/C 站、GPS、VHF、MF/HF 天线与雷达的位置关系

其应避免安装在雷达天线 5 m 以内,不得不安装在距雷达天线 5 m 以内时,调整相互间高度,以免进入雷达波束范围约 ±15°以内。若其距雷达天线 5 m 以上时,调整相互间高度,以免进入雷达波束范围约 ±10°以内,如图 11－11 所示。

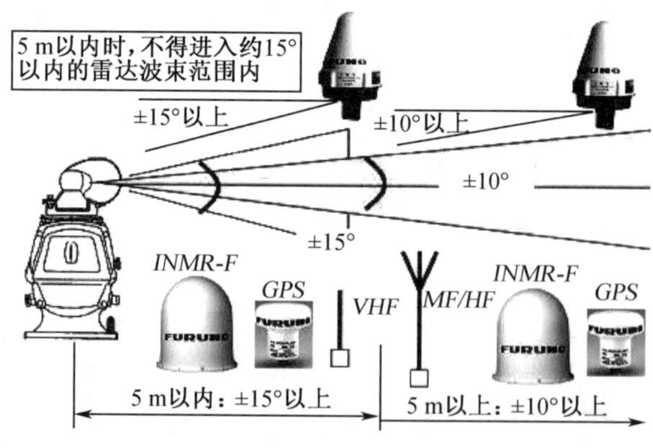

图 11－11　F/C 站、MF/HF 等天线与雷达位置关系

5. VHF、MF/HF 天线与海事卫星 F/C 站位置关系

VHF、MF/HF 天线与海事卫星 F/C 站天线位置关系如图 11－12 所示。

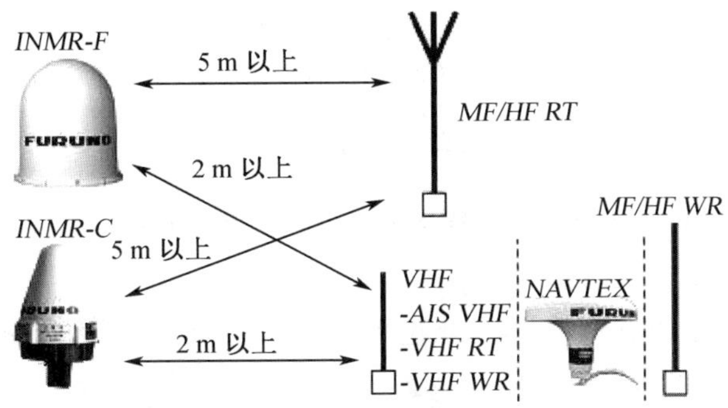

图 11－12　VHF/MF/HF 天线与 F/C 站天线位置关系

6. VHF 天线与 MF/HF 天线的位置关系

VHF 天线与 MF/HF 天线的位置关系如图 11－13 所示。

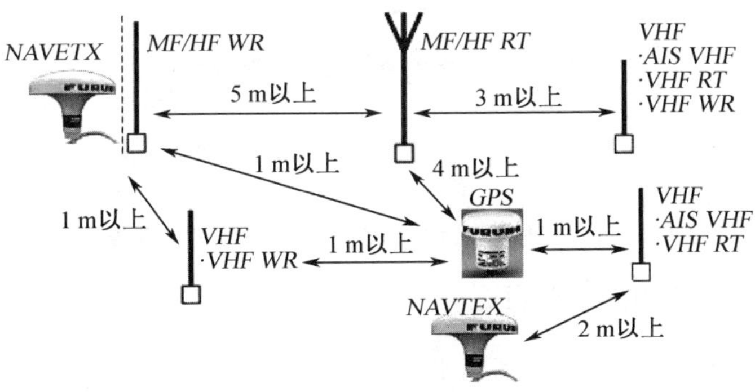

图 11－13　VHF 天线与 MF/HF 天线的位置关系

7. VHF 天线之间的位置关系

VHF 天线之间的位置关系如图 11－14 所示。即使甚高频天线距离 5～10 m，也会有无法避免相互干扰的频段，需加以注意。

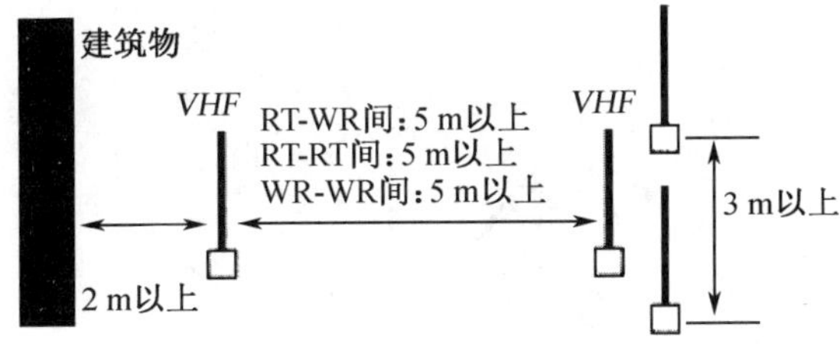

图 11－14　VHF 天线之间的位置关系

8. VHF 天线与 AIS 天线的位置关系

VHF 天线与 AIS 天线的位置关系如图 11－15。如果 VHF 无线电干扰到 AIS，则 AIS 目标会消失。消失条件因船速和航行状态而不同。以 FA－150 型 AIS 为例，如果是 14 节以下船速的目标，在 50 s 内无法从目标接收信号，则为“消失目标”。

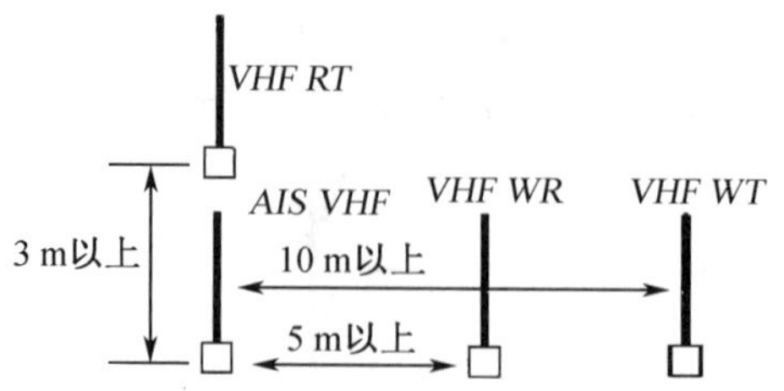

图 11－15　VHF 天线与 AIS 天线位置关系

9. 雷达天线

安装雷达天线时,S 波段雷达与 X 波段雷达相互间波束不能相对,天线安装如图 11－16 所示。

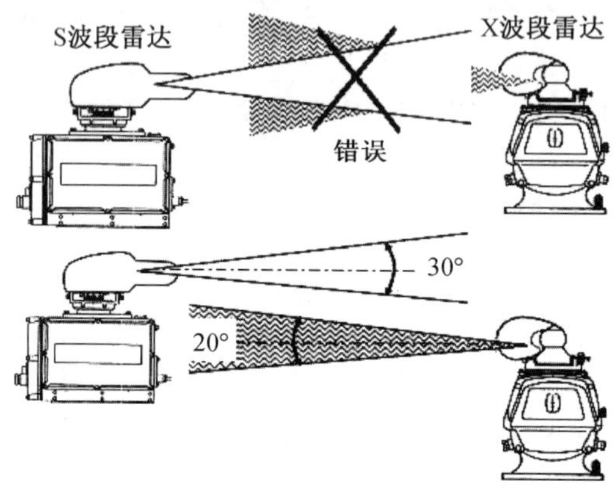

图 11－16　S 波段雷达与 X 波段雷达天线安装示意图

三、天线布置、设计中的注意事项

1. MF/HF 天线与天线调谐器的相互位置关系

其相互位置关系如图 11－17 所示,除了图中安装方式外,还有另一种安装方式,即将天线耦合器装在一个铁箱子里面,这种安装的优点是可以更好地保护耦合器(国内常用塑料外壳的天调)。

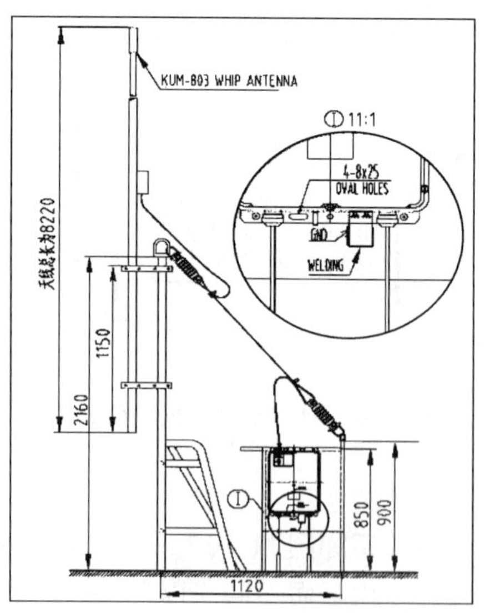

图 11－17　MF/HF 天线与天线调谐器的相互位置关系

在布置中高频发射天线时，需考虑天线和雷达桅杆等构造物的距离，避免天线与雷达桅杆等构造物发生接触，两者距离要保持在 5 m 以上。

2. 甚高频（VHF）天线安装注意事项

甚高频天线的安装位置周围有金属结构时其高度不能低于金属结构，否则影响发射。

VHF 天线若太靠近雷达桅，会导致 VHF 天线的性能下降，通信会有很大的死角，发射功率会被雷达桅吸收，发信距离会大大缩短，如图 11－18 所示。

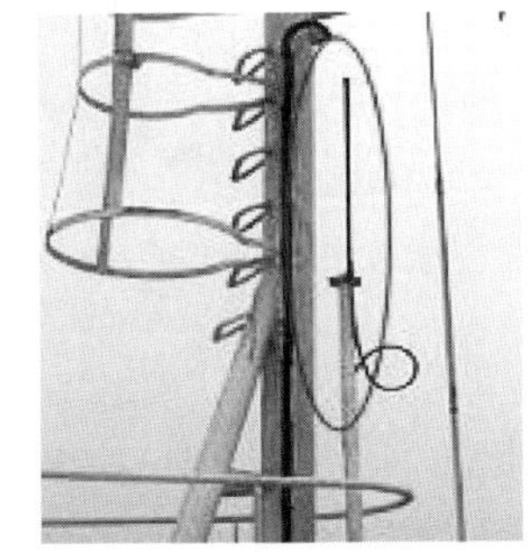

图 11－18　VHF 天线太靠近雷达桅

3. 两台 GPS 天线之间的位置关系

现在新造船上一般都安装有两台 GPS。由于 GPS 的船位等信号输出到船上的很多设备，并且是很重要的信号，所以往往有 GPS 信号输出切换。出于安全考虑，如两台 GPS 的天线之间距离很远，当 GPS 船位信号切换时，会导致输出给雷达、AIS、电子海图等仪器的船位信号会有较大的偏差，存在不安全因素。故两台 GPS 的天线安装距离一般不能太远（应在附近）。

4. 卫星 C 站天线

C 船站天线采用全向天线，同样应架设在周围无障碍物的船舶高处，避开雷达扫描旋转区域，与船用 HF 天线、VHF 天线、卫星船站天线及磁罗经等距离至少要保持 3 ~5 m。在对船用天线的日常维护过程中，首先应做好各类天线的定期检查和清洁保养工作，防止天线的部分短路，特别应注意环境和自然因素对天线造成的影响和损坏，以免造成更大的损失。对船站天线，还要避免严重的振动和打击，避免过热及大量烟尘附到天线罩上，造成对电波的衰减和影响，因此，对船站天线罩的定期清洁也是十分必要的。

在集装箱船上，由于要高速航行，所以烟囱中喷出的烟雾有很高的温度，并且集装箱船上居住甲板和烟囱之间的距离很近，故在大桅上的天线设备需要考虑不会被烟雾中的高温熔化烧毁。建议 C 站天线需距离烟囱 10 m 以上的距离，以避免受到烟囱出来的高温气流的影响。

5. 雷达天线和烟囱/大桅/安全围栏的位置

S 波段雷达天线的波束宽度为 25°，烟囱要避免在此波束内，否则会引起很厉害的多次反射回波。一般来说，S 波段雷达安装在上面。

另外要避免雷达、大桅、灯柱等安装在一条水平线上。如在水平线上构成三点，也可能形成多次反射，导致在水平线方向上很多的虚假回波。

如雷达辐射器和安全围栏的距离很近，会导致引起很严重的虚假回波。IMO 有新的关于雷达的安装指南，要求应保证雷达的辐射器与安全围栏的距离不少于 5 m。

四、方便以后的维修保养采取的安全措施

1. 方便 C 站天线维修保养采取的安全措施

卫星 C 站天线一般安装在大桅顶上，为方便以后的维修、更换，要考虑安全措施。如图 11－19，其中（a）图安装了栏杆，比较好地考虑了安全措施，可以安全方便地维修保养 C 站天线。（b）图的 C 站天线则需要工程师冒生命危险才能进行维修保养。

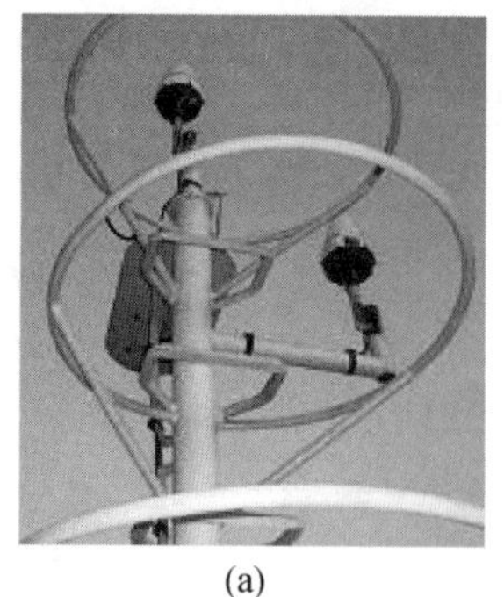
(a)

(b)

图 11 －19　C 站天线方便以后的维修保养采取的安全措施

(a)比较好地考虑了安全措施;(b)没有考虑安全措施

2. 方便 F 站天线的维修保养的安全措施

F 站天线内有旋转卫星跟踪机构,还有信号收发电路,所以在天线的后半部有用于维修保养的入口。如图 11 －20 所示,(a)图例工程师无法进入 F 站天线内;(b)图改进后安装了天线平台,方便工程技术人员进入天线内工作。

(a)

(b)

图 11 －20　F 站的安装图例

(a)原 F 站的安装图例;(b)改进后 F 站的安装图例

3. 方便 INMARSAT 宽带船站 FBB 天线的维修保养的安全措施

由于 FBB 天线较小,其维修保养不同于以往的 F 站天线。FBB 天线需要将整个天线罩卸下才能进行维修,所以在设计时要考虑这个问题,一般要求安装有维修保养平台,如图 11 －21所示。

4. 方便雷达天线的维修保养的安全措施

雷达天线上有旋转马达及旋转机构,需要每年进行保养。天线内的磁控管是有工作寿命的,所以雷达桅的维修保养结构必须要好好考虑。如图 11 －22 所示,有工作平台,可方便雷达天线的维修保养。

图 11－21　带平台的 F 站天线

图 11－22　方便雷达天线的维修保养

任务 2　船用备用电源的维护保养

一、铅酸蓄电池的维护保养

老式的开放式铅酸蓄电池，日常的维护保养非常重要。铅酸蓄电池的保养维修用品有蒸馏水、比重计、温度计和电压表等。

1. 铅酸蓄电池维护保养内容

(1)每次航行结束，应进行全充全放处理。放电后的蓄电池应及时充电，不得搁置 12 h 以上，同时要禁止过充过放，否则可能导致极板硫酸盐化，降低蓄电池的容量。充满时，电解液密度接近 1.260，而放电时电解液密度不能低于 1.180。

(2)测量每节电池电解液密度。测量前要戴好防护用具，并先排出密度计中的空气，读数时密度计要垂直且不离开容器口，读数后再将液体排回电池容器中。

(3)配制电解液时，切记正确的操作程序是将硫酸用玻璃棒搅拌入水。经常检查电解液的液面高度和密度，并给予调整。正常情况下，电解液液面高度应高于极板 10～20 mm。

(4)禁止用电池短路的方法来检测蓄电池的带电情况，以防止发生爆炸造成人员伤亡。

(5)不能把金属工具放在电池顶部，更要防止蓄电池内掉入铁、铜等金属杂质。

此外，铅酸电池安装时，连接电缆粗细适当，接线要紧固，以免电缆电压下降。为防止腐蚀，端子上要涂抹润滑脂，在箱子的内侧铺设铅板，如图 11－23 所示。

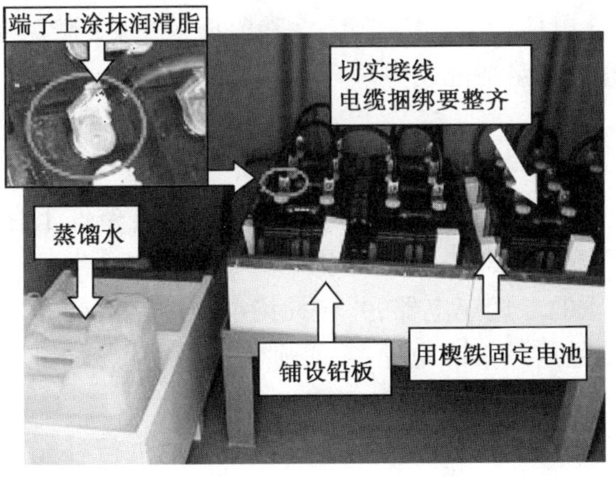

图 11－23　铅酸电池的安装

2. 免维护电池

对于阀控式密封免维护充电电池，使用中仍要尽量避免过充、过放，且定期检查其端子的连接情况。GMDSS 电台使用免维护电瓶时，充电器电压需要调整，控制面板和开关需要加装提示和限位贴，如图 11－24 所示。

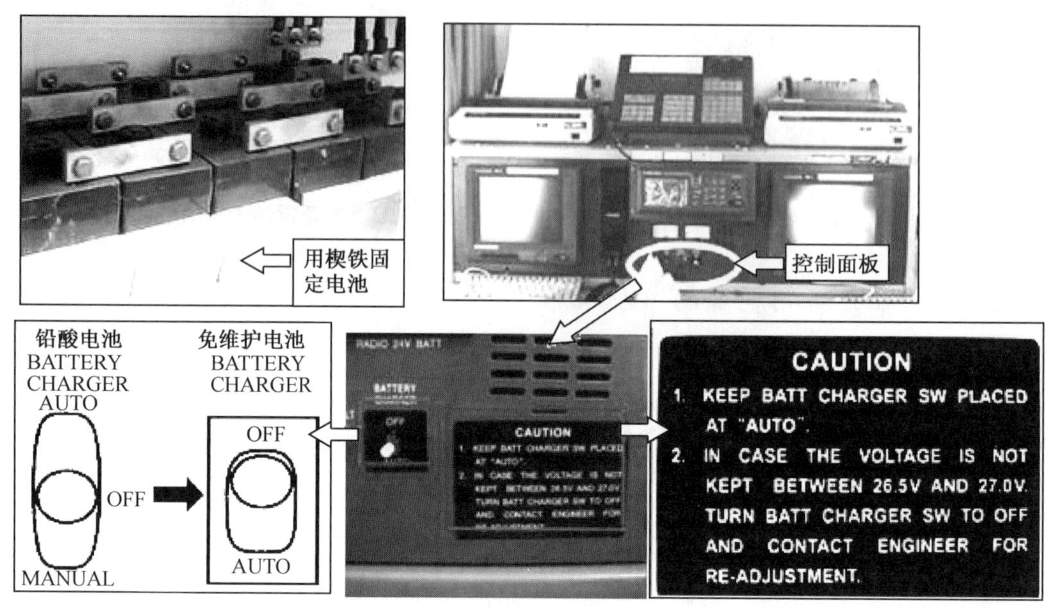

图 11－24　免维护电池的标牌

二、镍镉、镍氢电池的维护保养

（1）一定要保持电池和充电器清洁，使用各自专用的充电器，并应绝对避免电池短路。

（2）备用电池要低温保存，否则会加剧其自放电现象，使电池性能变差。

（3）多数镍镉电池具有“记忆效应”，应按要求“充满放净”，不要随用随充；而镍氢电池虽无记忆效应，但最好也不要随用随充。

（4）长期不用的电池，应每 3 个月进行 1 次完全充放，以检查其容量。存储 6 个月以上的电池不能快充，首次充电应慢充 14～16 h。避免反复快充，避免在 5℃以下快充，否则可能会引起爆炸。杜绝电池短路情况发生。

三、锂离子电池的维护保养

（1）最好在温度为 20～30 ℃、湿度为 40%～85% 环境条件下存放，以免造成其容量损失，或造成电池失效、损坏、膨胀，甚至发生爆炸。

（2）应使用恒流恒压的专用充电器，并应杜绝电池短路情况发生。

（3）严格禁止过充、过放及带满电储存，否则将会影响电池的使用寿命、容量、内阻等各方面性能，严重时还可能导致电池失效乃至引发安全事故。

（4）电池使用过程中若电量没用完，不要经常对电池进行补充充电，否则将可能在一定程度上影响电池的使用寿命和性能。

注意：各种废弃电池要妥善处理，以免其内部的有害物质污染环境。

【项目考核】

项目考核单见表11-3。

表11-3 项目考核单

序号	考核点	分值	建议考核方式	考核标准	得分
1	识读天线布置图	15	教师评价(50%)+互评(50%)	能正确识读天线布置图,错误一处扣3分	
2	按要求布置船舶天线	15	教师评价(50%)+互评(50%)	能合理布置船舶天线,错误一次扣3分	
3	船用备用电源进行维护保养(见项目技能训练十一)	15	教师评价(50%)+互评(50%)	能正确进行船用备用电源的维护保养,错误一次扣3分	
4	项目报告	10	教师评价(100%)	格式标准,内容完整,详细记录项目实施过程并进行归纳总结,一处不合格扣2分	
5	职业素养	5	教师评价(30%)+自评(20%)+互评(50%)	工作积极主动、遵守工作纪律、遵守安全操作规程、爱惜设备与器材	
6	知识巩固测试(见项目知识训练十一)	40	教师评价(100%)	对相关知识点掌握牢固,错一题扣4分	
完成日期		年 月 日		总分	

项目知识训练十一

1. GMDSS船舶电源包括________。
A. 主电源　B. 应急电源　C. 备用电源　D. A、B、C均是
2. 船舶的备用电源是指________。
A. 蓄电瓶提供的电源　B. 应急电源　C. 主用电源　D. 220 V AC电源
3. 应急电源不完全符合有关要求,备用电源应能向相关设备供电________。
A. 1 h　B. 6 h　C. 8 h　D. 12 h
4. 在配制铅酸电池的电解液时,正确操作方法是________。
A. 将浓硫酸慢慢细流倒入蒸馏水中
B. 把蒸馏水与浓硫酸交替细流注入蓄电池中
C. 将蒸馏水慢慢细流倒入浓硫酸中
D. 同时将蒸馏水与浓硫酸细流注入蓄电池中
5. INMARSAT系统中,使用全向天线的移动站是________。
A. B移动站　B. F移动站　C. C移动站　D. M称动站
6. 船舶电台发射天线的作用是________。
A. 把音频信号转换成高频信号
B. 把高频信号转换成音频信号
C. 把已调高频电流的能量转换成电磁波能量向空间辐射出去

D. 将来自空间的电磁波能量转换为高频电流能量

7. 使用抛物面天线的终端设备是________终端。
A. INMARSAT－A　　B. INMARSAT－B　　C. INMARSAT－C　　D. INMARSAT－F

8. 使用阵列天线的 INMARSAT 终端设备是________终端。
A. INMARSAT－A　　B. INMARSAT－B　　C. INMARSAT－C　　D. INMARSAT－F

9. 船舶使用的蓄电池种类包括________。
A. 酸性蓄电池　　B. 碱性蓄电池　　C. 免维护的蓄电池　　D. A、B、C 均是

10. 船舶________通信设备由交直流供电。
A. 组合电台　　B. 卫通 C 站　　C. VHF 设备　　D. 以上都是

项目技能训练十一

1. 船用天线

(1)船舶常用的中短波天线主要是哪种?

(2)在实际工作中,应怎样对船用中短波天线进行基本的维护和保养?

(3)简述 INMARSAT 船站天线的分类,并列举几个不同分类天线的船站。

(4)INMARSAT 船站天线的维护和保养应注意哪些问题?

2. 船舶备用电源

(1)船舶电源包括哪些?

(2)GMDSS 设备对船用电源有什么要求?

(3)铅酸蓄电池的维护保养应注意哪些?

附录　本书英文缩写汇编

ACK——Acknowledgement　收妥确认
ADE——Above Deck Equipment　上甲板设备
AGC——Automatic Gain Control　自动增益控制
AIS——Automatic Identification System　自动识别系统
AM——Amplitude Modulation　调幅
AOR-E——Atlantic Ocean Region-East　大西洋东区
AOR-W——Atlantic Ocean Region-West　大西洋西区
ARQ——Automatic Repetition Request　自动重复请求
ARU——Antenna Radio - frequency Unit　天线射频单元
BDE——Below Deck Equipment　下甲板设备
BPS——Bits Per Second　比特/秒
CCIR——International Radio Consultative Committee　国际无线电通信咨询委员会
CDMA——Code Division Multiple Access　码分多址连接
CES——Coast Earth Station　海岸地球站
CFEC——Col lective Forward Error Corrective　集群前向纠错
CH——Channel　频道
CPU——Central Processing Unit　中央处理器
DCE——Data Circuit Equipment　数据电路设备
DCTE——Data Circuit Terminal Equipment　数据电路终端设备
DGPS——Differential Global Positioning System　差分全球定位系统
DSC——Digital Selective Calling　数字选择呼叫
DTE——Data Terminal Equipment　数据终端设备
EGC——Enhanced Group Call　增强群呼
ELT——Emergency Locator Transmitter　航空用应急示位标
EME——Externally Mounted Equipment　室外安装设备
EPIRB——Emergency Position Indicating Radio Beacon　应急无线电示位标
EOS——End of Sequence　结束序列
EU——Electronic Unit　电子单元
FDMA——Frequency Division Multiple Access　频分多址连接
FEC——Forward Error Corrective　前向纠错
FM——Frequency Modulation　频率调制
FSK——Frequency Shift Keying　移频键控
GA——Go Ahead　请继续
GEOSAR——Geostationary Search and Rescue System　同步轨道卫星搜救系统
GMDSS——Global Maritime Distress and Safety System　全球海上遇险与安全系统

GOC——General Operator's Certificate 通用操作员证书
GPS——Global Positioning System 全球定位系统
HF——High Frequency 高频
ID——Identity 识别码
IME——Internally Mountel Equipment 室内设备
IMN——INMARSAT Mobile Number 国际海事卫星移动号码
IMO——International Maritime Organization 国际海事组织
INMARSAT——The International Maritime Satellite Organization 国际海事卫星组织
IRS——Information Receiving Station 信息接收台
ISDN——Integrated Switched Digital Network 综合业务数字网
ISS——Information Sending Station 信息发射台
ITU——International Telecommunication Union 国际电信联盟
LEOSAR——Low-altitude Earth Orbit System for Search and Rescue 近极轨道卫星搜救系统
LES——Land Earth Station 陆地地球站
LSB——Low Side Band 下边带
ISL——Interstation Signalling Link 电台间的信号连接
LUT——Local User Terminal 本地用户终端
MCC——Mission Control Center 任务控制中心
MES——Mobile Earth Station 移动地球站
MF——Medium Frequency 中频
MID——Maritime Identification Digits 水上识别数字
MMSI——Maritime Mobile Service Identities 水上移动业务识别
MPDS——Mobile Packet Data Service 移动包交换数据业务
MSI——Maritime Safety Information 海上安全信息
NAVAREA——Navigational Area 航行警告区域
NAVTEX——Navigational Telex 航行警告电传
NBDP——Narrow Band Direct Printing Telegraph Equipment 窄带直接印字电报设备
NCC——Network Coordination Center 网络协调中心
NCS——Network Coordination Station 网络协调站
NOC——Network Operation Center 网络控制中心
OCC——Operation Control Center 运行控制中心
OSC——On-scene Commander 现场指挥者
PLB——Personal Locator Beacon 个人示位标
POR——Pacific Ocean Region 太平洋区
PSDN——Packet Switched Data Network 分组交换数据网
PSTN——Public Switched Telephone Network 公用交换电话网
PTT——Push To Talk 话筒按键
RCC——Rescue Coordination Center 救助协调中心
ROC——Restricted Operator's Certificate 限用操作员证书

SAR——International Convention on Maritime Search And Rescue国际搜寻救助公约
SAR——Search And Rescue 搜寻与救助
SARSAT——Search And Rescue Satellite Aided Tracking 搜救卫星救助跟踪系统
SART——Search Aid Radar Transponder 搜救雷达应答器
SCADA——Supervisory Control and Data Acquisiton 监控与数据采集业务
SCC——Satellite Control Center 卫星控制中心
SDMA——Space Division Multiplex Access 空分多址连接
SES——Ship Earth Station 船舶地球站
SFEC——Selective Forward Error Corrective 选择性前向纠错
SNR——Signal Noise Rate 信噪比
SOLAS——International Convention for Safety of Life at Sea 国际海上人命安全公约
SSAS——Ship Security Alert System 船舶保安报警系统
SPOC——Search And Rescue Point of Contact 搜救联络点
SSB——Single Side Band 单边带
TDM——Time Division Multiplex 时分多路复用
TDMA——Time Division Multiplex Access 时分多址链接
TOR——Telex Over Radio 无线电传
TT&C——Tracking Telemetry and Control 跟踪遥测控制中心
USB——Up Side Band 上边带
UTC——Universal Coordinated Time 协调世界时
VHF——Very High Frequency 甚高频
VDR——Voyage Data Recorder 航行数据记录仪
WMO——World Meteorological Organization 世界气象组织
WRU——Who Are You 你是谁
WWNWS——The world-wide navigational warning service 世界航行警告业务

【项目知识训练】答案

项目一　认识 GMDSS 系统

项目知识训练一

1	2	3	4	5	6	7	8	9	10	11	12	13	14	15	16	17	18	19	20
D	C	D	A	D	D	C	A	B	B	B	D	B	B	A	D	C	D	B	A
21	22	23	24	25	26	27	28	29	30	31	32	33	34	35					
D	C	D	D	D	B	B	A	B	C	B	D	A	D	A					

项目二　船舶 MF/HF 组合电台的安装与操作

项目知识训练二

1	2	3	4	5	6	7	8	9	10	11	12	13	14	15	16	17	18	19	20
A	B	A	A	A	B	D	B	A	D	D	B	B	A	C	C	A	B	B	B
21	22	23	24	25	26	27	28	29	30	31	32	33	34	35	36	37	38	39	40
D	B	A	C	C	C	D	D	A	D	B	B	B	D	A	B	D	C	C	C
41	42	43	44	45	46	47	48												
C	D	D	B	B	B	B	A												

项目三　船舶 VHF 通信系统的安装与操作

项目知识训练三

1	2	3	4	5	6	7	8	9	10	11	12	13	14	15	16	17	18	19	20
B	C	D	B	B	D	A	B	B	D	C	A	D	B	D	A	A	A	B	B

项目四　INMARSAT－C 系统的安装与操作

项目知识训练四

1	2	3	4	5	6	7	8	9	10	11	12	13	14	15	16	17	18	19	20
A	A	A	B	B	B	B	D	A	C	C	C	D	A	B	C	D	C	C	A
21	22	23	24	25	26	27	28	29	30	31	32	33	34	35	36	37	38	39	40
C	B	A	D	C	B	D	C	B	C	A	B	B	D	D	C	C	A	A	D
41	42	43	44	45	46	47	48												
D	B	D	C	A	A	A	D												

项目五　INMARSAT－F 系统的安装与操作

项目知识训练五

1	2	3	4	5	6	7	8	9	10	11	12	13	14	15	16	17	18	19	20
D	B	D	D	B	C	C	B	C	C	C	A	C	A	D	B	C	A	A	B
21	22	23	24	25	26	27	28	29	30	31	32	33							
D	D	C	A	B	C	B	B	D	C	D	C	C							

项目六　VSAT 卫星通信系统的安装与操作

项目知识训练六

1	2	3	4	5	6
ABC	B	AB	ABC	ABCD	ABCD

项目七　卫星搜救系统及 EPIRB 的安装与操作

项目知识训练七

1	2	3	4	5	6	7	8	9	10	11	12	13	14	15	16	17	18	19	20
B	A	C	D	A	B	C	C	A	A	A	A	B	B	B	D	B	B	B	B
21	22																		
D	D																		

项目八　NAVTEX 系统的安装与操作

项目知识训练八

1	2	3	4	5	6	7	8	9	10	11	12	13	14	15	16	17	18	19	20
D	C	A	B	B	A	D	C	A	D	B	C	C	B	C	D	D	D	B	D
21	22	23	24	25	26	27	28	29	30	31	32	33	34	35	36	37	38	39	40
A	A	B	B	B	D	A	A	D	C	B	A	A	B	A	D	D	B	B	A
41																			
A																			

项目九　气象传真机的安装与操作

项目知识训练九

1	2	3	4	5	6	7	8	9	10	11	12	13	14	15	16	17	18	19	20
D	A	C	D	D	C	A	C	D											

项目十　搜救雷达应答器 SART 的安装与操作

项目知识训练十

1	2	3	4	5	6	7	8	9	10
D	A	A	B	C	D	C	B	B	B

项目十一　船用天线的布置安装与船舶备用电源

项目知识训练十一

1	2	3	4	5	6	7	8	9	10
D	A	B	A	C	C	B	D	D	D

参考文献

[1] 李妍. 船舶无线电通信系统安装与操作[M]. 北京:北京理工大学出版社,2014.
[2] 李海凤. 船舶通信与导航[M]. 哈尔滨:哈尔滨工程大学出版社,2012.
[3] 陈放. GMDSS 通信设备与业务[M]. 大连:大连海事大学出版社,2010.
[4] 刘红屏,王化民. 新编 GMDSS 普通操作员教程[M]. 大连:大连海事大学出版社,2011.
[5] 刘彤,陈铎. 船舶综合驾驶台通信与导航系统[M]. 大连:大连海事大学出版社,2012.
[6] 王化民. 船舶通信技术教程[M]. 大连:大连海事大学出版社,2012.
[7] 柳邦声. GMDSS 通信业务[M]. 大连:大连海事大学出版社,2007.
[8] 陆文兴. 航海仪器[M]. 大连:大连海事大学出版社,2000.
[9] 中华人民共和国海事局. 全球海上遇险与安全系统(GMDSS)操作员考试大纲与评估规范[M]. 大连:大连海事大学出版社,2009.
[10] 张治军. 船舶通信导航[M]. 大连:大连海事大学出版社,2009.
[11] 李建民. GMDSS 通信英语[M]. 大连:大连海事大学出版社,2010.
[12] 徐东华,刘彤,唐信源. 海上无线电通信[M]. 大连:大连海事大学出版社,1999.
[13] 刘红屏,王化民. GMDSS 原理与综合业务[M]. 大连:大连海事大学出版社,2008.
[14] 王化民. GMDSS 地面通信设备操作与评估[M]. 大连:大连海事大学出版社,2012.
[15] 杨广治,唐信源. GMDSS 船用通信设备[M]. 大连:大连海事大学出版社,2009.
[16] 丁峰,冯文仙. GMDSS 考试与评估指南[M]. 大连:大连海事大学出版社,2012.
[17] 邓术章,乔文明. GMDSS 设备操作指南[M]. 大连:大连海事大学出版社,2009.